BERGE

DAS MAGNUM ARCHIV

BERGE
DAS MAGNUM ARCHIV

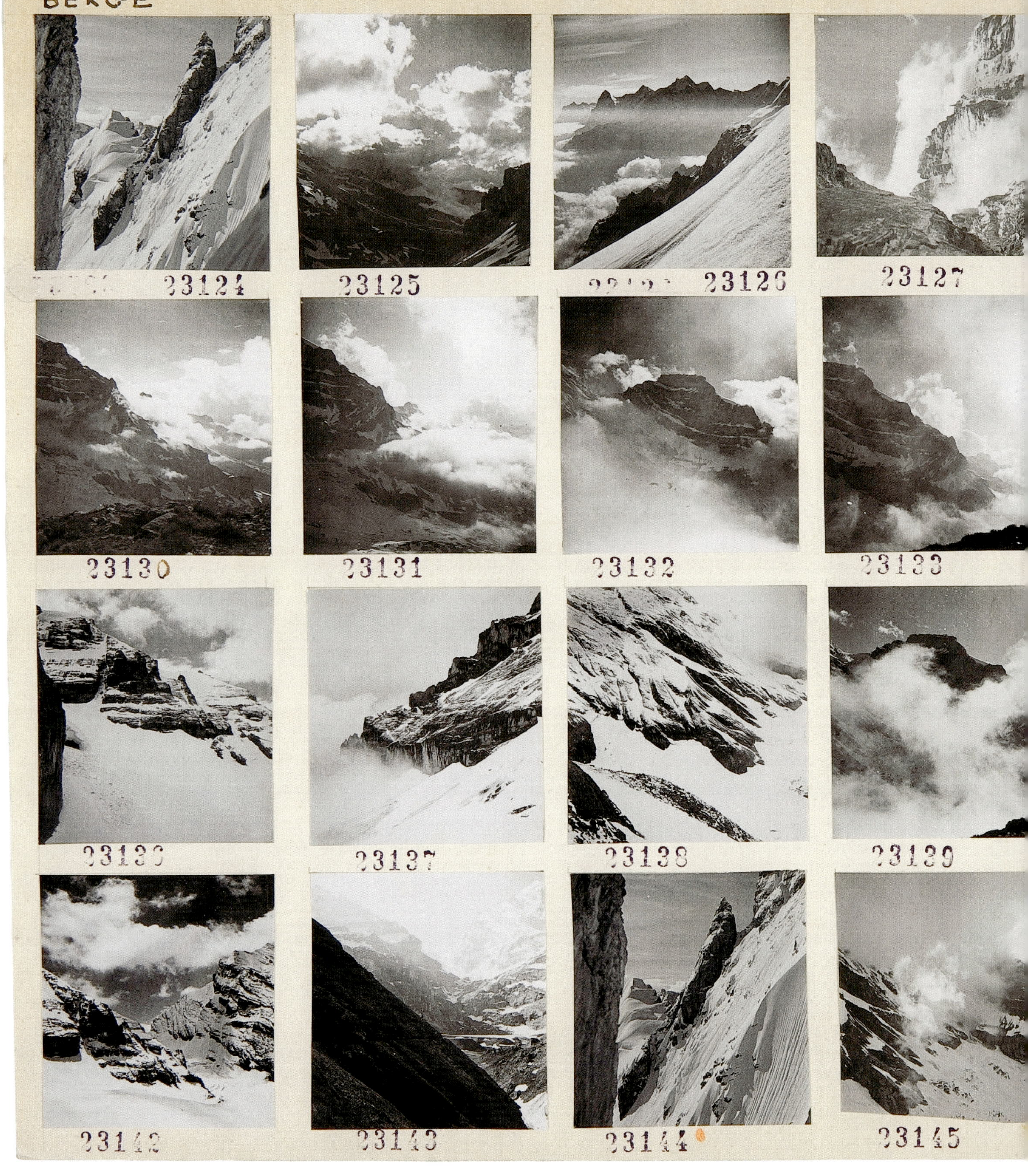

HERAUSGEGEBEN VON
ANNALISA CITTERA &
NATHALIE HERSCHDORFER

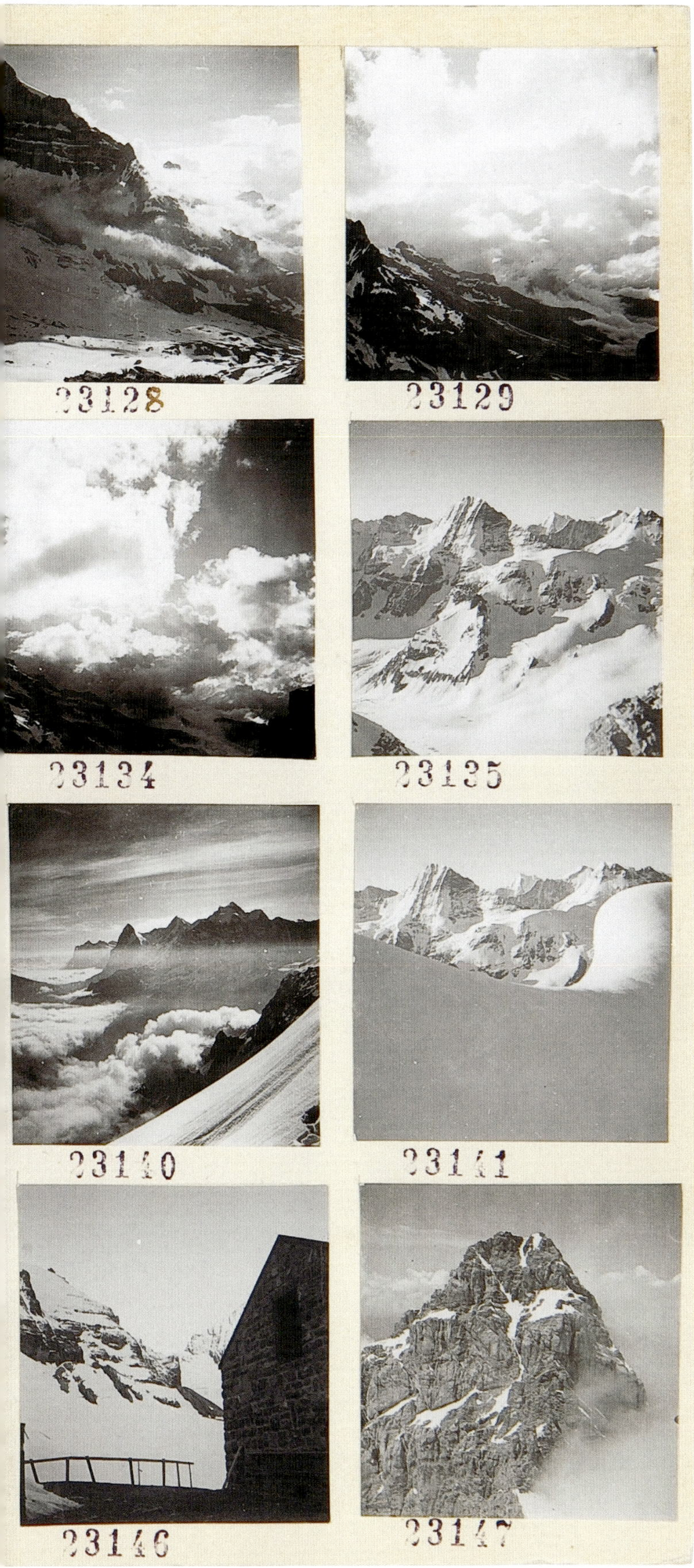

PRESTEL
München · London · New York

BERGE
DAS MAGNUM ARCHIV

ESSAYS

MAGNUM FOTOGRAFEN

GEBIRGSGEOGRAFIE IM MAGNUM ARCHIV

Nathalie Herschdorfer

Berge haben die Fotografen dieser Welt immer fasziniert. Man muss sich nur die Geschichte der Fotografie anschauen: Seit jeher dienten Berglandschaften als Motiv. Magnum Photos, die für ihre talentierten, weltweit tätigen Fotografen bekannte Agentur, hat Bilder von den höchsten Gipfeln der Welt in ihren Archiven. Seit ihrer Gründung im Jahr 1947 ist Magnum Photos der größte Name im Fotojournalismus. Die Agentur ist spezialisiert auf Arbeiten, die Journalismus und Kunst miteinander vereinen. Ihre Gründer Robert Capa, Henri Cartier-Bresson, George Rodger, David Seymour und William Vandivert waren allesamt Verfechter einer Fotografie, die nicht allein der Information dient, sondern einem Motiv eine einzigartige, emotional aufgeladene Perspektive verleiht.

Magnum steht vor allem für Fotos von Kriegsschauplätzen und Konflikten, Bilder einer sich ständig wandelnden Welt in Gefahr. Zahlreiche Bücher und Ausstellungen haben sich der Arbeit der Agentur gewidmet, nicht zuletzt dank der Größe und Qualität ihrer Archive. Viele Mitglieder sind wichtige Persönlichkeiten der Fotografiegeschichte: René Burri, Robert Capa, Henri Cartier-Bresson, Antoine d'Agata, Raymond Depardon, Elliott Erwitt, Martine Franck, Jim Goldberg, Josef Koudelka, Susan Meiselas, Inge Morath, Martin Parr und Alec Soth, um nur einige zu nennen. Aber auch die Agentur als Ganzes war extrem einflussreich aufgrund ihres Engagements für eine politisch engagierte, autarke und vor allem unabhängige Fotografie auf höchstem Niveau. Seit 70 Jahren dokumentieren die Fotografen von Magnum unseren Planeten und seine Bewohner. Viele Werke sind beeindruckend kraftvoll. Jedes Buch mit Magnum Fotografien enthält wunderschöne, ergreifende Bilder, die den Betrachter amüsieren und verblüffen, erschüttern, bestürzen und berühren.

Die in diesem Buch vereinten Fotos wurden zu verschiedenen Zeiten in unterschiedlichen Regionen der Welt aufgenommen. Im Laufe ihrer Geschichte versammelte Magnum viele Mitglieder, und alle hatten sie unterschiedliche Visionen, Stile und Erfahrungen, arbeiteten in Farbe wie in Schwarz-Weiß. Sie taten ihr Bestes, den Landschaften und ihren Bewohnern mit einem wachen und bewundernden Blick zu begegnen, teils unter rauen Bedingungen. Einige Mitglieder mussten sich an weit abgelegene, schwer zugängliche Orte begeben und steile, schroffe Pfade erklimmen, um ihre Bilder machen zu können. Es gibt zahlreiche Berichte über die Menschen, die diese Fotografen kennengelernt haben, über ihren Alltag auf der Straße und ihre Momente der Einsamkeit. Angesichts der langen Geschichte von Magnum Photos schwingt der Mythos, der ihre Fotografen umgibt, stets mit. Einige ihrer Bilder wurden zu wahren Ikonen, andere harren noch der Entdeckung.

Ausnahmsweise befasst dieses Buch sich einmal nicht mit den wichtigen Ereignissen des 20. Jahrhunderts, die von Magnum dokumentiert wurden. Stattdessen konzentrieren sich die Bilder auf ein ganz bestimmtes Setting: die Bergwelt. Diese Fotografien zeugen nicht nur von der äußerst menschlichen Faszination für hohe Gipfel, sondern auch von der Ehrfurcht und der Angst, die die Berge im Laufe der Jahrhunderte im Menschen weckten. Sie gewähren uns einen Einblick in die transkontinentalen Reisen der Fotografen und lassen uns verstehen, was ihre Aufmerksamkeit erregte und was sie in den Bann zog. Wie Henri Cartier-Bresson einmal sagte: »Es ist nicht die Aufgabe des Fotografen, irgendwelche Beweise darüber zu liefern, was der Mensch alles anstellt. Wir sind keine Propagandisten. Wir sind Zeugen des Vergänglichen.« Sicher, die Berge stehen in der Regel nicht für Vergänglichkeit, sondern beschwören eine Permanenz, die unser Begriffsvermögen weit übersteigt. Doch in den Arbeiten der Magnum Fotografen steht immer der Mensch im Mittelpunkt. In die Berge zieht sie die Art und Weise, wie diese Umgebung das Leben der Menschen dort beeinflusst. Die Berge bringen uns, teils unter extremen Wetterbedingungen, der Natur näher und lehren uns die Demut vor den Elementen.

Schon in der Malerei waren die Berge ein ikonisches Motiv. Bis zur Renaissance meist bloß durch ein paar Felsen oder Felsbrocken angedeutet, wurden sie in der Folge zur majestätischen Kulisse, die zu den damals vorherrschenden Vorstellungen von der Natur ihren Teil beitrug. Die Werke Caspar David Friedrichs, des berühmtesten Malers der deutschen Romantik, laden den Betrachter dazu ein, wunderschöne, makellose Landschaften zu betrachten. Schon immer galten die Berge als Sitz mythischer, übermenschlicher Mächte. Für die Romantiker waren sie das Reich des Erhabenen. Vor dem 19. Jahrhundert betrachtete man die Berge meist lediglich aus der Ferne. Sie waren wenig erforscht, gefährlich und gefürchtet, ihre Gipfel kaum von Menschen betreten. Jeder Versuch, die hohen Gebirgszüge zu erklimmen, könnte tödlich enden – eine Gefahr, die die Faszination schürte.

Im 18. Jahrhundert beschäftigten sich Schriftsteller und Wissenschaftler mit den Bergen und bereiteten den Weg für die physische Erkundung der Bergwelt. Als sich im 19. Jahrhundert das Bergsteigen als Sport zu etablieren begann, lieferten Fotografen erste schwindelerregende Ansichten und dokumentierten die Eroberung der bis dahin unerforschten Gipfel. Diese Fotografien waren mehr als der Beweis einer erfolgreichen Besteigung, sie waren auch Stellvertreter für das Reisen.

Die ersten Fotoexpeditionen in die Alpen fanden in den 1850er-Jahren statt und waren Meisterleistungen der Logistik: Die bergsteigenden Fotografen mussten Träger engagieren, die ihre schwere, sperrige, empfindliche Ausrüstung schleppten. Doch die Bilder, die sie von dort oben mitbrachten, verblüfften eine Öffentlichkeit, die nie zuvor einen Berggipfel aus der Nähe und so detailliert gesehen hatte. Die Fotos zeigten eine neue, vollkommen unerforschte und unberührte Welt, erzählten von Reisen in Landschaften, die an den Ursprung der Welt erinnerten.

Neue Sichtweisen kamen auf, als sich die Fototechnologie weiterentwickelte und die Kameras handlicher wurden. In der zweiten Hälfte des 19. Jahrhunderts und insbesondere zu Beginn des 20. Jahrhunderts wurde die Höhenfotografie zum Synonym für Nahaufnahmen von Gletschern, atemberaubende Aufnahmen aus verschiedenen Perspektiven mit Seilen, Steigeisen und Menschen, die der Gefahr die Stirn boten. Die Ästhetik der Gebirgslandschaften zog Fotografen an, die bereit waren, dem feindlichen Klima zu trotzen. Das Bergsteigen und die Fotografie entwickelten sich nun Seite an Seite. Auch Geologen nutzten Kameras, um Felsformationen aus allen Blickwinkeln zu betrachten und zu vermessen, und Fotografen wurden ausgesandt, um die Gletscherschmelze zu dokumentieren. Die auf ewig unveränderlichen Berge verloren nach und nach ihr Geheimnis. Die ersten Luftaufnahmen machten Wissenschaftler, aber auf der Suche nach neuen ästhetischen Blickwinkeln gingen schon bald auch Fotografen in die Höhe.

In dieser Zeit explodierte das Interesse an der Fotografie nicht zuletzt deshalb, weil die Menschen mithilfe von Fotos reisen konnten, ohne ihr Haus zu verlassen. Als sich der Tourismus im Europa der 1860er-Jahre zum Massenphänomen entwickelte, wurden auch die Berge als Reiseziel immer beliebter. Die Erfindung der Eisenbahnen und anderer Transportmittel, der Verkauf von Reiseführern für die steigende Zahl von Touristen, das Aufkommen des Alpinsports und die Gründung von Alpenvereinen – all das hat das Verhältnis zwischen Mensch und Berg für immer verändert. Bald waren die Bergsteiger nicht mehr die einzigen, die große Höhen erreichten. Scharen von Touristen ließen sich vor Bergpanoramen ablichten, an Aussichtspunkten, die sie dank neuer Zugangswege leicht erreichen konnten. Die im 19. Jahrhundert aufkommenden Fotoalben und der wachsende Markt für Postkarten, Plakate und Kalender sorgten dafür, dass sich diese Fotos verbreiteten. Bilder aus den Bergen waren allgegenwärtig und sehr gefragt. Sie luden dazu ein, sich selbst auf den Weg ins Gebirge zu machen, vor allem in die Alpen. Manche Orte wurden zu touristischen Hotspots, einige Gipfel zu regelrechten Ikonen einer bergbegeisterten Öffentlichkeit.

Seit 180 Jahren sind die Berge ein beliebtes Motiv für Fotografen, die ihre Formen und Textur erforschen und sie aus jeder Perspektive betrachten. Wie damals zollen Künstler ihrer Unermesslichkeit auch heute Tribut und versuchen, ihr spektakuläres Wesen aus verschiedensten Blickwinkeln noch zu verstärken. Ob zu dokumentarischen, wissenschaftlichen oder touristischen Zwecken, Bilder aus den Bergen sind oft kunstvoll komponiert, sei es in Weitwinkelaufnahmen einer gesamten Bergkette oder in Nahaufnahmen von Felsen, Eis und Schnee. Die Menschen in den Bergen, insbesondere ihre schwierigen Lebensumstände und die Strapazen eines Lebens in großer Höhe, sind ein weiteres wiederkehrendes Thema. Fotografen von Magnum Photos bauten auf der bestehenden alpinen Ikonografie auf – und erfanden sie neu. Ihren Fotografien entnehmen wir, wie Berge beobachtet, genutzt und überquert werden. Wir sehen Menschen, die ihr gesamtes Leben in großer Höhe verbringen, aber auch solche, die sich dort nur für kurze Zeit aufhalten. Menschen auf der Suche nach dem Seelenheil oder nach einem weiteren Adrenalinkick, auf der Flucht vor Verfolgung und Krieg oder solche, die bloß überleben wollen. Dieses Buch nimmt den Leser mit auf eine Reise durch die Magnum Archive und erkundet, wie der Mensch sich die Berge zu eigen gemacht hat. Auch wenn die Fotografen von Magnum meistens an Orte reisen, die in den Nachrichten gerade präsent sind, nehmen sie für langfristige Aufträge mitunter wenig ausgetretene Pfade in Kauf. Auch die Geografie ist ein wichtiges Element ihrer Arbeit, aber die Berge auf den Magnum Fotografien haben wenig mit jenen Darstellungen zu tun, die wir von Postkarten kennen.

Dieses Buch beginnt mit dem Schweizer Werner Bischof. Der in Zürich ausgebildete Fotograf war ein begeisterter Bergsteiger, der auf keiner seiner alpinen Expeditionen die Kamera vergaß. Die hier gezeigten Fotografien wurden in den 1940er-Jahren aufgenommen, in der vom Zweiten Weltkrieg verschont gebliebenen Schweiz, die dennoch Militärübungen abhielt. Während des Krieges konnte Bischof das Land zwar nicht verlassen, unternahm aber regelmäßig lange Ausflüge in die Alpen, oft ganz allein. Seine Liebe zu den Bergen hat nie nachgelassen. Auch wenn er vor allem mit seinen Fotos aus dem Nachkriegseuropa und aus dem in den 1950er-Jahren von einer großen Hungersnot betroffenen Indien bekannt wurde, suchte Bischof auch weiterhin den Weg ins Gebirge. 1952 erkundete er im indischen Sikkim den Himalaya. Am 16. Mai 1954 verunglückte er mit 38 Jahren tödlich, als sein Auto bei einem Einsatz in den peruanischen Anden in eine Schlucht stürzte. Bischof war der erste Magnum Fotograf, der starb, und die Nachricht von seinem Tod erschütterte die Agentur. Nur neun Tage später trat Robert Capa, einer der berühmtesten Gründer von Magnum und Wegbereiter einer Generation engagierter Fotografen, in Indochina auf eine Landmine. Seit seiner Berichterstattung über den spanischen Bürgerkrieg galt er als der Kriegsreporter schlechthin. Capas Werk, insbesondere seine legendären Aufnahmen von der Landung der amerikanischen Truppen in der Normandie am D-Day, hatte einen enormen Einfluss auf die Geschichte des Fotojournalismus.

Bischof und Capa, zwei Fotografen, die uns viel zu früh verlassen haben, sind die ersten Seiten dieses Buchs gewidmet. Ihre Bergmotive überraschen, erwartet man von beiden doch eigentlich ganz andere Bilder, zutiefst menschliche Porträts von Bischof, von Capa Aufnahmen aus Kriegsgebieten. Auf den darauffolgenden Seiten begegnen wir zwei weiteren Gründungsmitgliedern von Magnum: Henri Cartier-Bresson und George Rodger. Danach folgen Inge Morath, Herbert List, Elliott Erwitt, René Burri und einige mehr. Die Fotos zeigen nicht nur die Bandbreite ihrer Reisen in Europa, Asien und Südamerika, sondern auch ihren genauen Blick, die dem Motiv genauso viel Beachtung schenkten wie der Darstellungsweise. Die Aufnahmen des chilenischen Fotografen Sergio Larrain sind das Ergebnis sorgfältiger Komposition mit dem, wie er es nannte, »Rechteck in der Hand«. Wie Larrains Motto verweist auch Cartier-Bressons »Du musst den Kompass im Auge haben«, wie wichtig die Perspektive des Fotografen ist. Indem die Agentur sich für unabhängige, humanistische Fotografie in aller Welt engagierte, schuf sie im Laufe der Jahre ihren eigenen Mythos. Die Mitglieder von Magnum wählten ihre Reiseziele oft aufgrund von Presseberichten. Das waren natürlich Konfliktzonen, aber auch Länder, in denen Frieden herrschte oder die sich im Aufbau oder Wiederaufbau befanden. Der Fokus lag und liegt auf den Menschen, im Alltag wie bei der Arbeit. Wenn wir in die Archive von Magnum schauen, wird deutlich, wie weit ihre Fotografen auf der Suche nach einer Geschichte reisten.

In den 1950er-Jahren zählte Magnum Photos gerade 15 Mitglieder. Zu jener Zeit war das Fernsehen noch nicht weit verbreitet und in vielen Gegenden dieser Erde waren Kameras vollkommen unbekannt. Heute gehören der Agentur rund 70 Fotografinnen und Fotografen an und sie genießen die absolute Freiheit des fotografischen Ausdrucks, notwendigerweise persönlich und subjektiv. Wenn Fotografen ein Bild von einem Berg schießen, scheinen die Newsticker eine Pause einzulegen. Es ist, als hätten die Berge die Macht, uns in eine andere Zeit zu versetzen, eine, in der noch immer uralte Glaubenssätze herrschen.

Viele haben sich von der religiösen Bedeutsamkeit der Berge beeindrucken lassen. Cristina García Rodero in Venezuela und Äthiopien, Abbas in Afghanistan und Tibet und Thomas Dworzak im nördlichen Kaukasus – sie alle fotografierten heilige Orte. Jahrhundertelang galten die Gipfel der Berge als Bindeglied zwischen Himmel und Erde. Spuren dieser Überzeugung findet man in Magnum Fotos aus aller Welt, sie zeigen die Schönheit der Berglandschaften, aber auch der darin stattfindenden Rituale. Wenn man sich solche Fotos anschaut, kann man mitunter kaum sagen, wann sie aufgenommen wurden. Die Zeremonien darauf wirken zeitlos, vollkommen unberührt von den Entwicklungen des 20. Jahrhunderts. Sicherlich spielt das raue Klima dabei eine Rolle. Einen Berg zu besteigen bedeutet, die moderne Welt hinter sich zu lassen. Selbst der Alltag der Bergbewohner vermittelt einem das Gefühl, als wären sie irgendwie aus der Zeit gefallen, verschont geblieben vom Stress, den Stadtmenschen erleben. Lu Nans Fotos von den Begräbnisriten in einem abgelegenen Dorf in der chinesischen Provinz Yunnan stammen aus den 1990er-Jahren, doch sie zeigen etwas, das sich exakt so auch vor Jahrhunderten hätte ereignen können.

Die Magnum Fotografen dokumentieren die Welt, in der sie leben, mit großer Hingabe. Sie sind dabei von der Unermesslichkeit der alpinen Landschaft fasziniert, aber genauso von den dort ansässigen Menschen. Einige sind an Orte gereist, die weit von der westlichen Zivilisation entfernt sind: Philip Jones Griffiths 1964 in die Mongolei, Ferdinando Scianna 1986 in die Anden und Jonas Bendiksen 2013 ins Altai-Gebirge an der russisch-chinesischen Grenze. Nach wie vor gibt es weitgehend unerforschte, noch nie fotografierte Orte auf dieser Erde, Regionen, die kaum jemand betreten hat, Völker, die uns gänzlich unbekannt sind. Die Menschen, die uns in diesem Buch begegnen, erscheinen uns fremd und vertraut zugleich, ganz gleich, ob sie in Europa, Asien, Mittelamerika oder im Nahen Osten leben. Die imposanten ewigen Berge stehen für eine wilde, ungezähmte Natur. Insbesondere im 20. Jahrhundert sollten Aufnahmen aus dem Gebirge fast immer zeigen, wie klein und hilflos der Mensch im Angesicht der mächtigen Gipfel ist. Fotografen trotzten den Elementen, um abgelegene Gegenden ohne jede Infrastruktur zu erreichen. Sie lichteten die Bewohner ab und staunten über die erhabene Landschaft. Ihre betont humanistische Einstellung veranlasste die frühen Magnum Fotografen, nach Gemeinsamkeiten mit den Menschen zu suchen, die sie fotografierten. Spätere Generationen heben vor allem die negativen Entwicklungen hervor, so Martin Parr, der den Massentourismus in Machu Picchu und den Schweizer Alpen dokumentierte. Auch Carl De Keyzer widmet sich in seinen Arbeiten dem Tourismus, doch sein Fokus liegt eher auf der Infrastruktur. Die Zeugen des Outdoor-Tourismus wissen nur allzu gut, dass die Natur, die sie sehen, gar nicht mehr so natürlich ist. Im 21. Jahrhundert sind die Berge so sehr domestiziert, dass ihre Substanz in Gefahr ist. Die Fotos von Peter Marlow zum Beispiel zeigen, wie aufwendig Bergtourismus betrieben werden muss, wenn die zunehmende Erderwärmung ganze Skigebiete bedroht. Während wir die Bergwelt industriell immer weiter erschließen, können Fotos bezeugen, wie der Mensch die Natur benutzt und missbraucht, und soziopolitische Fragen aufwerfen. Solche Bilder kontrastieren Schönheit mit Angst. Heute versuchen Fotografen nicht mehr, unerforschte Gegenden zu erschließen, sondern bilden ab, wie die Umwelt sich verändert. Im 20. Jahrhundert hatte die weltweite Verbreitung von Fotos aus den Alpen fatale Folgen für die dortige Landschaft, weil sie den Tourismus förderten. Heute verwenden Wissenschaftler Fotos, um uns vor den Folgen unseres Verhaltens zu warnen, mit dem wir den Planeten zerstören. Fußwege, Straßen und Schneekanonen greifen in die Landschaft ein und gefährden das natürliche Gleichgewicht der Bergwelt.

Die Magnum Archive zu erforschen bedeutet, manche Orte neu zu sehen. Es ist ein Backstage-Pass zu den unentdeckten Sehenswürdigkeiten unseres Planeten. Auch wenn Magnum nicht zuerst für Landschaftsfotografie steht, zieht sie sich doch durch die gesamte Geschichte der Agentur. Schließlich sind Landschaften als Resultat der Naturwahrnehmung zu einer bestimmten Zeit und in einer bestimmten Gesellschaft auch ein kulturelles Konstrukt. Beim Thema Berge geht es um Höhe und Weite und um eine paradoxe Faszination. Um Natur, Kultur und Mythen. Um Konstruktion, Abstraktion und Entfremdung. Sie erscheinen unzerstörbar, aber wenn wir näher hinschauen, stellen wir fest, dass unser Umgang mit der Natur auch im Gebirge nicht ohne Folgen ist. Was bedeuten heute die Berge und ihre Landschaften für uns, da die meisten Menschen in Städten leben? Kann ihre beeindruckende, felsige Silhouette noch immer Mythen heraufbeschwören? Für Werner Bischof waren die Berge eine Quelle seiner Lebenskraft. Seine formalen Studien und seine Naturbeobachtungen traten in den Hintergrund, als er sich später mehr für den Alltag der Menschen zu interessieren begann, doch die erste Phase seiner Karriere, in der er das Handwerk lernte und seinen Stil fand, blieb für seine weitere Arbeit von großer Bedeutung. Als der Zweite Weltkrieg zu Ende ging, konnte Bischof sein Heimatland verlassen und das vom Krieg gezeichnete Europa erkunden. Nach seinem ersten Kontakt mit Flüchtlingen, die in die Schweiz kamen, wandte er sich von der Naturfotografie ab und konzentrierte sich auf menschliche Porträts. Doch neun Jahre später, nachdem er um die halbe Welt gereist war, erkundete er die Anden, die ihn an die Schweizer Alpen seiner Jugend erinnerten. An zwei aufeinanderfolgenden Tagen fotografierte er die Ruinen von Machu Picchu bei unterschiedlichen Lichtverhältnissen, fasziniert von Farben und Formen. Er war mit einem peruanischen Fahrer und einem befreundeten Geologen unterwegs. Sie fuhren weiter, die Serpentinen wurden immer steiler. Kaum jemand sonst wagte es, diese gefährlichen Straßen zu benutzen. Immer höher ging es hinauf, den Gipfeln der Anden entgegen, bis ihr Auto in eine Schlucht stürzte. Die Berge, dieses gewaltige Faszinosum der Menschheit, hatten das letzte Wort.

WERNER BISCHOF

▹ St. Moritz,
Schweiz, 1948

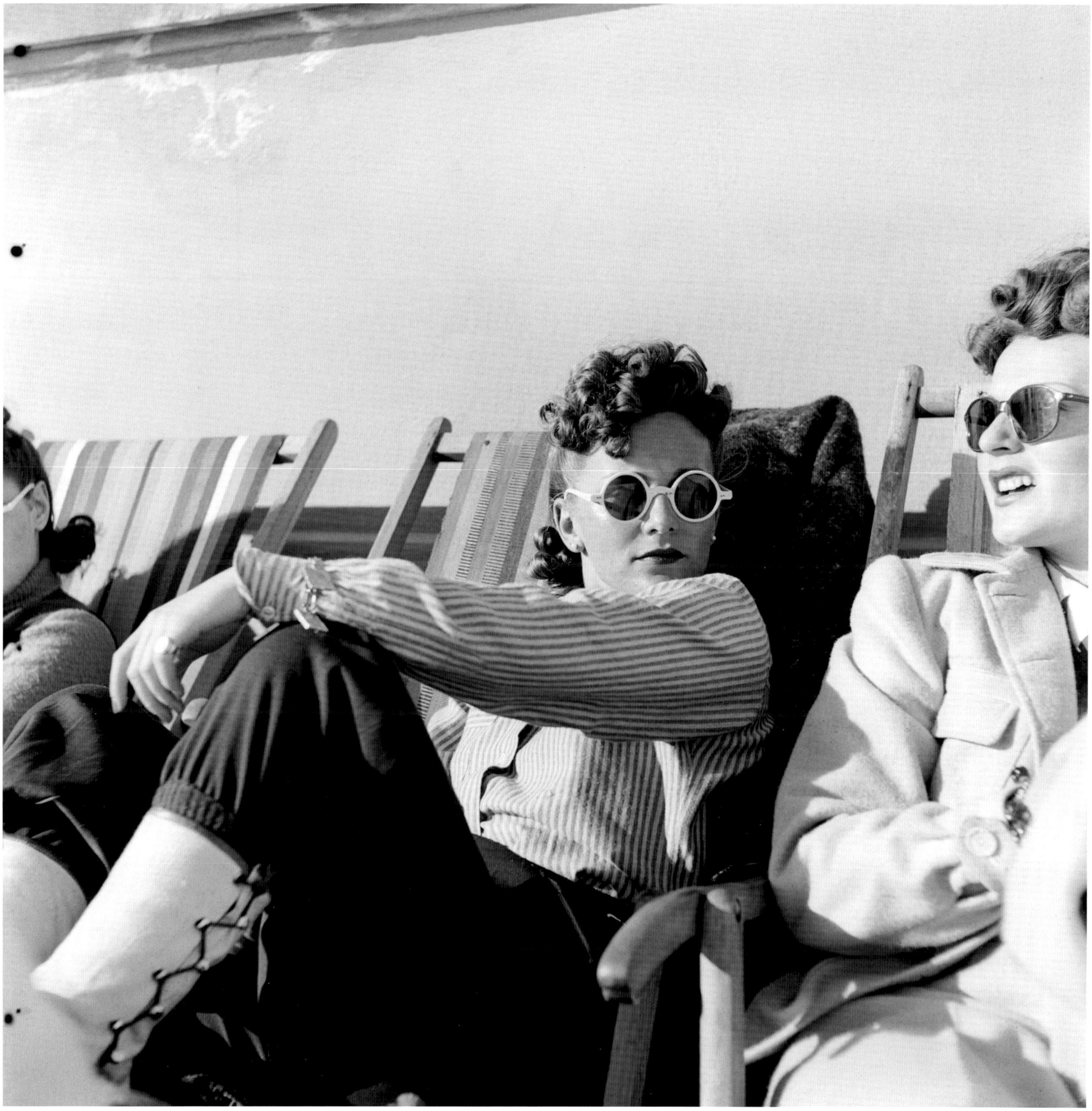

WERNER
BISCHOF

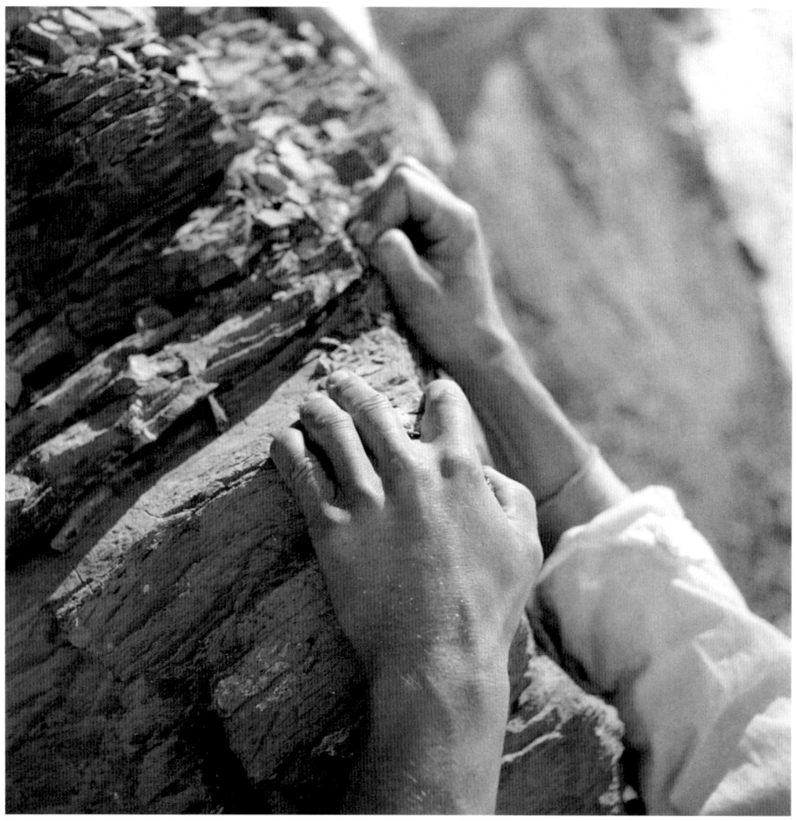

▵ Schweiz, 1943
▹ Schweiz, 1940

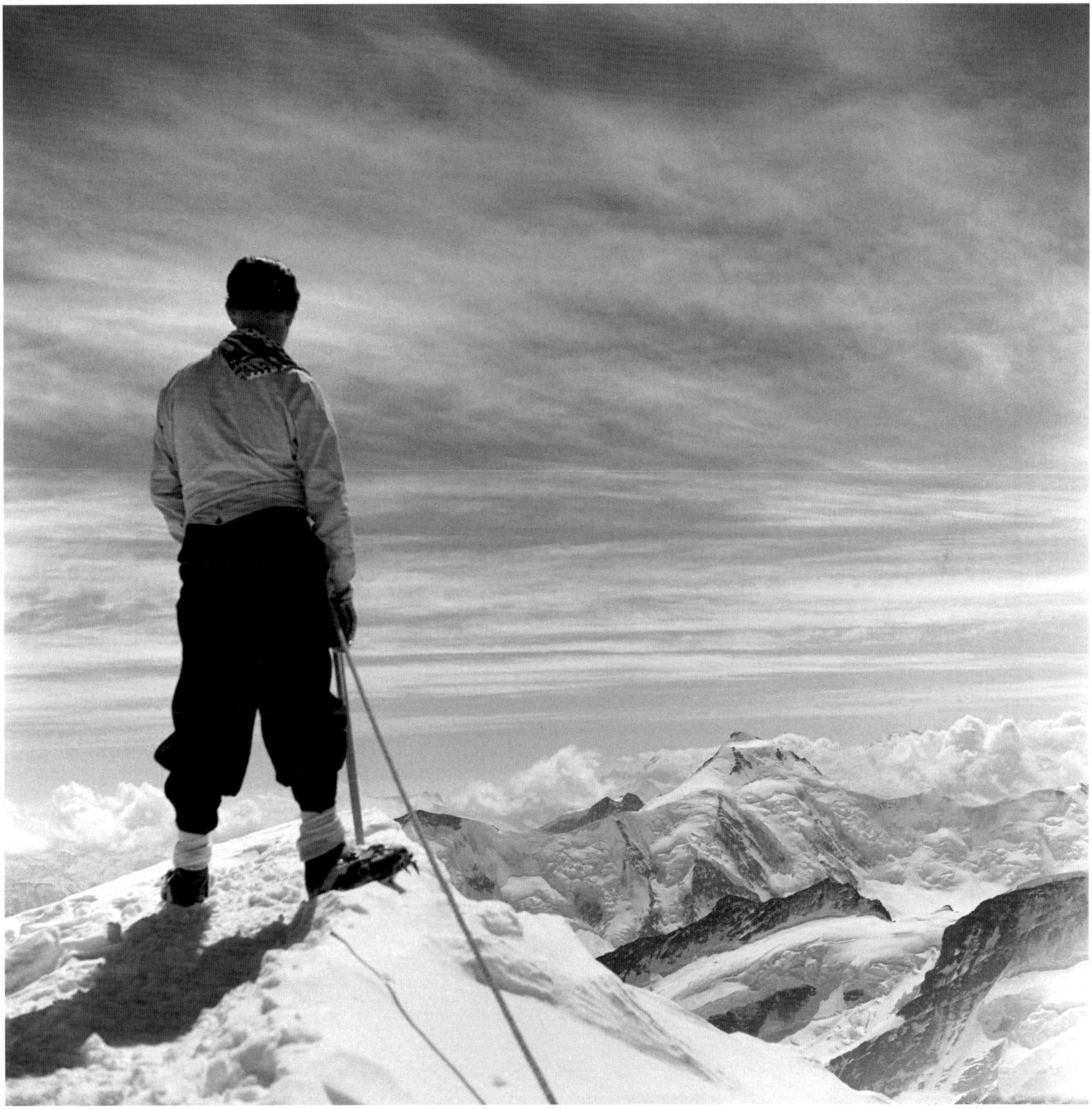

WERNER
BISCHOF

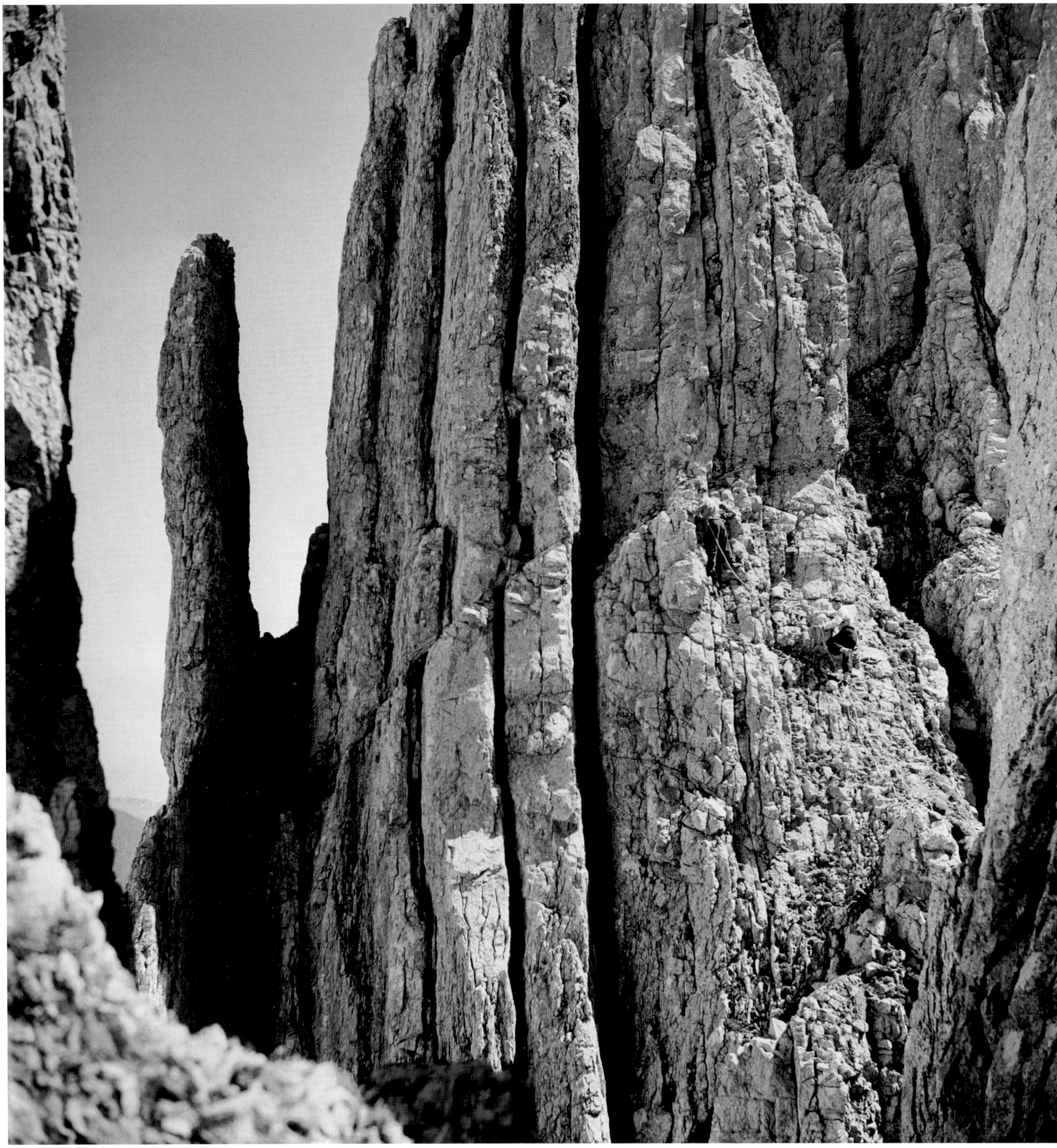

▵ Schweiz, 1943
▹ Schweiz, 1940

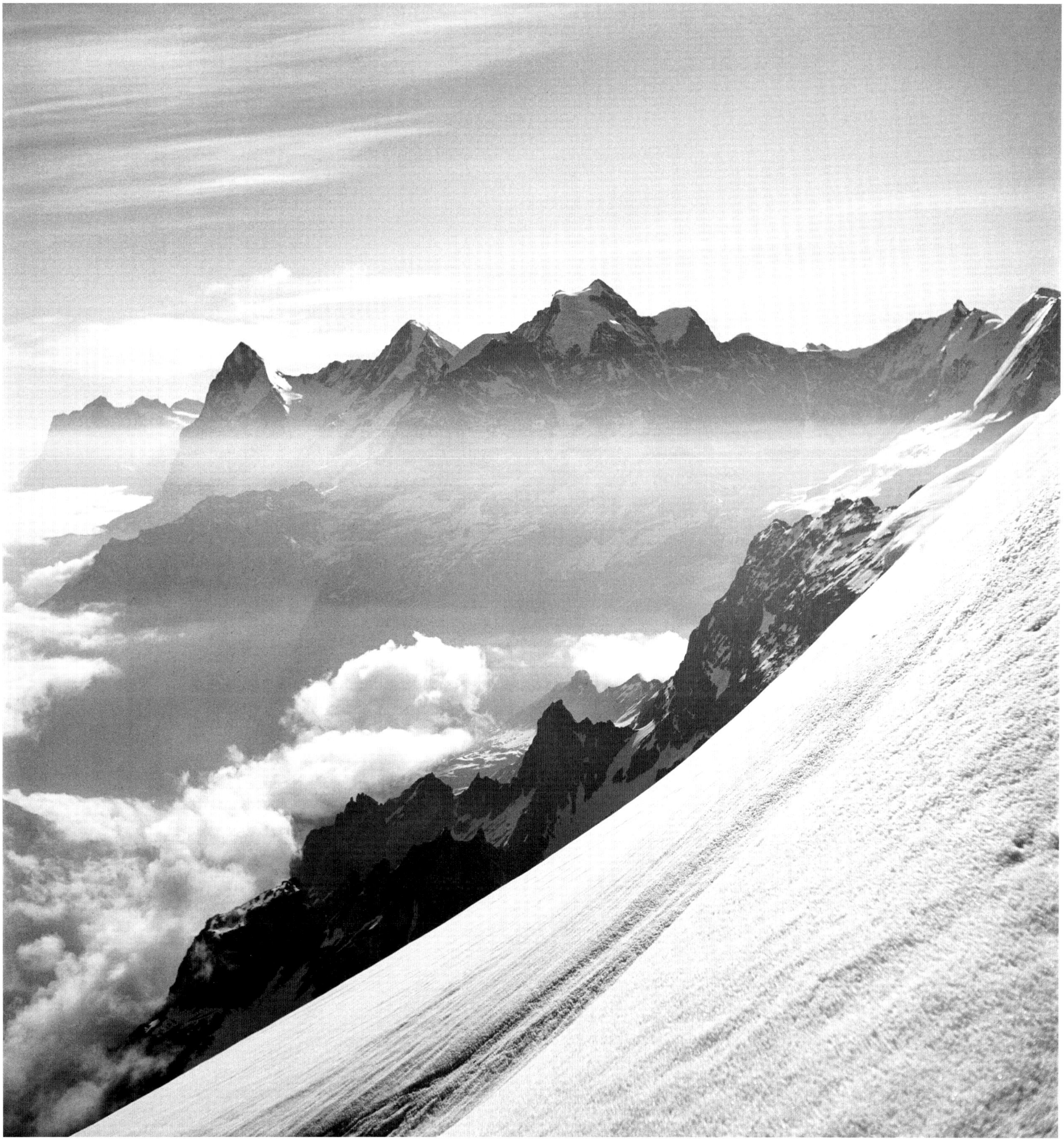

WERNER
BISCHOF

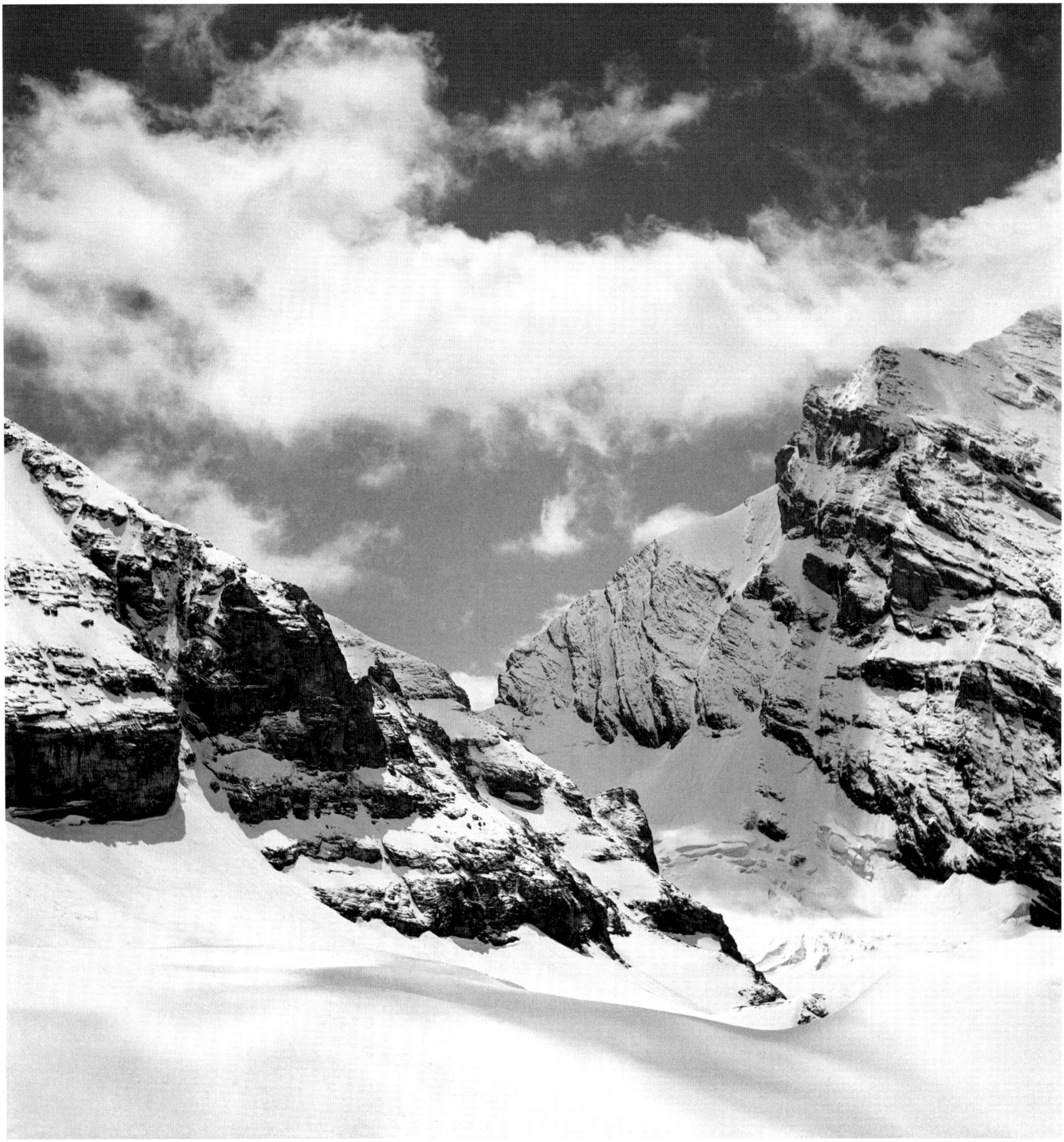

▵ Schweiz, 1941
▹ Schweiz, 1943

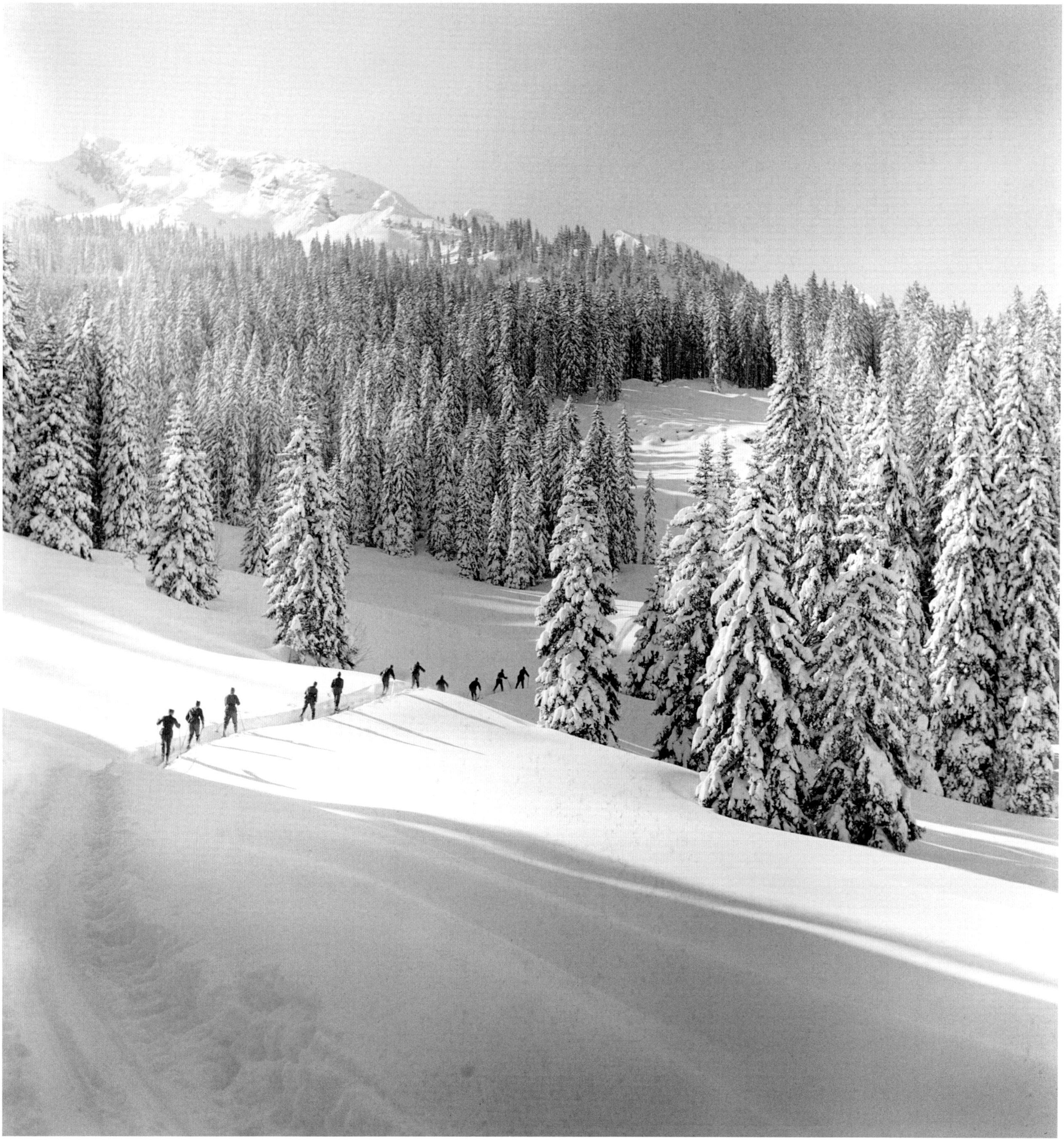

WERNER
BISCHOF

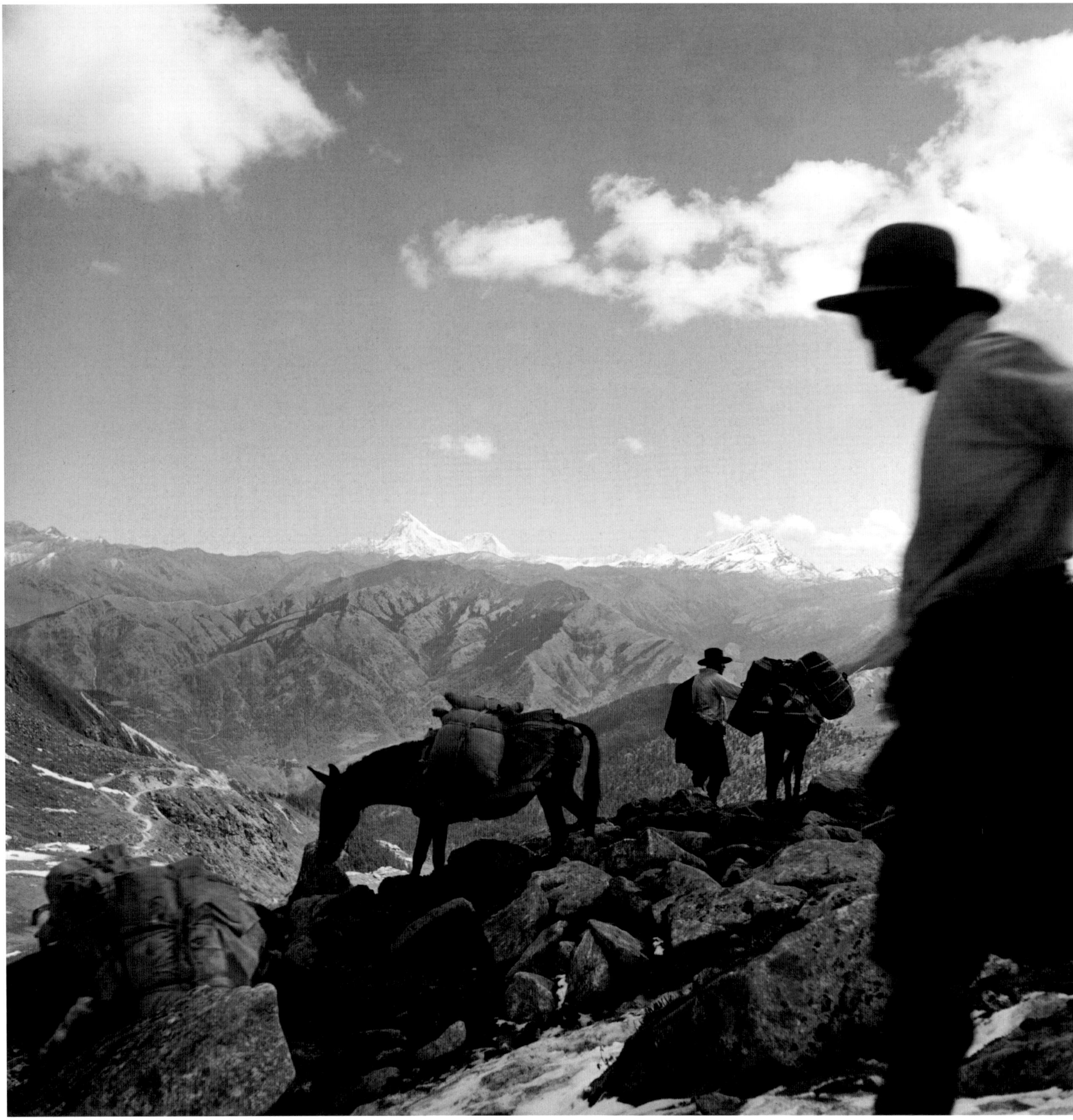

△ Jelep La, Pass zwischen Sikkim, Indien, und Tibet, China, 1951
▷ Machu Picchu, Peru, 1954

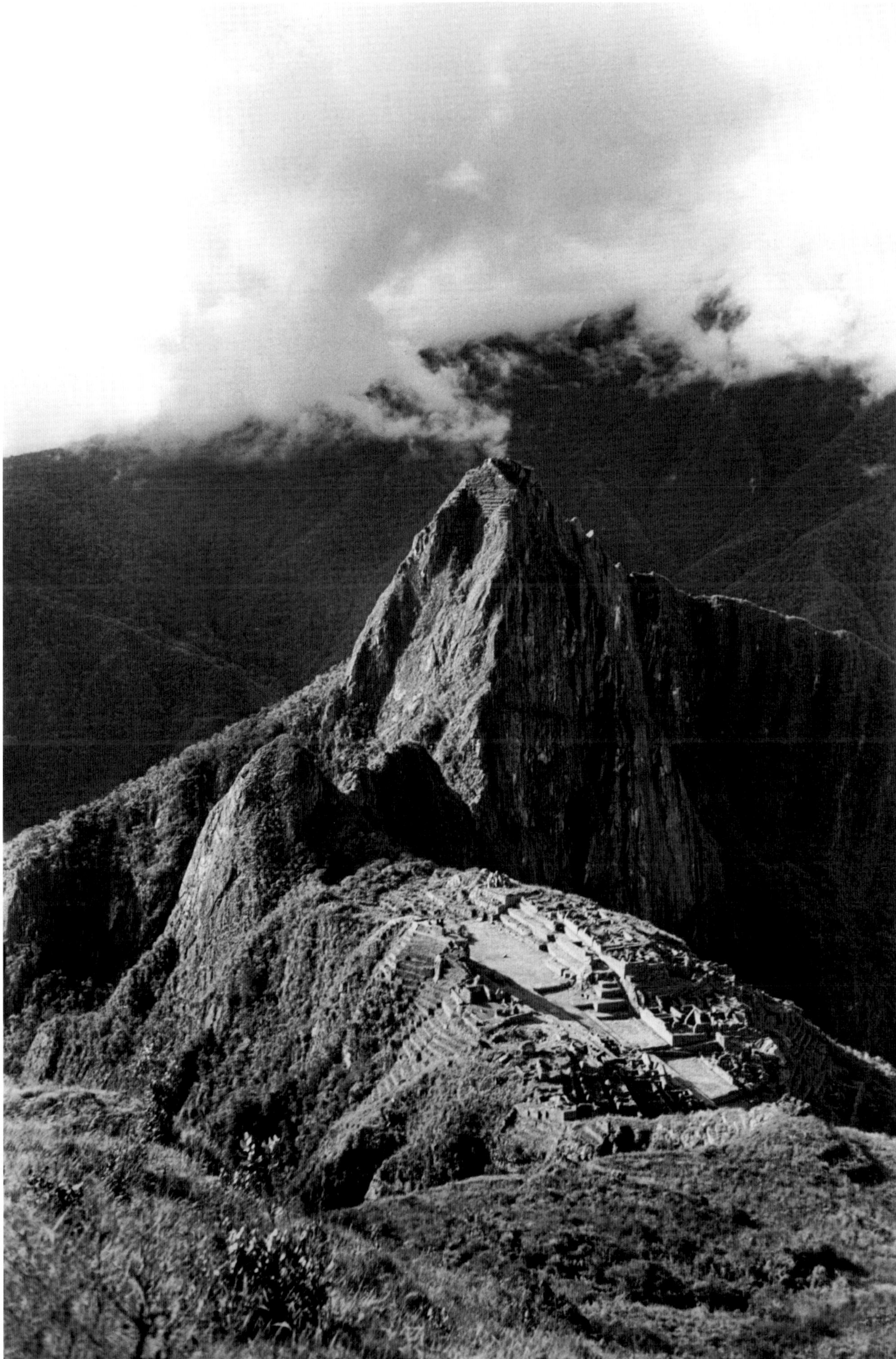

ROBERT
CAPA

▹ Französisch-spanische Grenze,
Frankreich, 1944

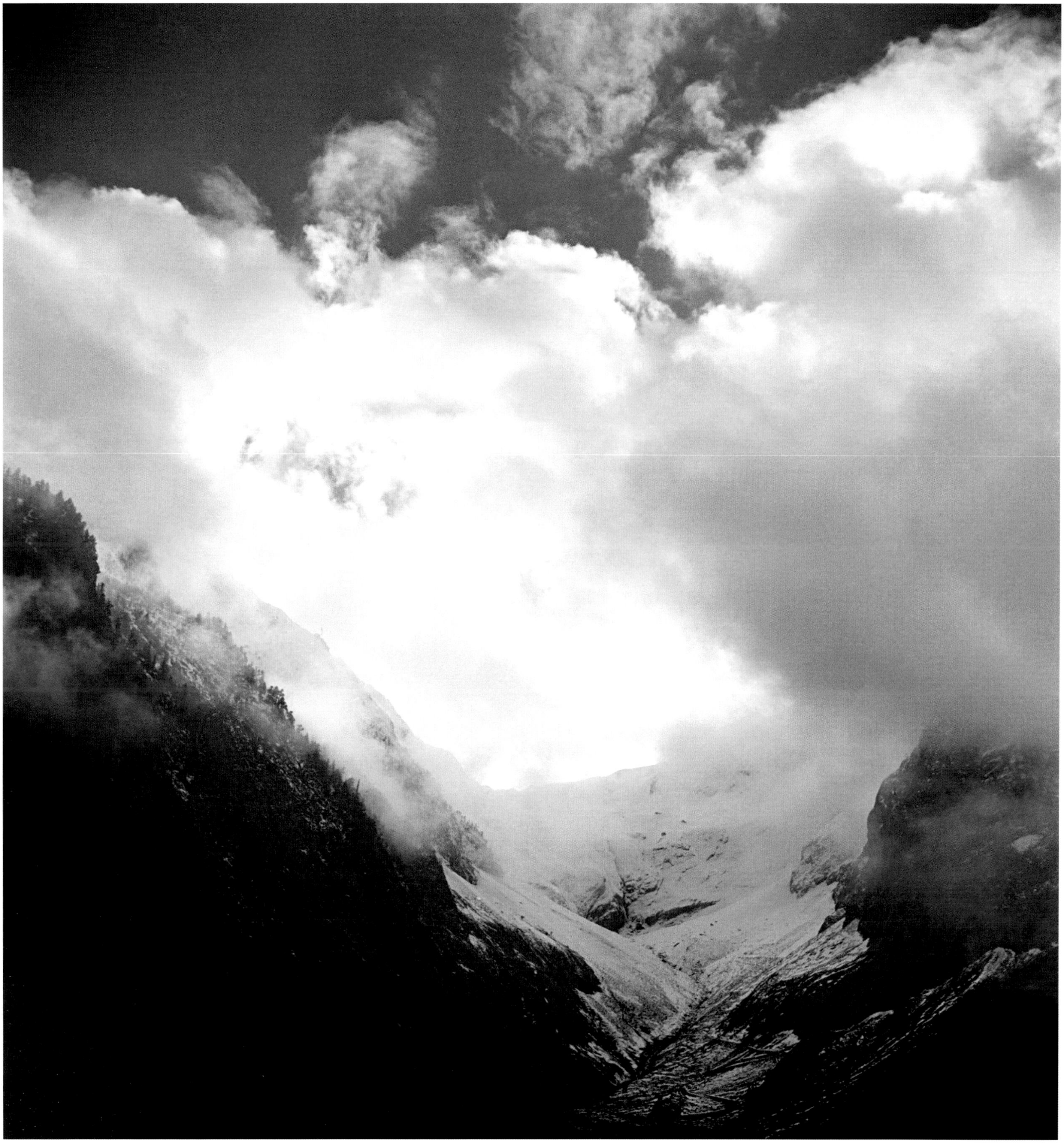

ROBERT
CAPA

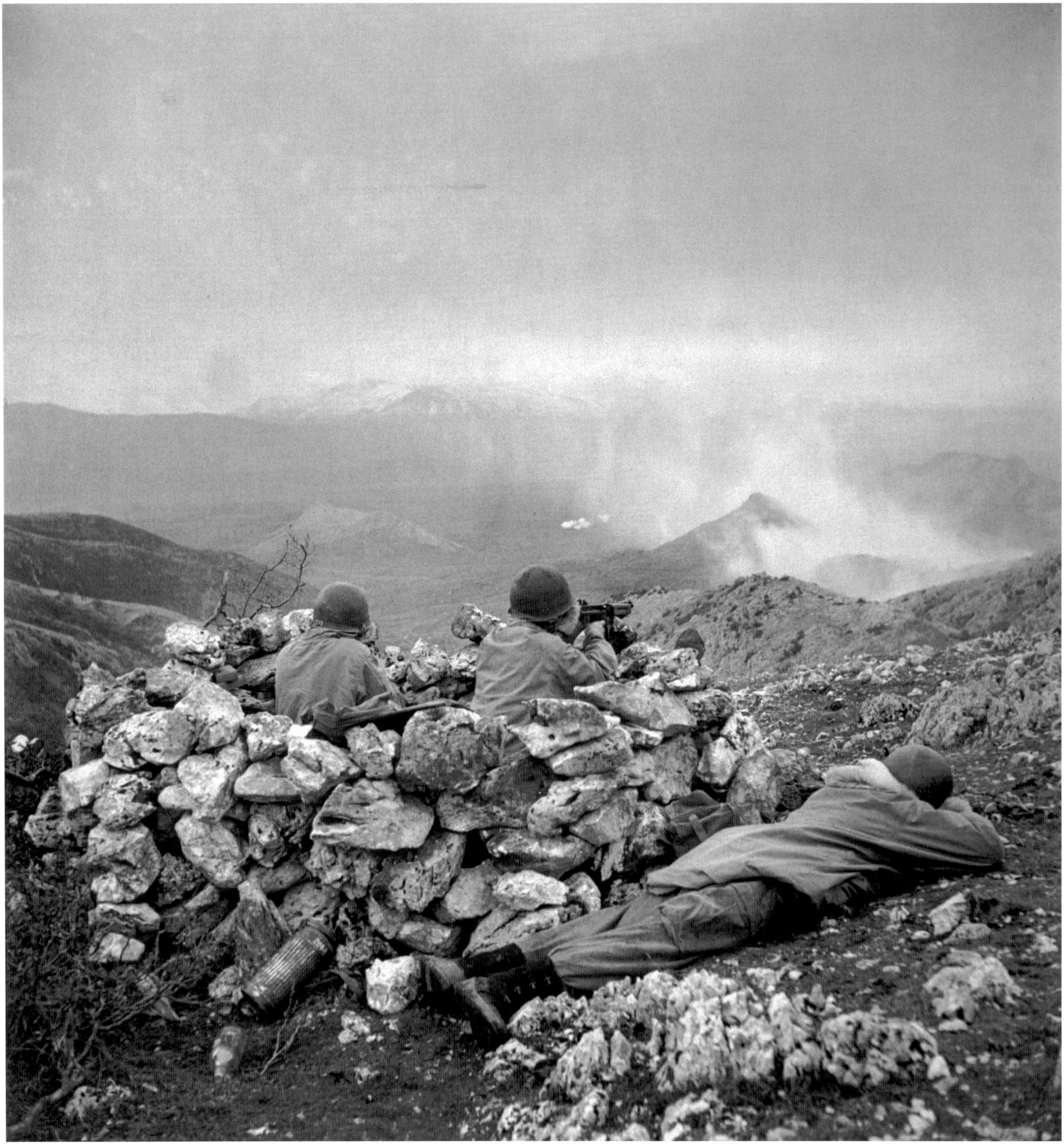

Die US-amerikanisch/kanadische First Special Service Force im Kampf gegen die deutsche Besatzung, bei Radicosa, in der Nähe von Cassino, Italien, 1944

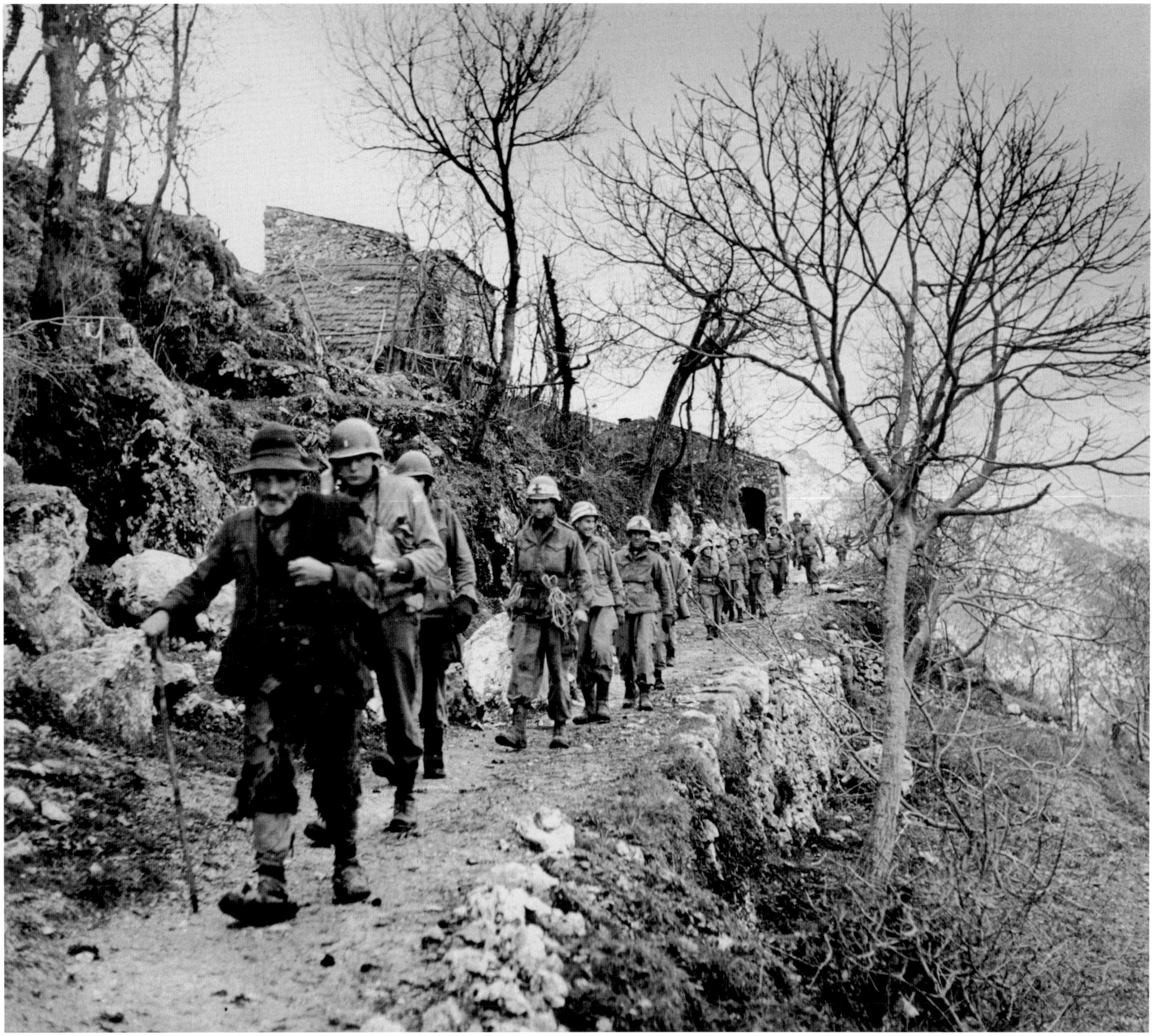

Ein italienischer Zivilist führt die First Special Service Force durch die kürzlich befreite Stadt Radicosa, in der Nähe von Cassino, Italien, 1944

ROBERT CAPA

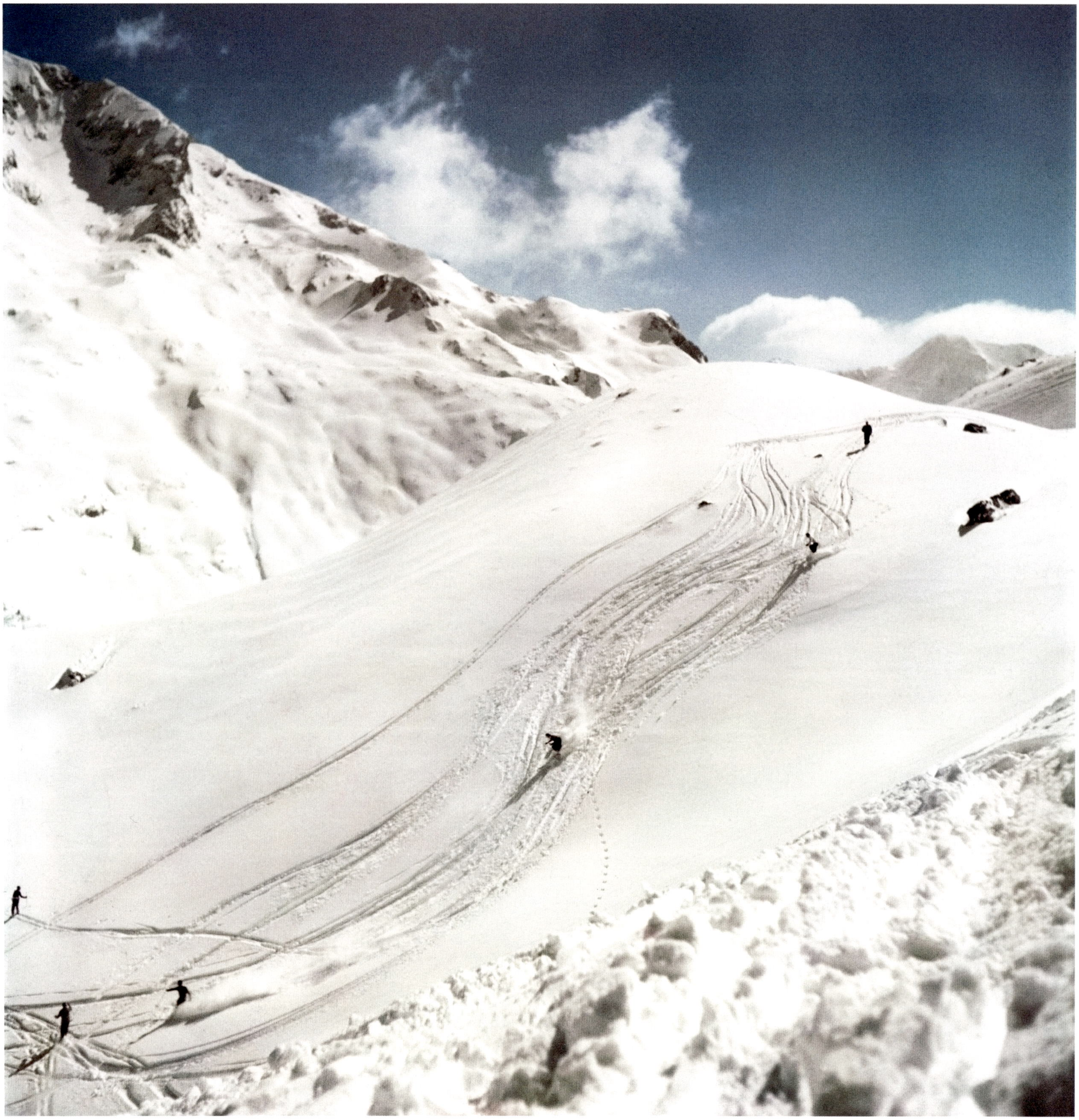

△▷ Zermatt,
Schweiz, 1950

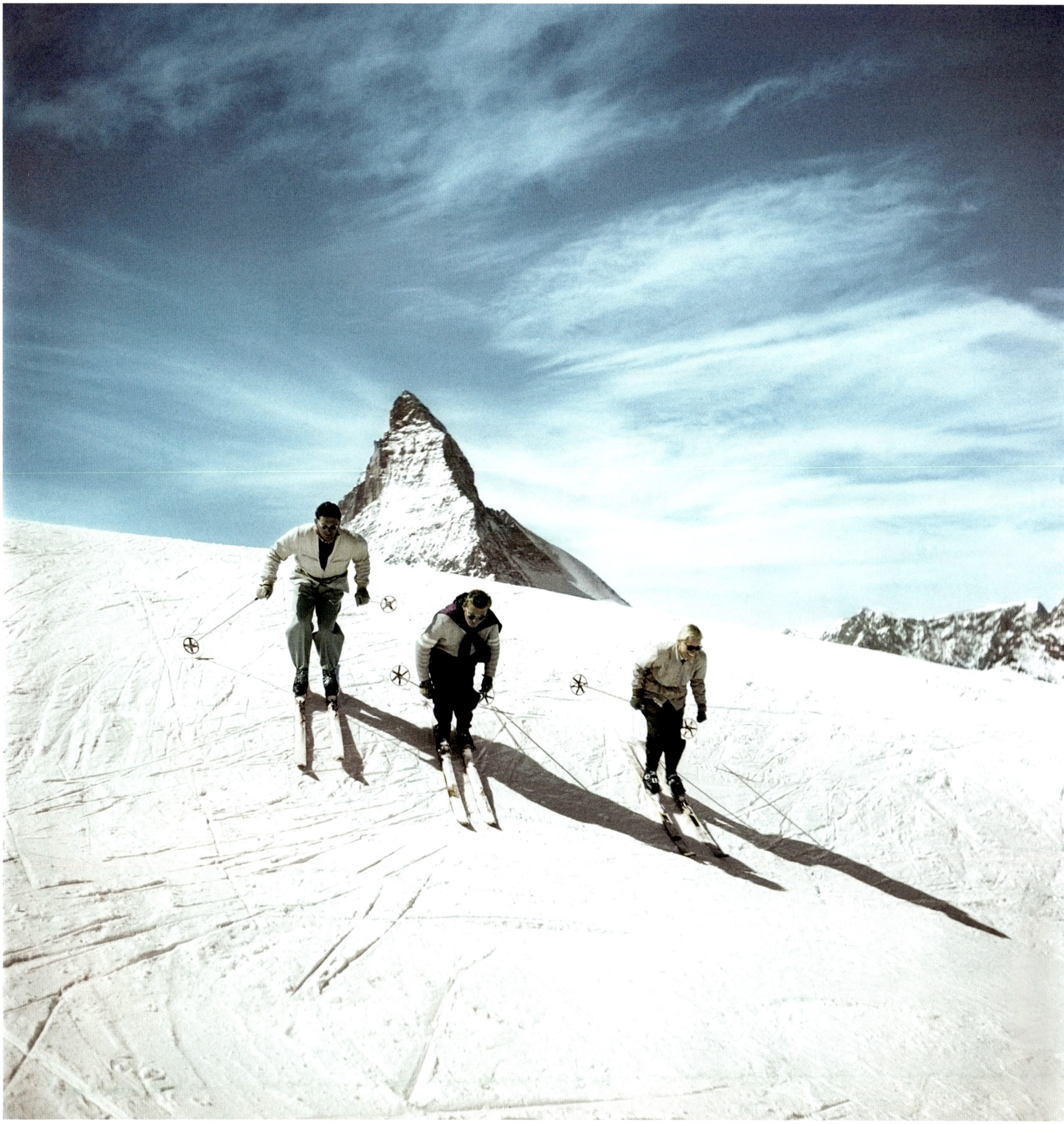

ROBERT
CAPA

▹ Zermatt,
Schweiz, 1950

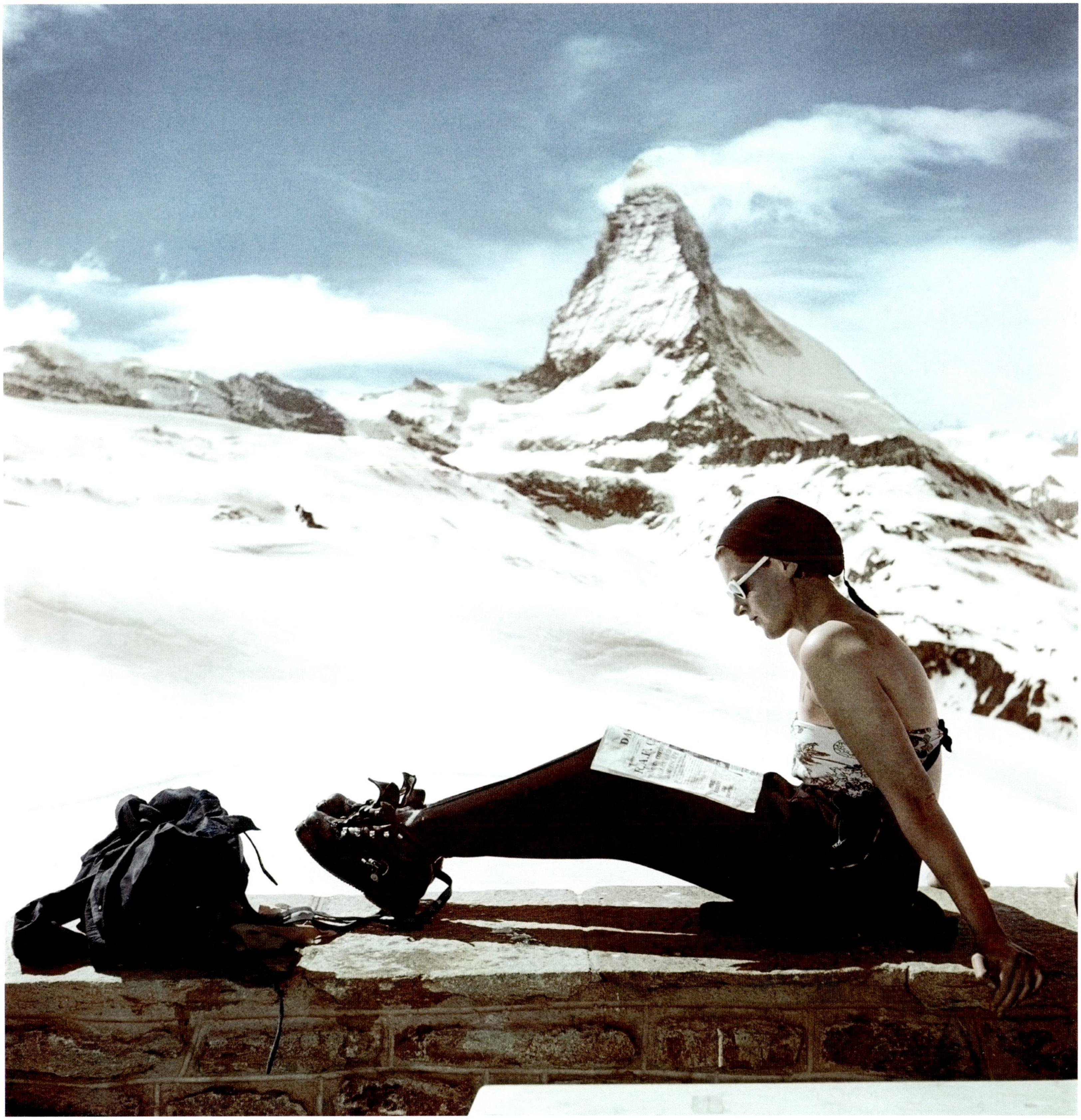

ROBERT
CAPA

HERBERT LIST

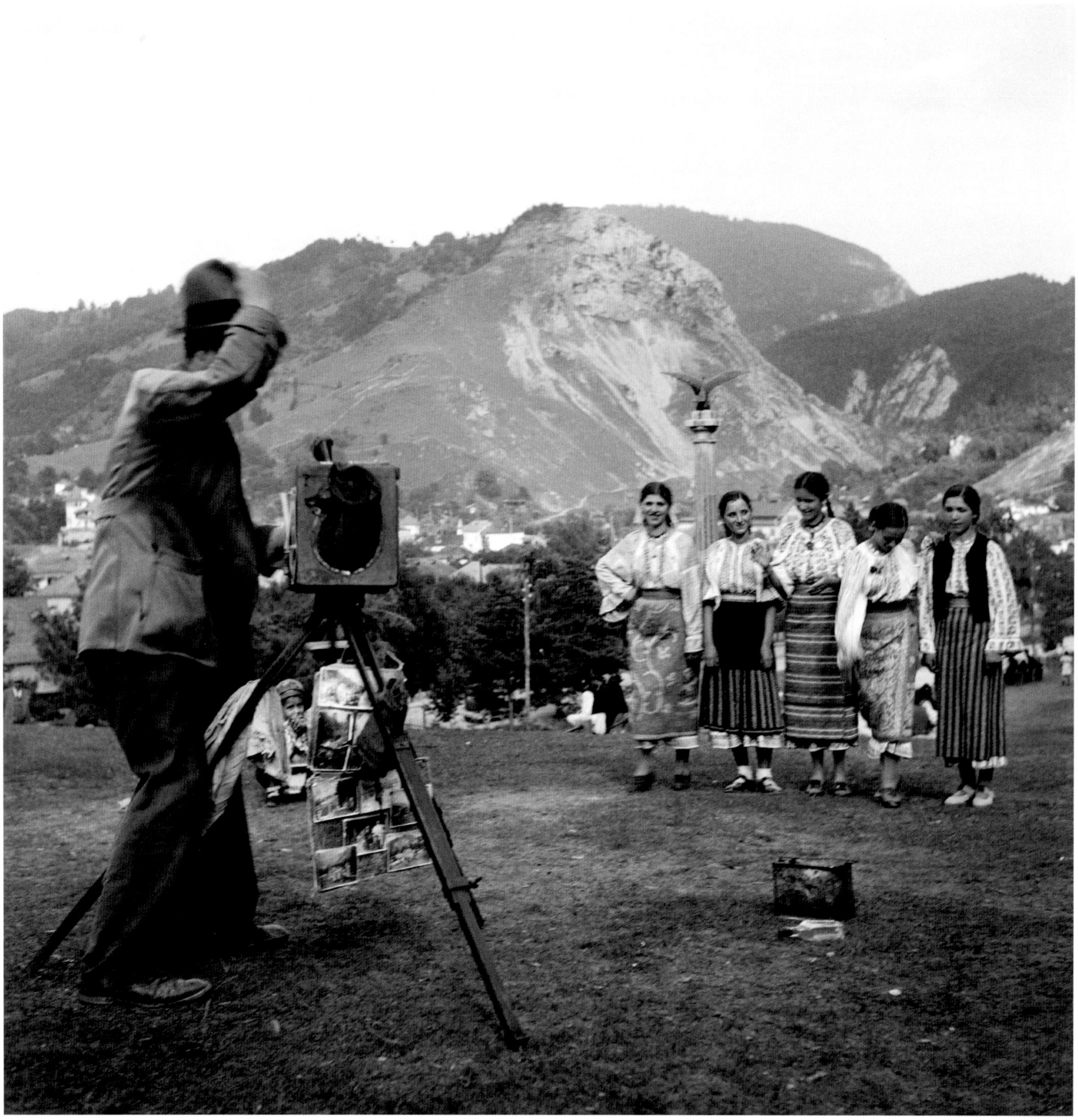

△▷ Găina, Transsilvanien, Rumänien, 1938

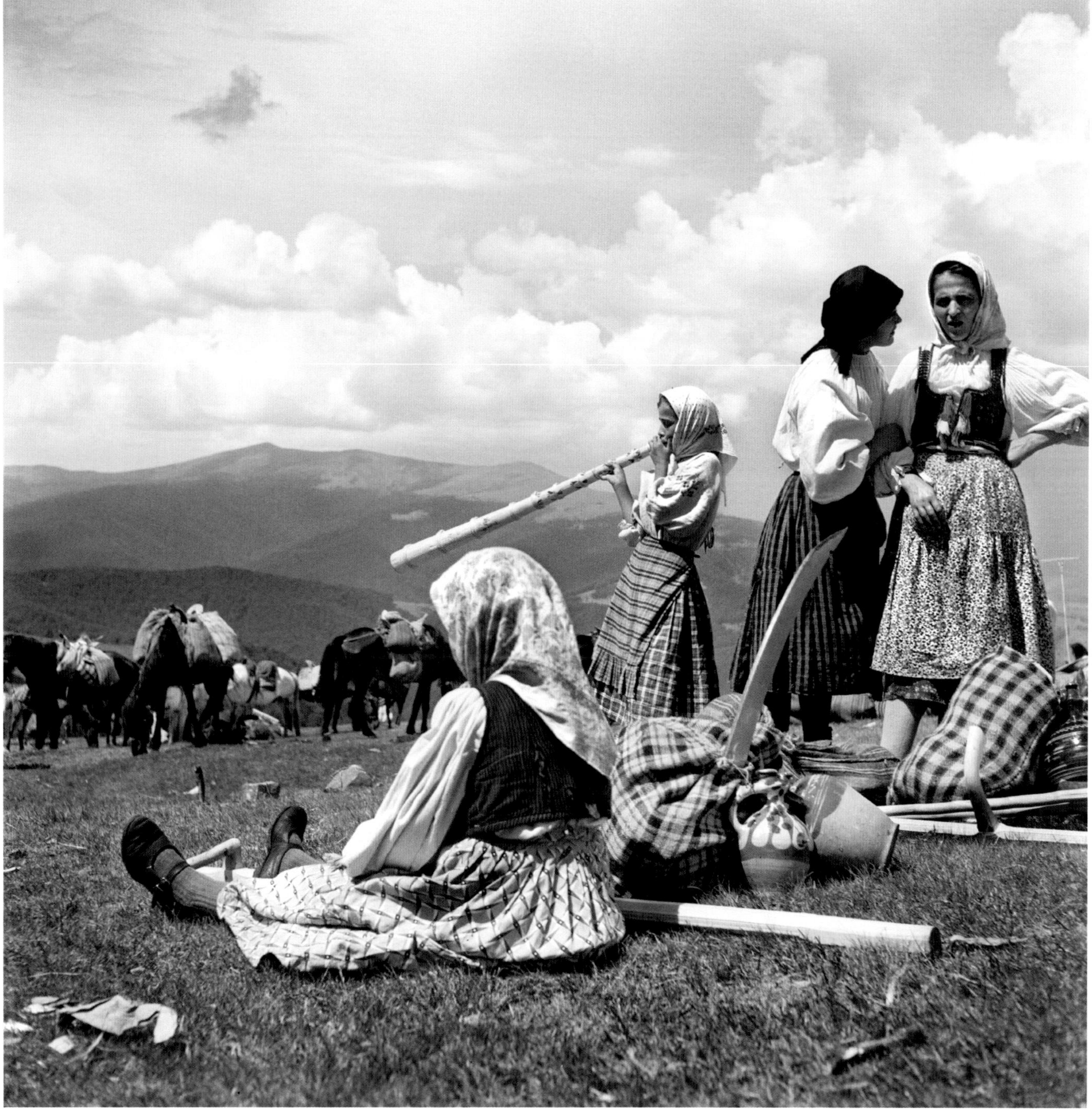

HERBERT
LIST

HENRI CARTIER-BRESSON

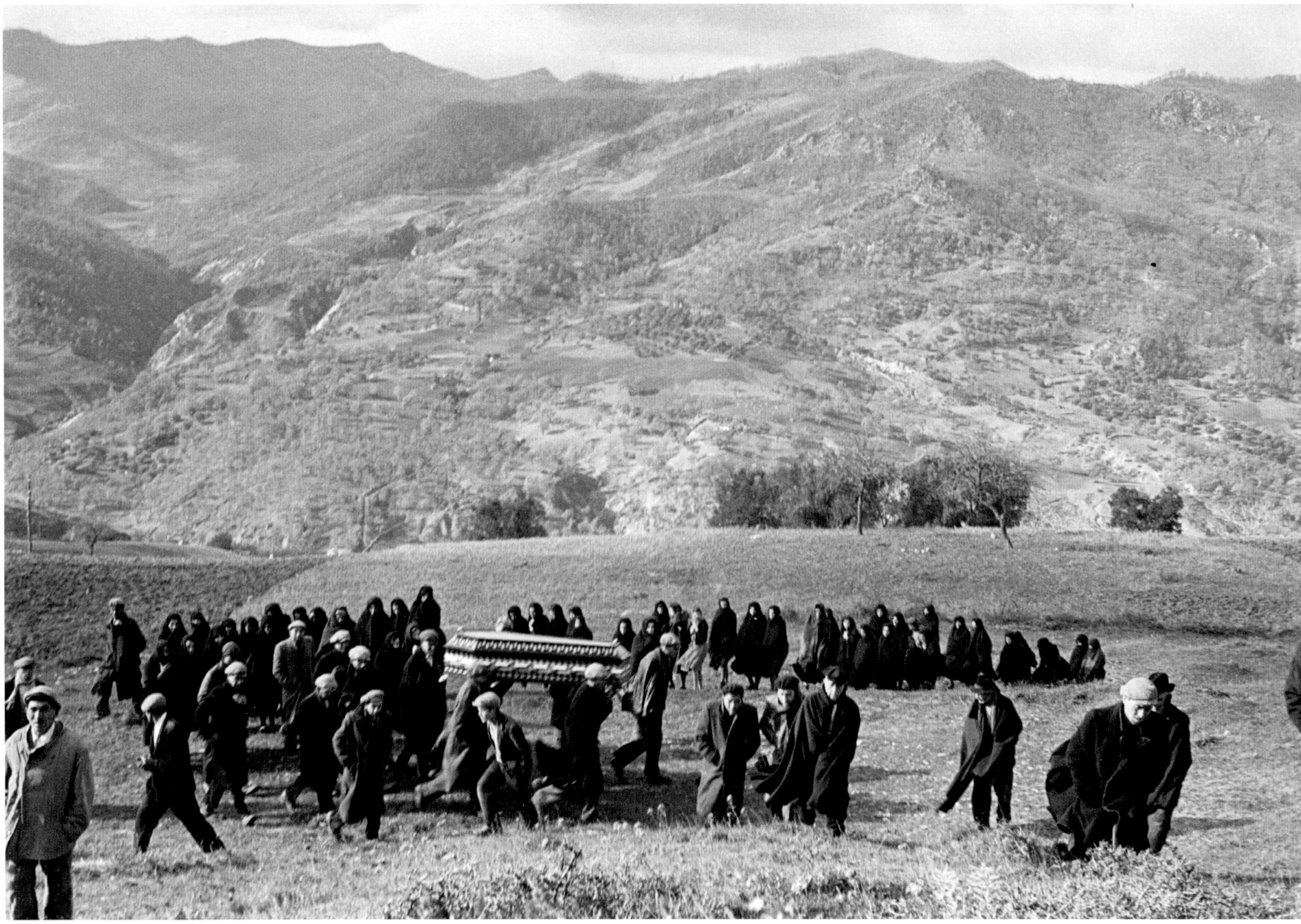

▵ Bei Accettura, Basilikata, Italien, 1951
▹ Peloponnes, Griechenland, 1953

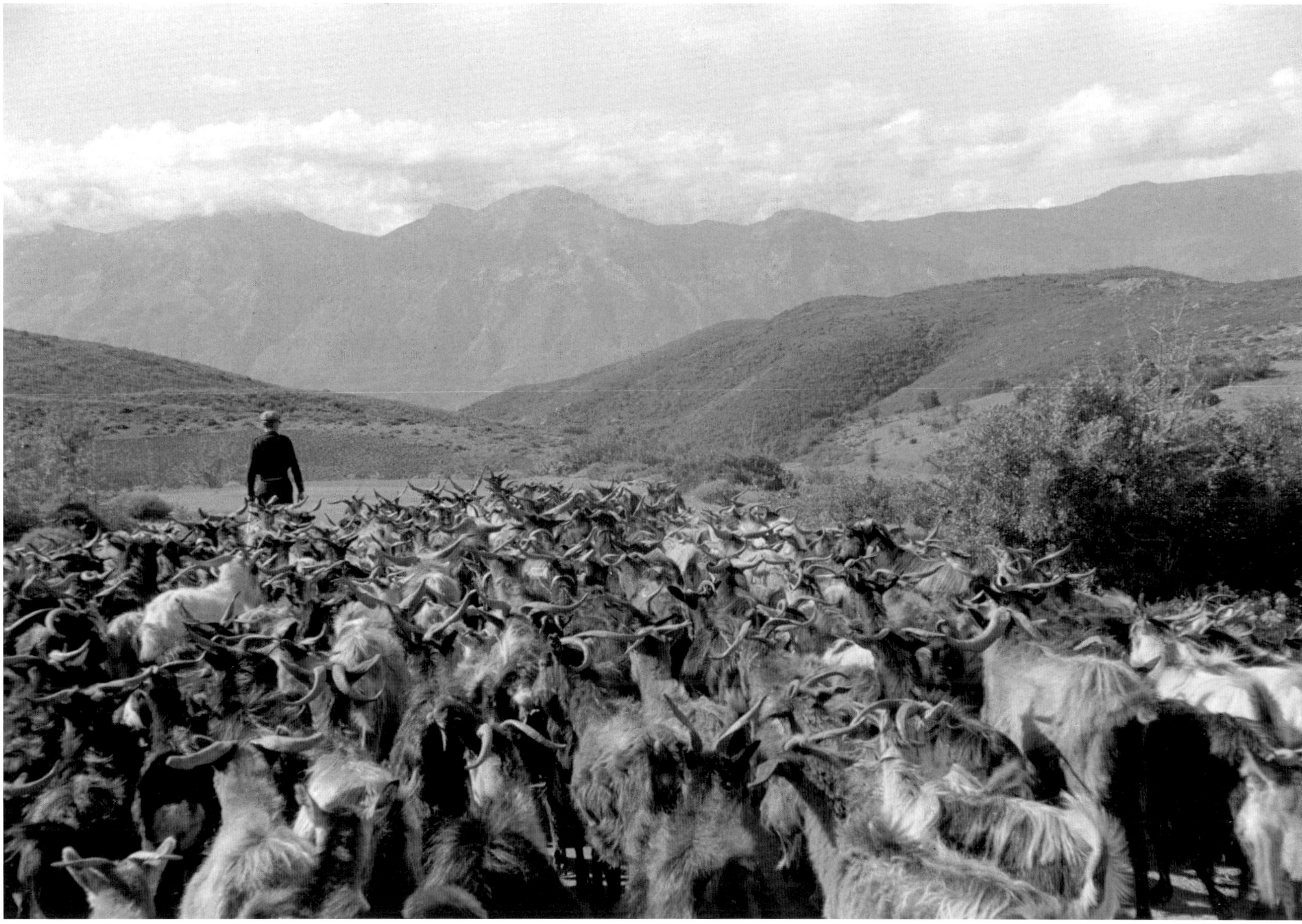

HENRI
CARTIER-BRESSON

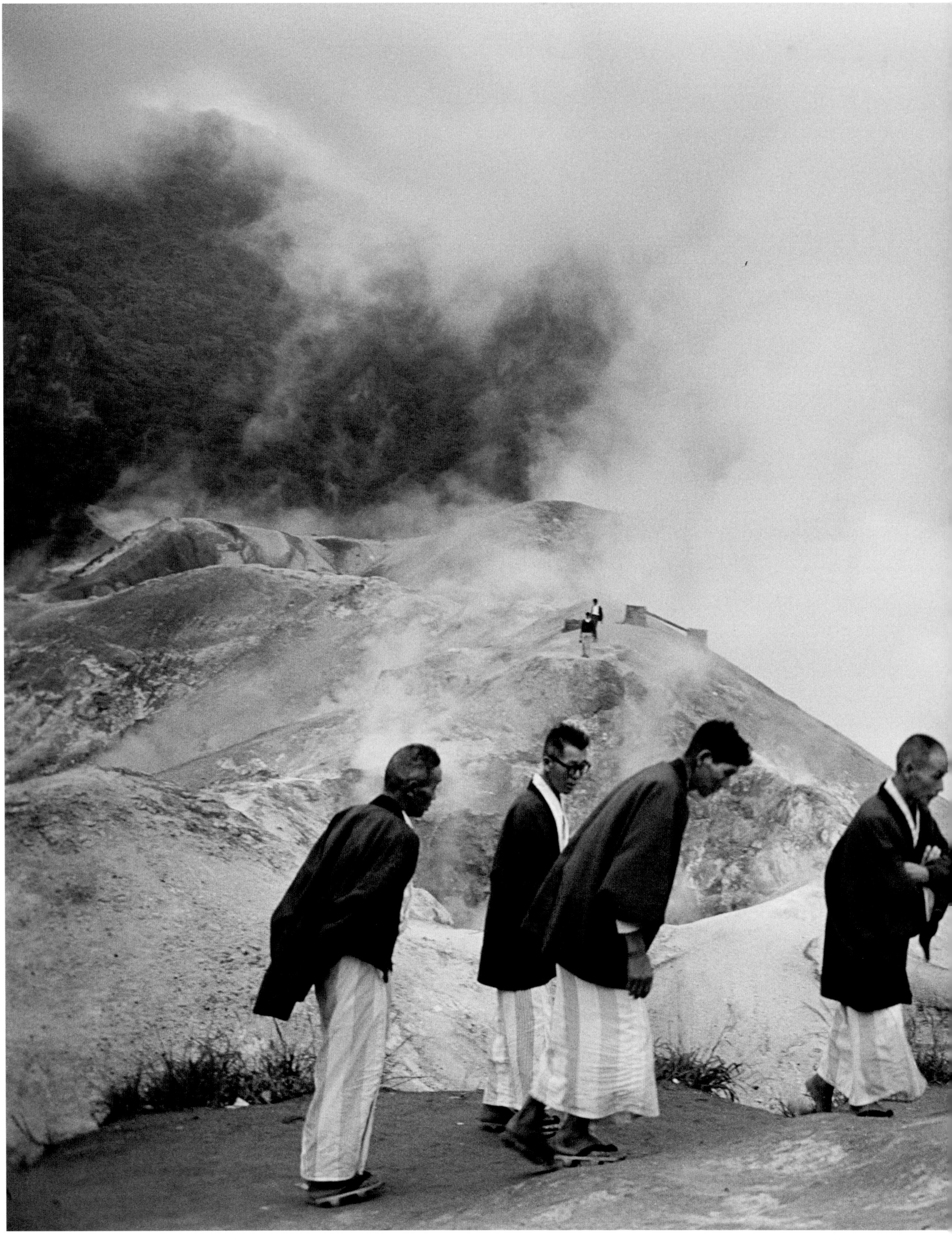

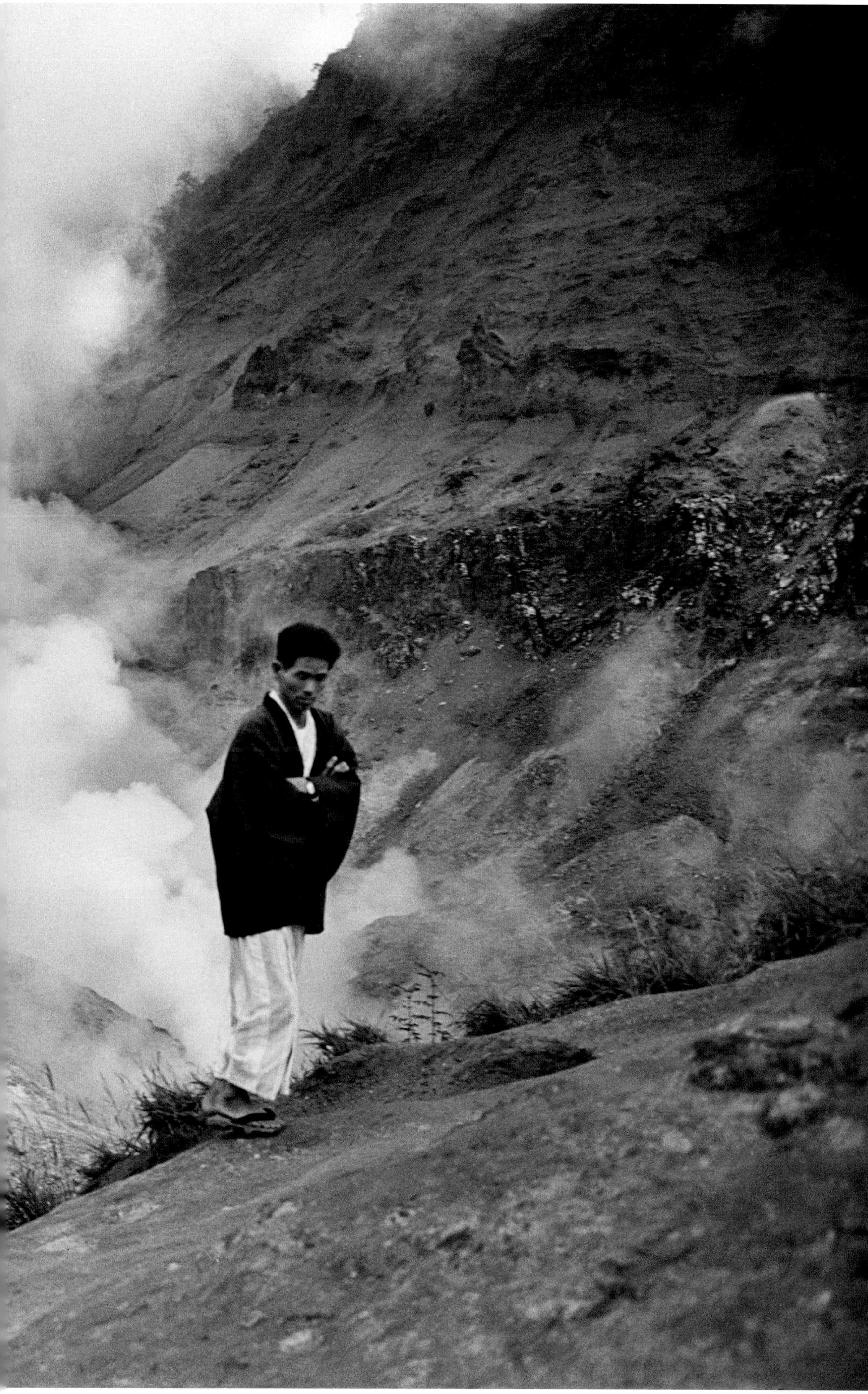

Noboribetsu,
Hokkaido, Japan,
1965

WAYNE MILLER

▹ Nördlich von Hiroshima, Japan, 1945

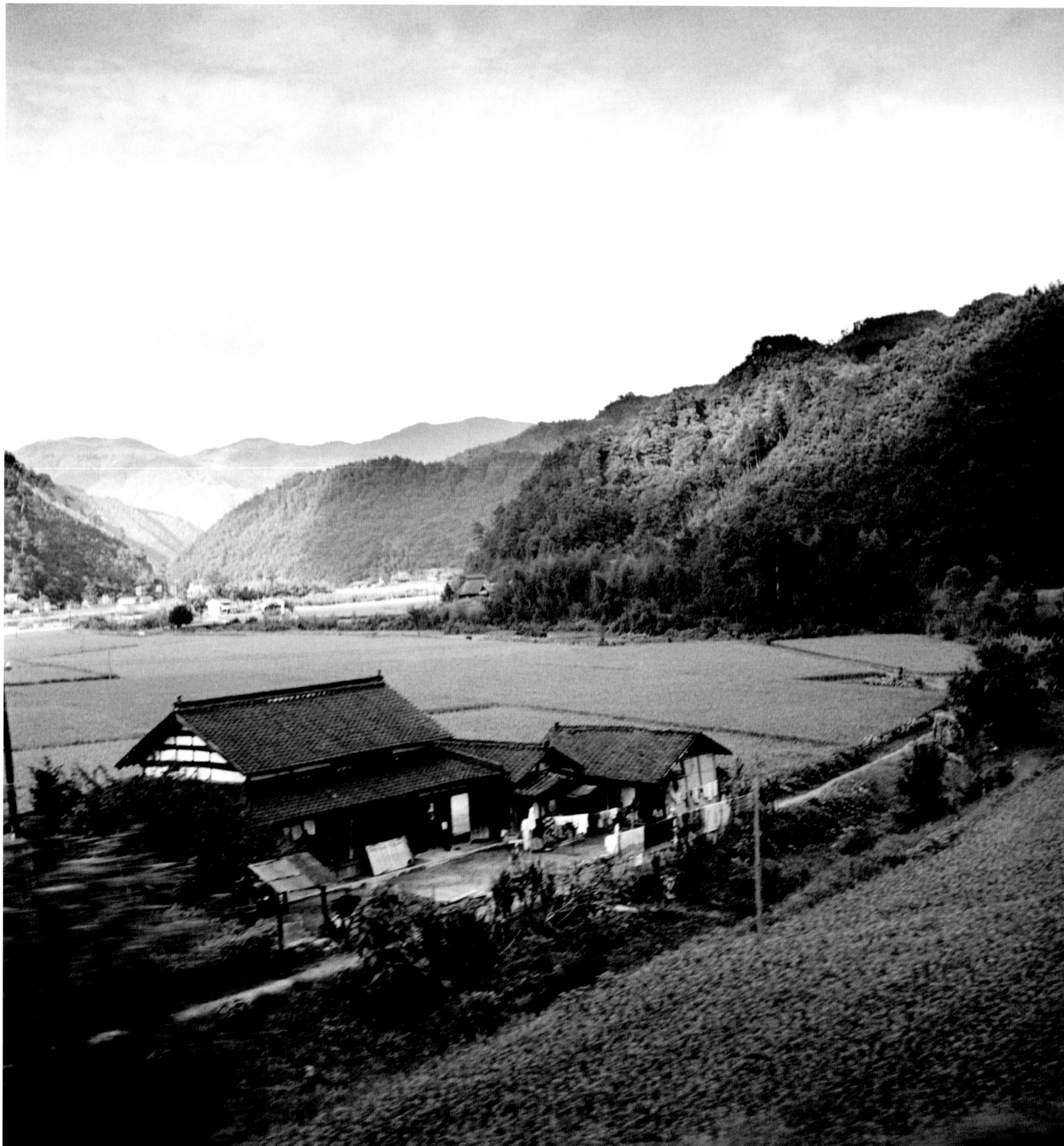

WAYNE
MILLER

GEORGE RODGER

▹ Basutoland (Lesotho),
Südafrika, 1947

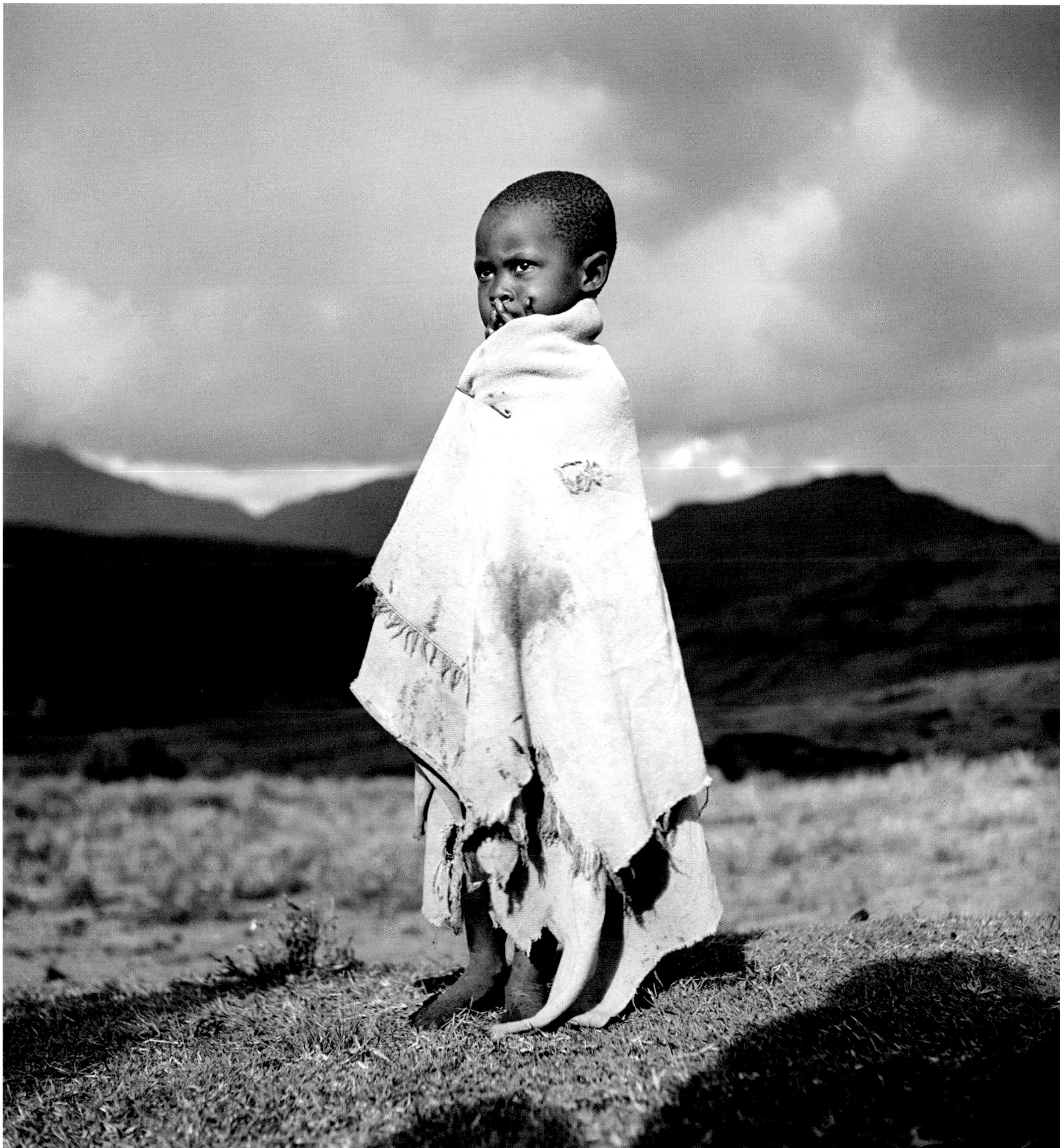

GEORGE
RODGER

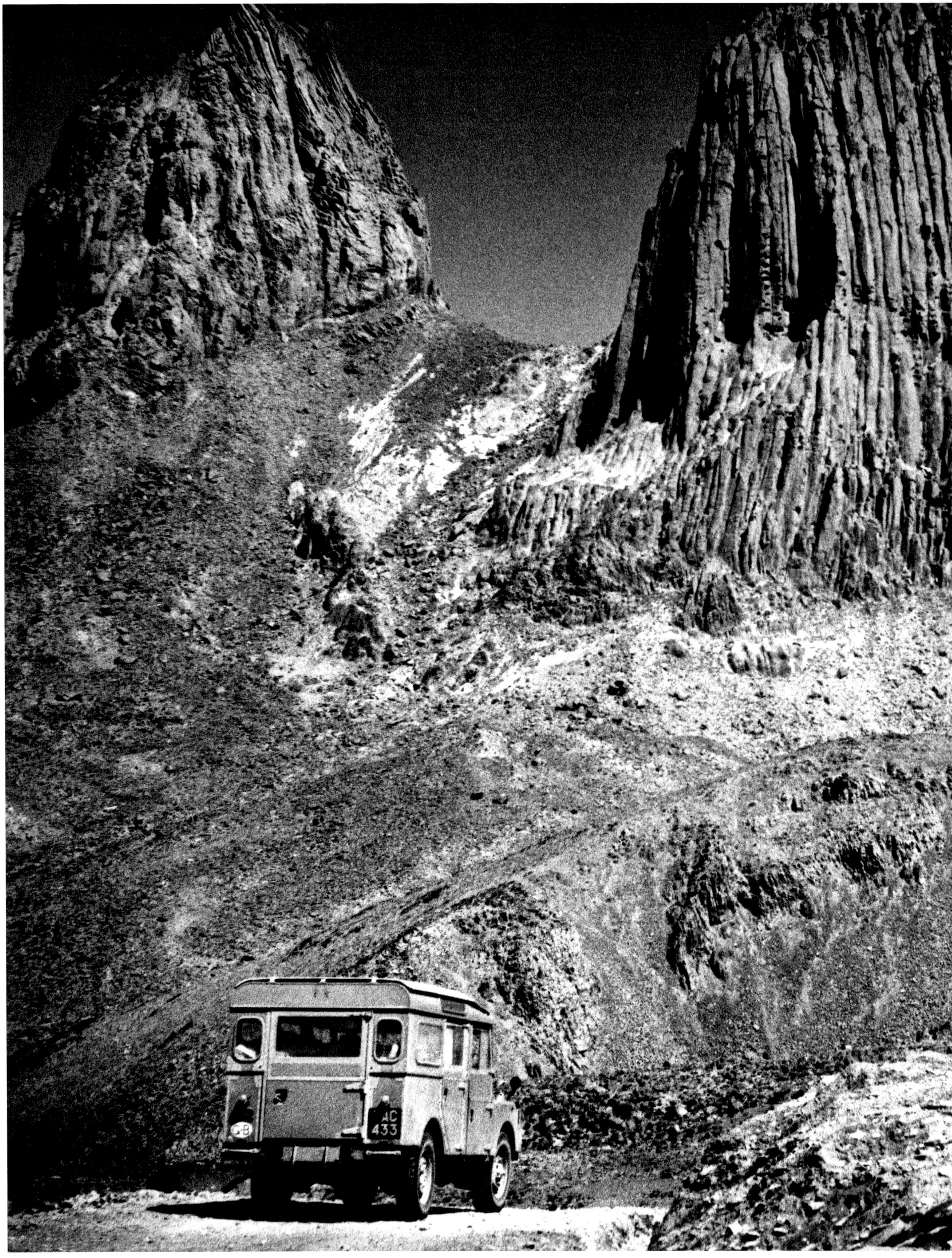
GB
AC
433

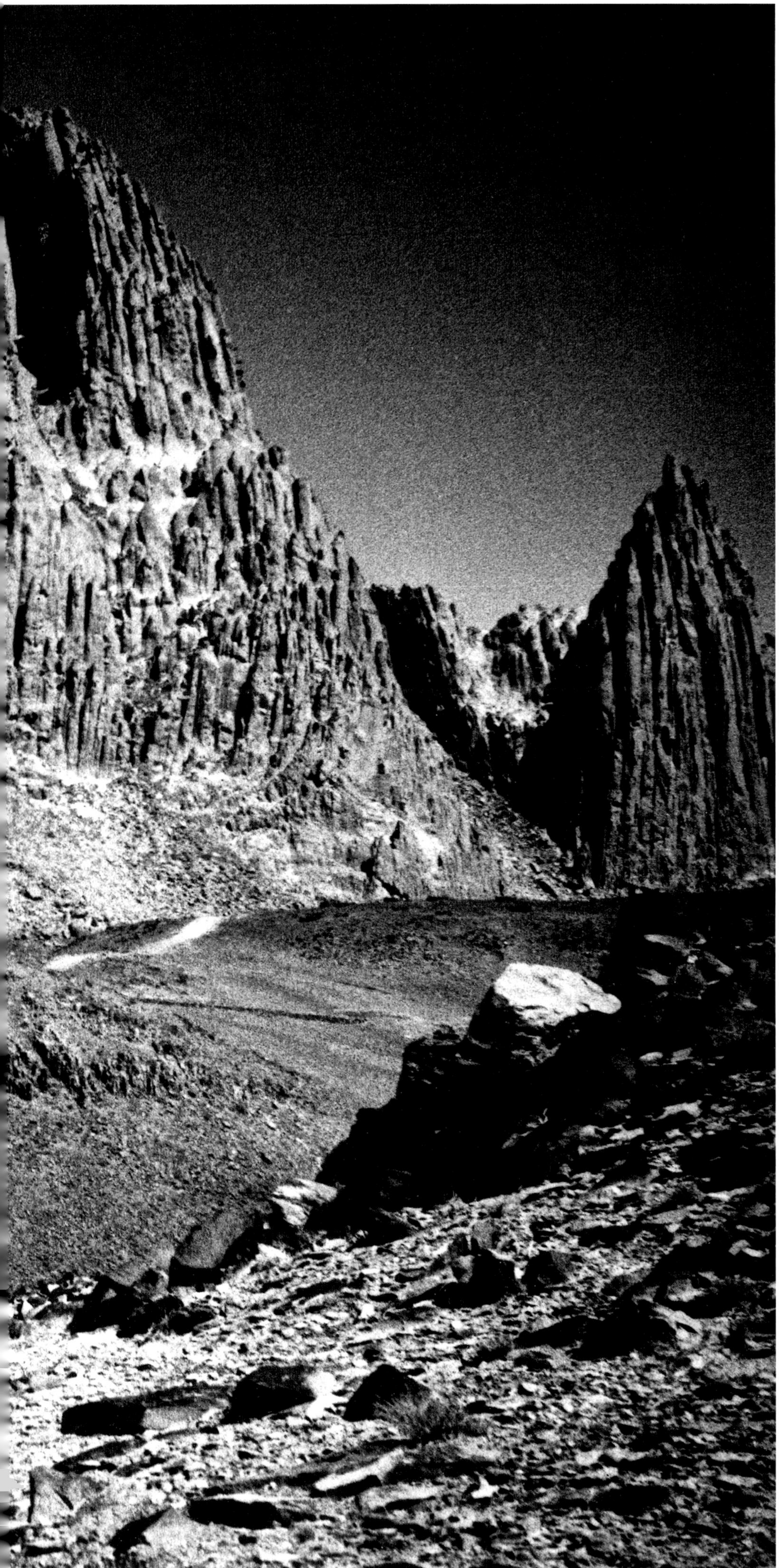

Ahaggar-Gebirge,
algerische Sahara, 1957

GEORGE
RODGER

INGE MORATH

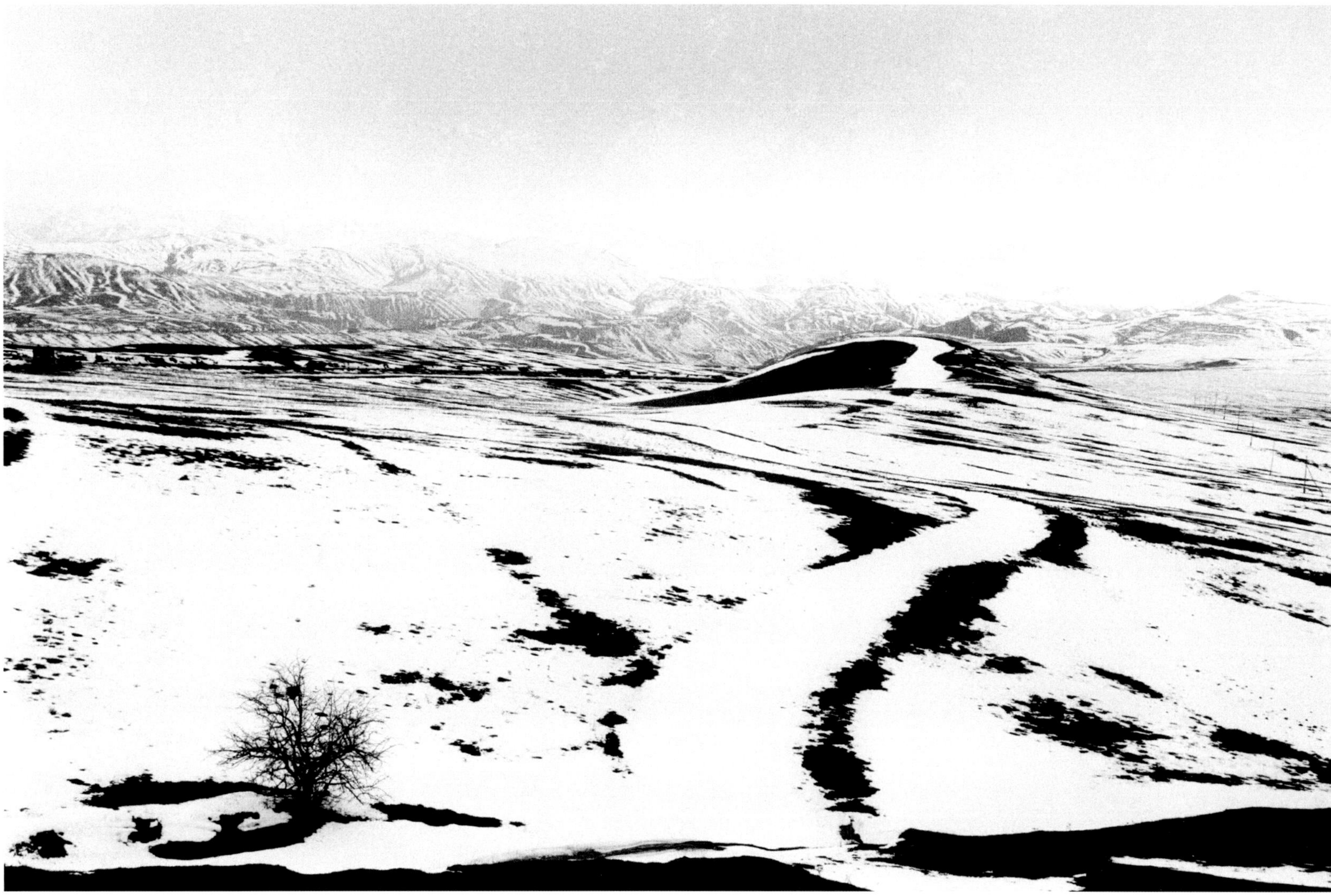

▵ Iran, 1956
▹ Naqsch-e Rostam, Iran, 1956

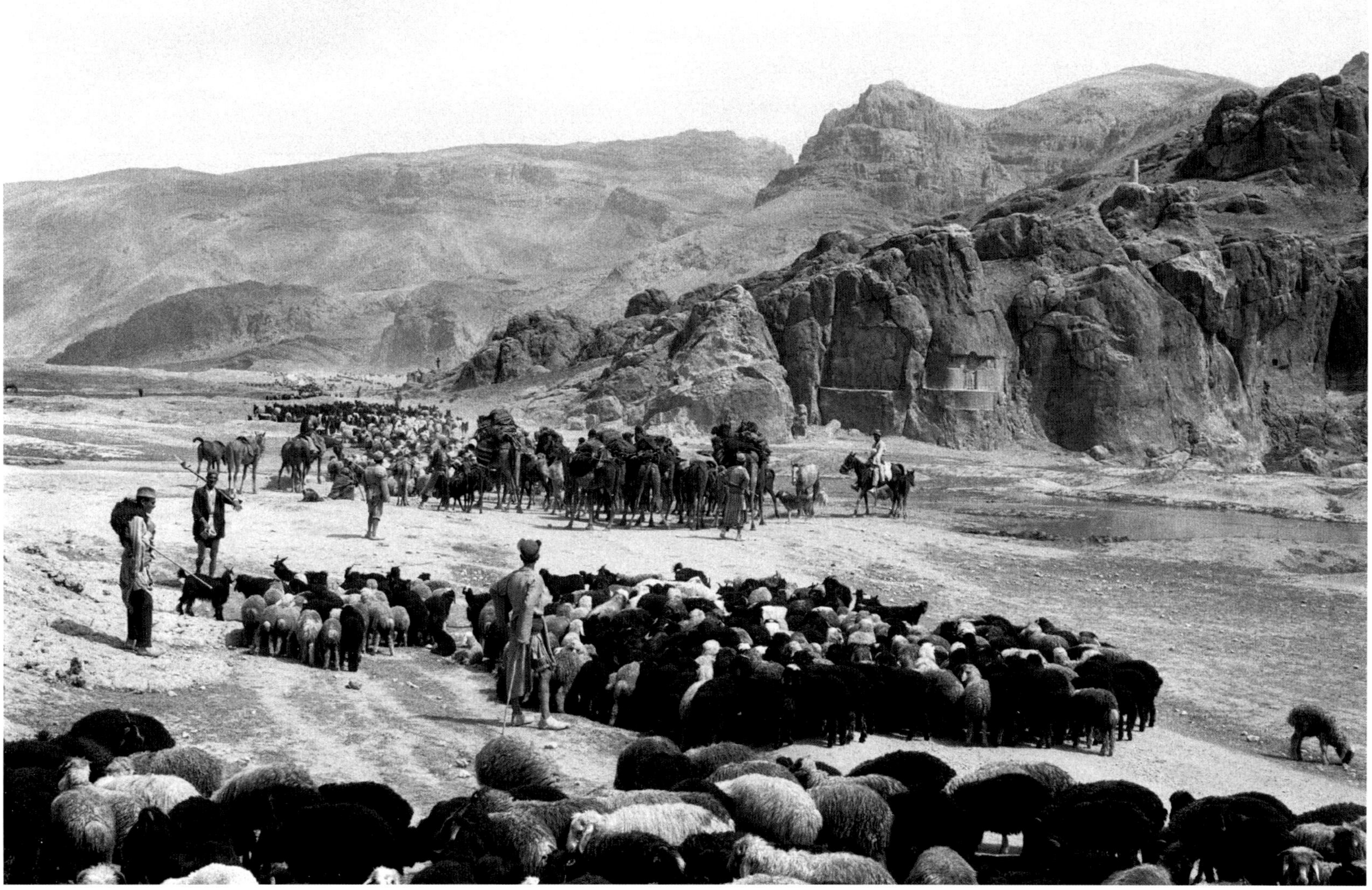

INGE
MORATH

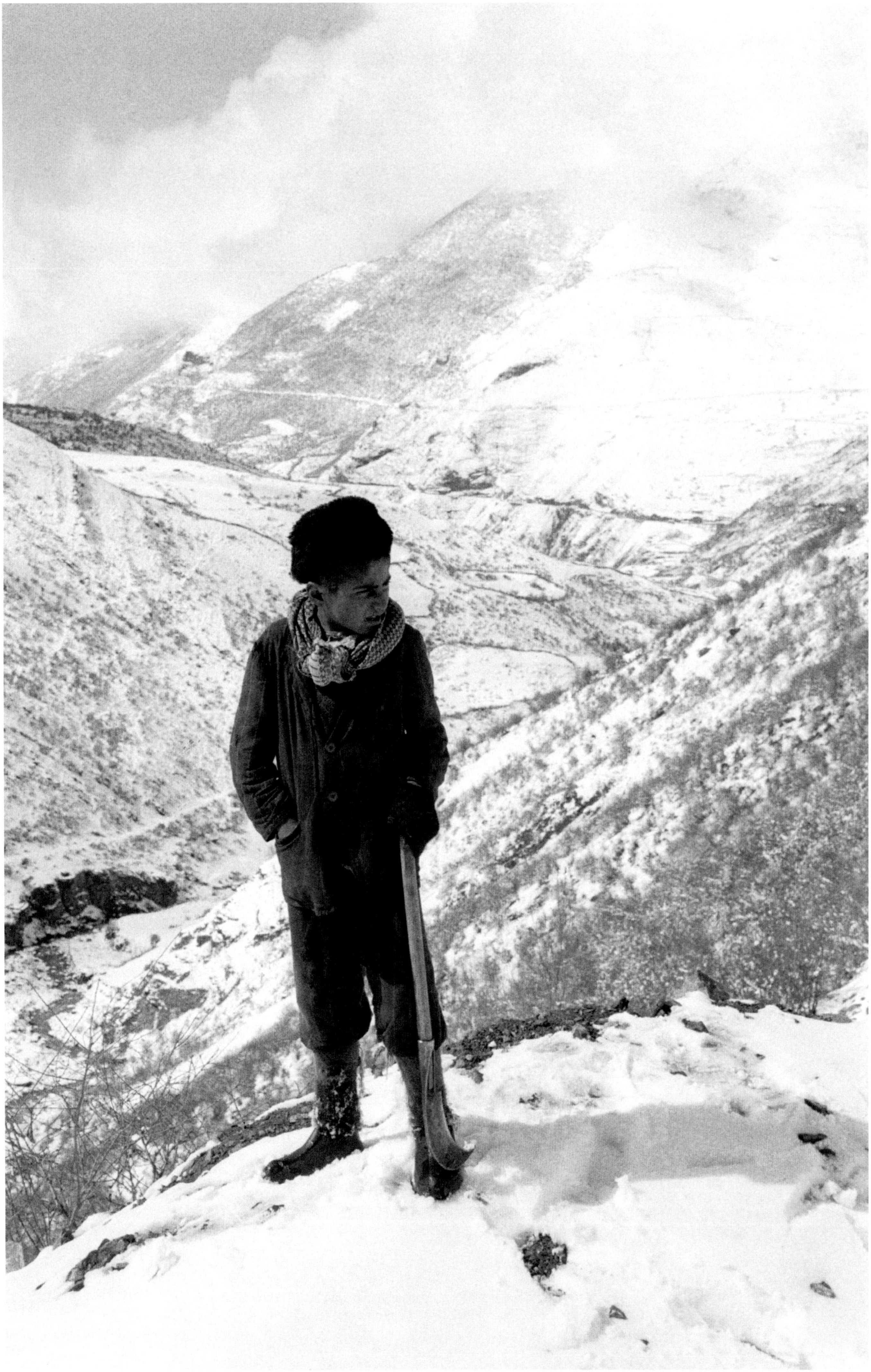

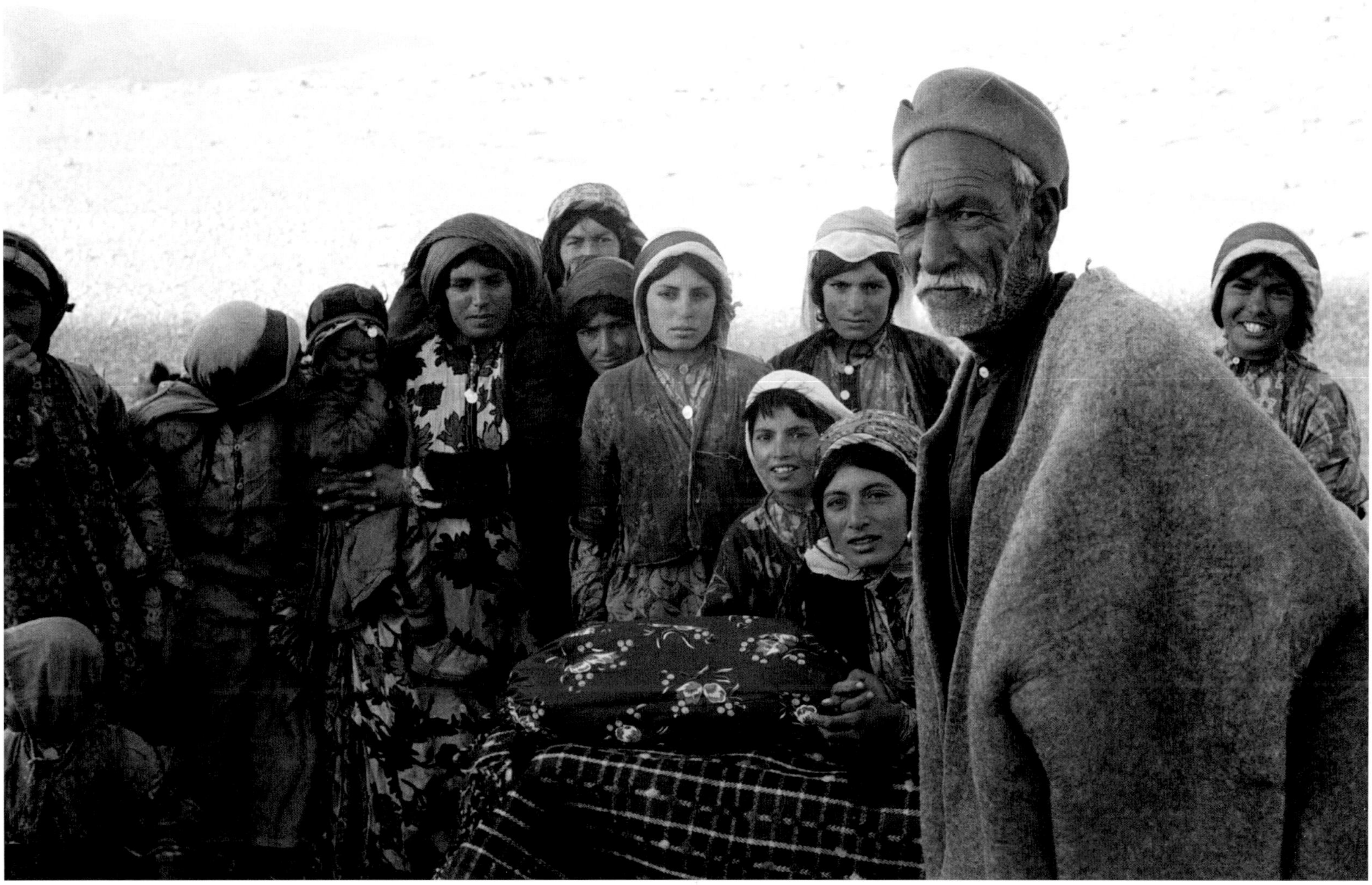

◃ Straße nach Tschalus, Iran, 1958
▵ Berg bei Schiras, Iran, 1956

SERGIO LARRAIN

▹ Cusco, Peru, 1960

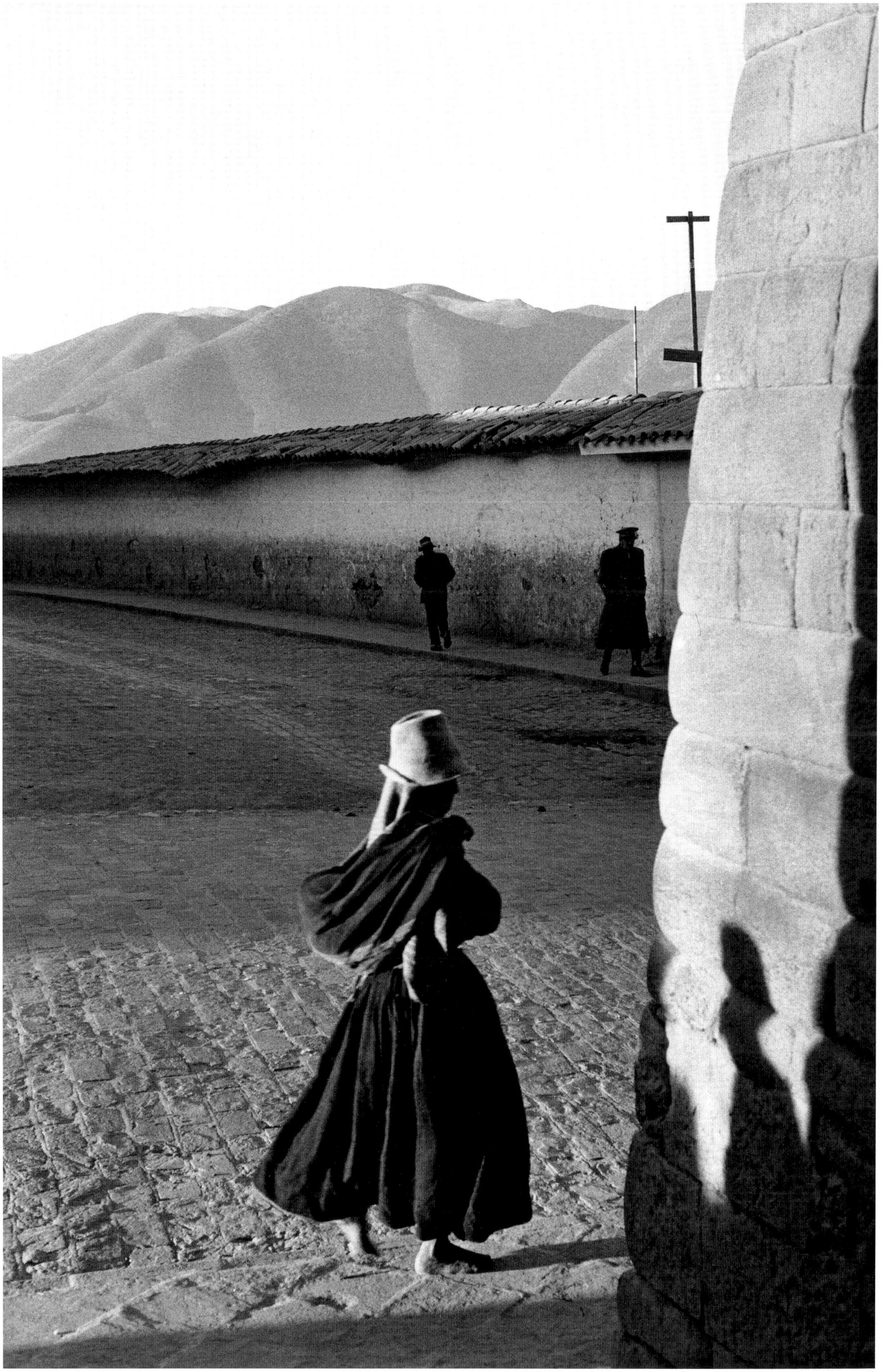

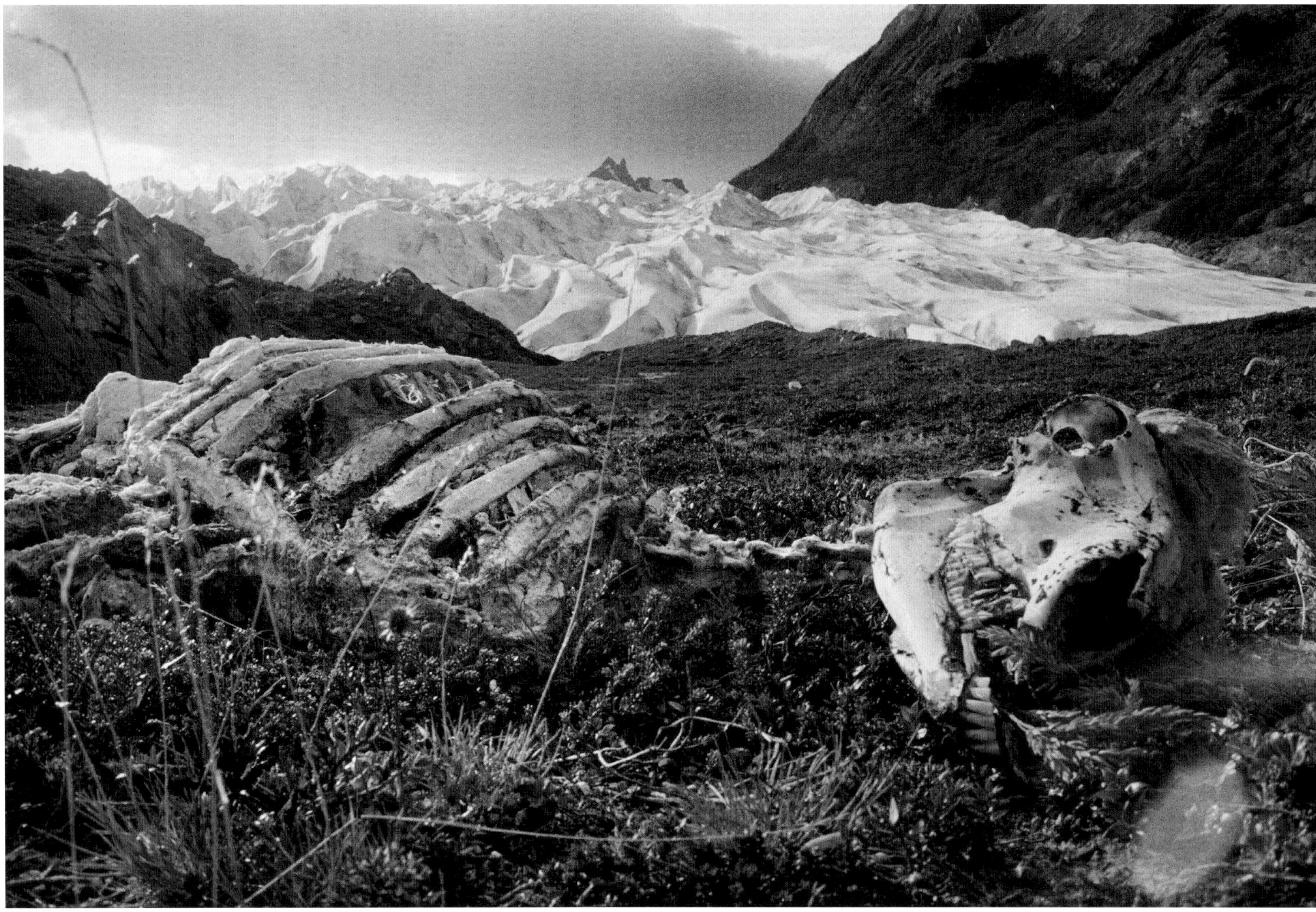

△ ▷ Provinz Magallanes,
Chile, 1960

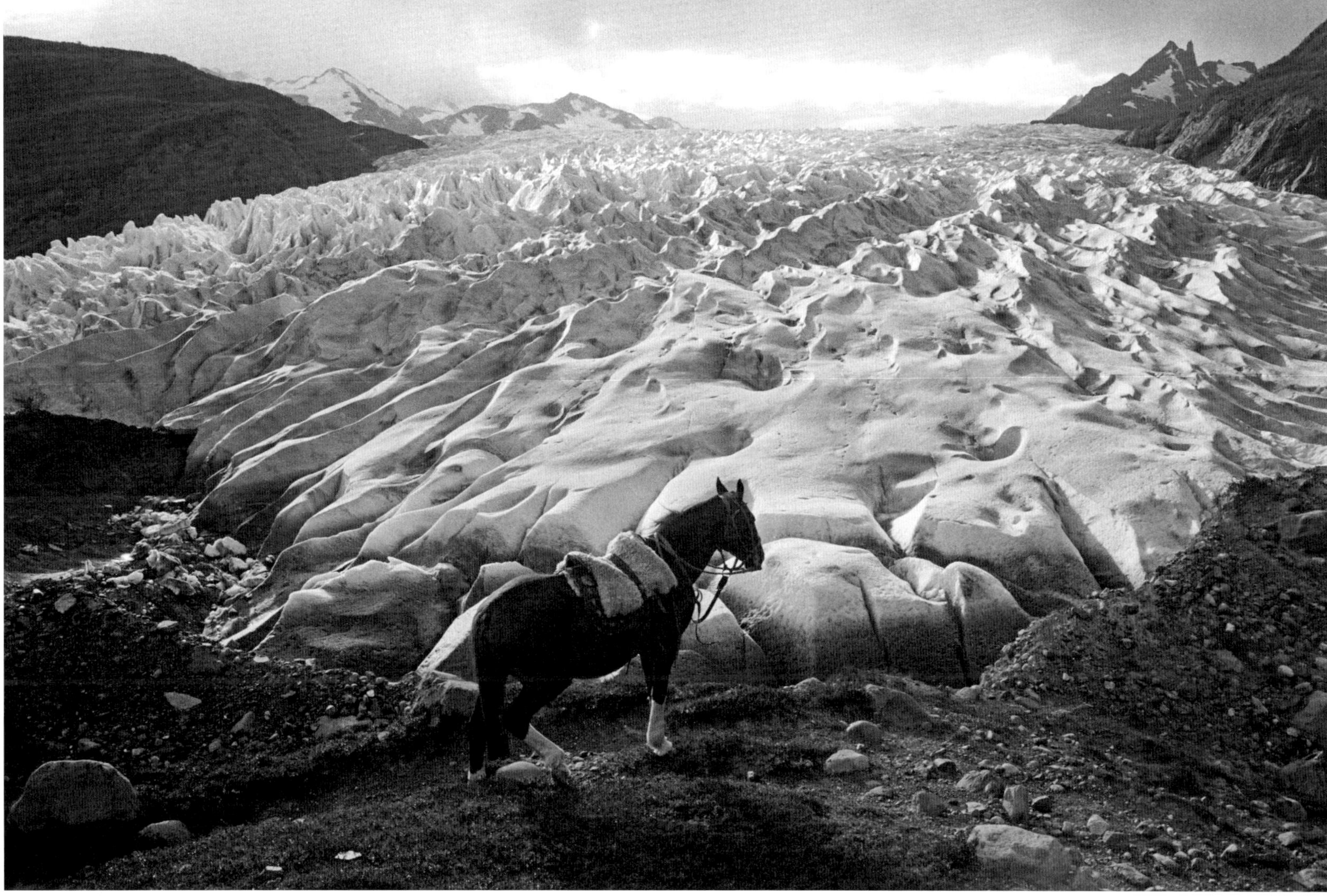

SERGIO
LARRAIN

ARA GÜLER

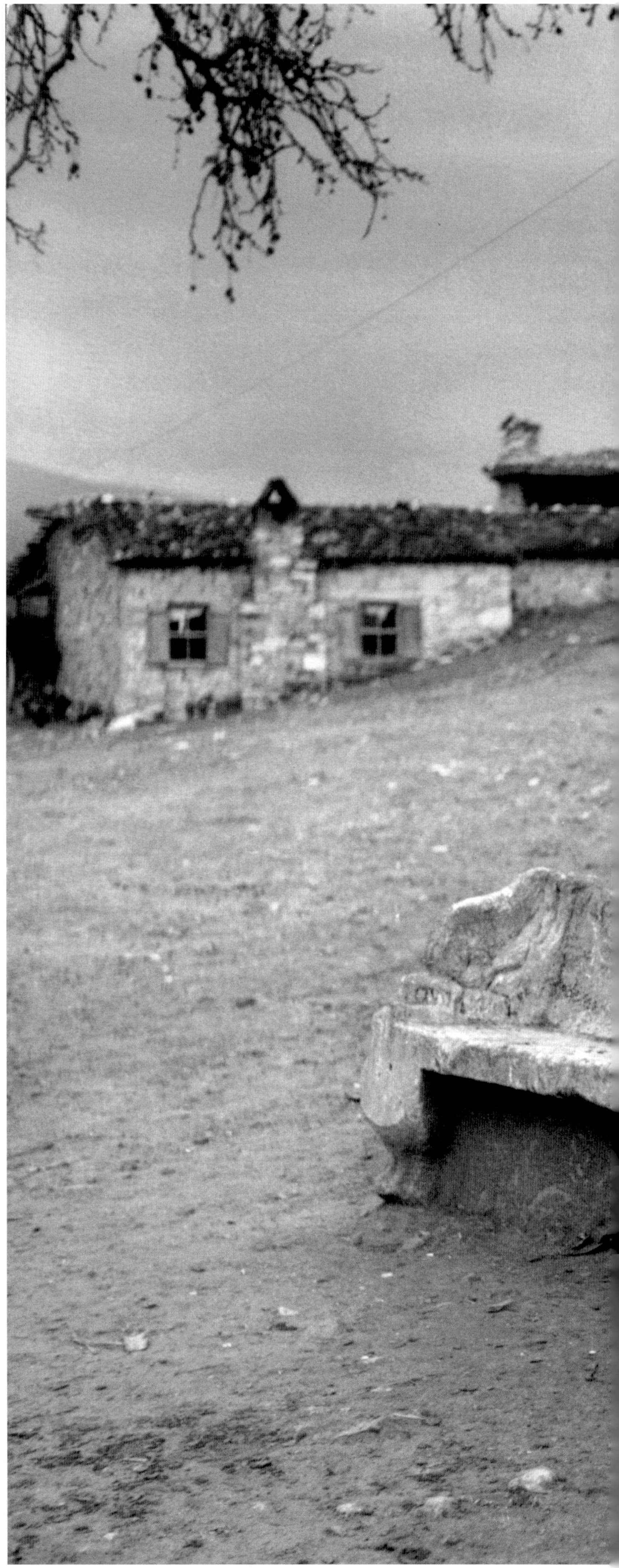

Geyre, in der Nähe von Babadağ, Türkei, 1964

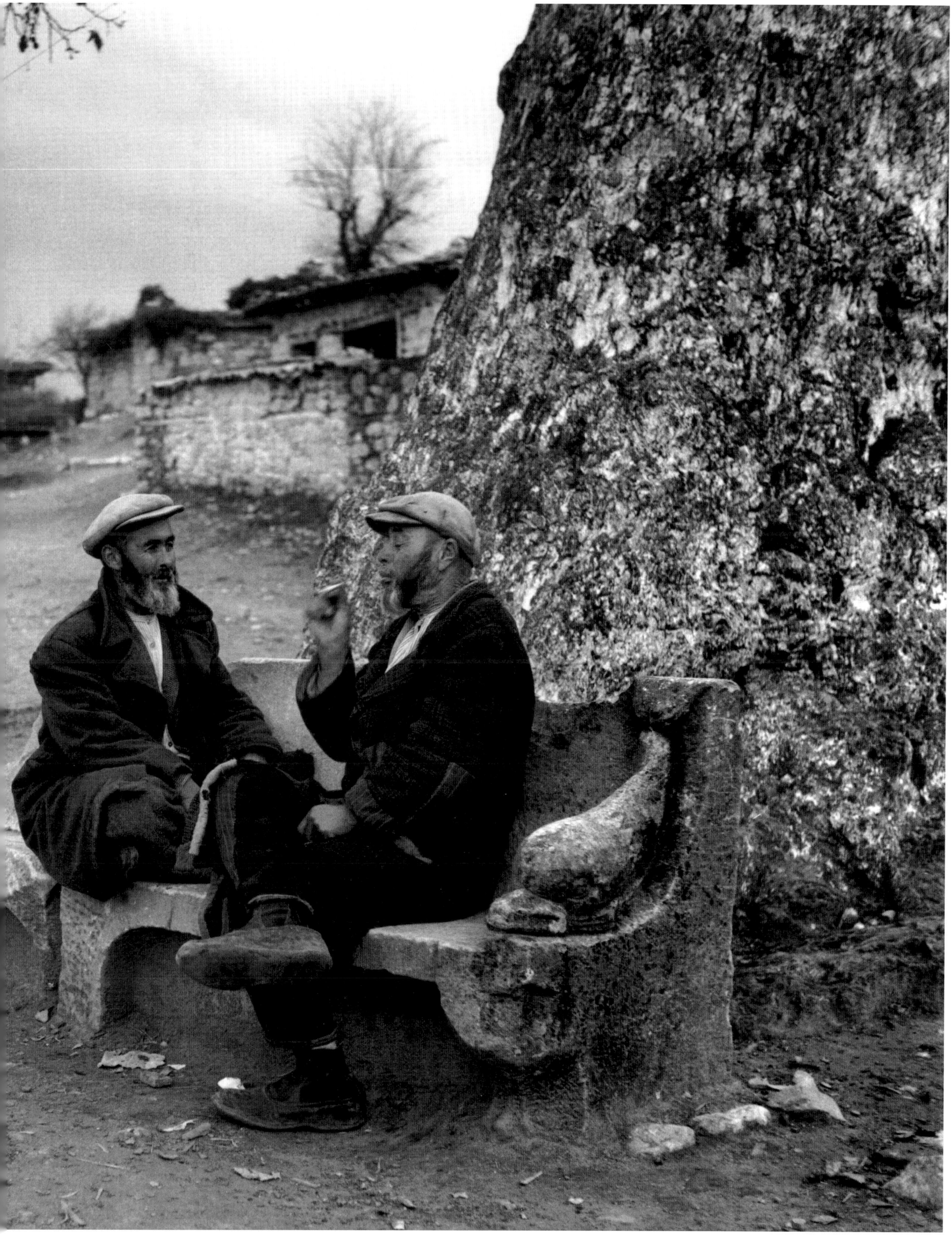

CONSTANTINE MANOS

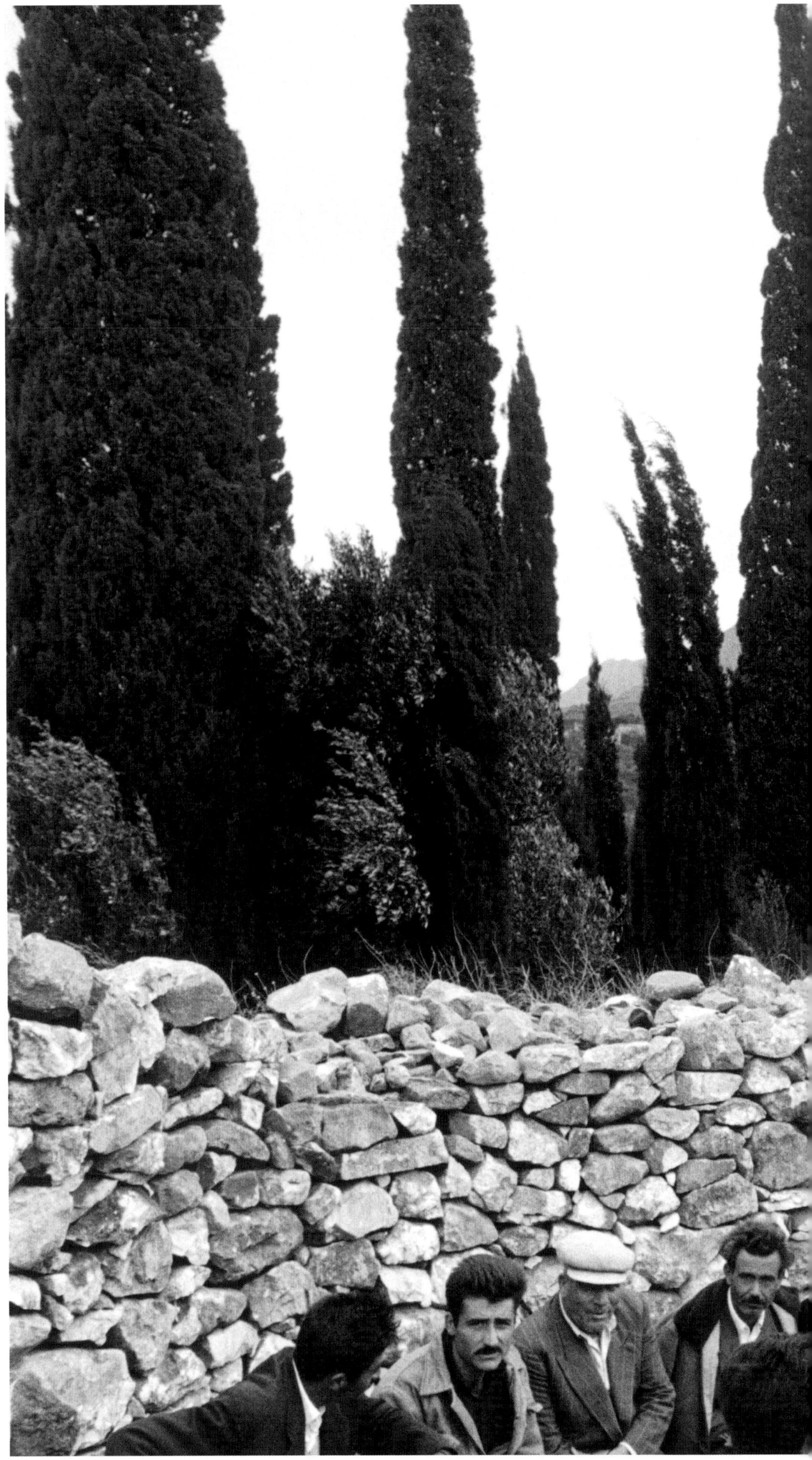

Pyrgos Dirou, Mani-Halbinsel,
Griechenland, 1964

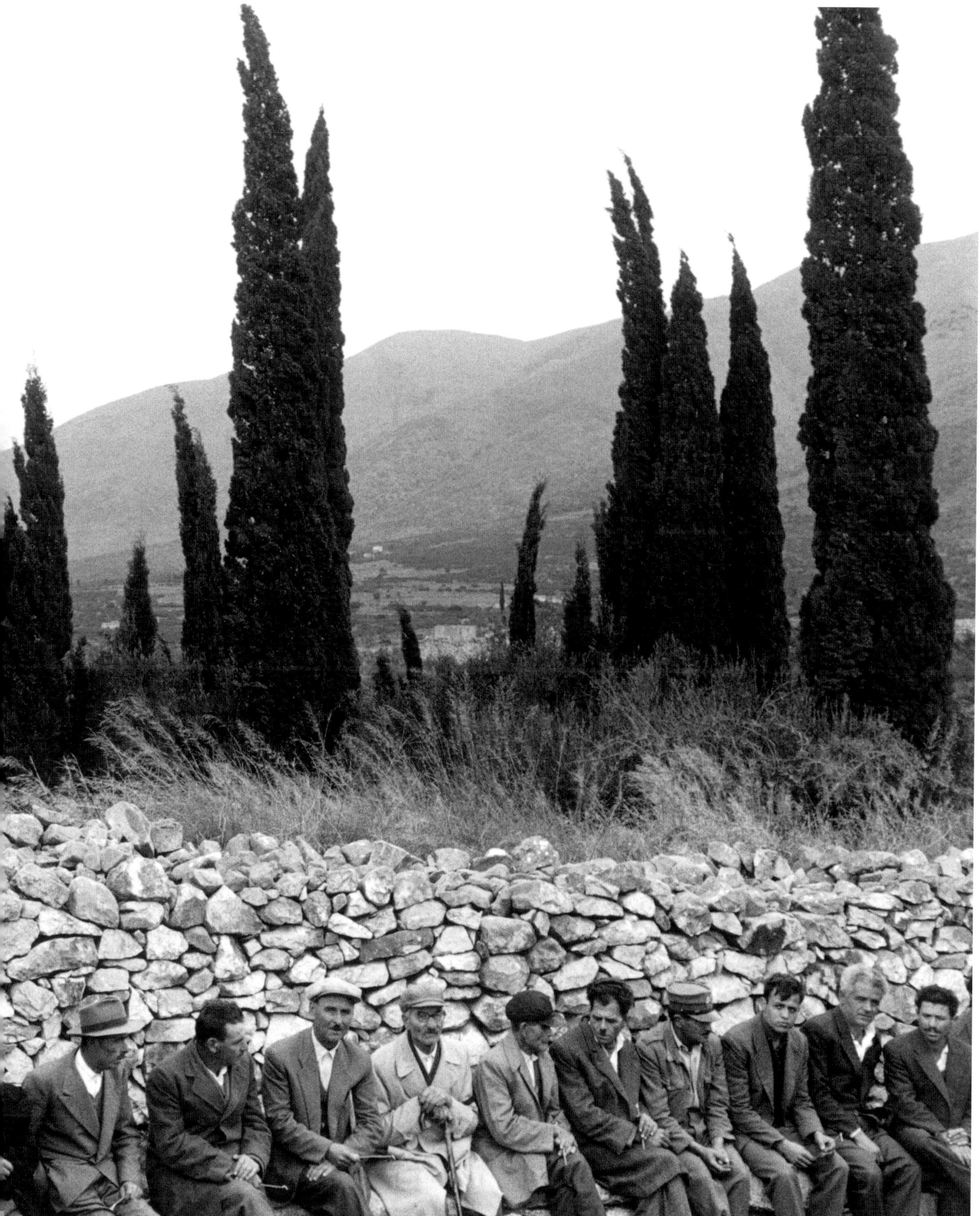

RENÉ
BURRI

▹ Türkei, 1957

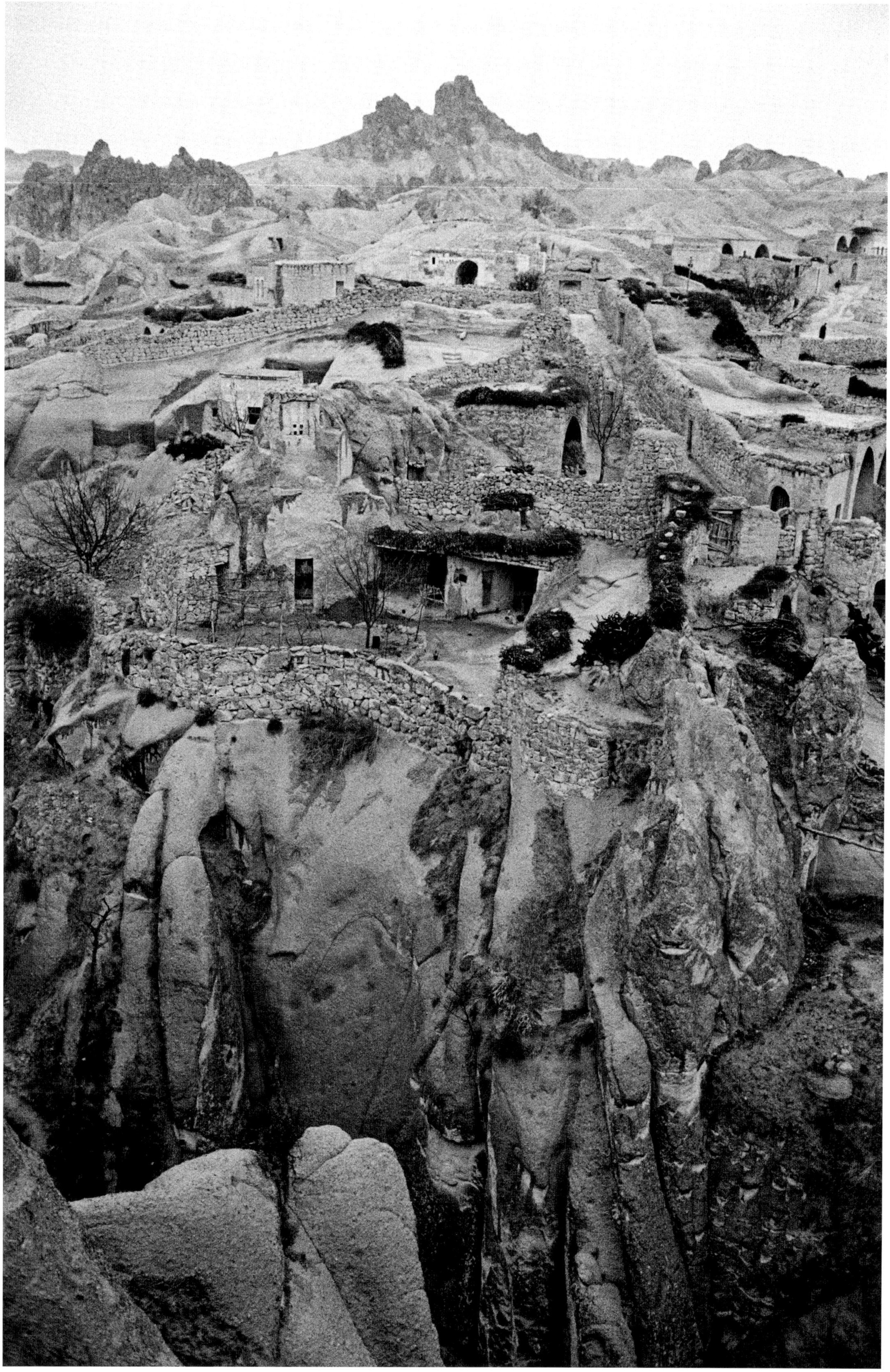

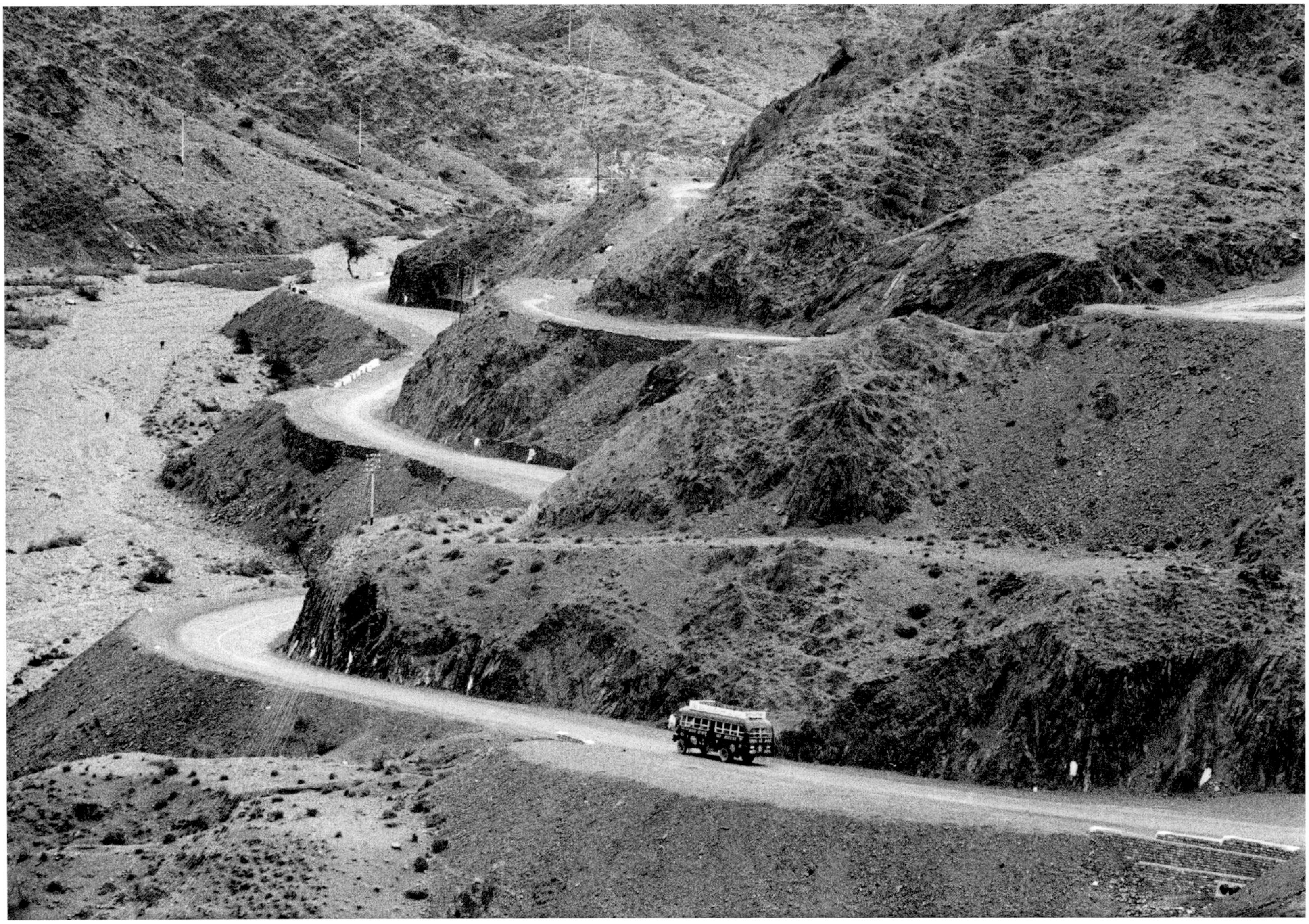

△ Chaiber-Pass, Afghanistan, 1963
▷ Große Mauer, Hanku-Pass, China, 1964

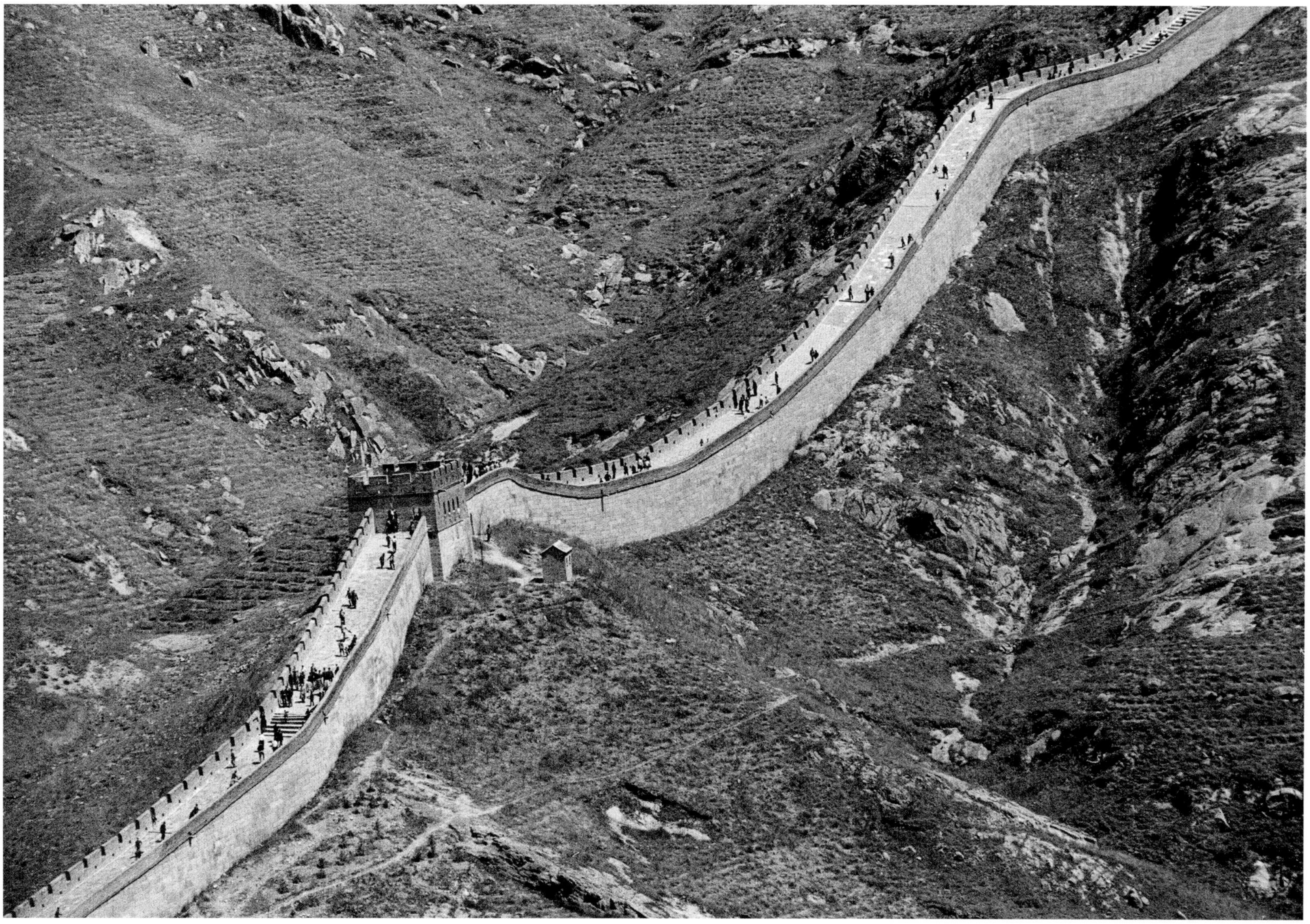

RENÉ
BURRI

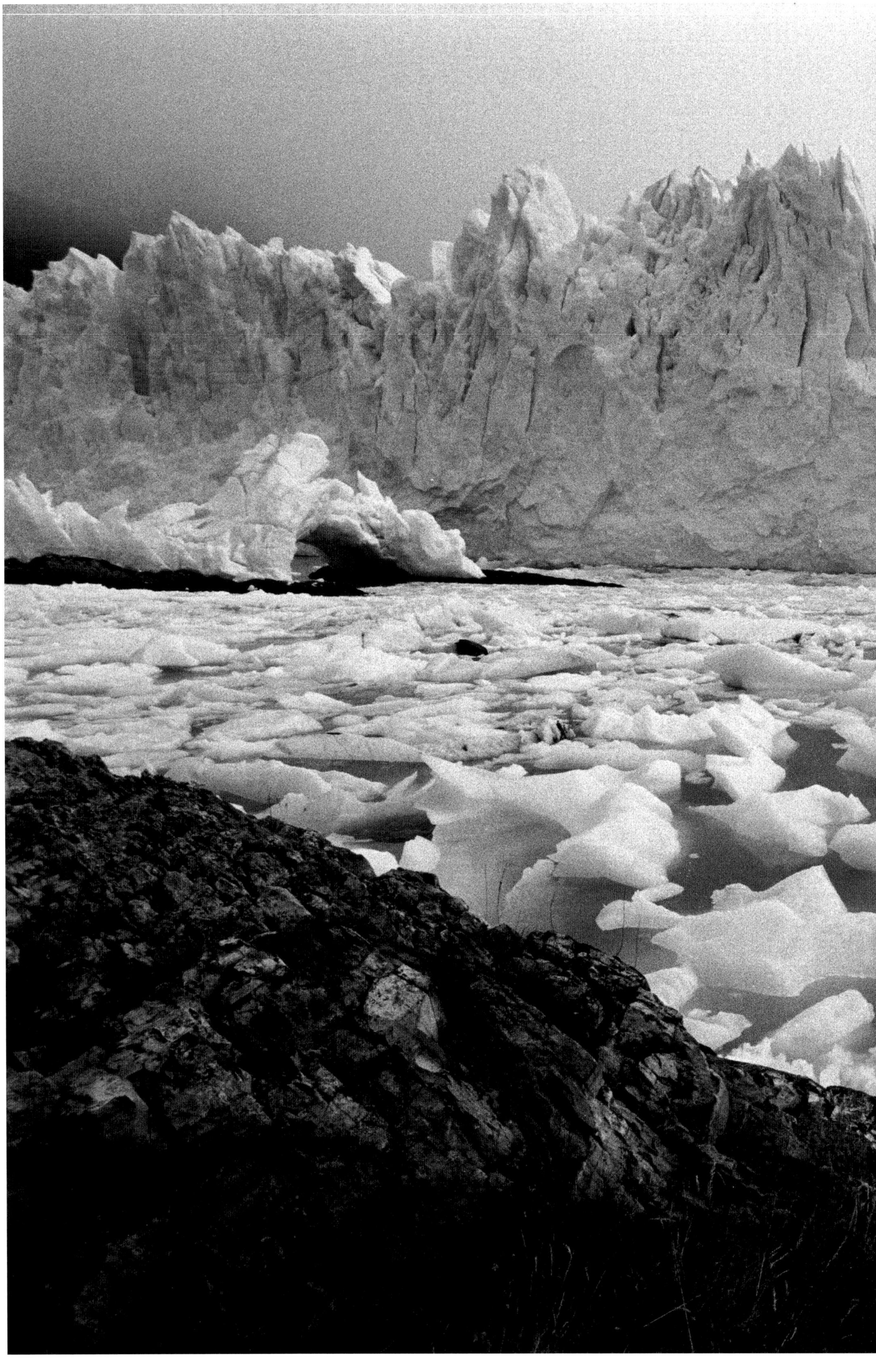

Lago Viedma,
Argentinien, 1978

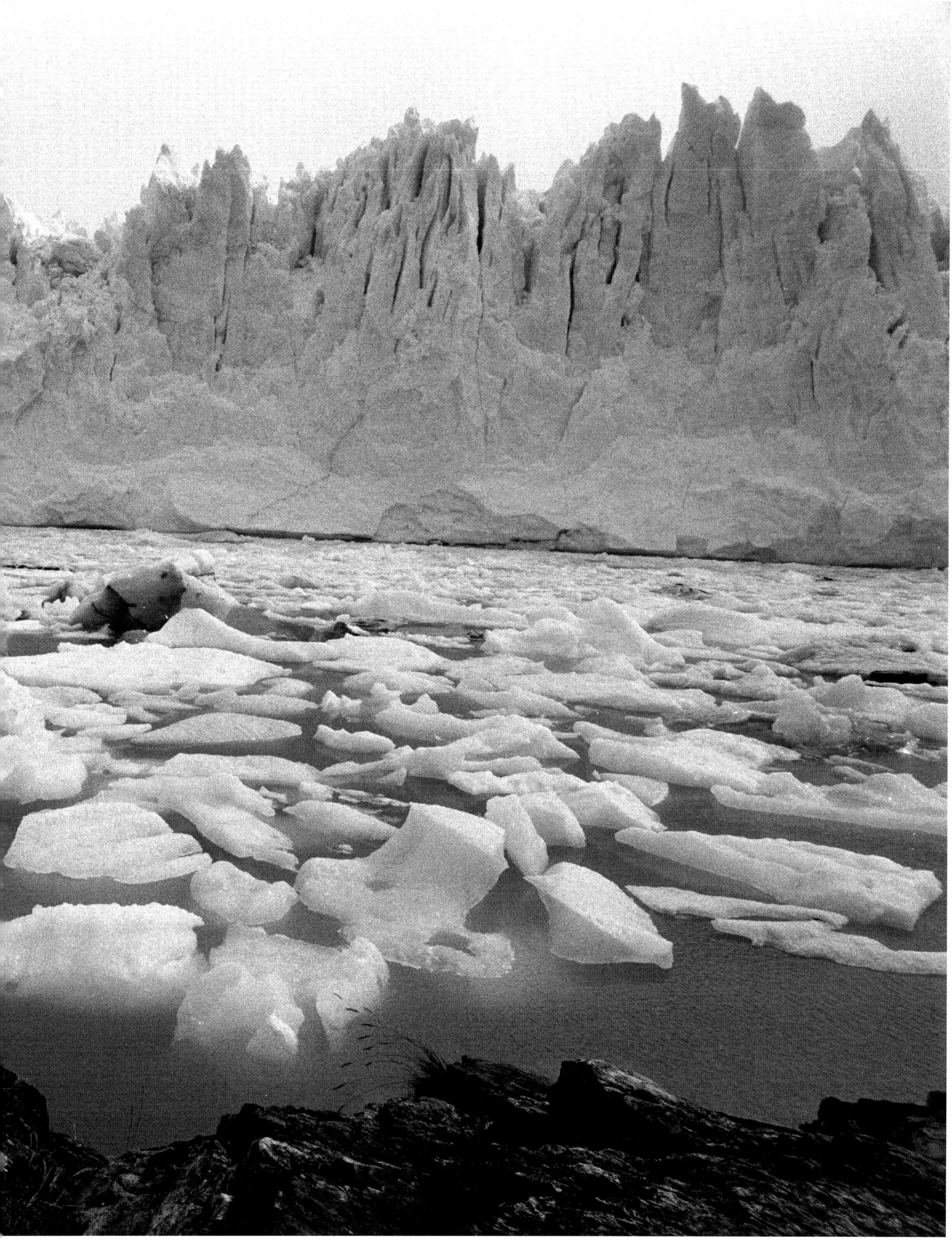

PHILIP JONES GRIFFITHS

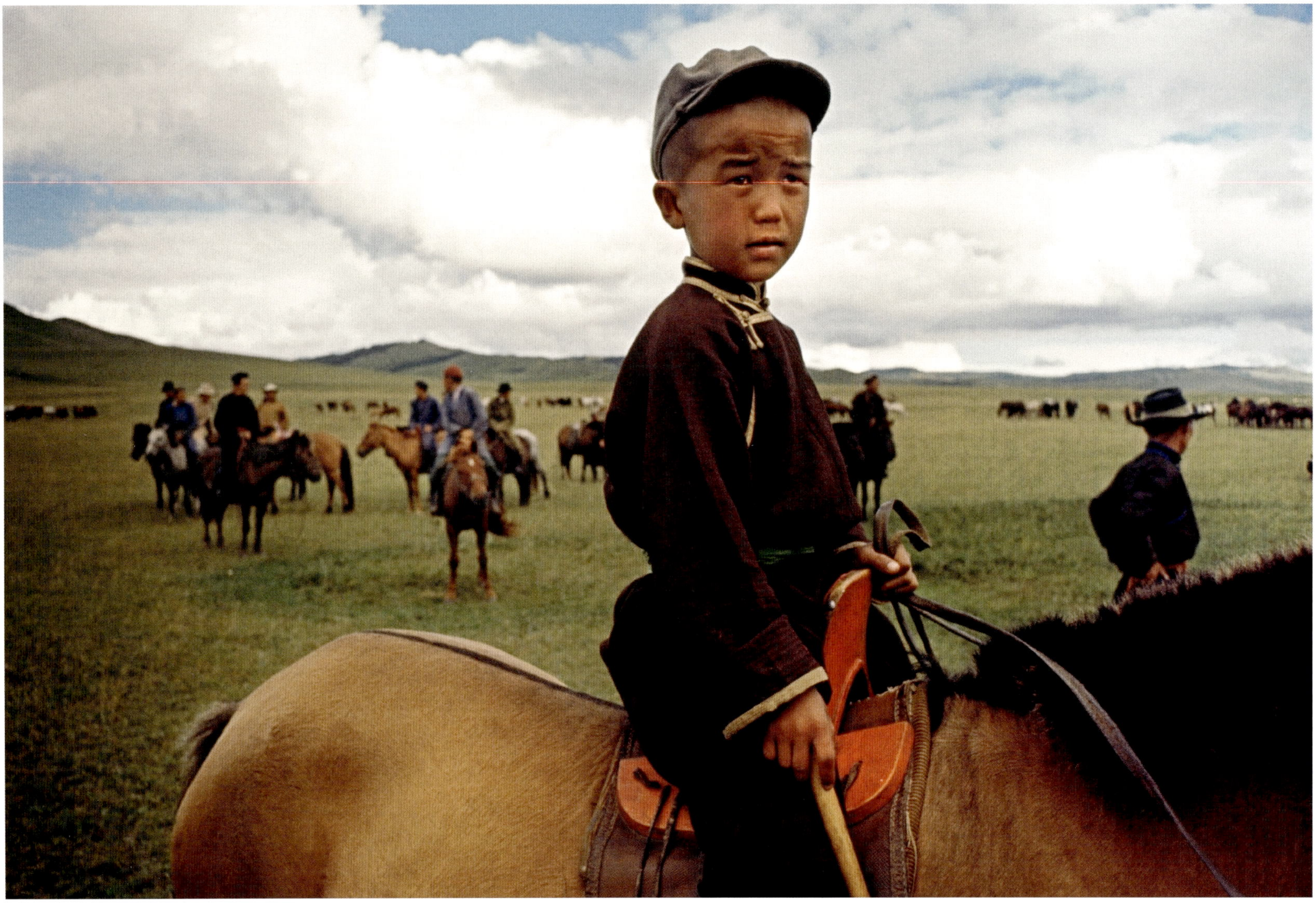

△ ▷ Am Rand der Wüste
Gobi, Mongolei, 1964

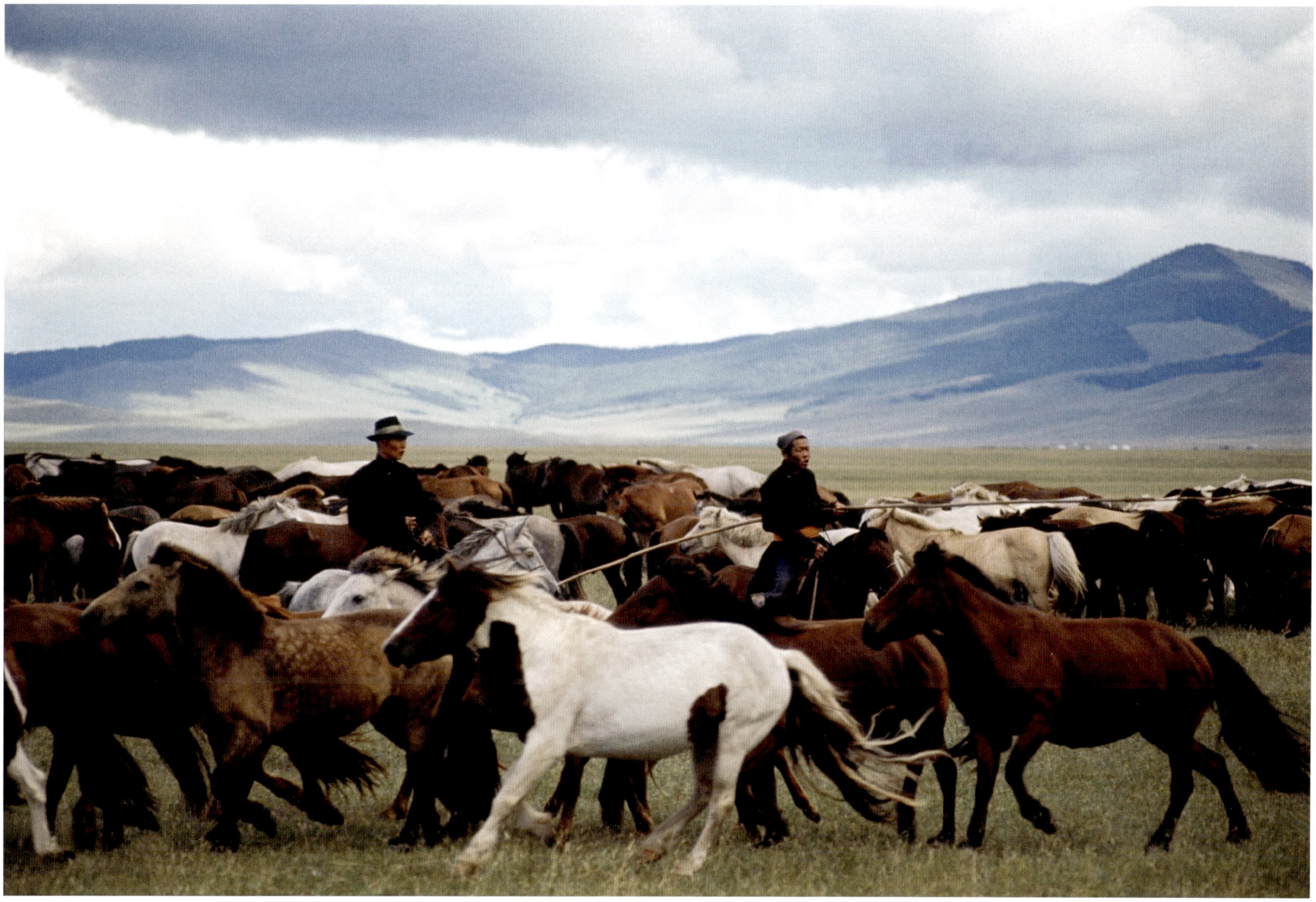

PHILIP
JONES GRIFFITHS

MARTINE FRANCK

▹ Straße von Kathmandu
nach Pokhara, Nepal, 1964

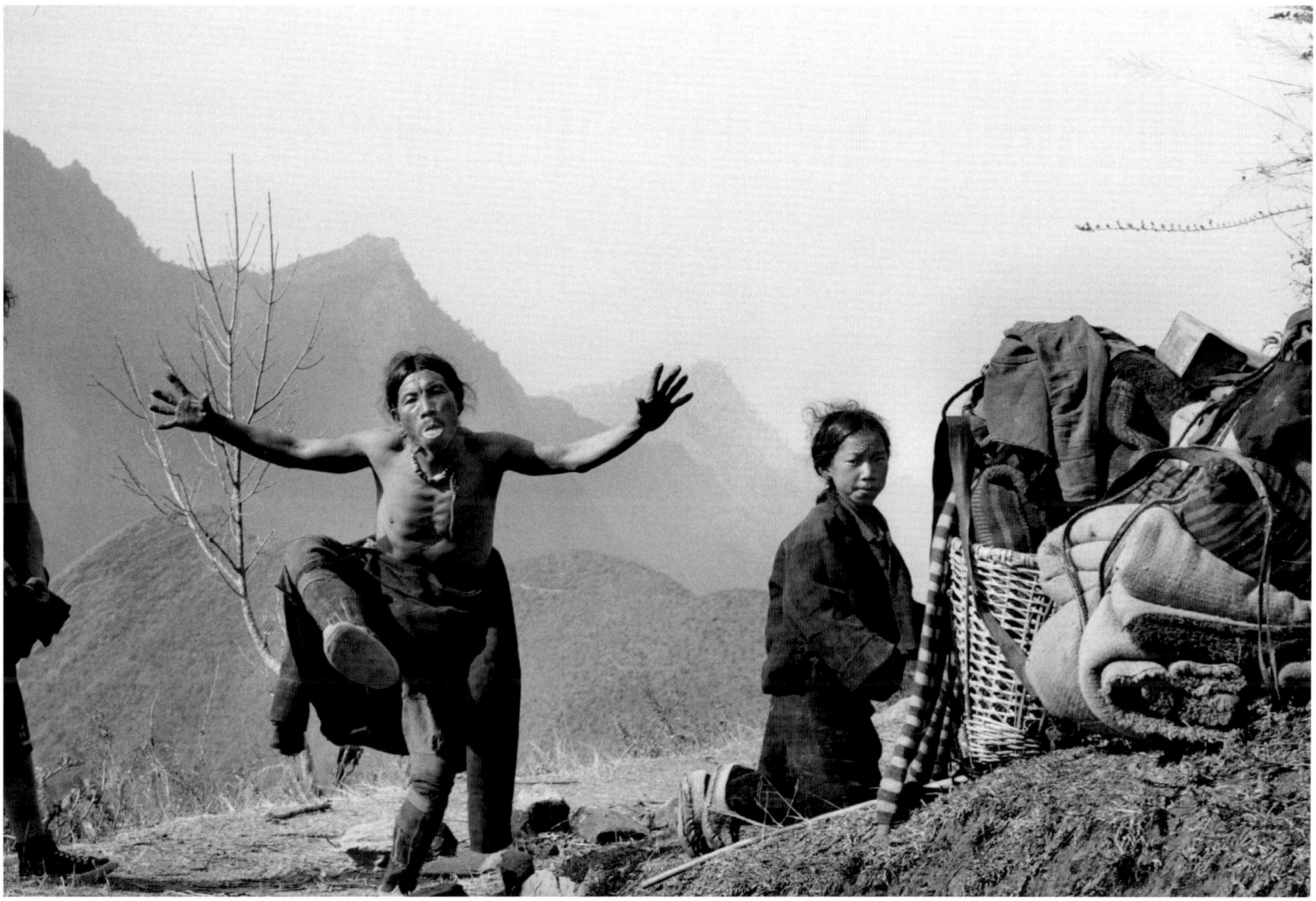

MARTINE
FRANCK

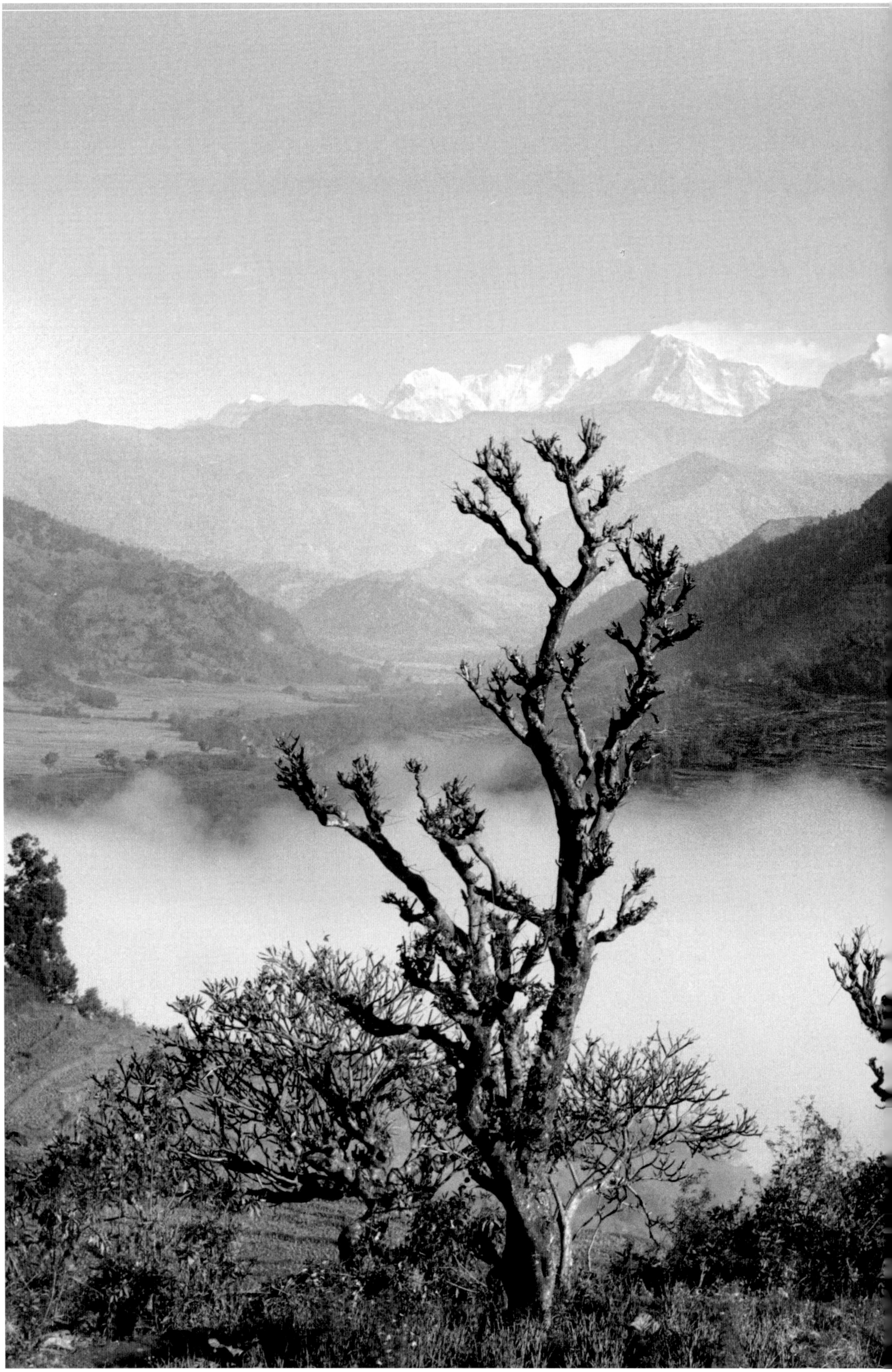

Straße von Kathmandu nach Pokhara, Nepal, 1964

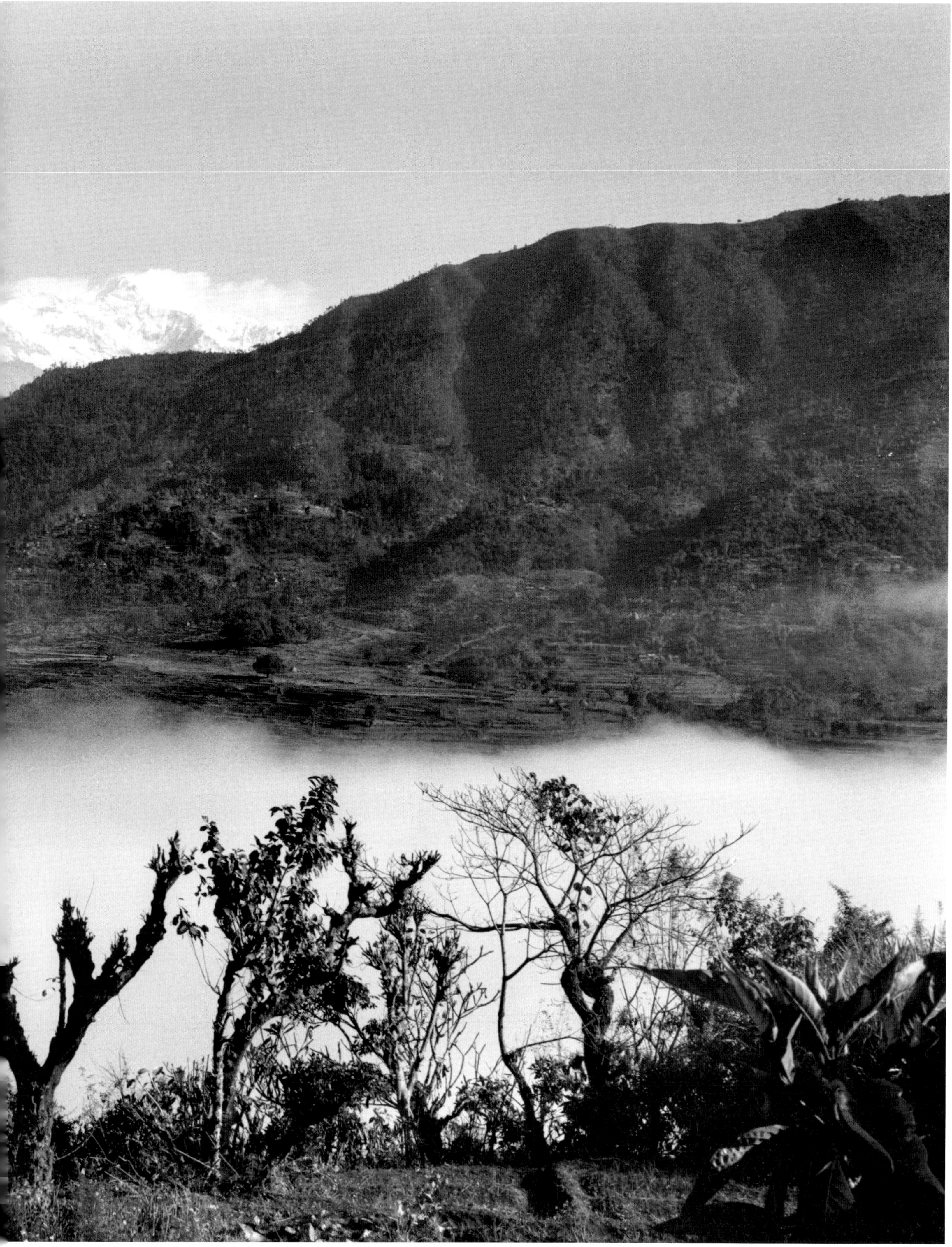

MICHA
BAR-AM

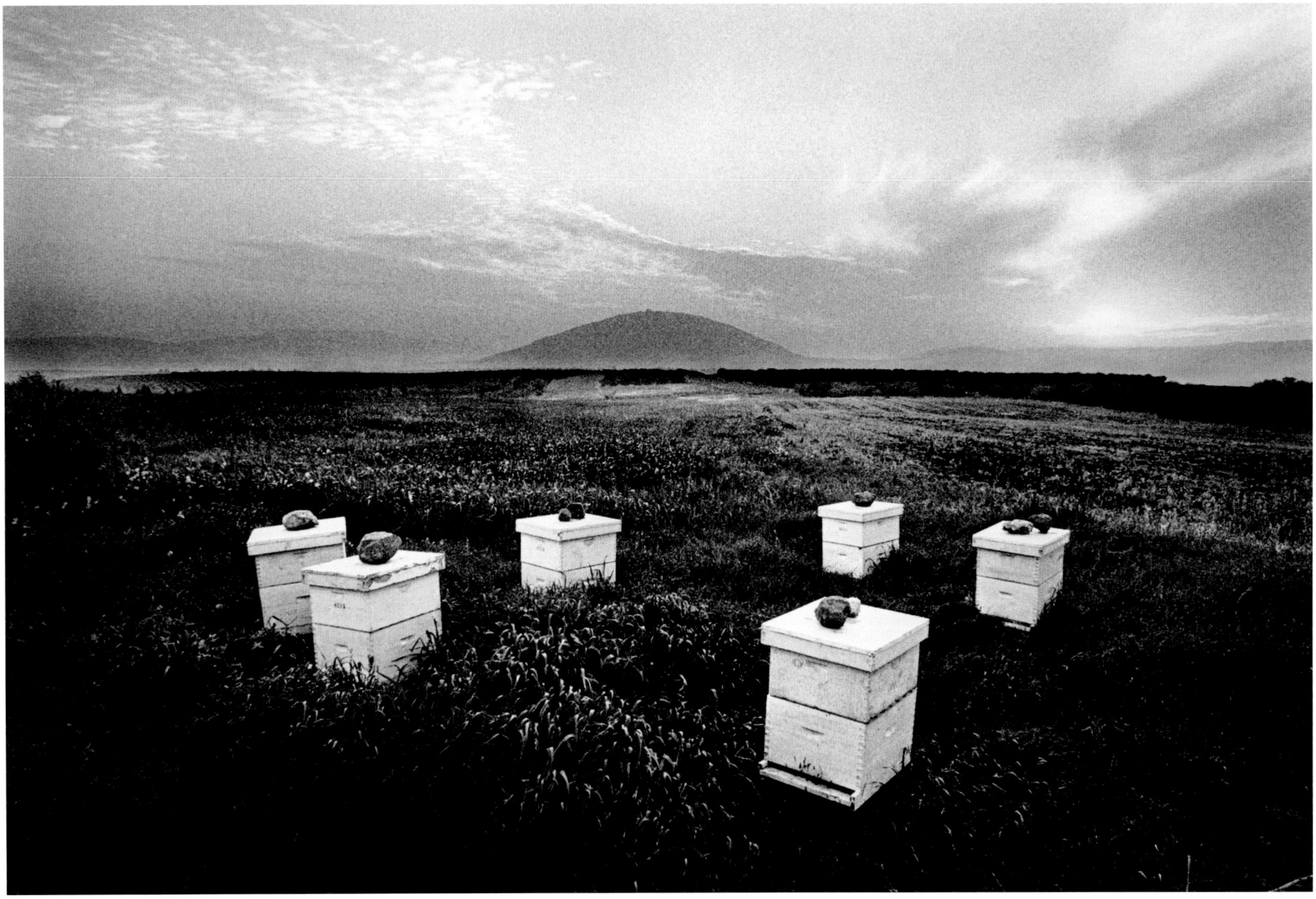

▵ Tabor, Israel, 1981
▹ Schlachtfeld auf den Golanhöhen, Israel, 1967

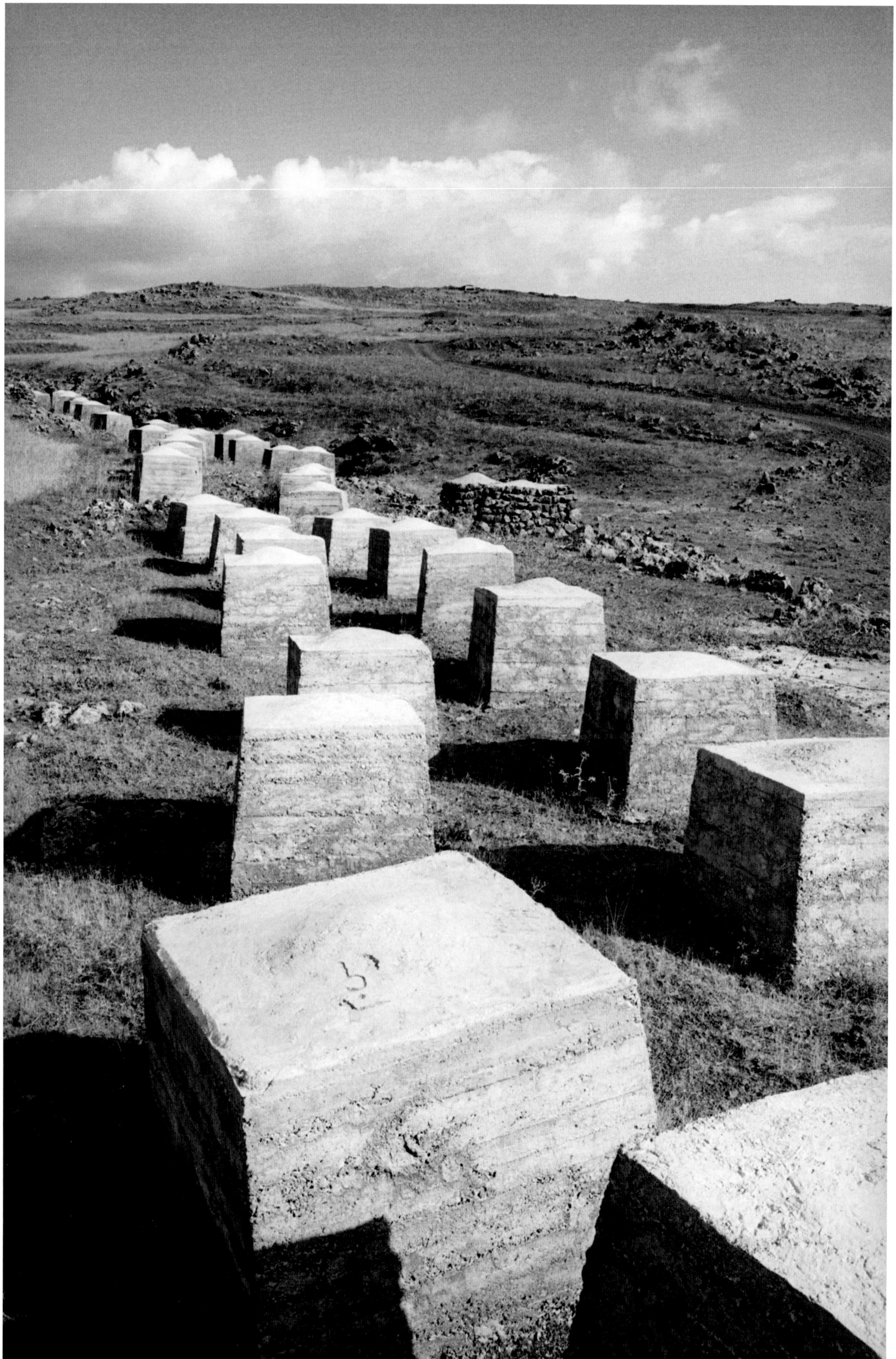

FERDINANDO SCIANNA

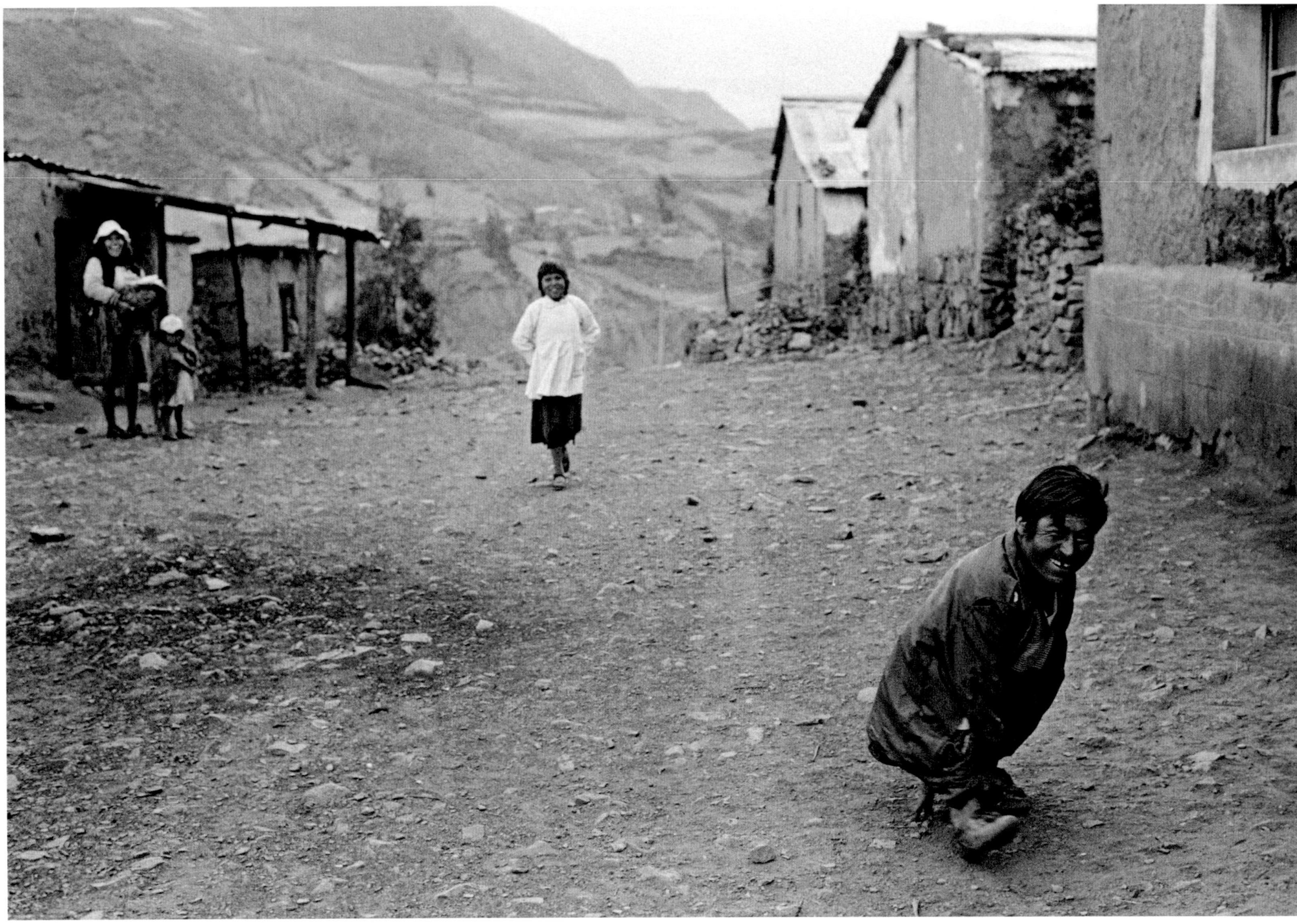

△▷ Kami,
Bolivien, 1986

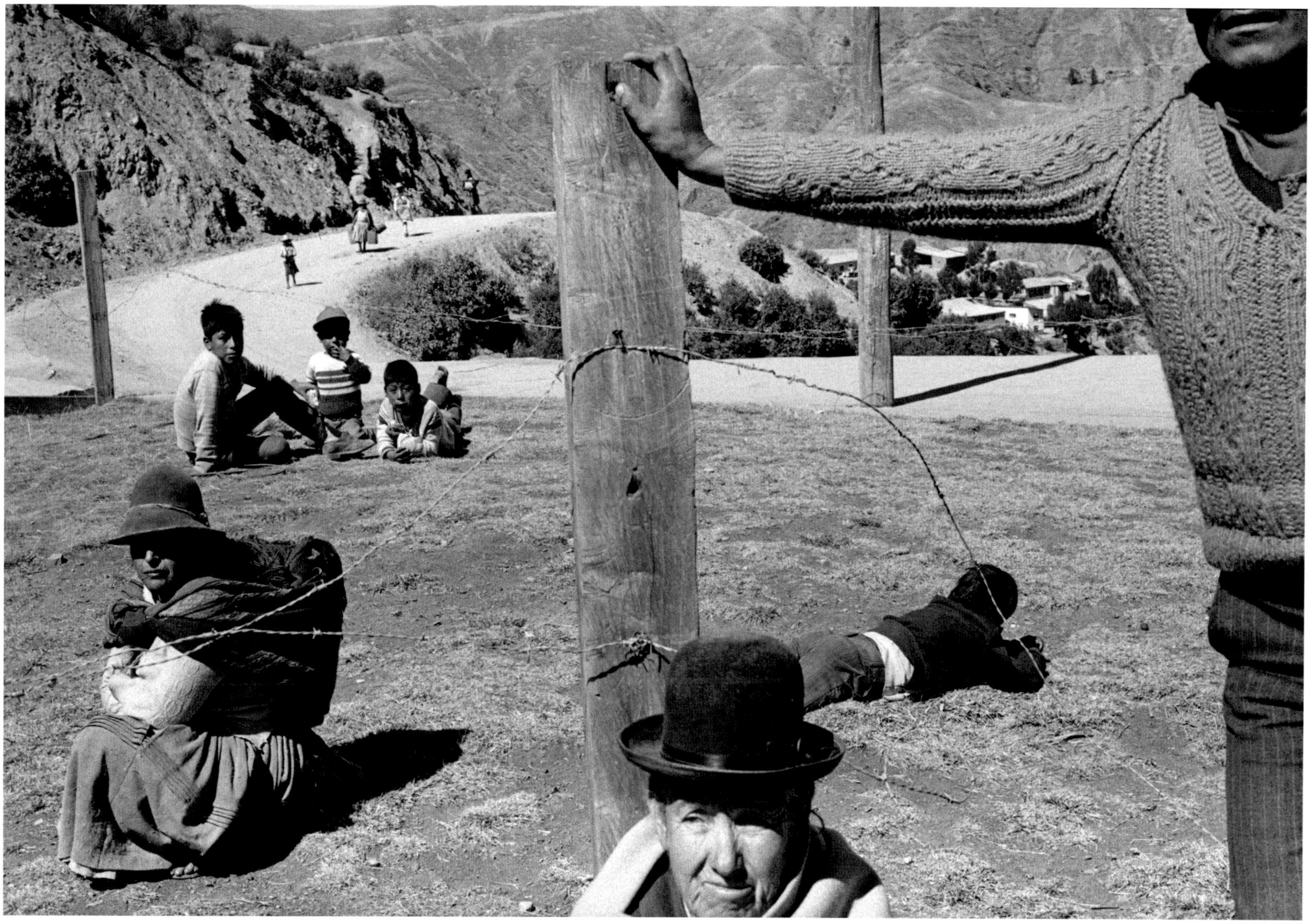

FERDINANDO
SCIANNA

MATT BLACK

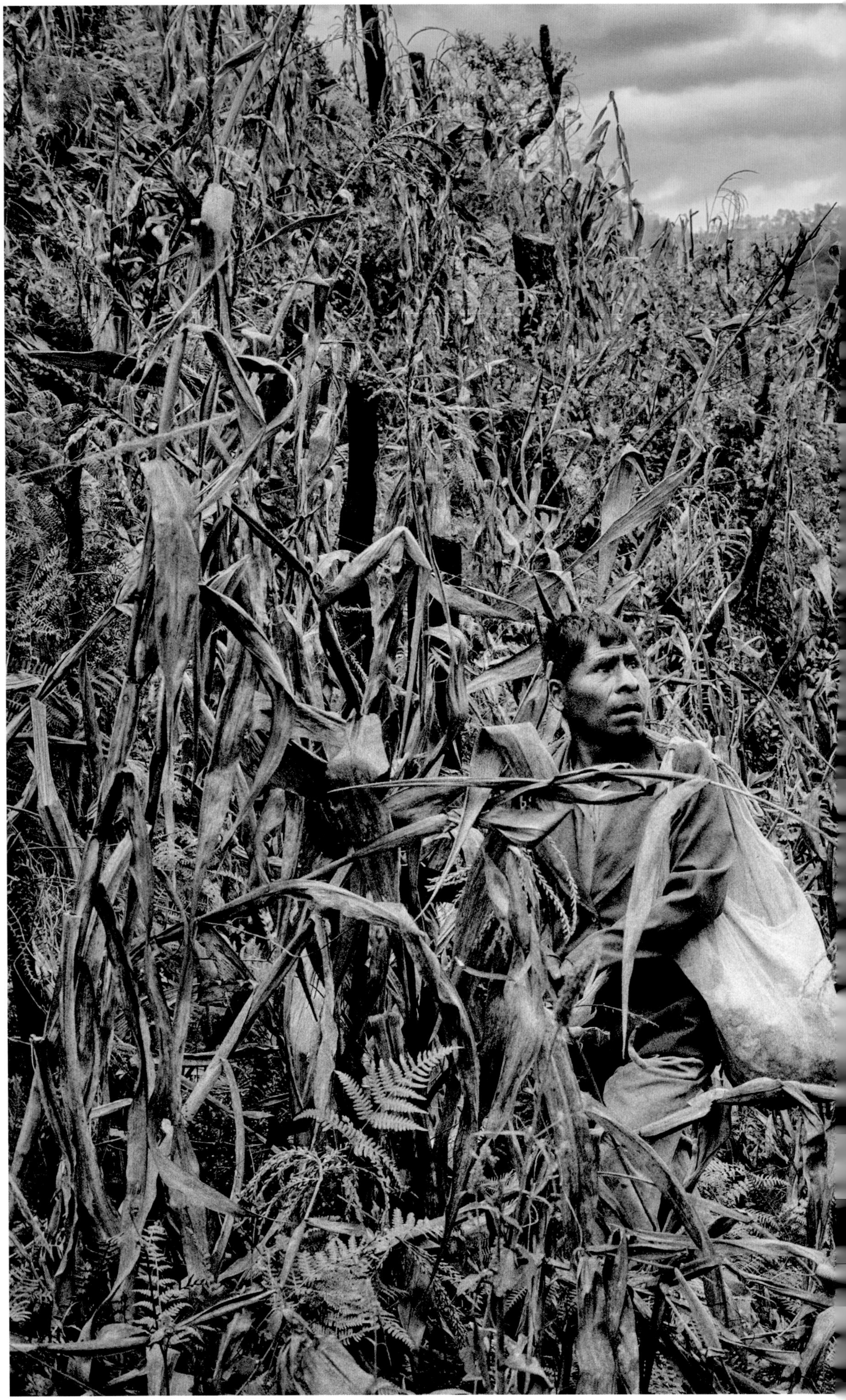

El Chuparosa, Guerrero, Mexiko, 2013

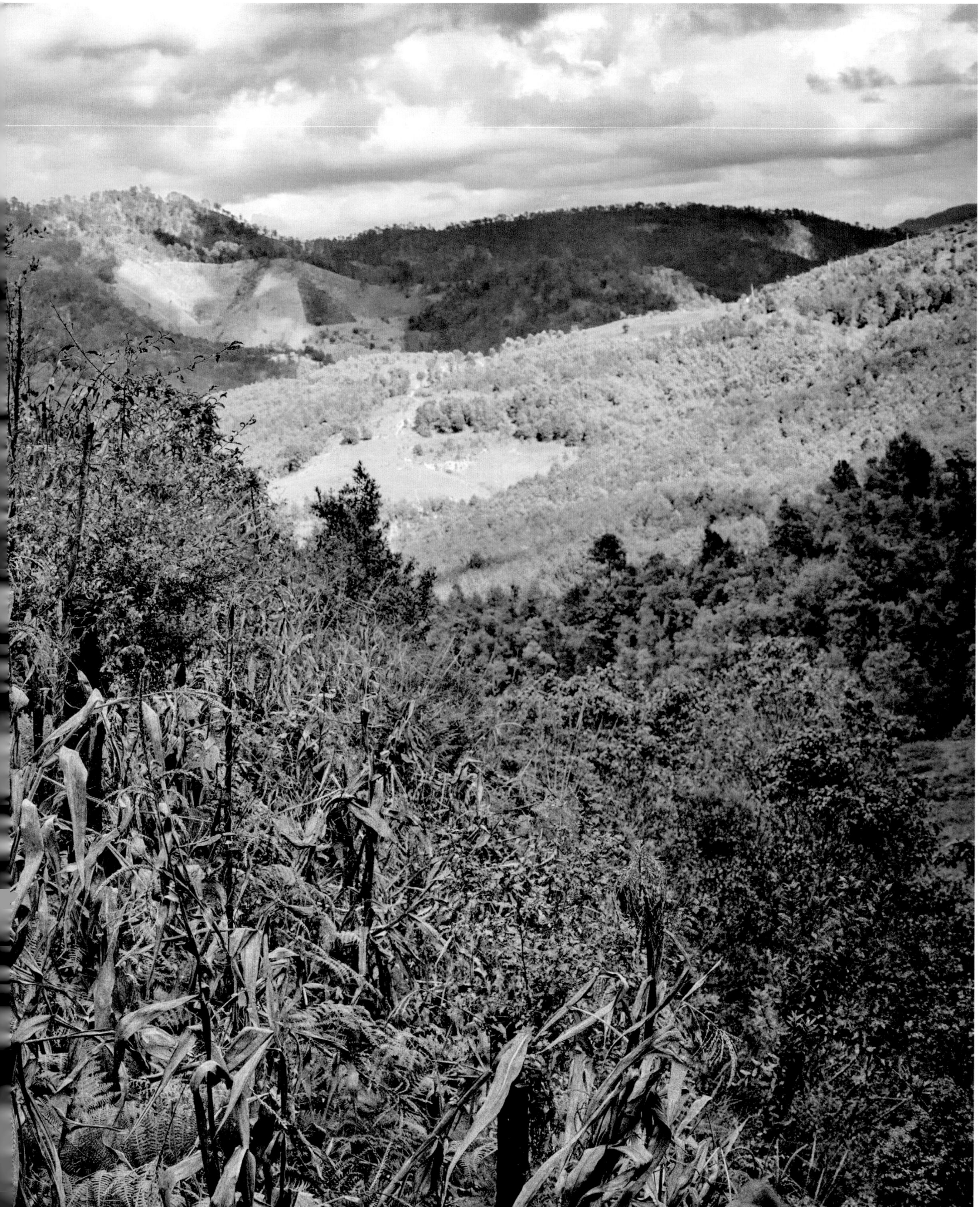

MOISES SAMAN

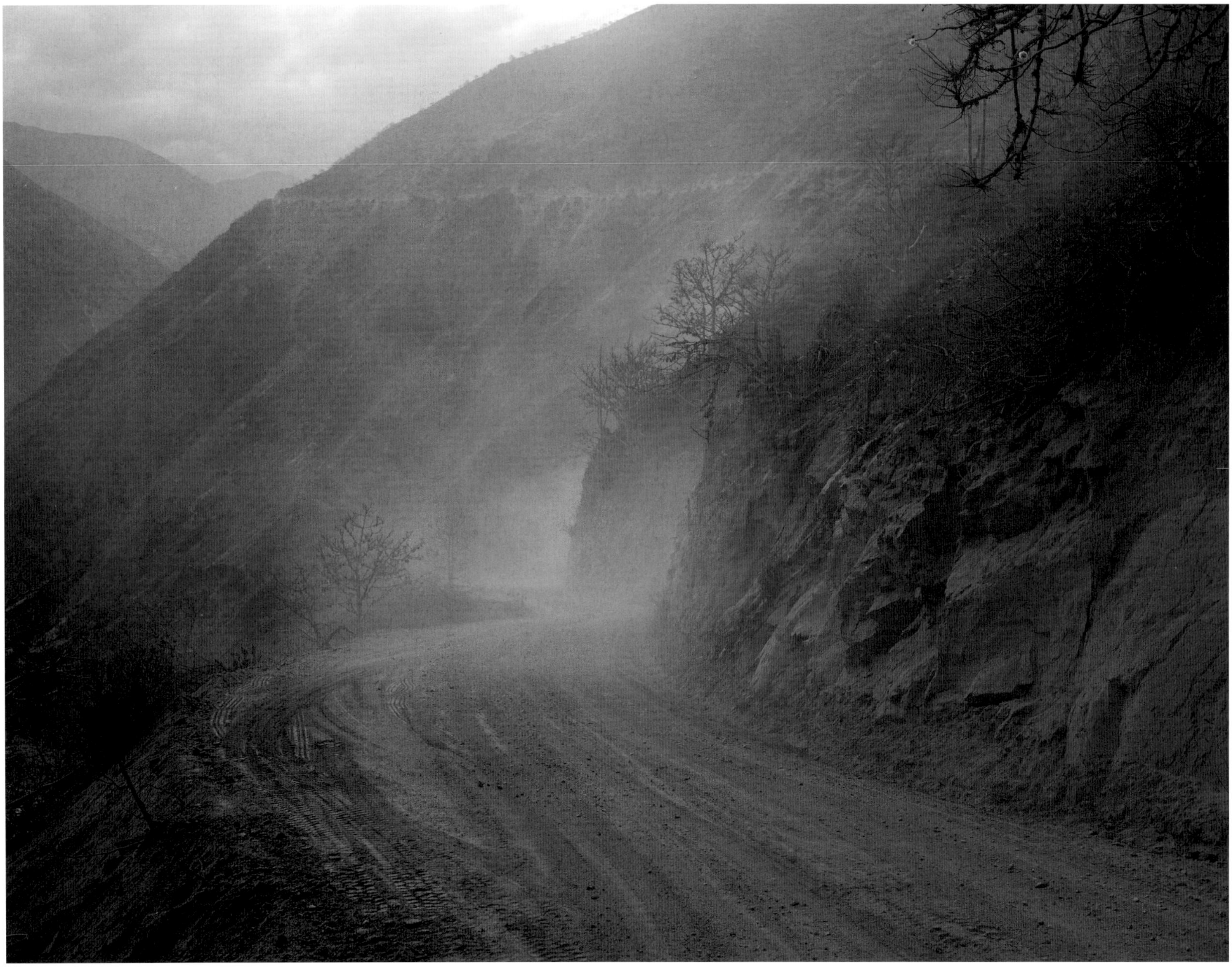

△▷ Sierra de La Libertad, Peru, 2017

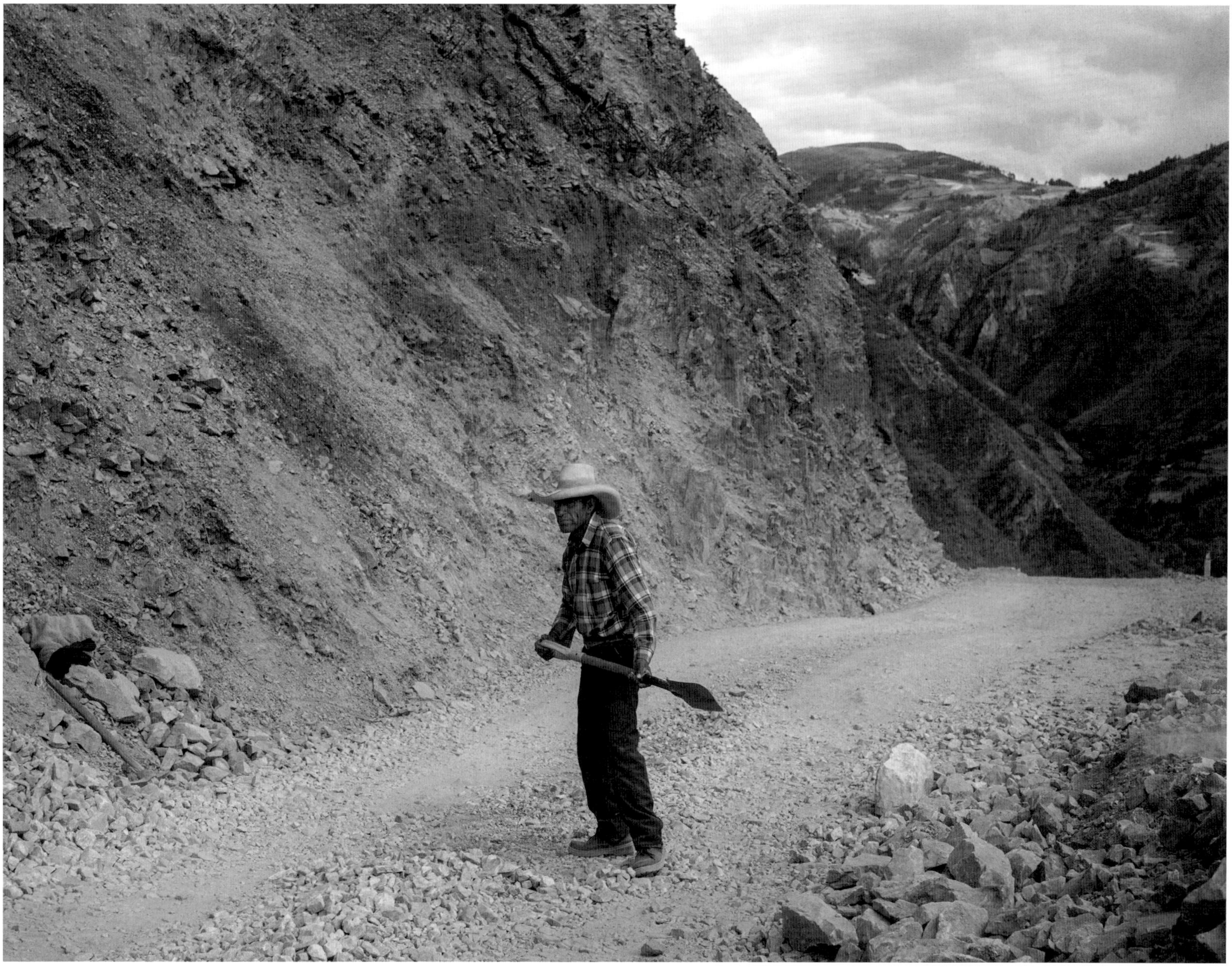

MOISES
SAMAN

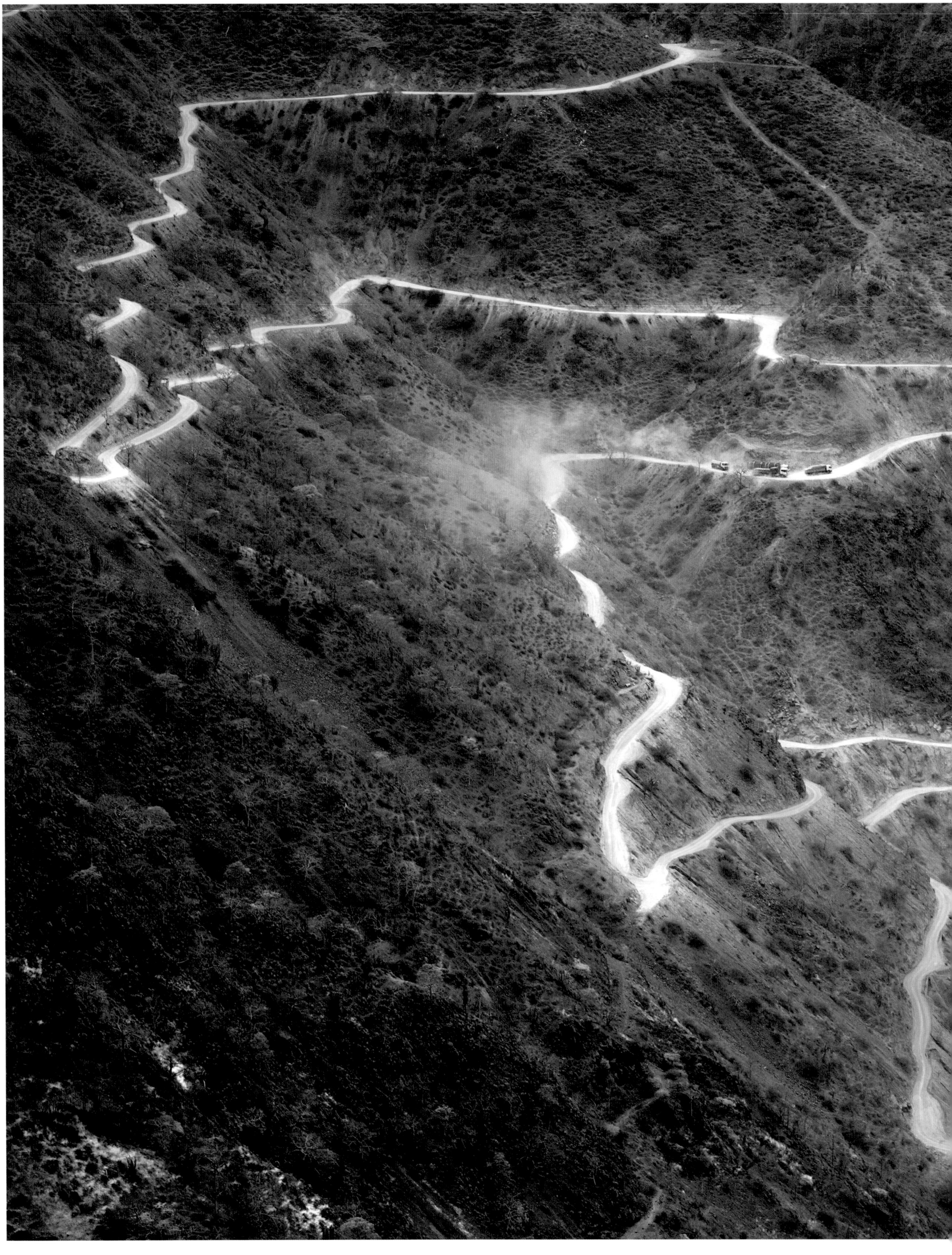

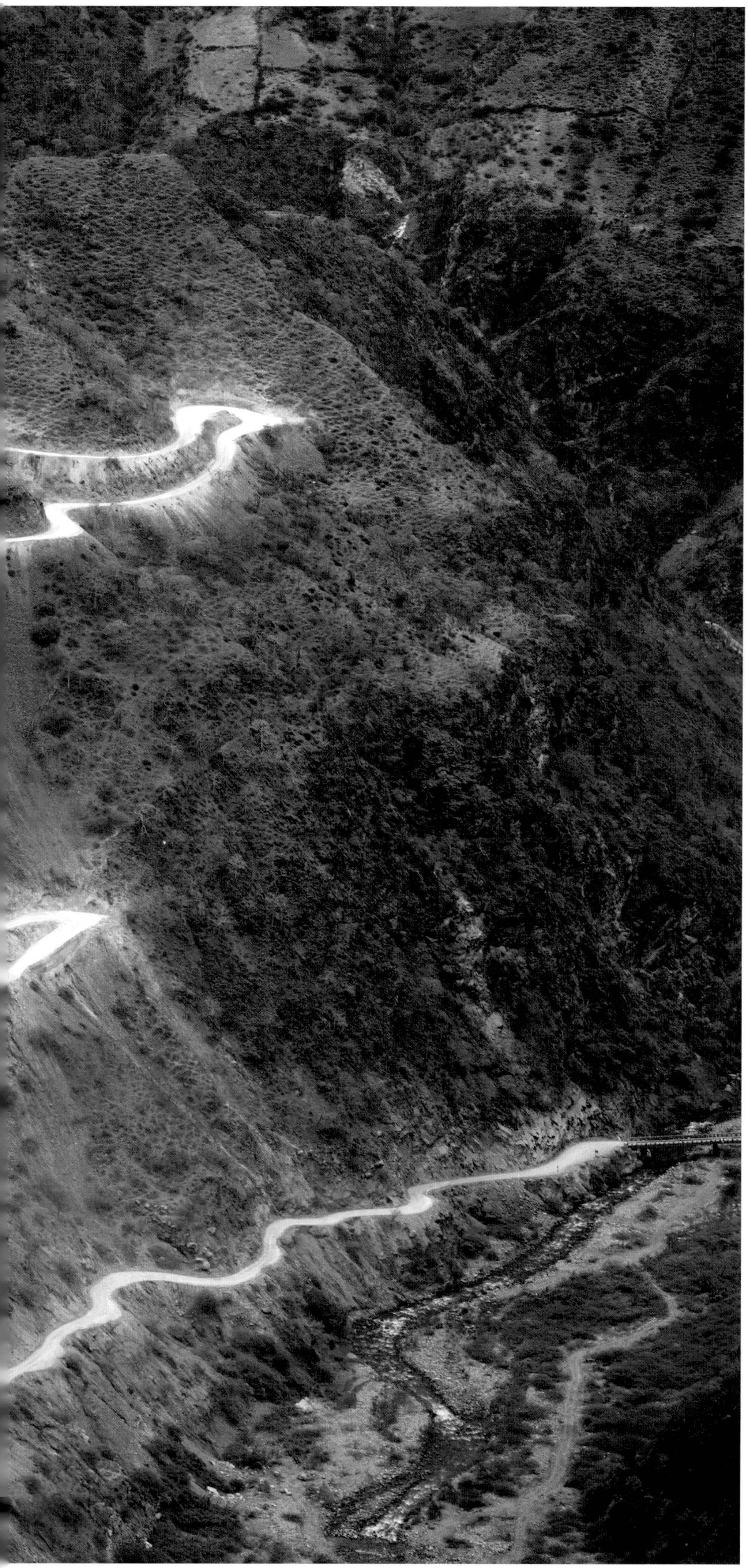

Sierra de La Libertad,
Peru, 2017

MOISES
SAMAN

NIKOS ECONOMOPOULOS

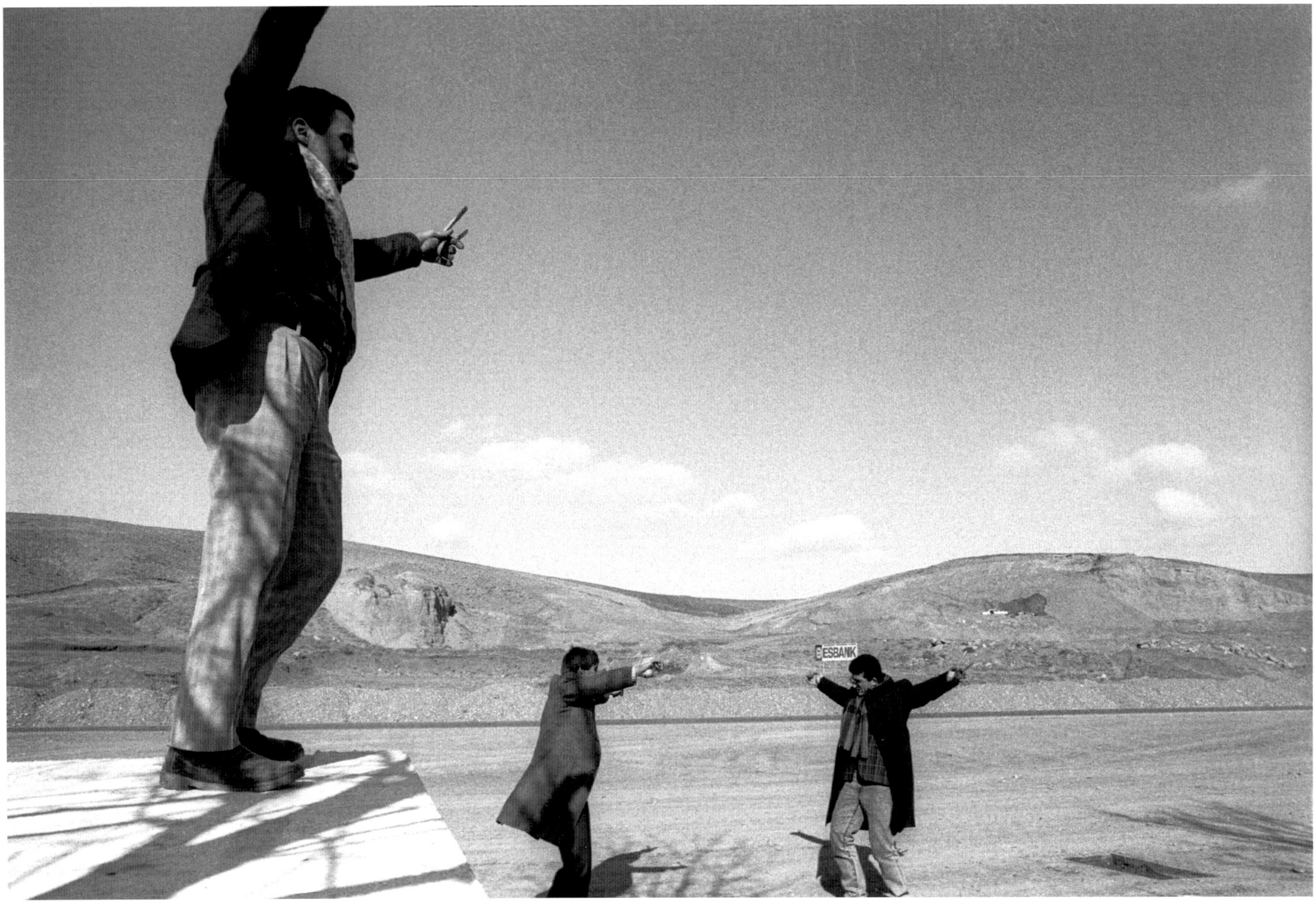

▵ Zentralanatolien, Türkei, 1988
▹ Vansee, Türkei, 1988

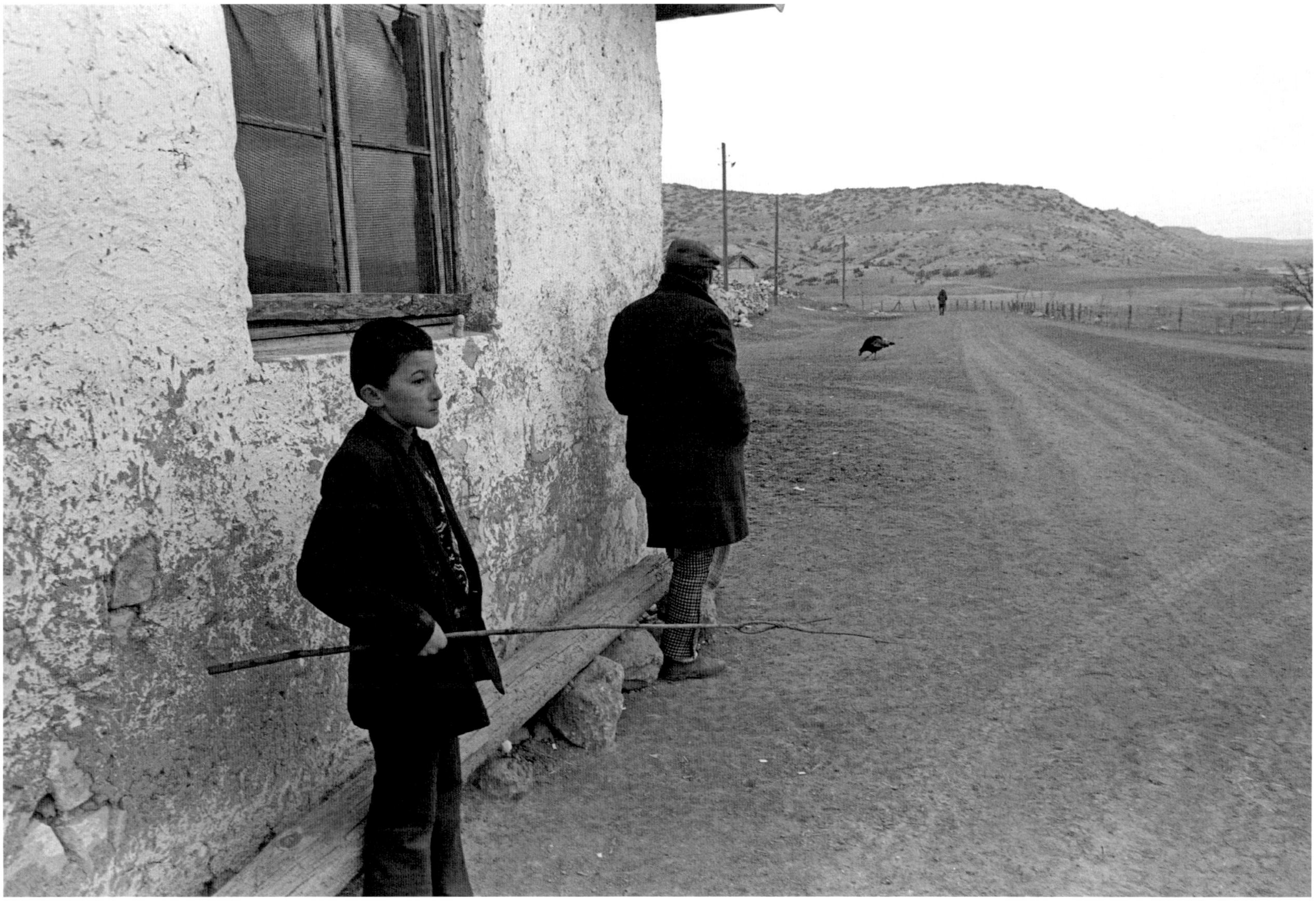

NIKOS
ECONOMOPOULOS

CHRISTOPHER ANDERSON

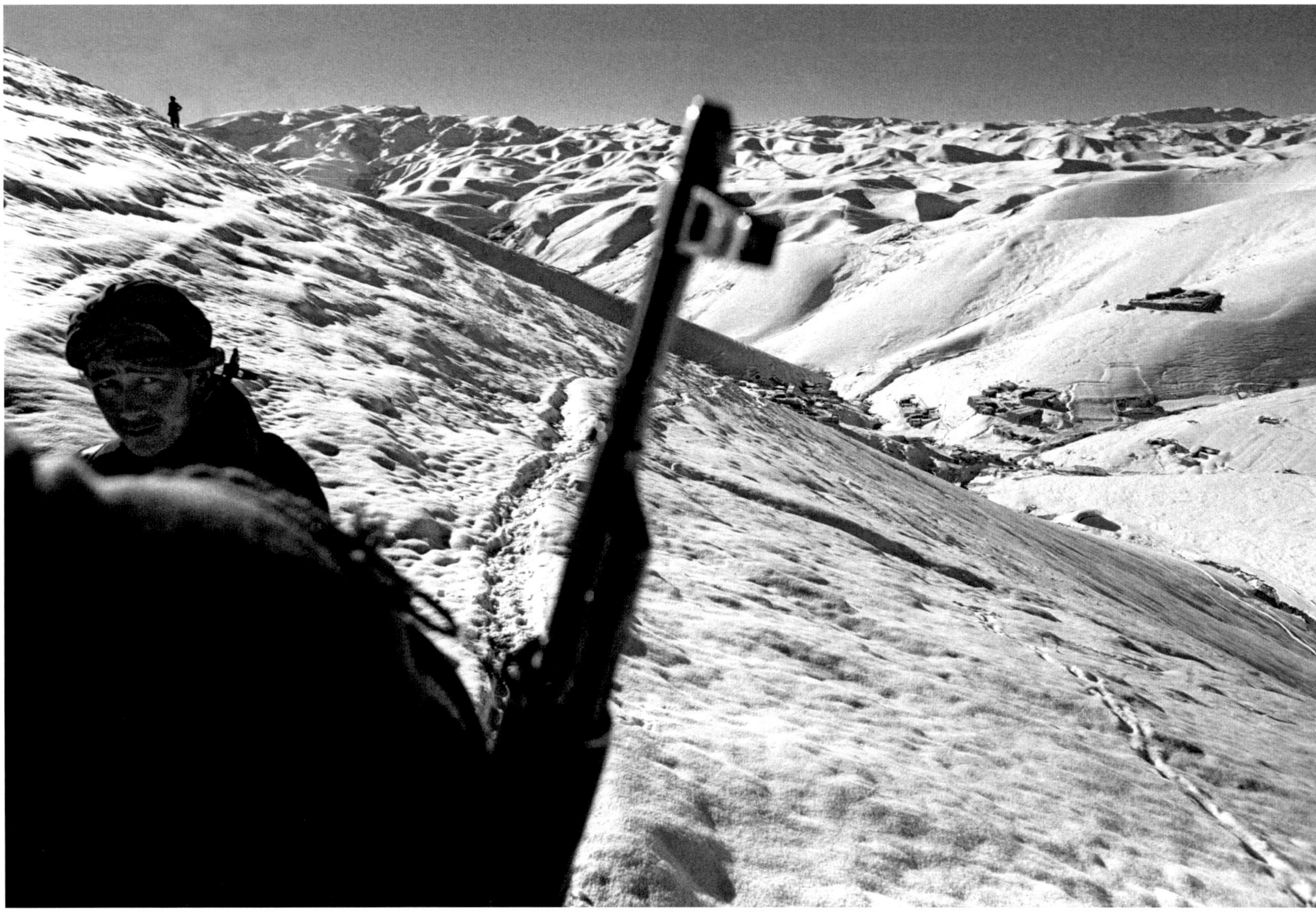

△ ▷ Region Abdulgan, Afghanistan, 2001

CHRISTOPHER
ANDERSON

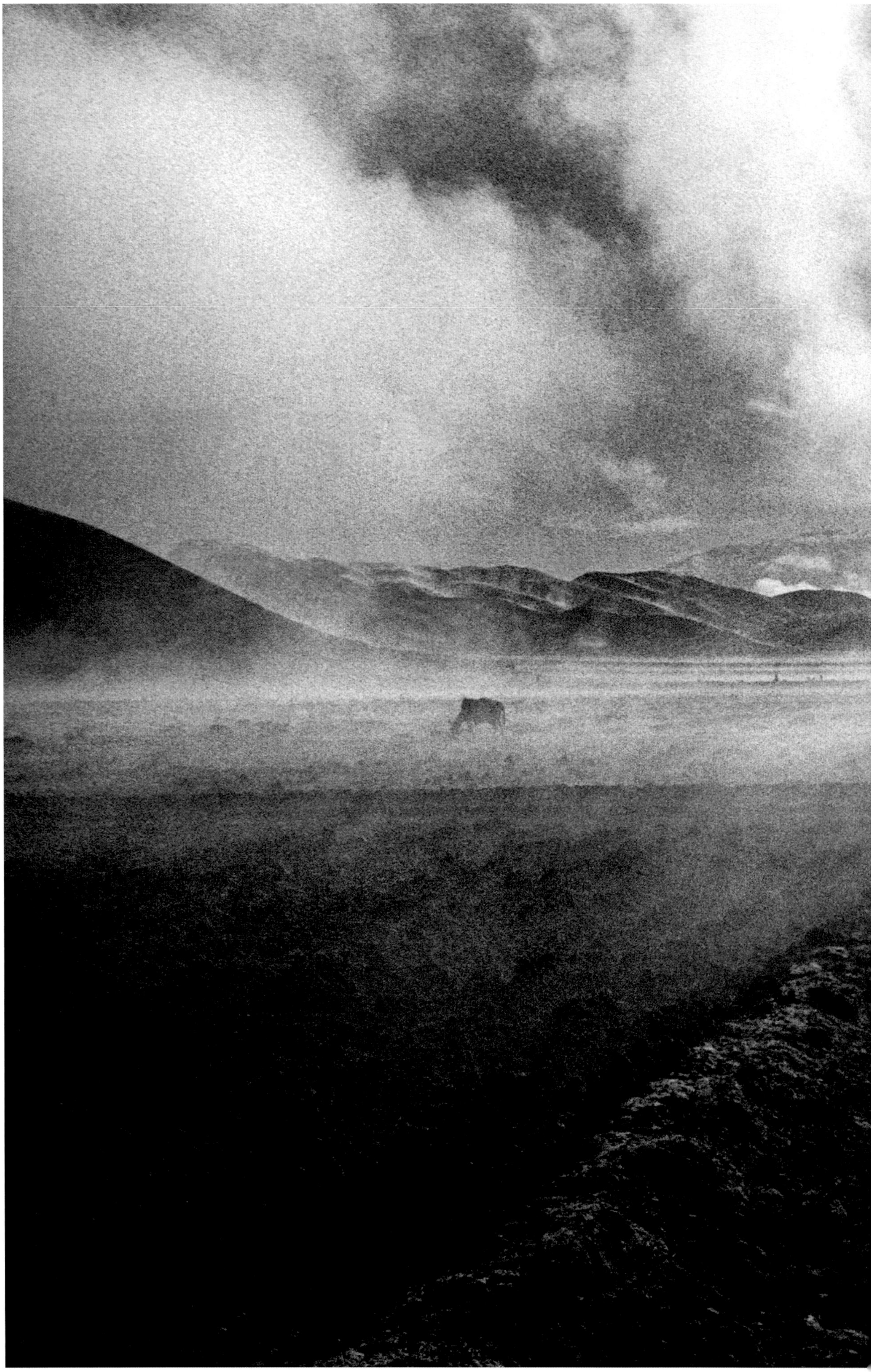

Südlich von Masar-e Scharif,
Afghanistan, 2001

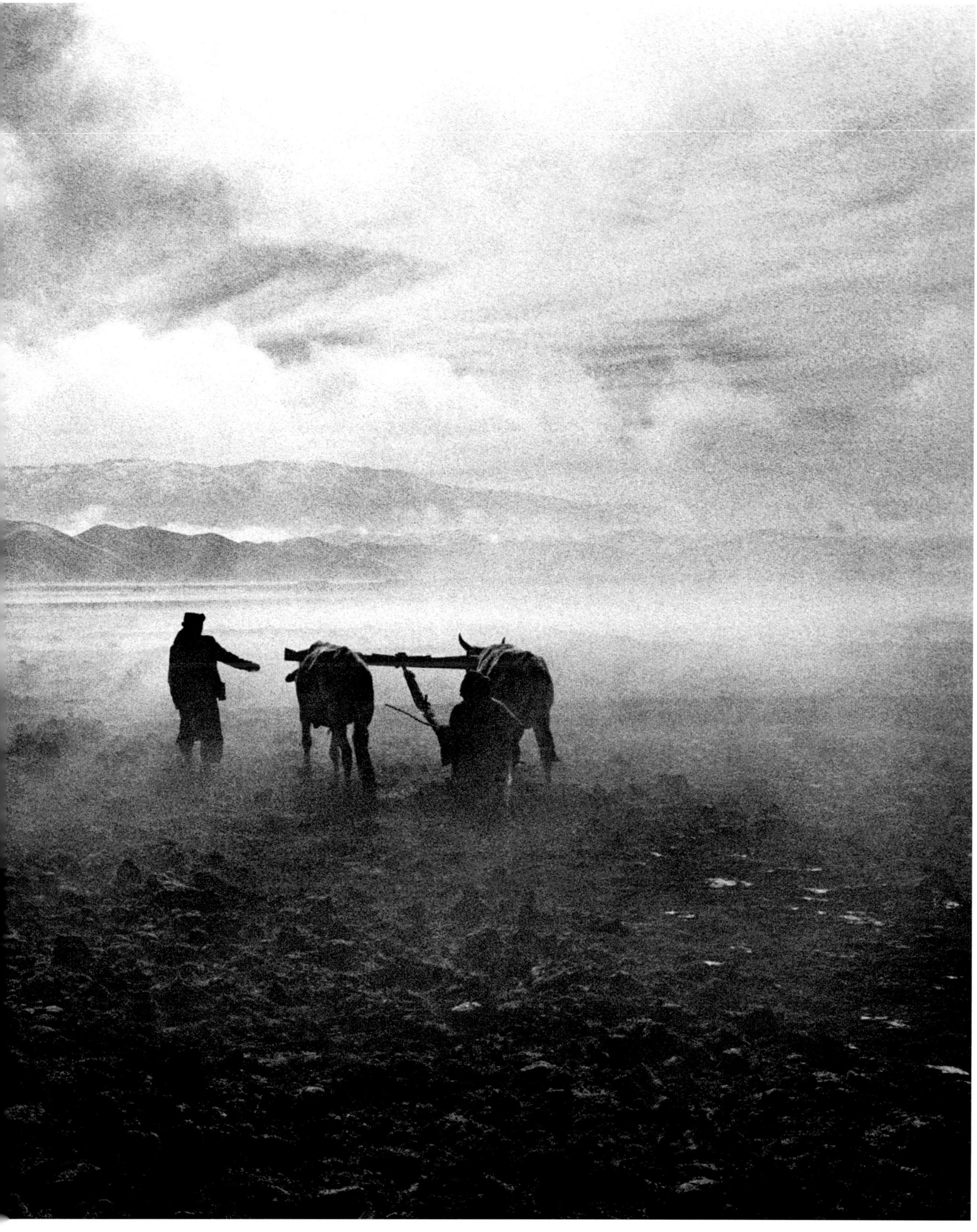

DAVID ALAN HARVEY

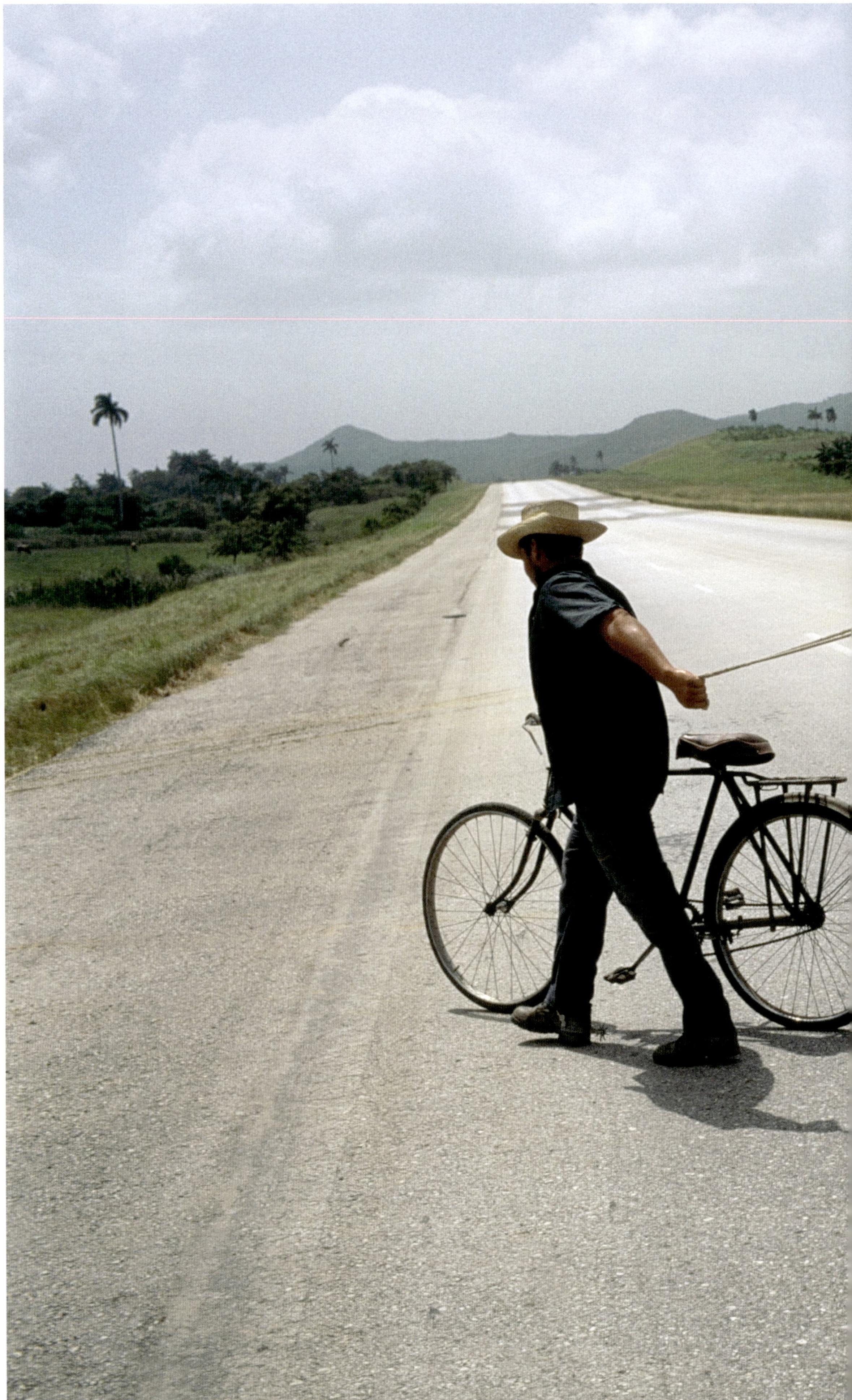

Kuba, 1998

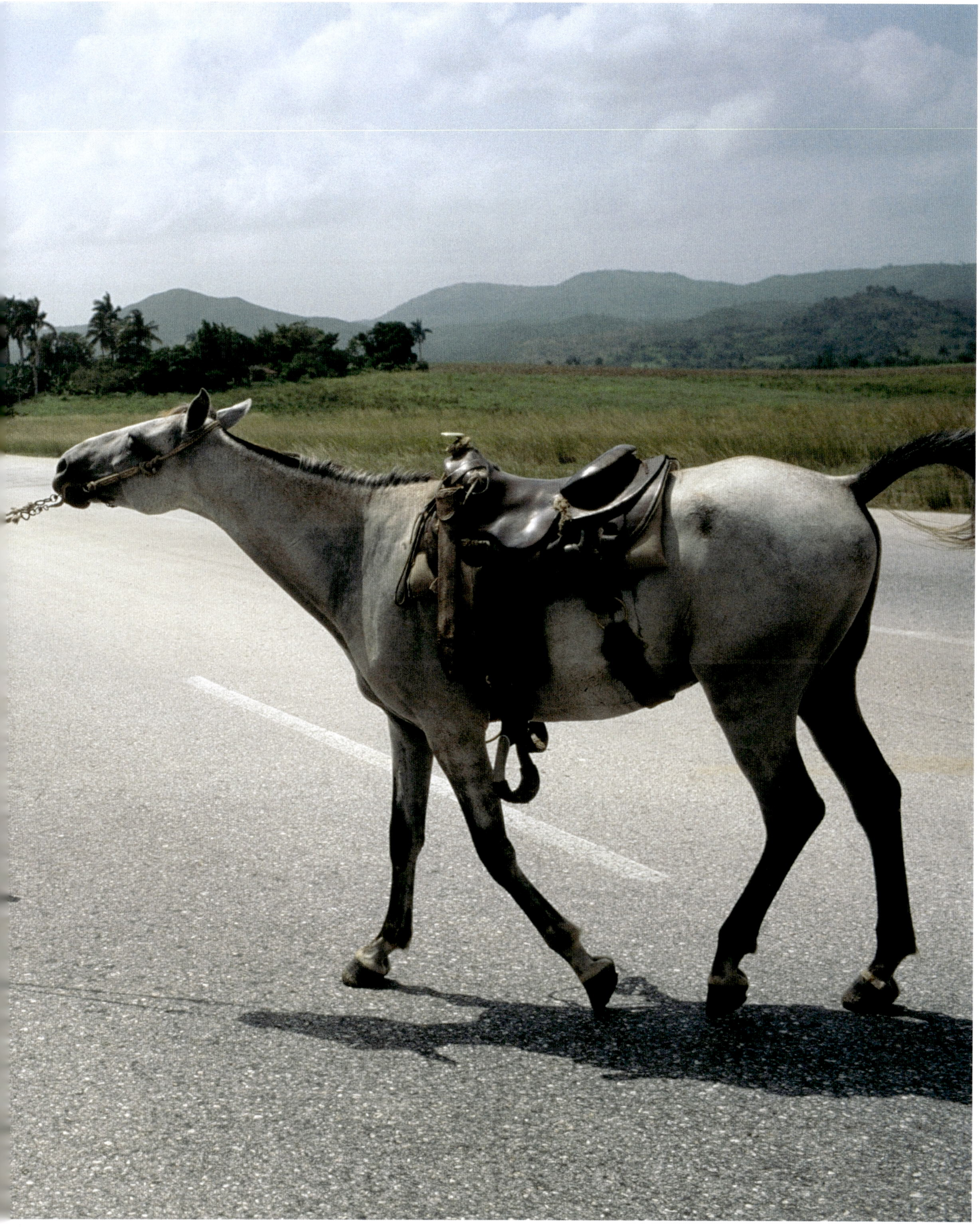

JÉRÔME SESSINI

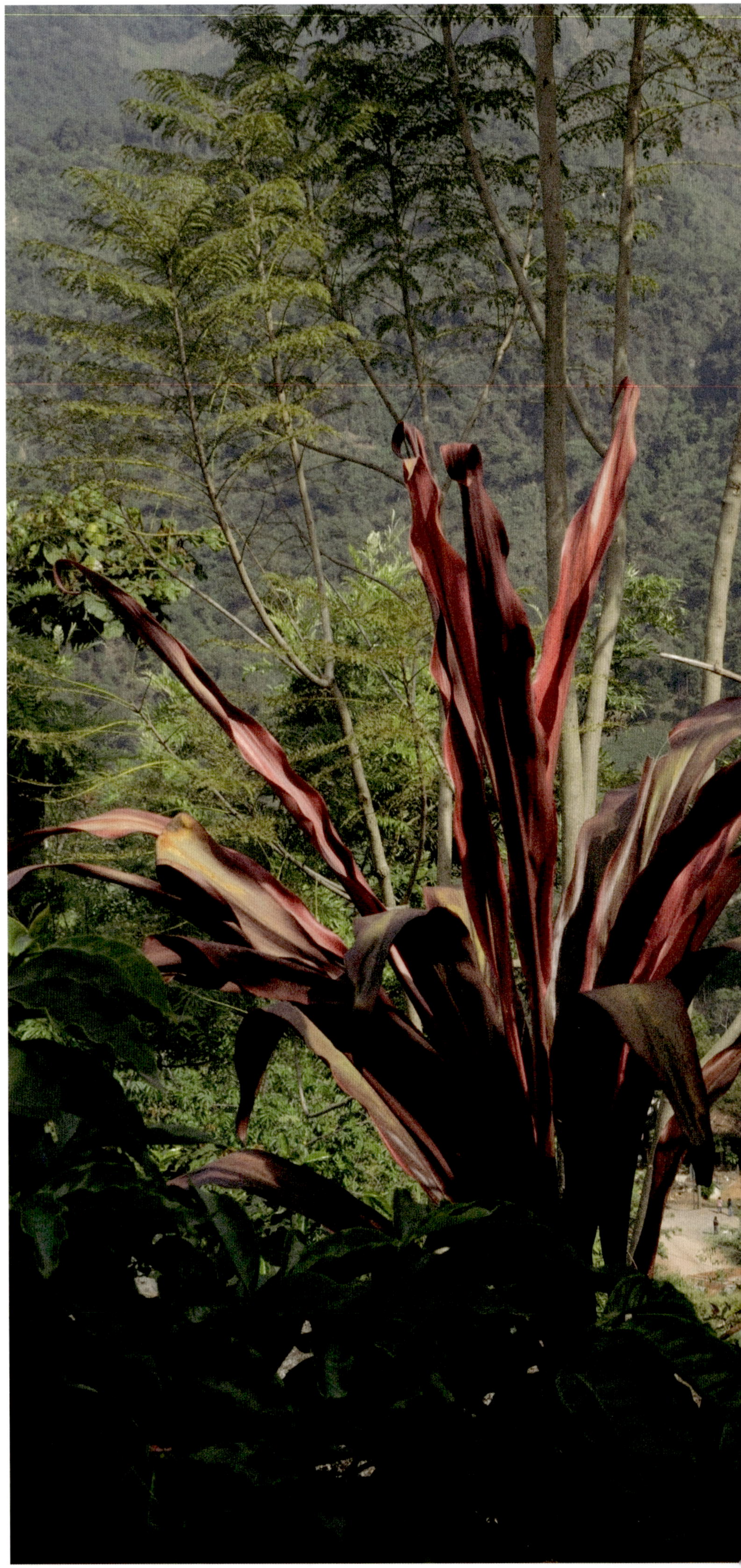

La Libertad, Huehuetenango, Guatemala, 2015

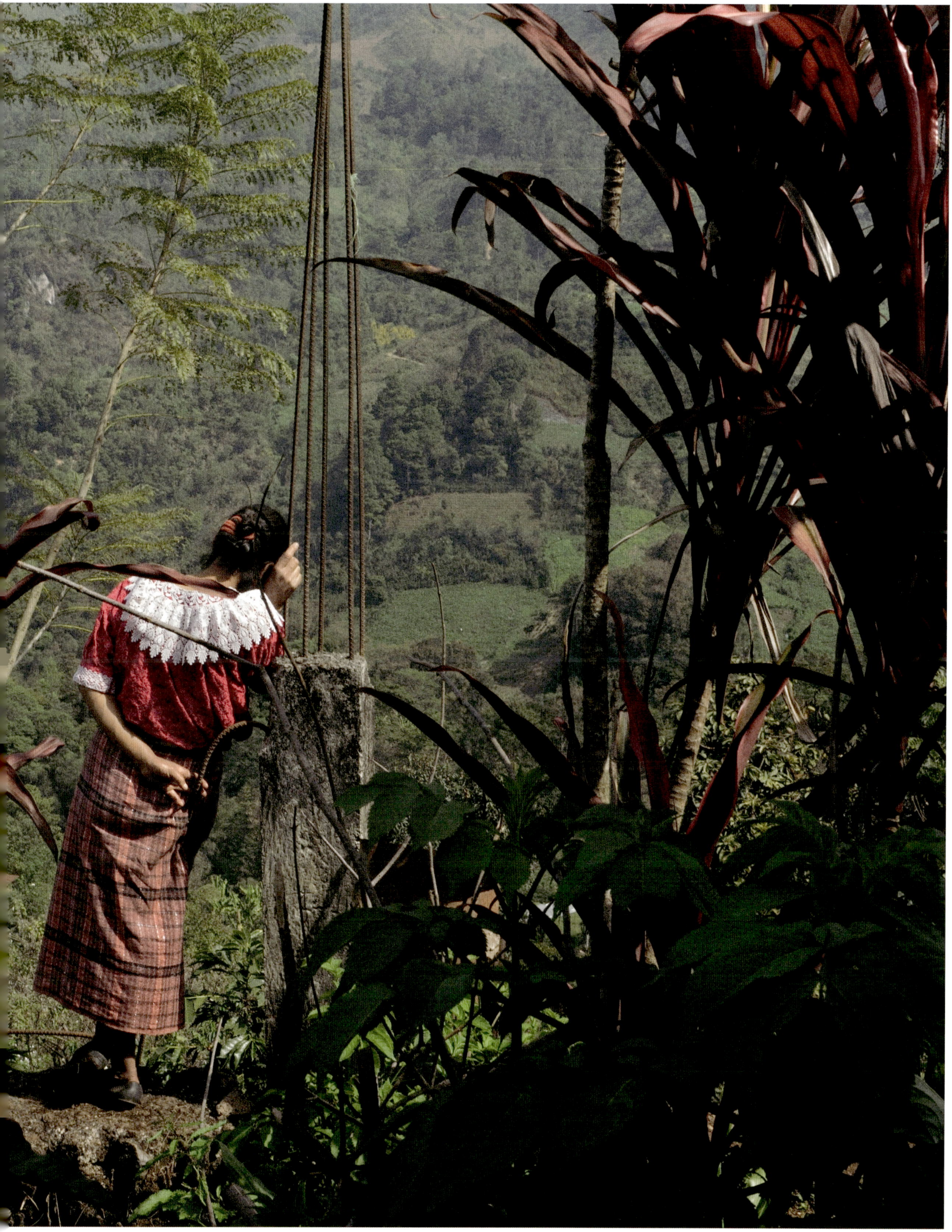

DAVID HURN

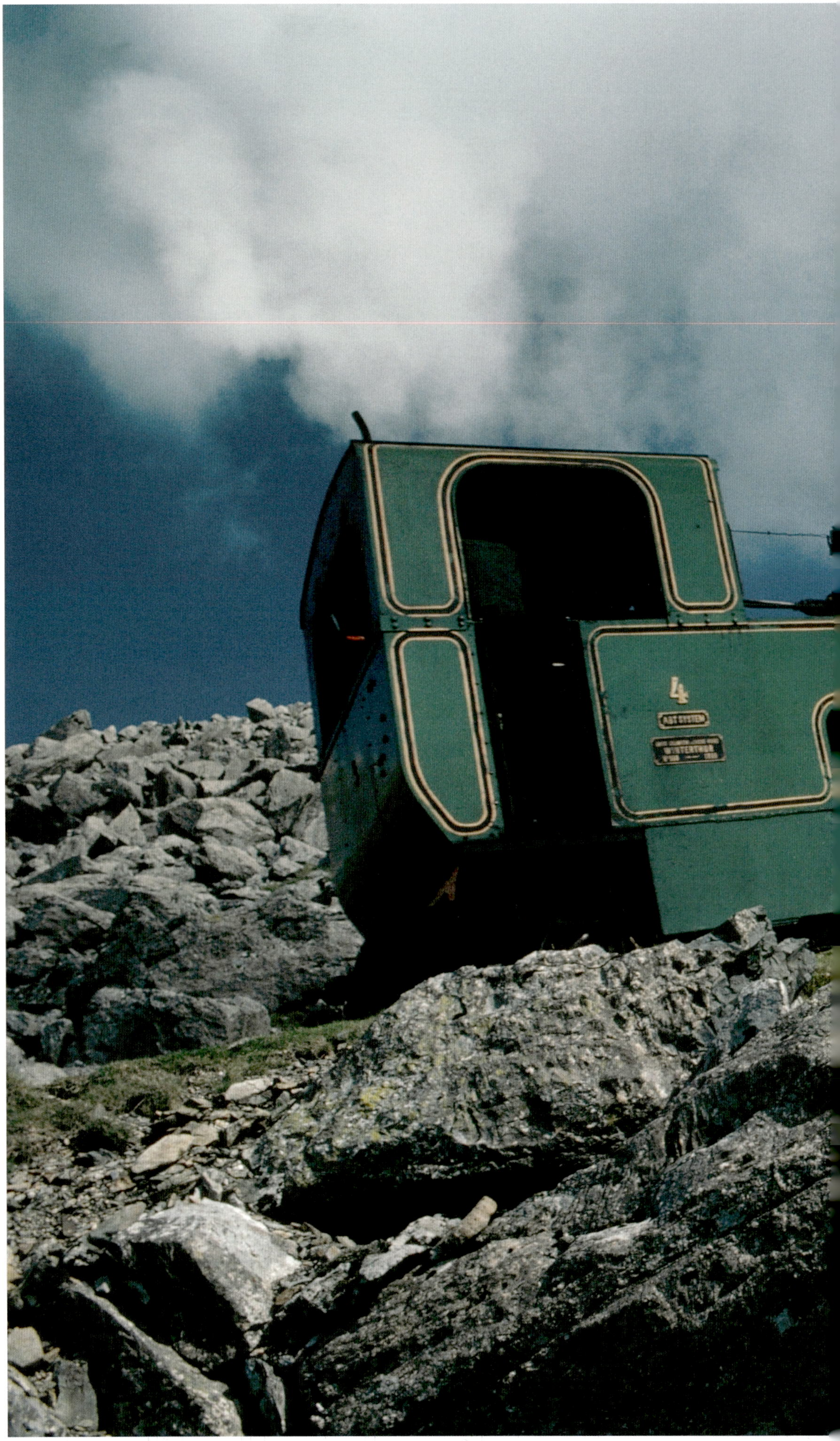

Snowdon, Wales, Großbritannien, 1992

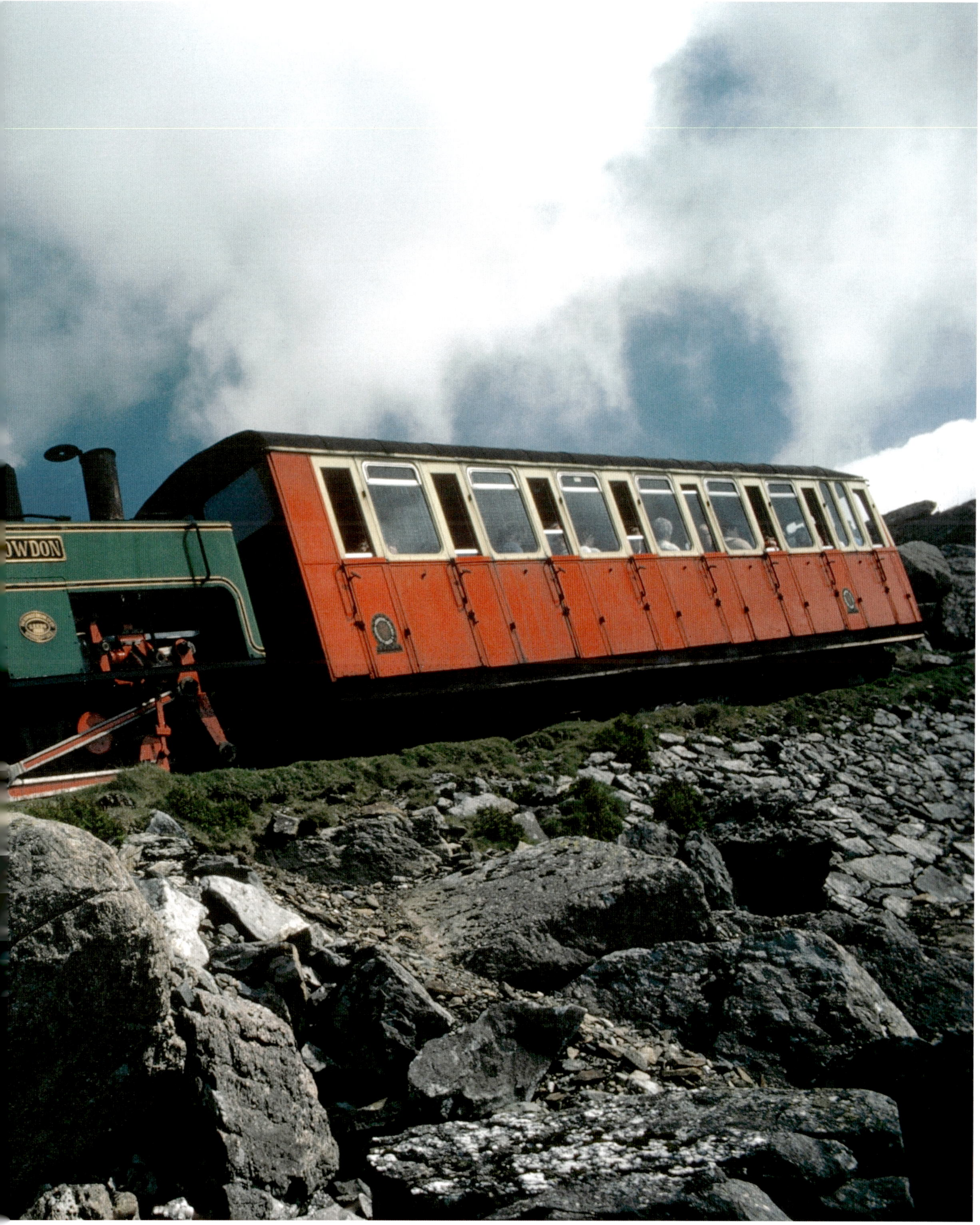

GUY LE QUERREC

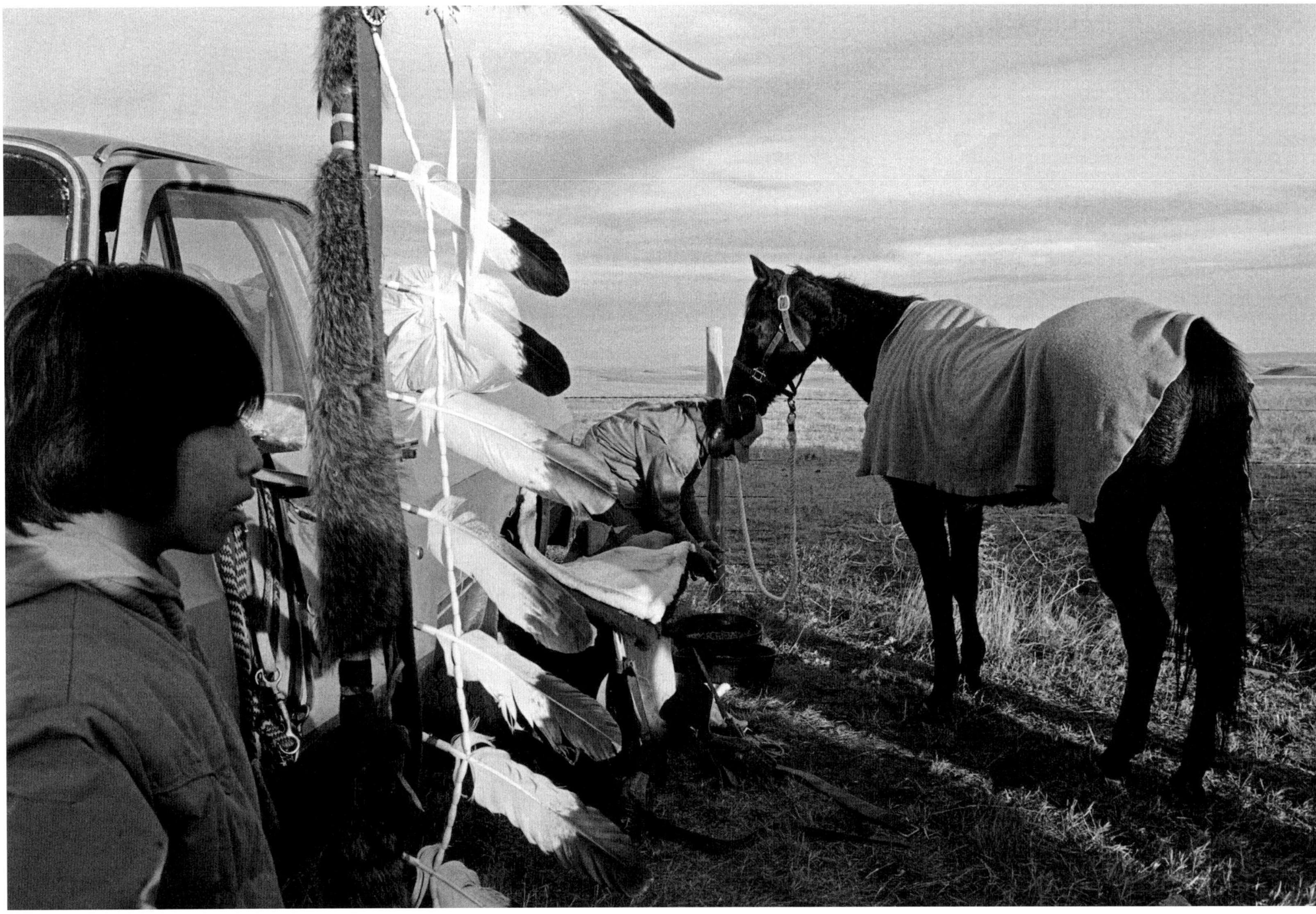

△ ▷ South Dakota,
USA, 1990

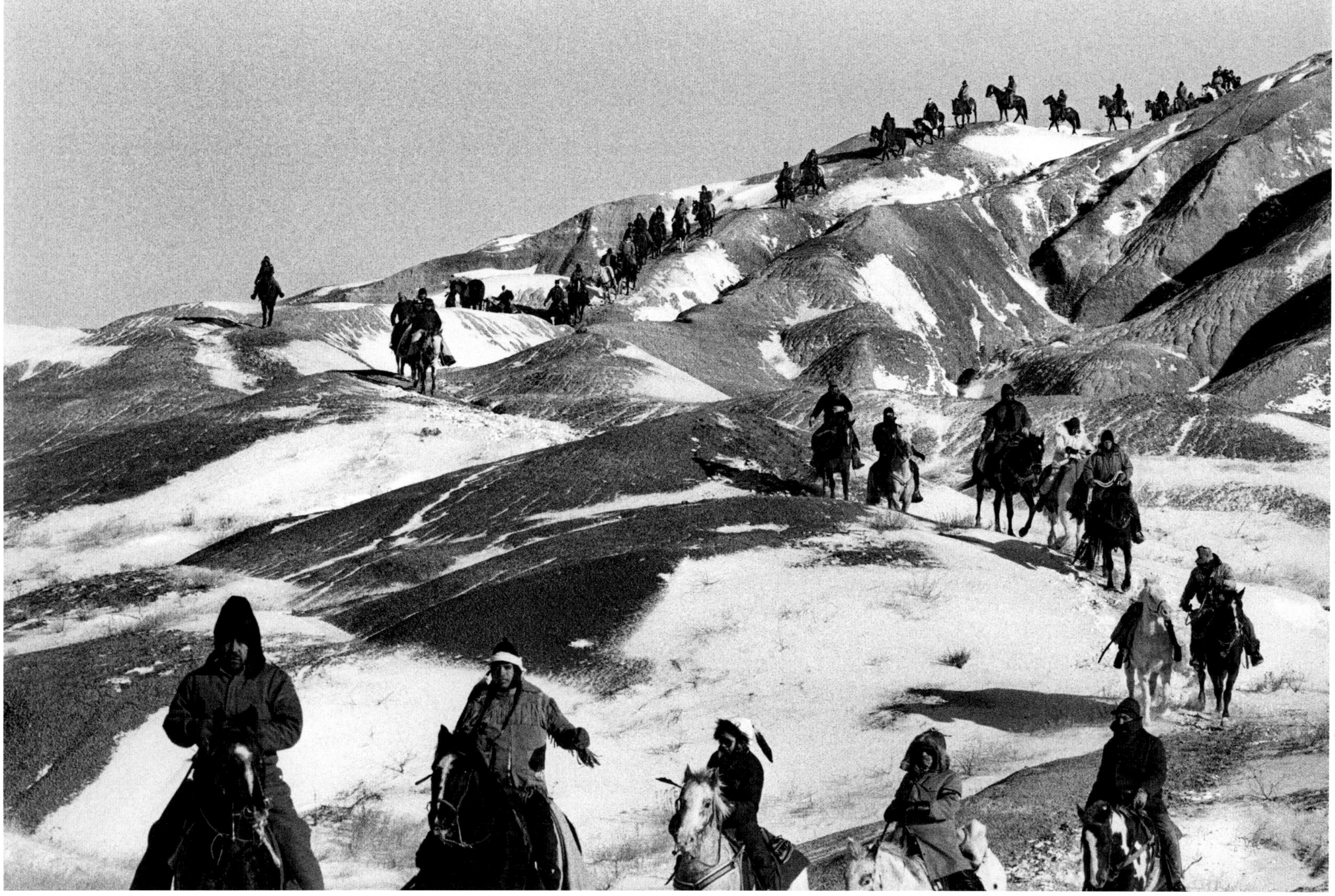

GUY
LE QUERREC

BRUNO BARBEY

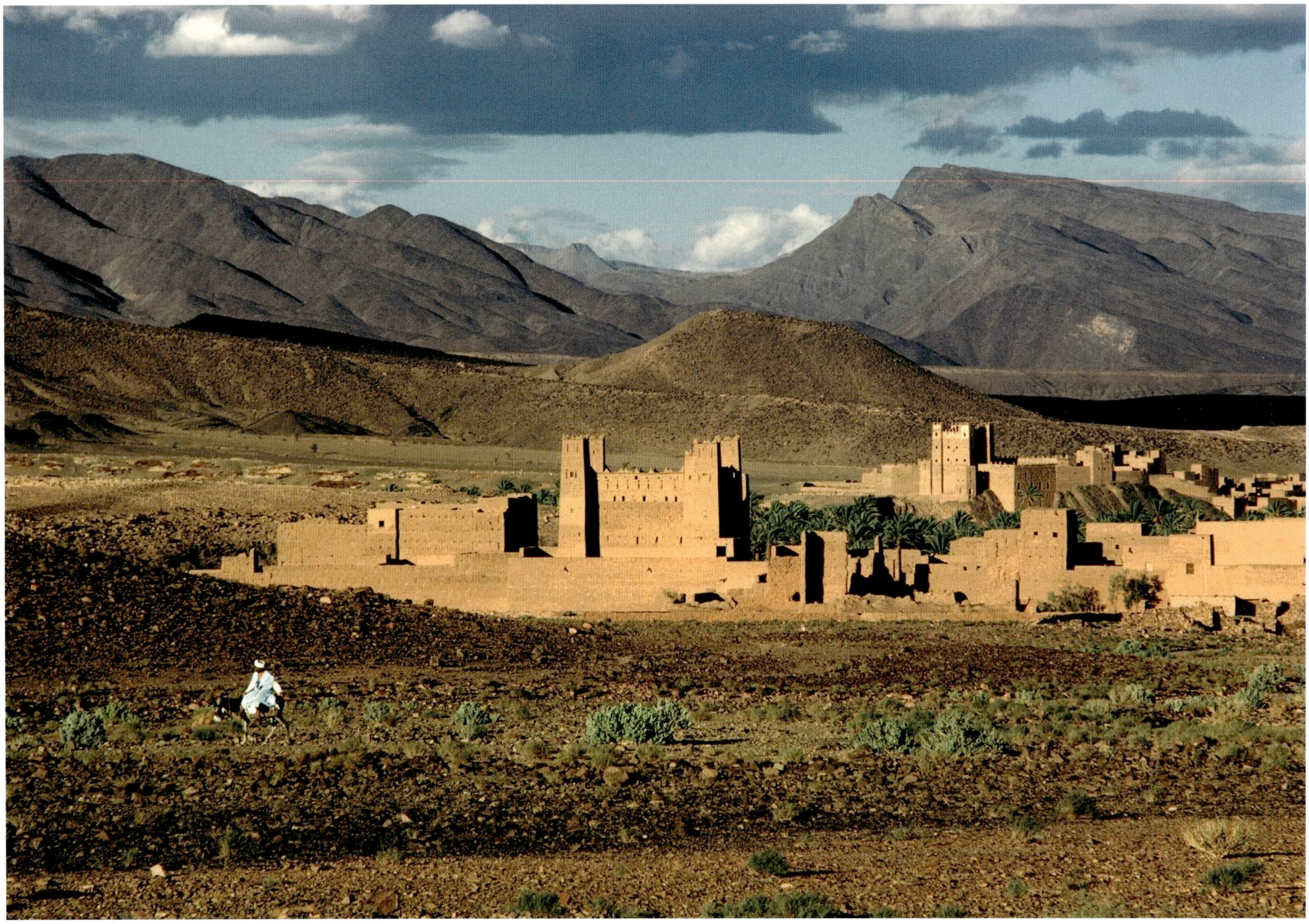

▵ Agdz, Drâa-Tal, Marokko, 1972
▹ Rifgebirge, Marokko, 1972

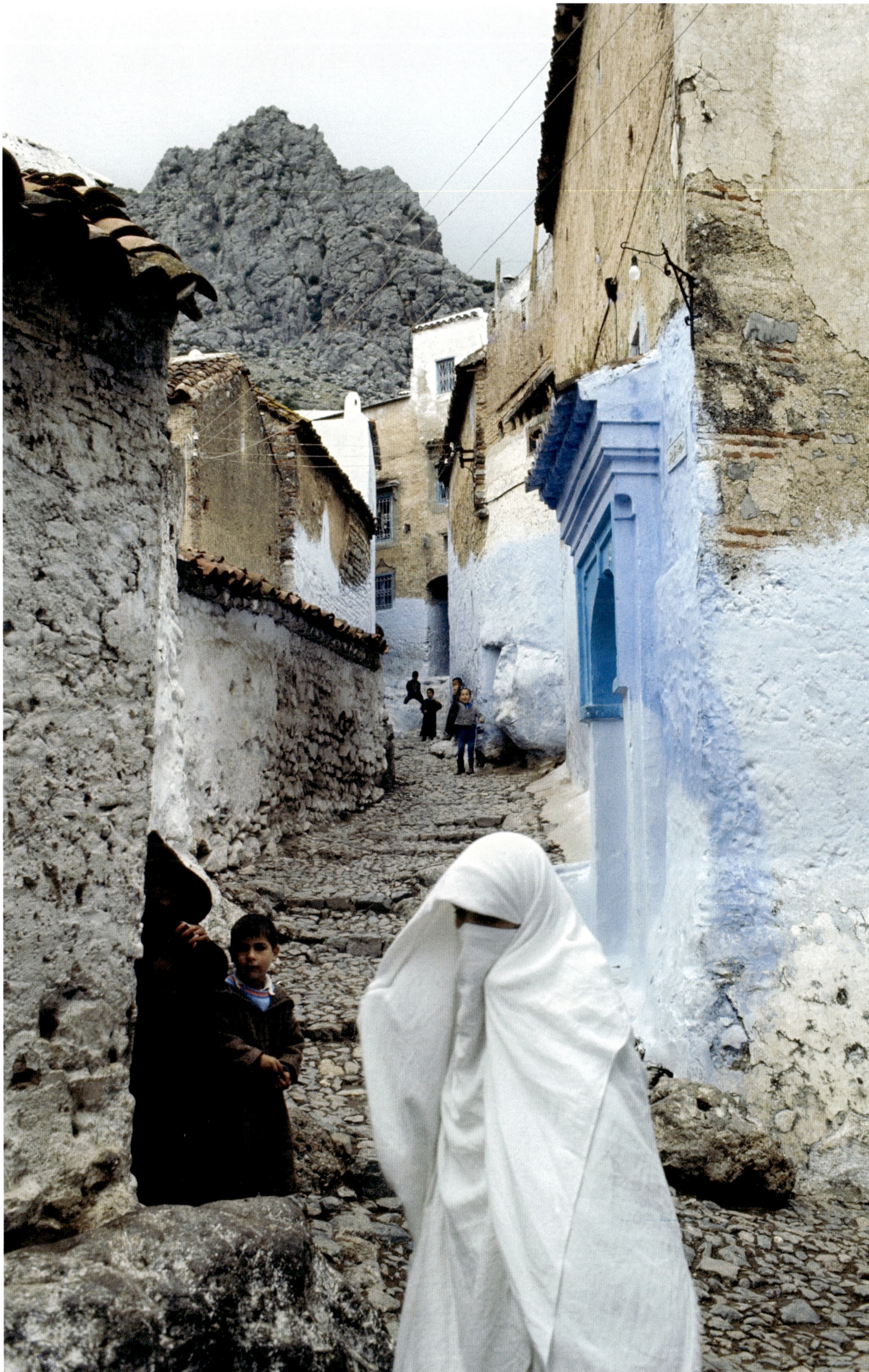

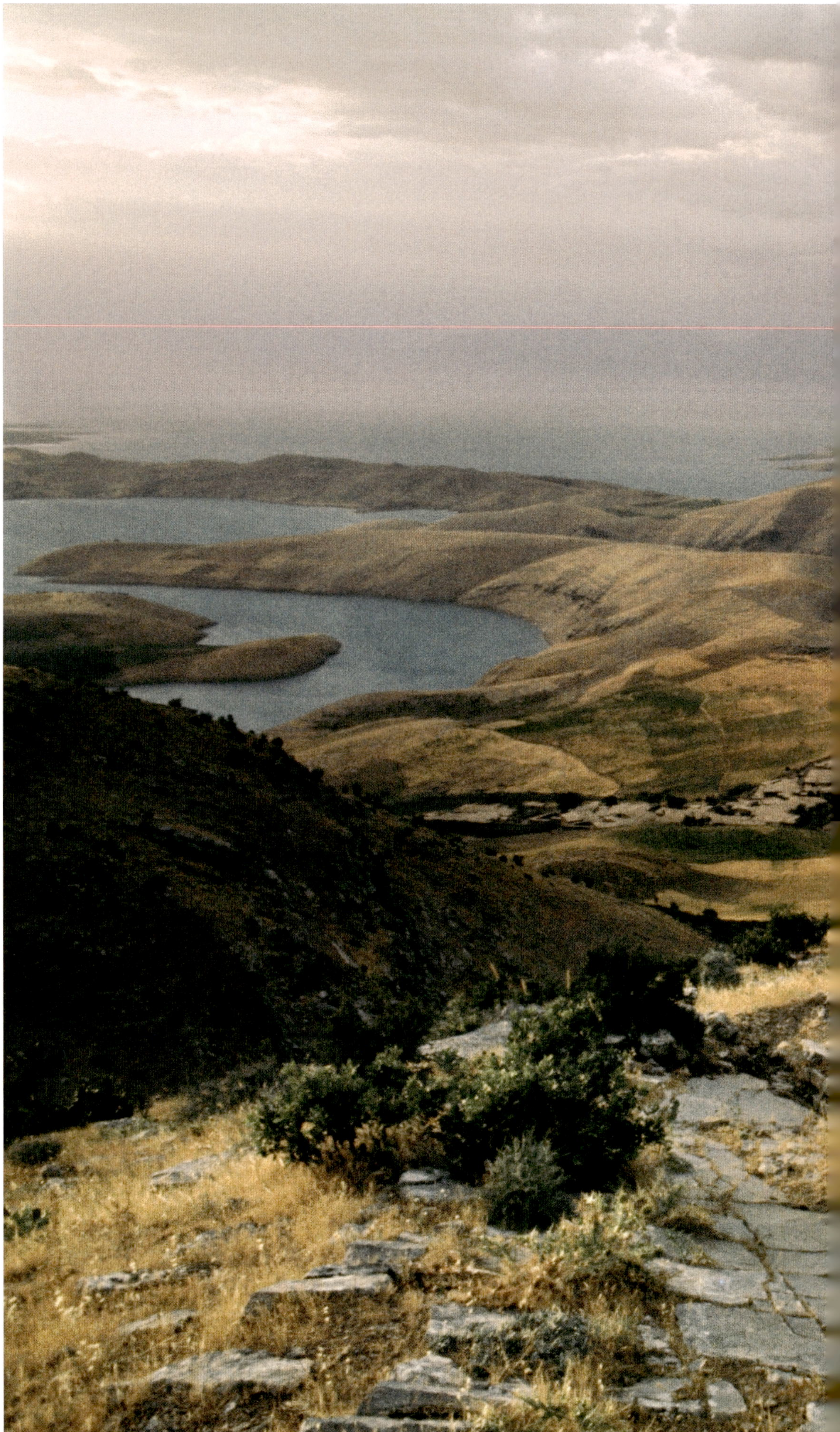

Dukan-See,
Irak, 1974

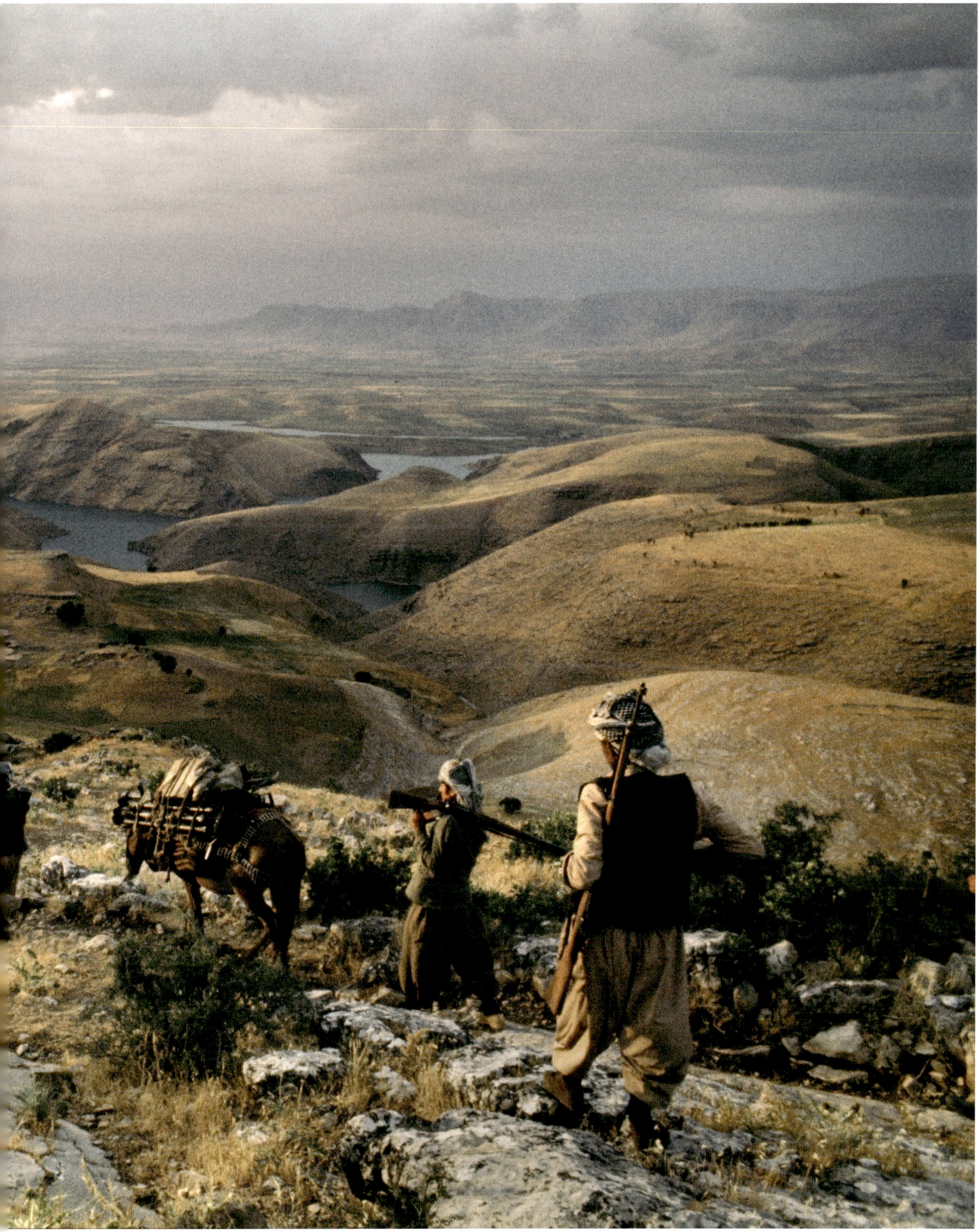

HIROJI KUBOTA

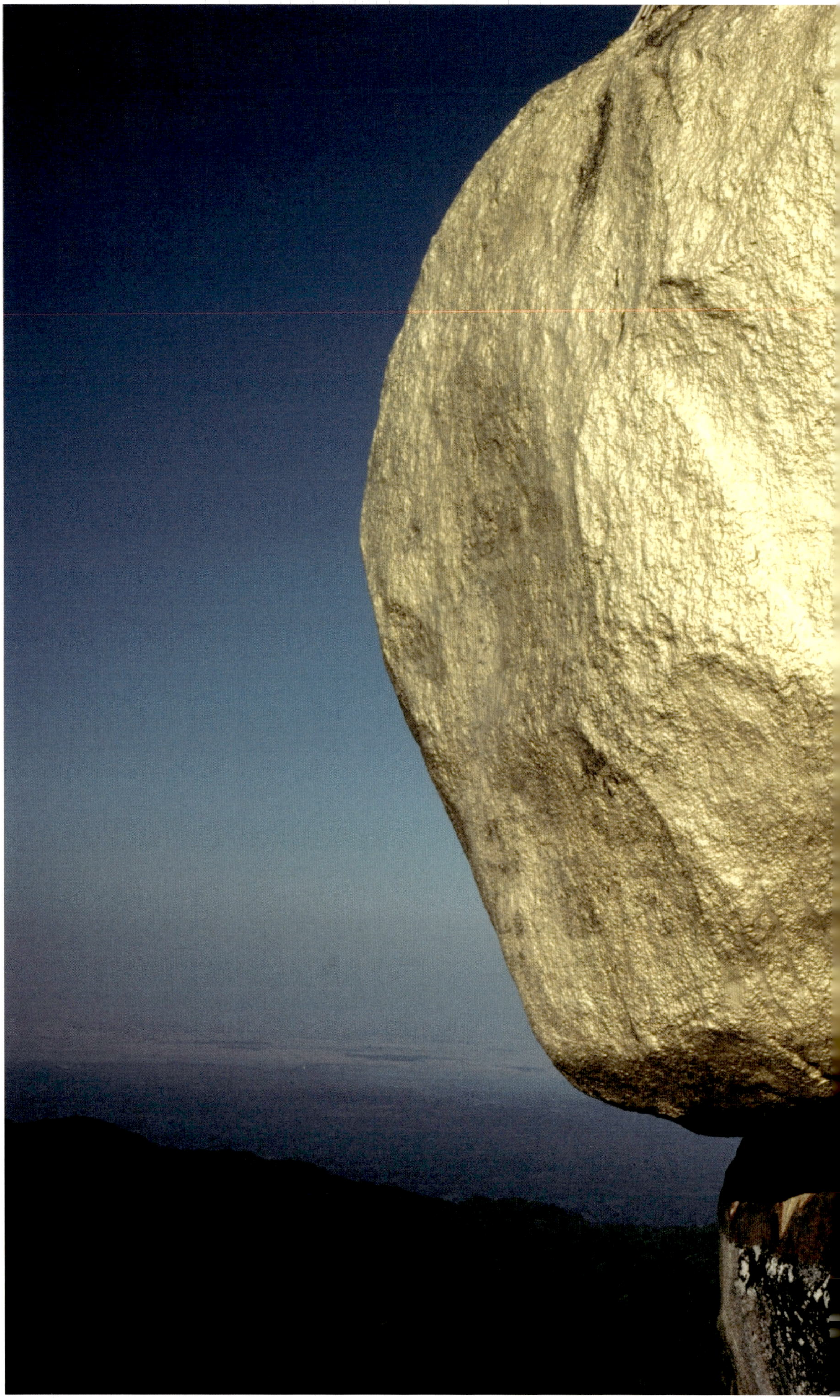

Goldener Fels von Shwe Pyi Daw, Kyaiktiyo, Myanmar, 1978

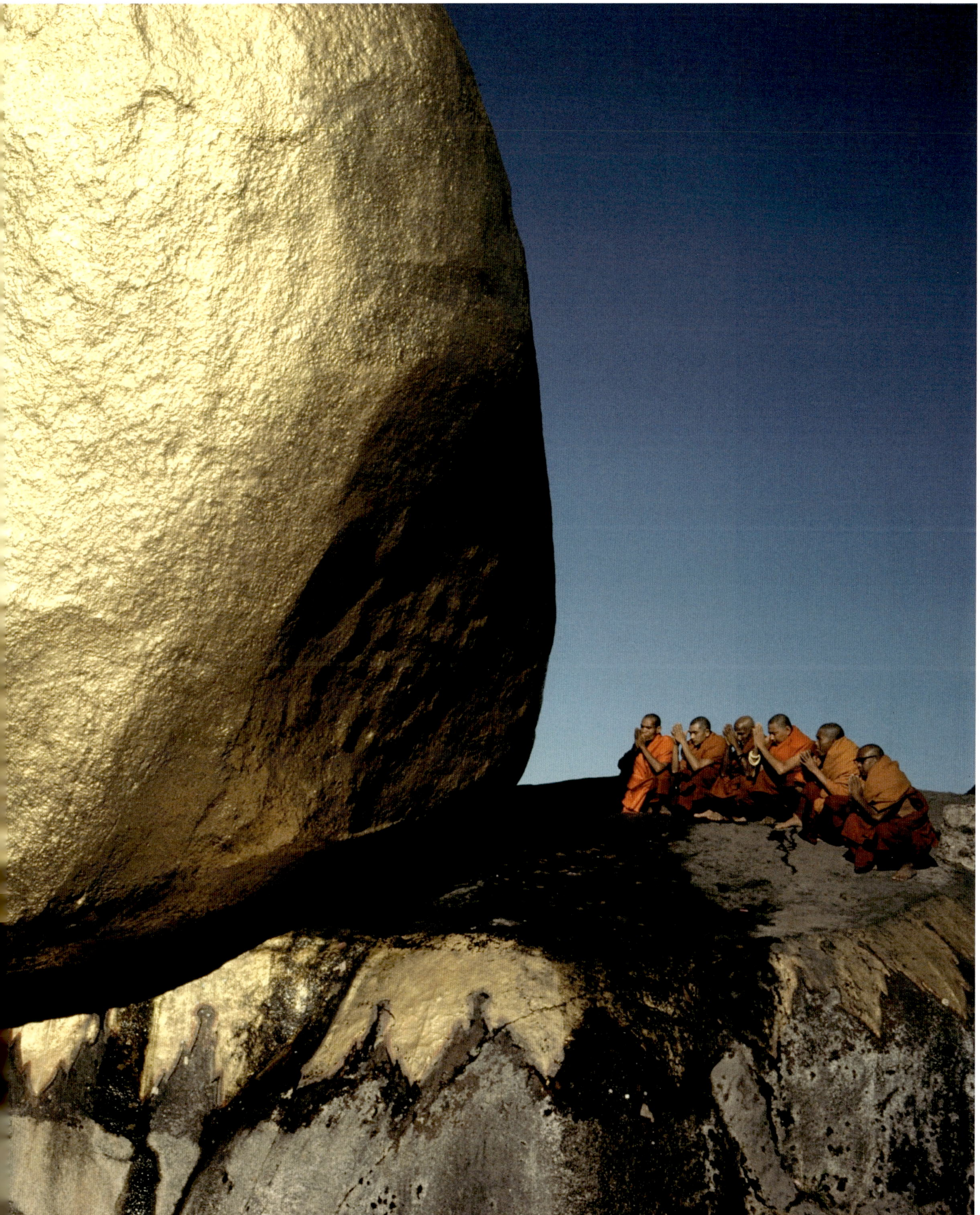

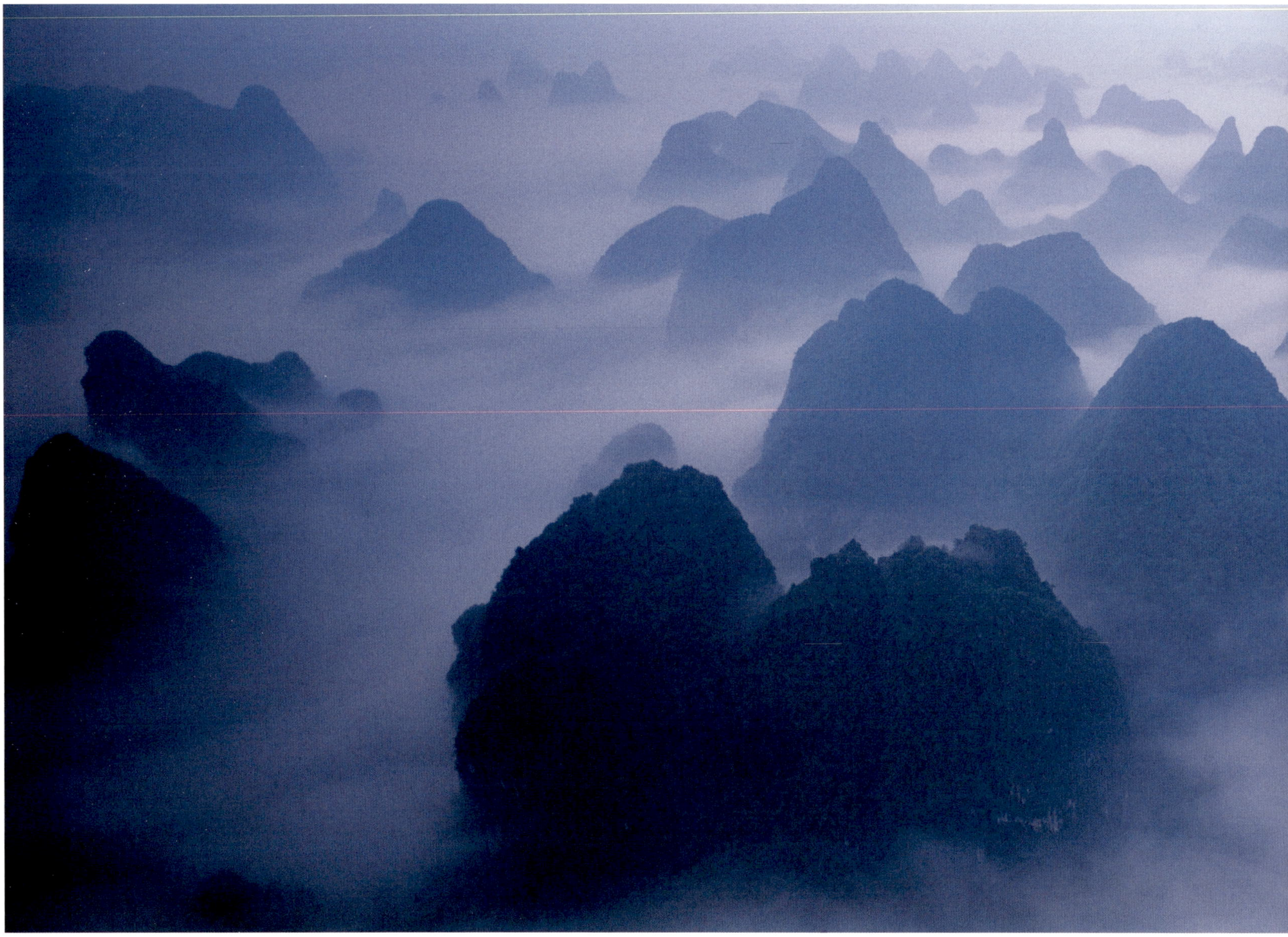

Guilin,
China, 1981

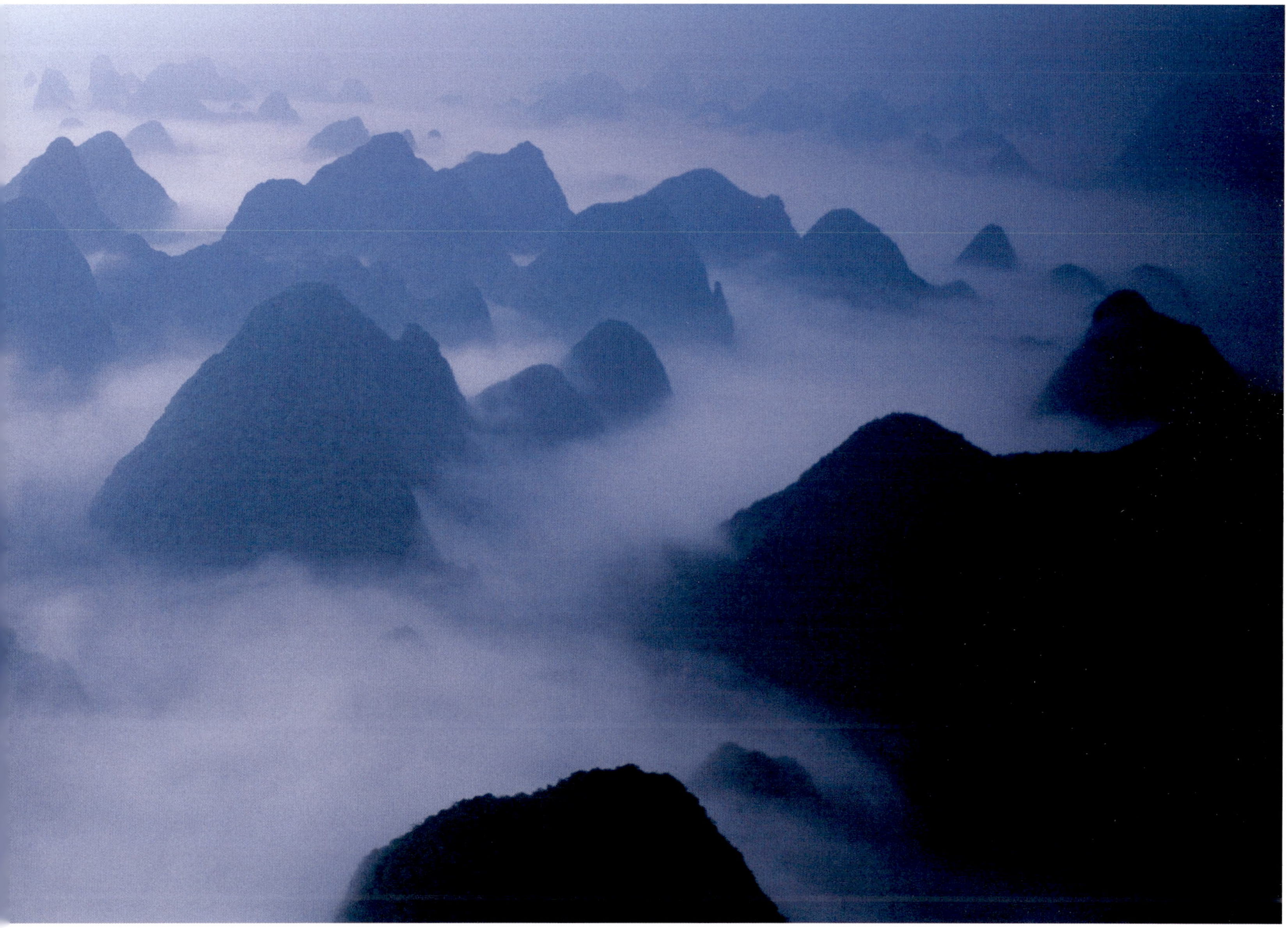

HIROJI
KUBOTA

EVE ARNOLD

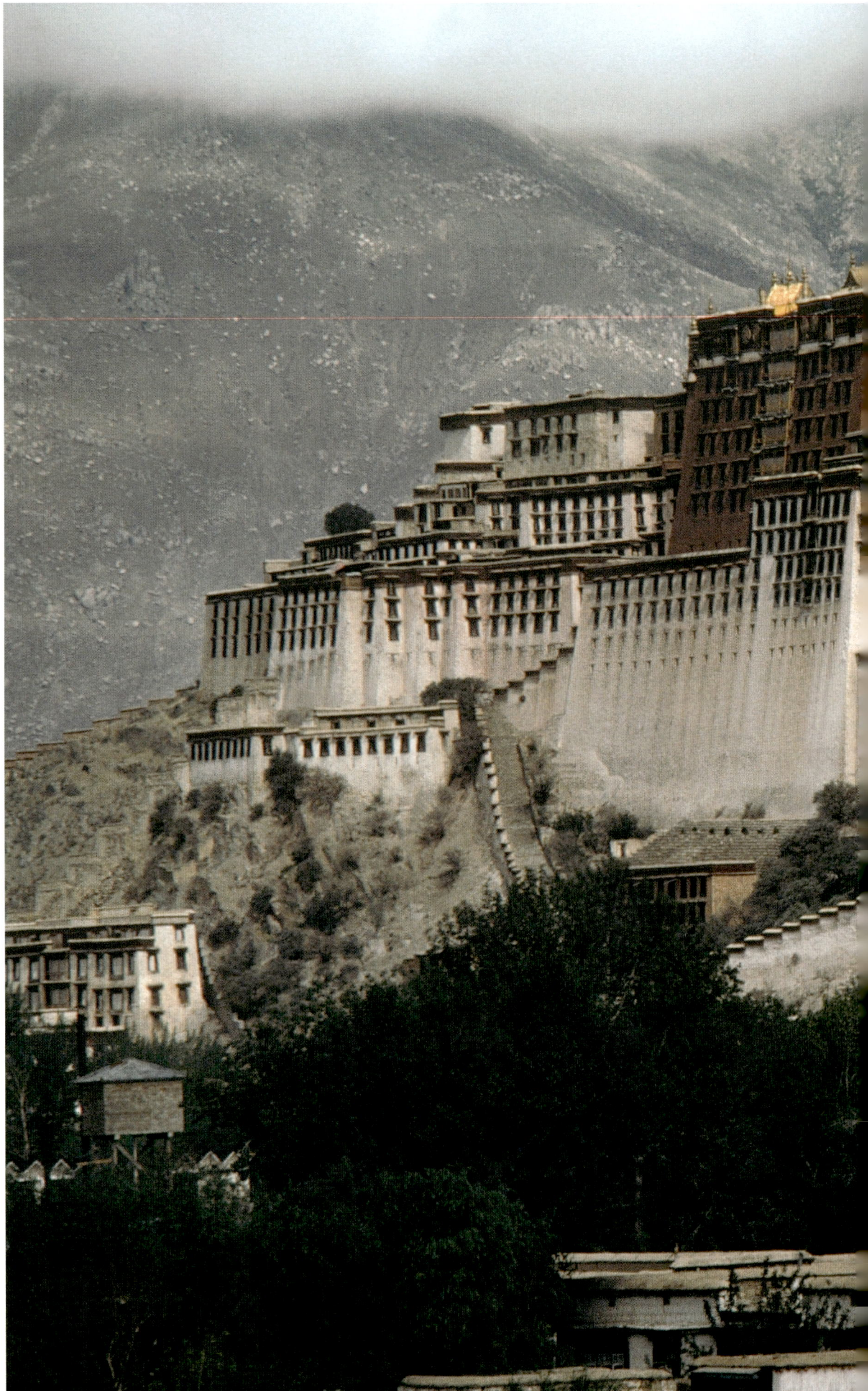

Potala-Palast, Lhasa, Tibet, China, 1979

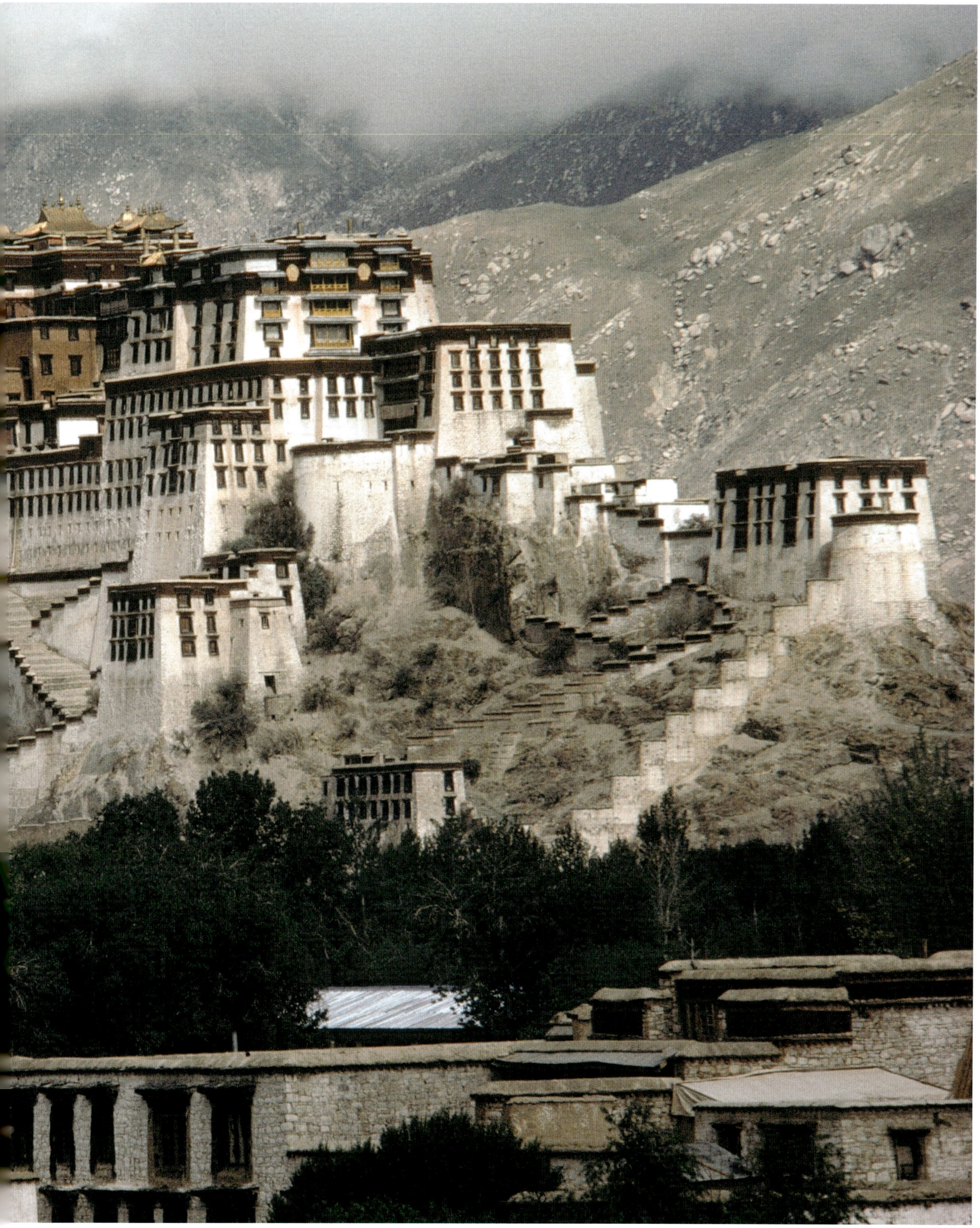

RAGHU RAI

▹ Der Dalai Lama,
Ladakh, Indien, 1976

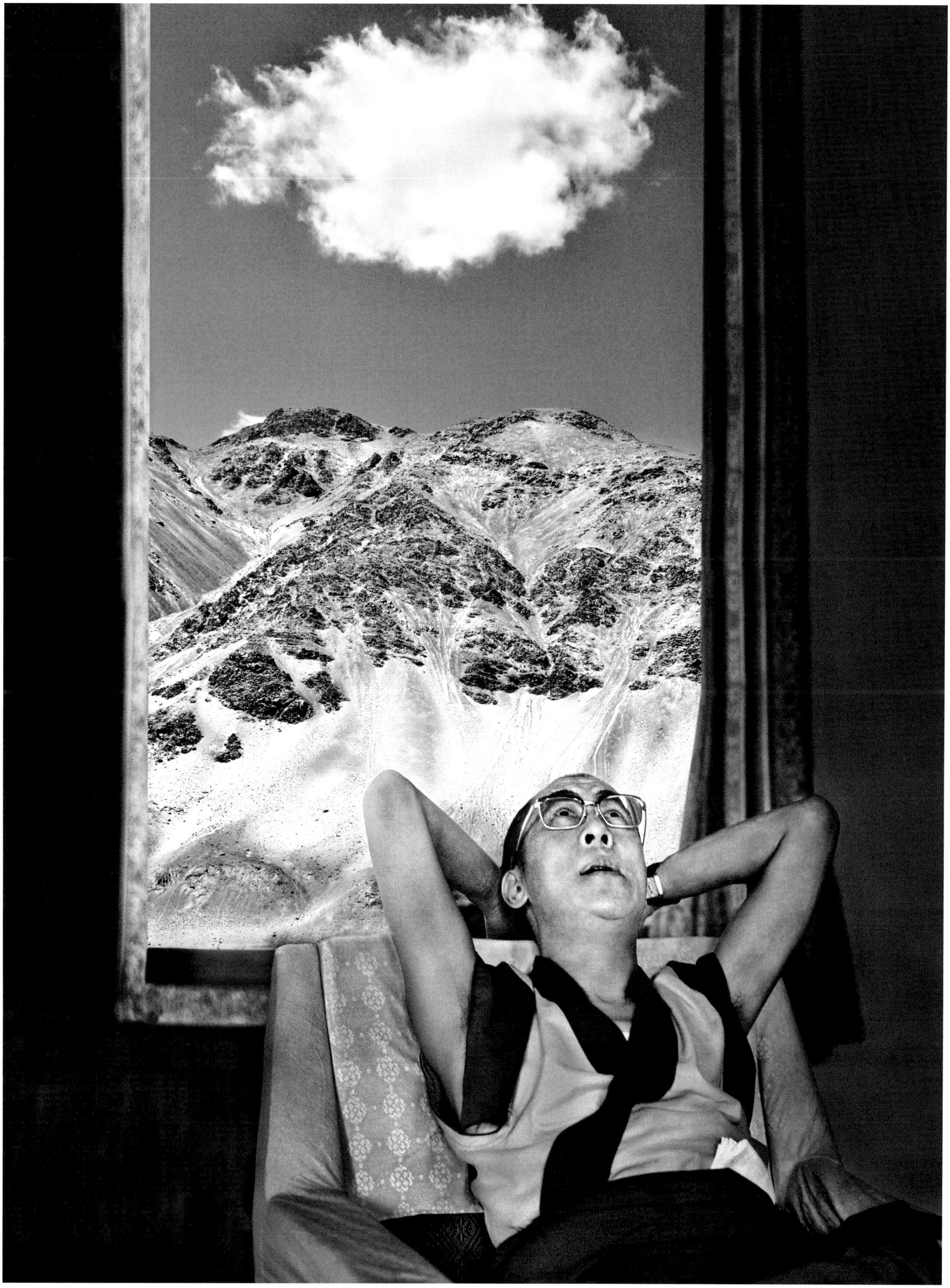

LU
NAN

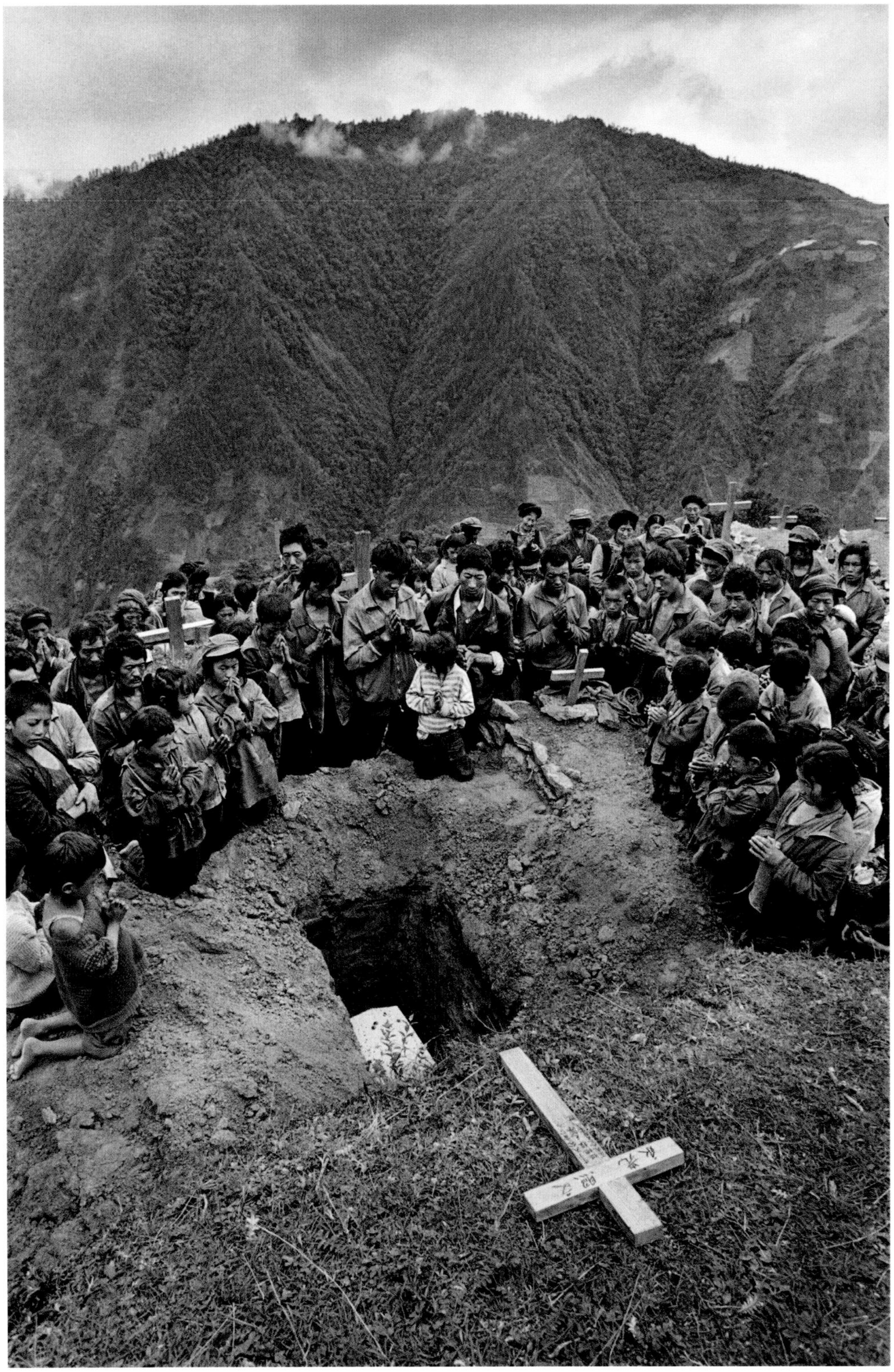

△ Provinz Yunnan, China, 1993
▷ Xigazê, Tibet, China, 1997

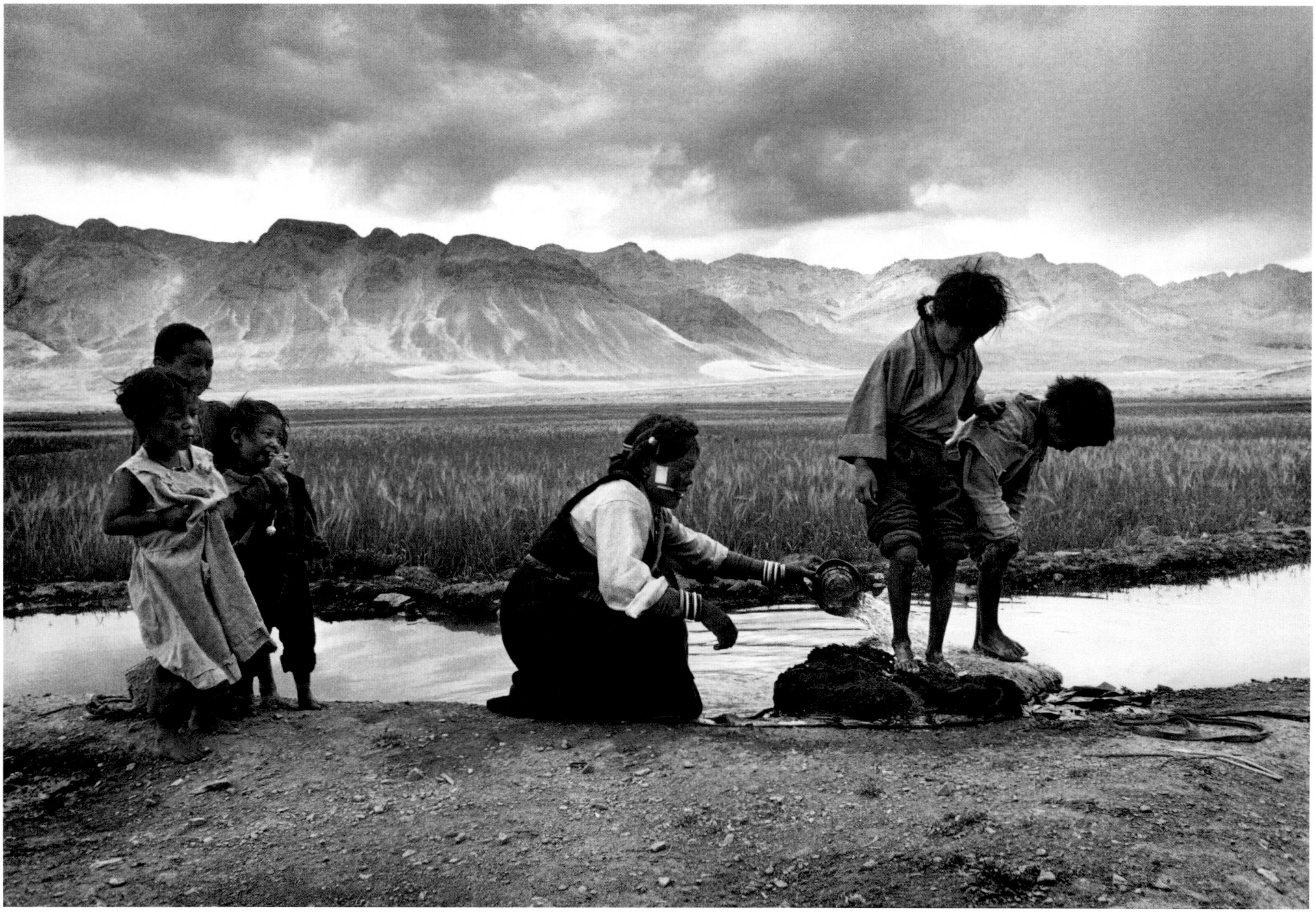

CRISTINA GARCÍA RODERO

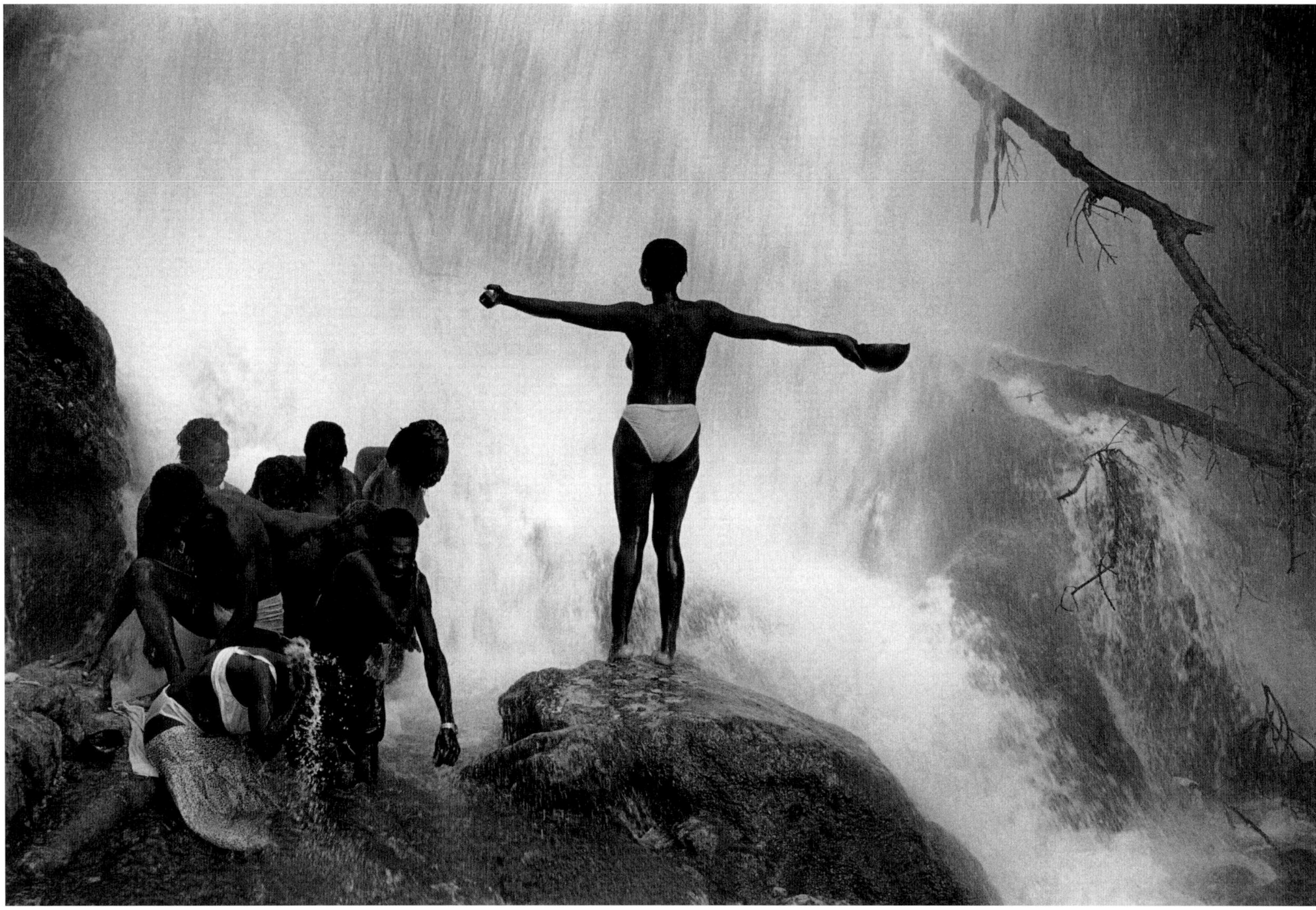

△ ▷ Ville-Bonheur, Haiti, 2002

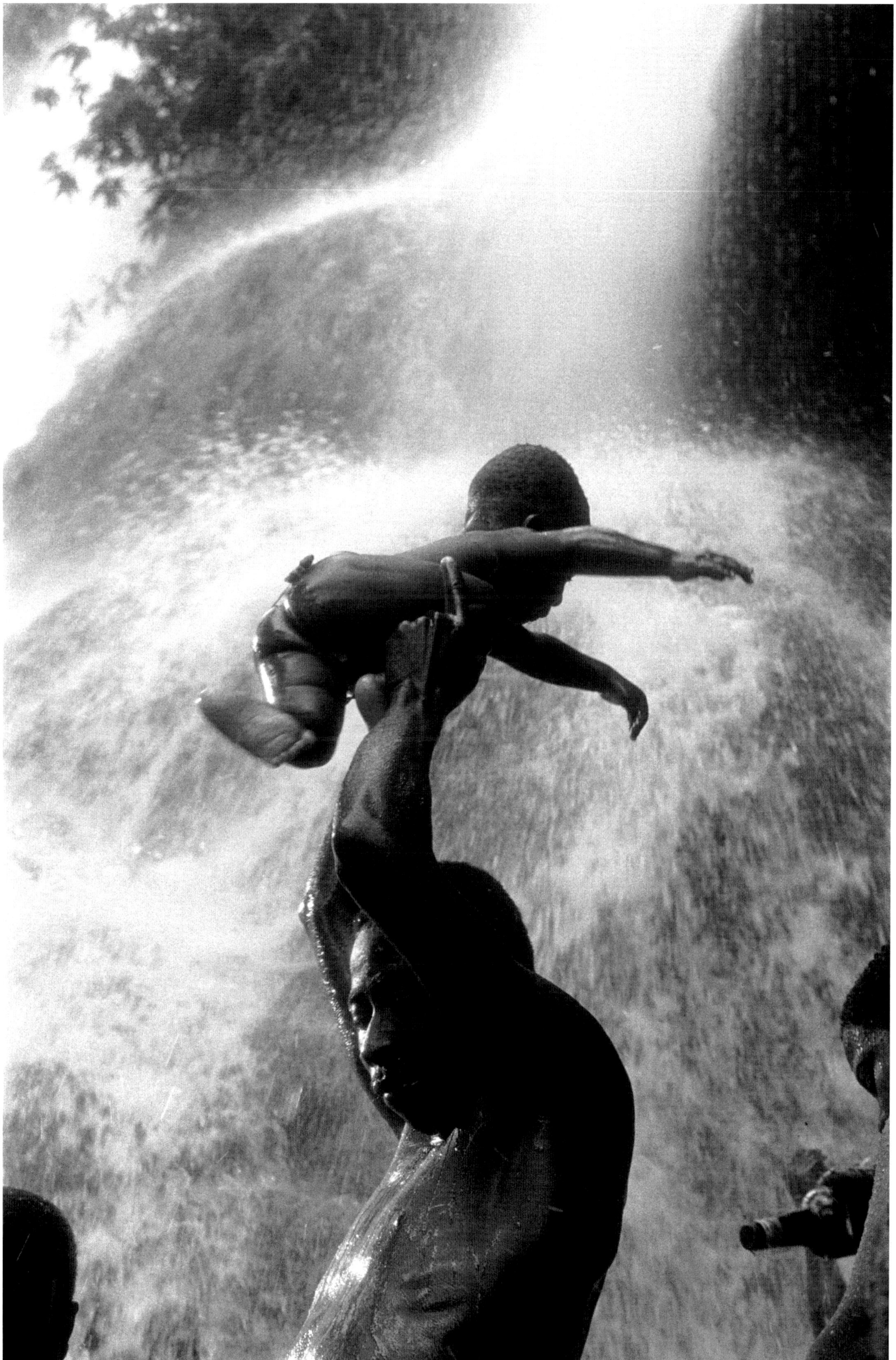

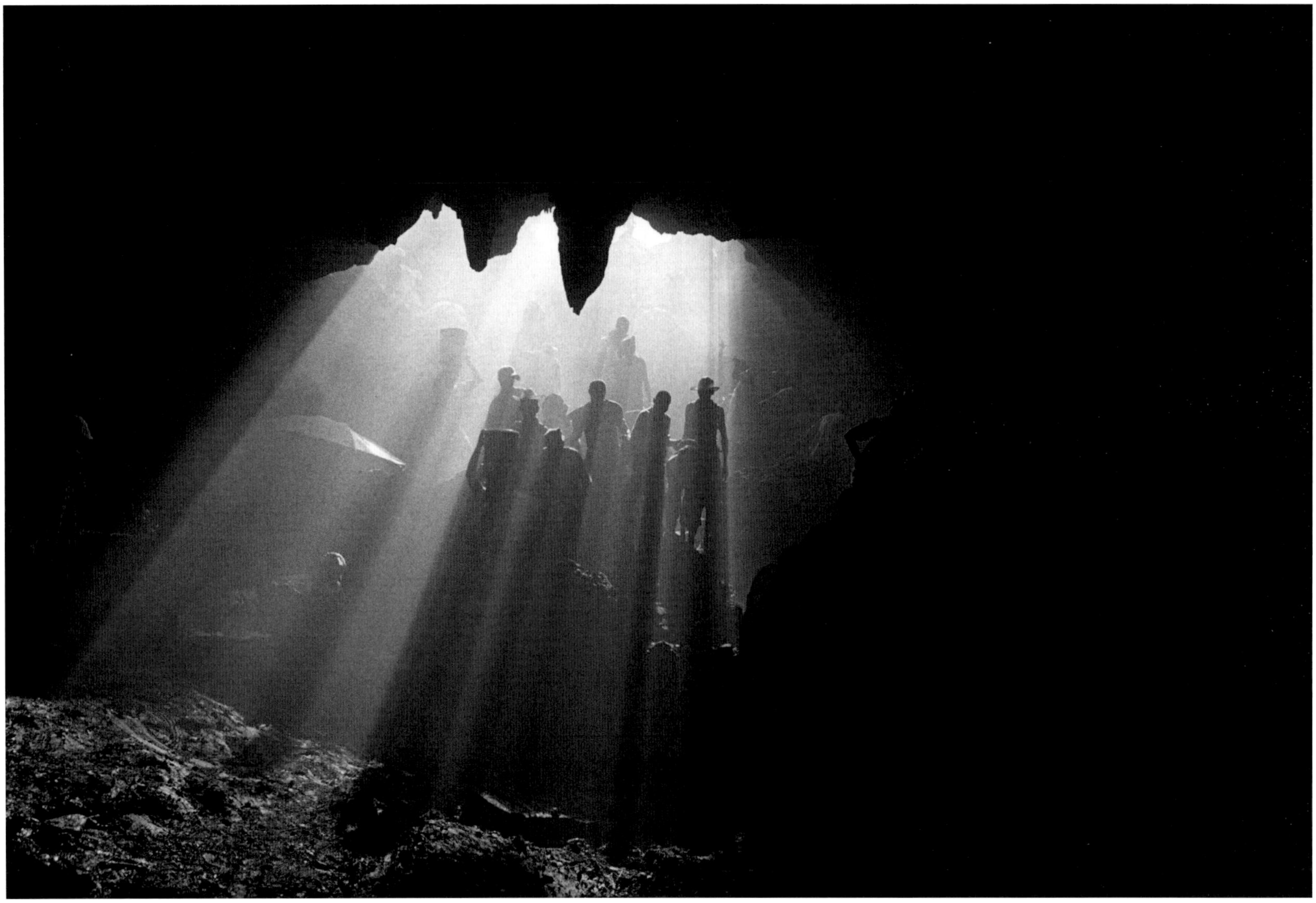

△ ▷ Assisi-Höhle,
Haiti, 2001

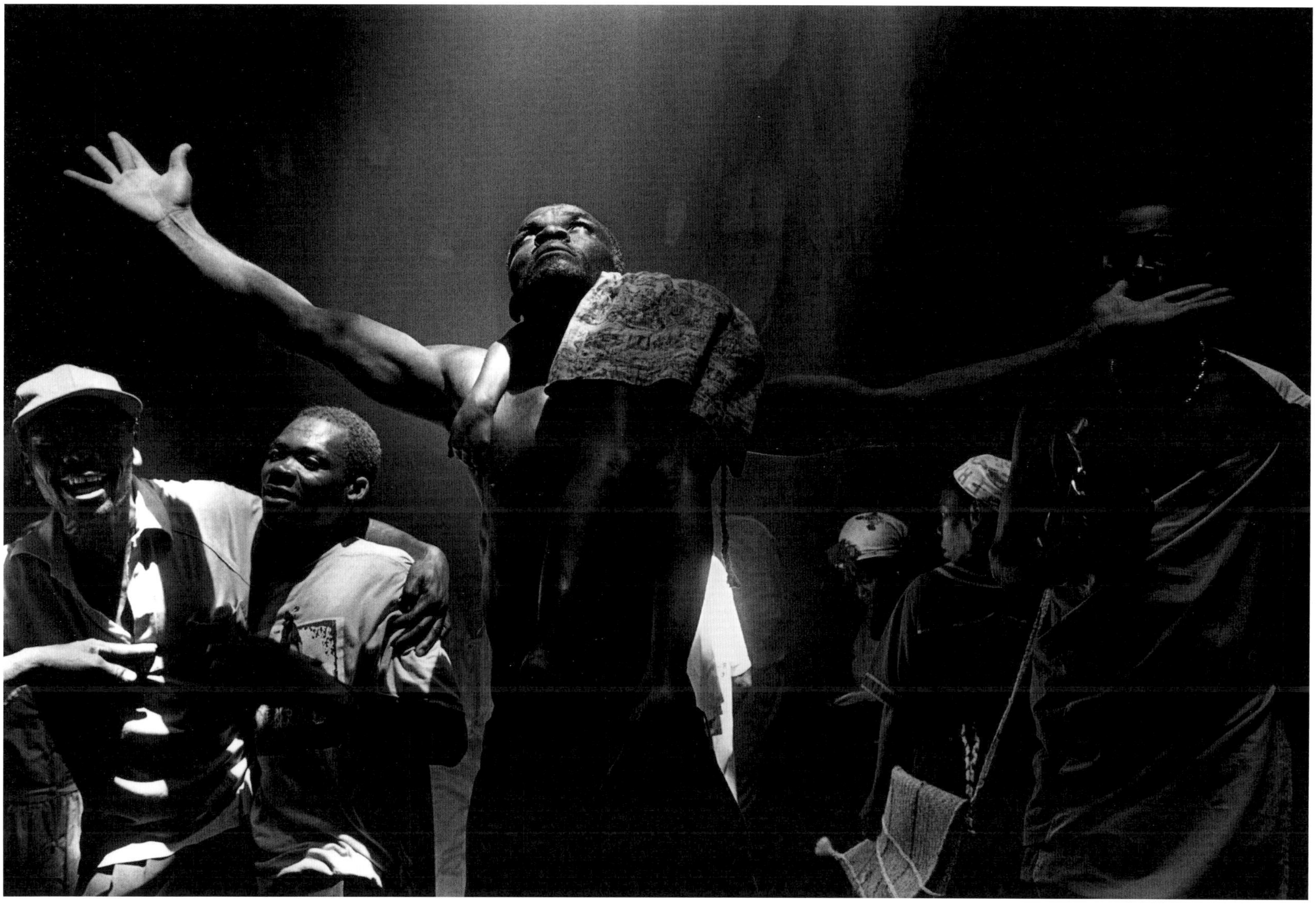

CRISTINA
GARCÍA RODERO

ABBAS

▹ Kabul,
Afghanistan, 2001

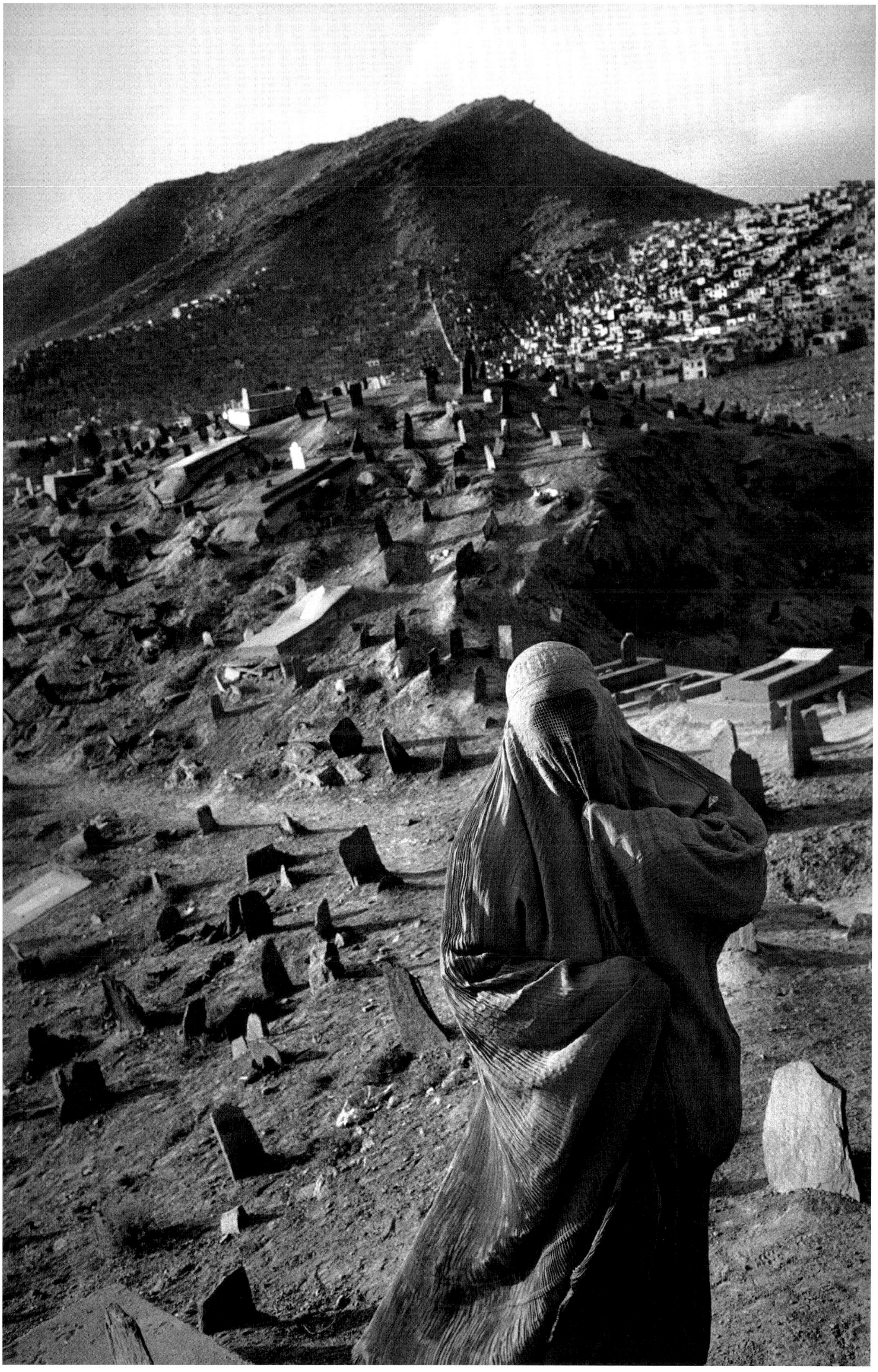

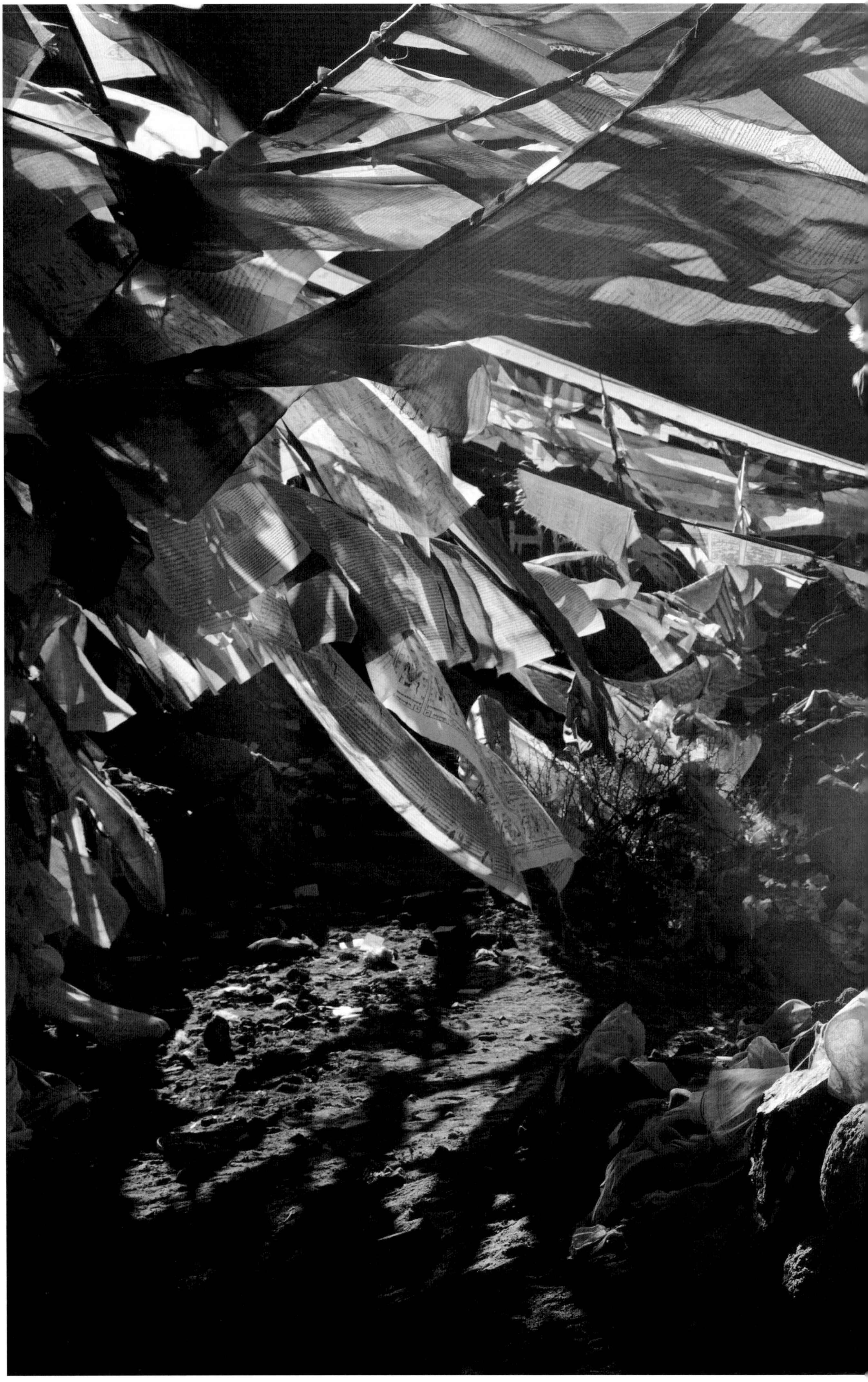

Tibet, China, 2009

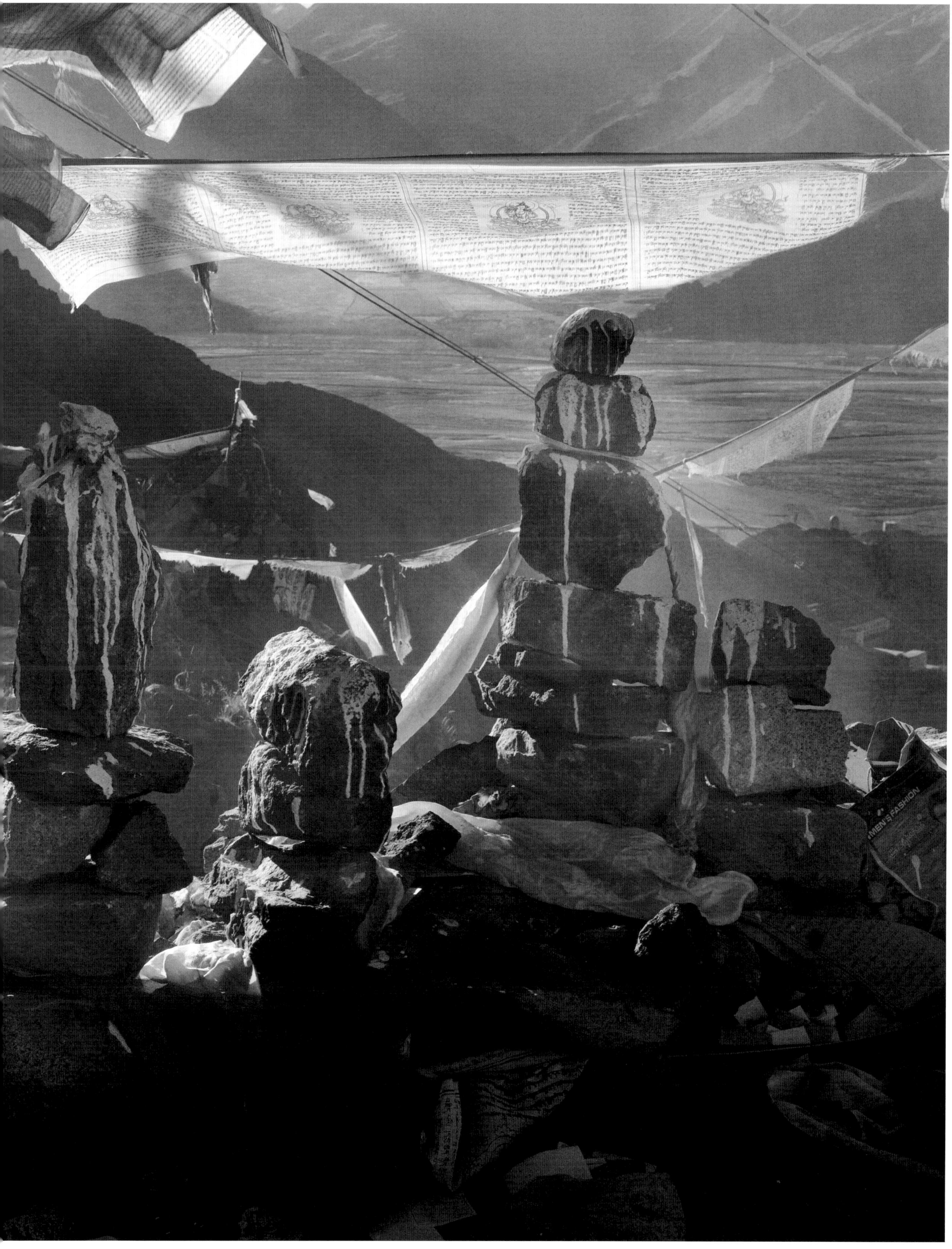
MEN'S FASHION

SUSAN MEISELAS

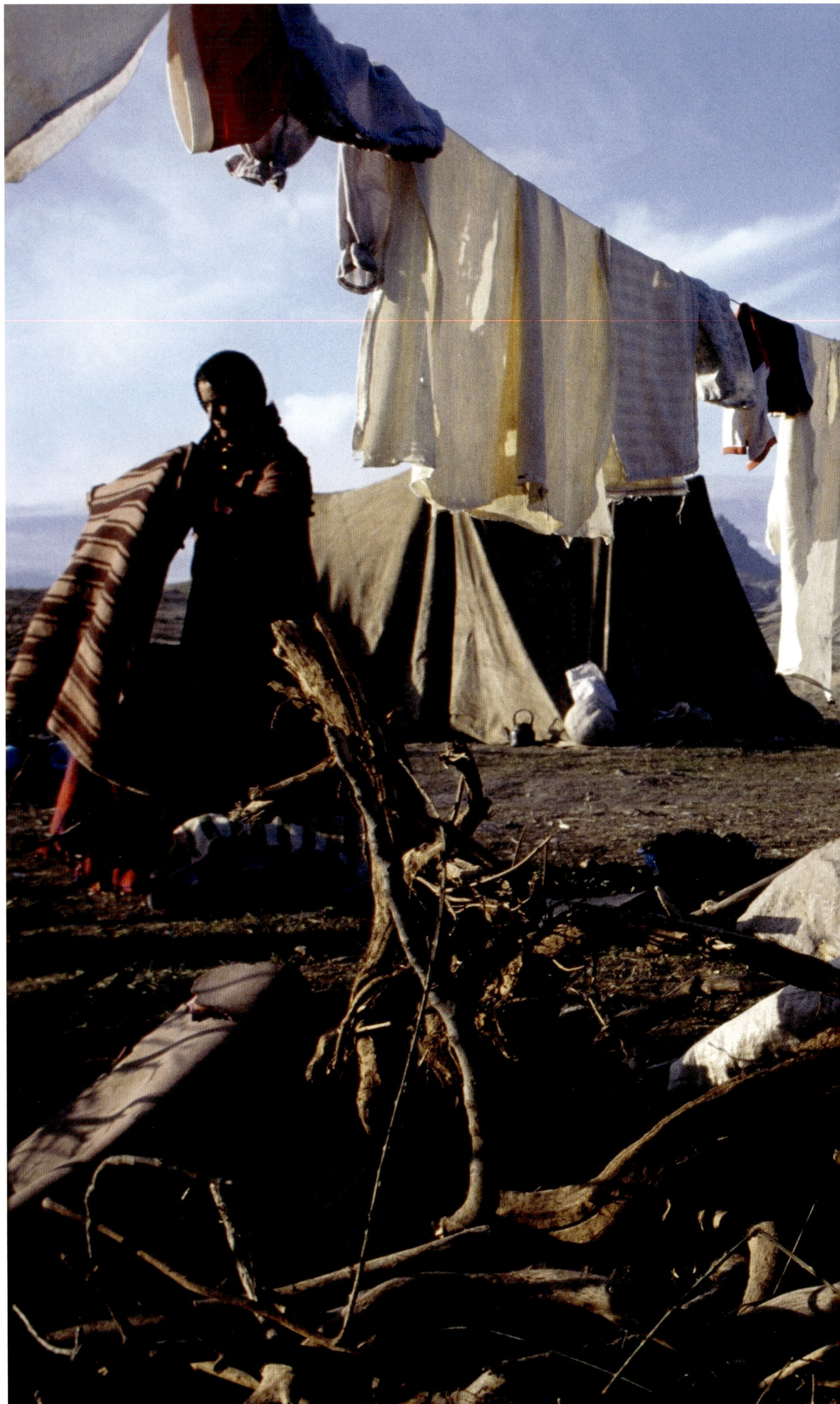

Kurdistan,
Nordirak, 1991

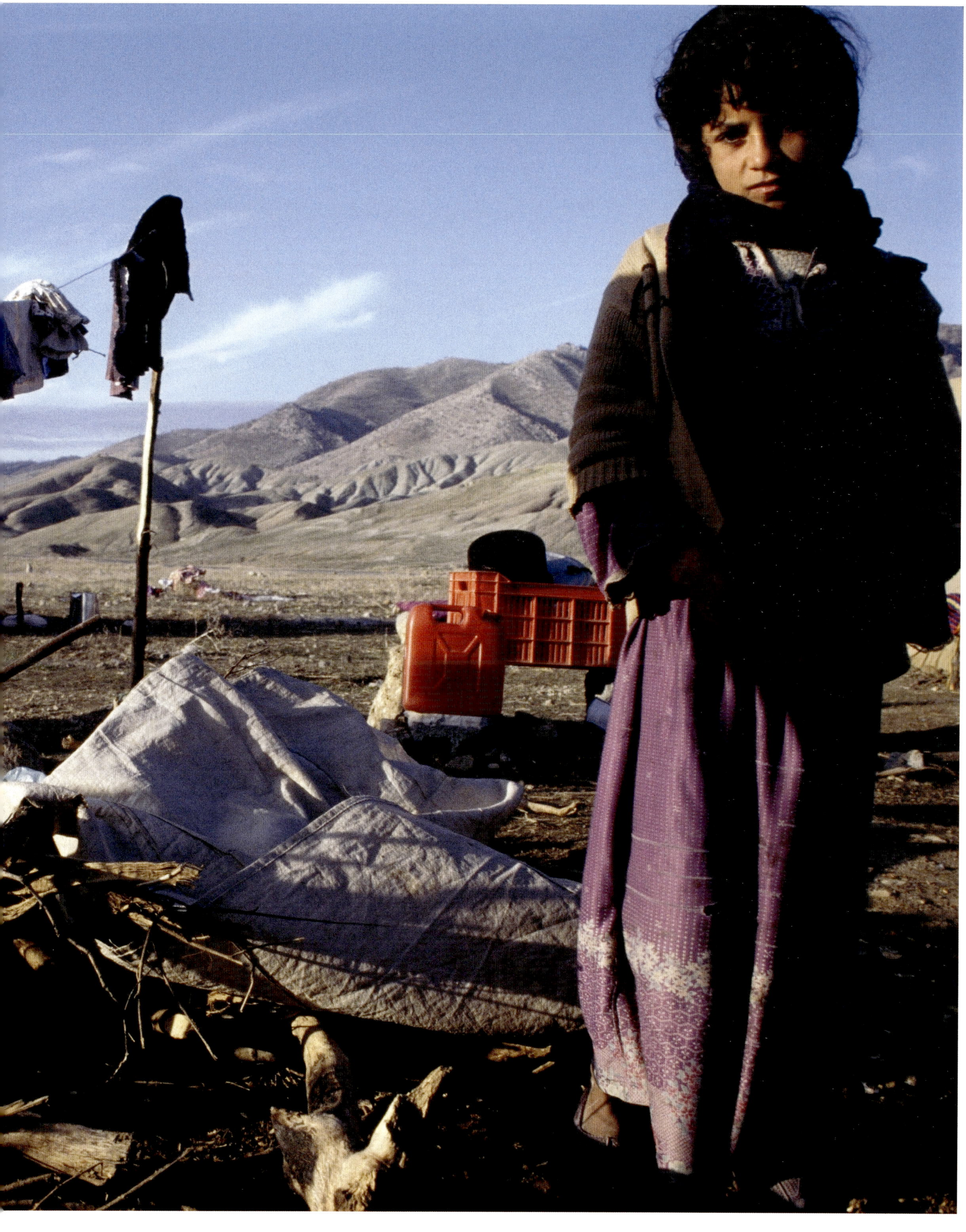

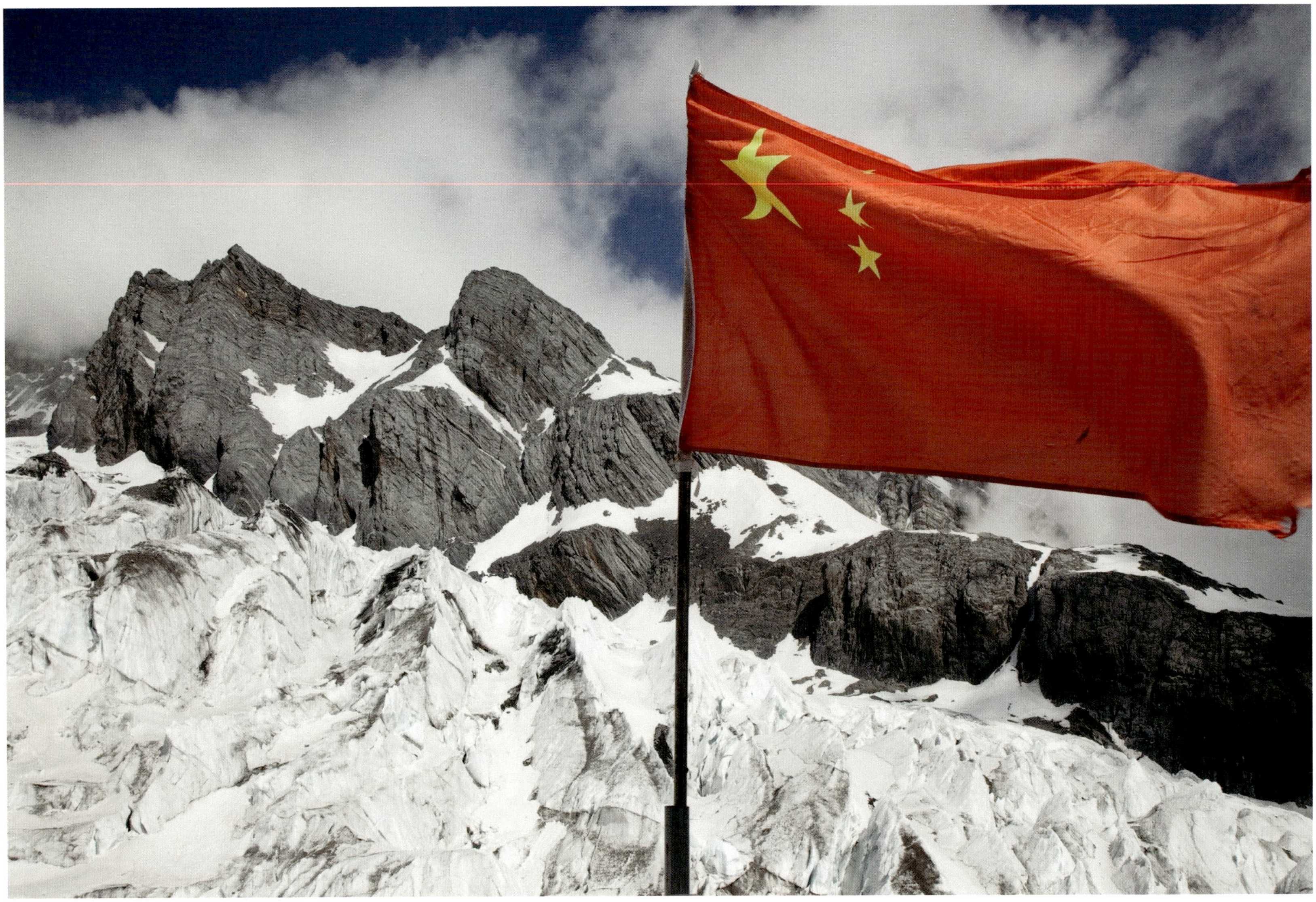

▵ Lijiang, Provinz Yunnan, China, 2009
▹ Taizimiao, Provinz Yunnan, China, 2009

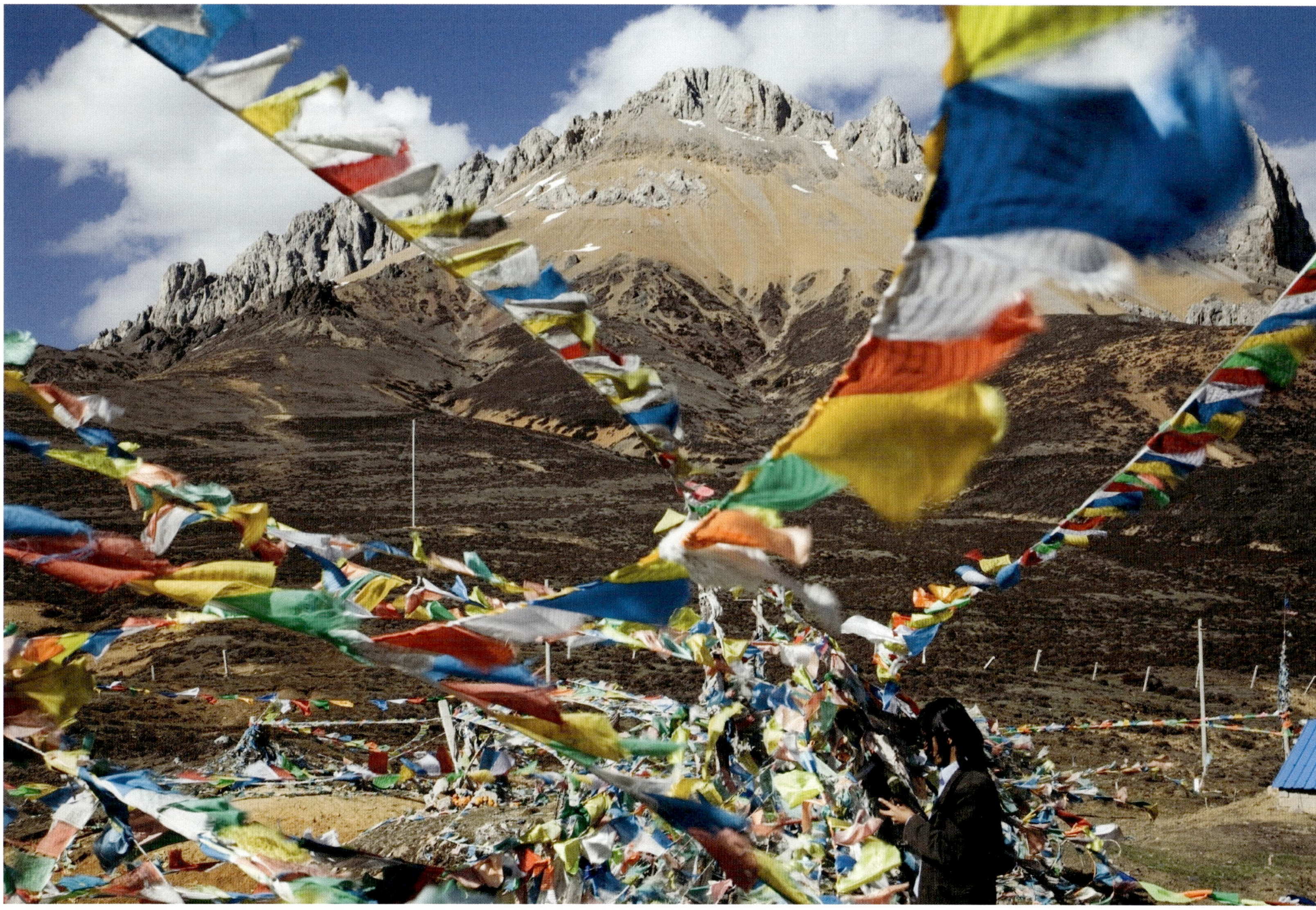

SUSAN
MEISELAS

JONAS BENDIKSEN

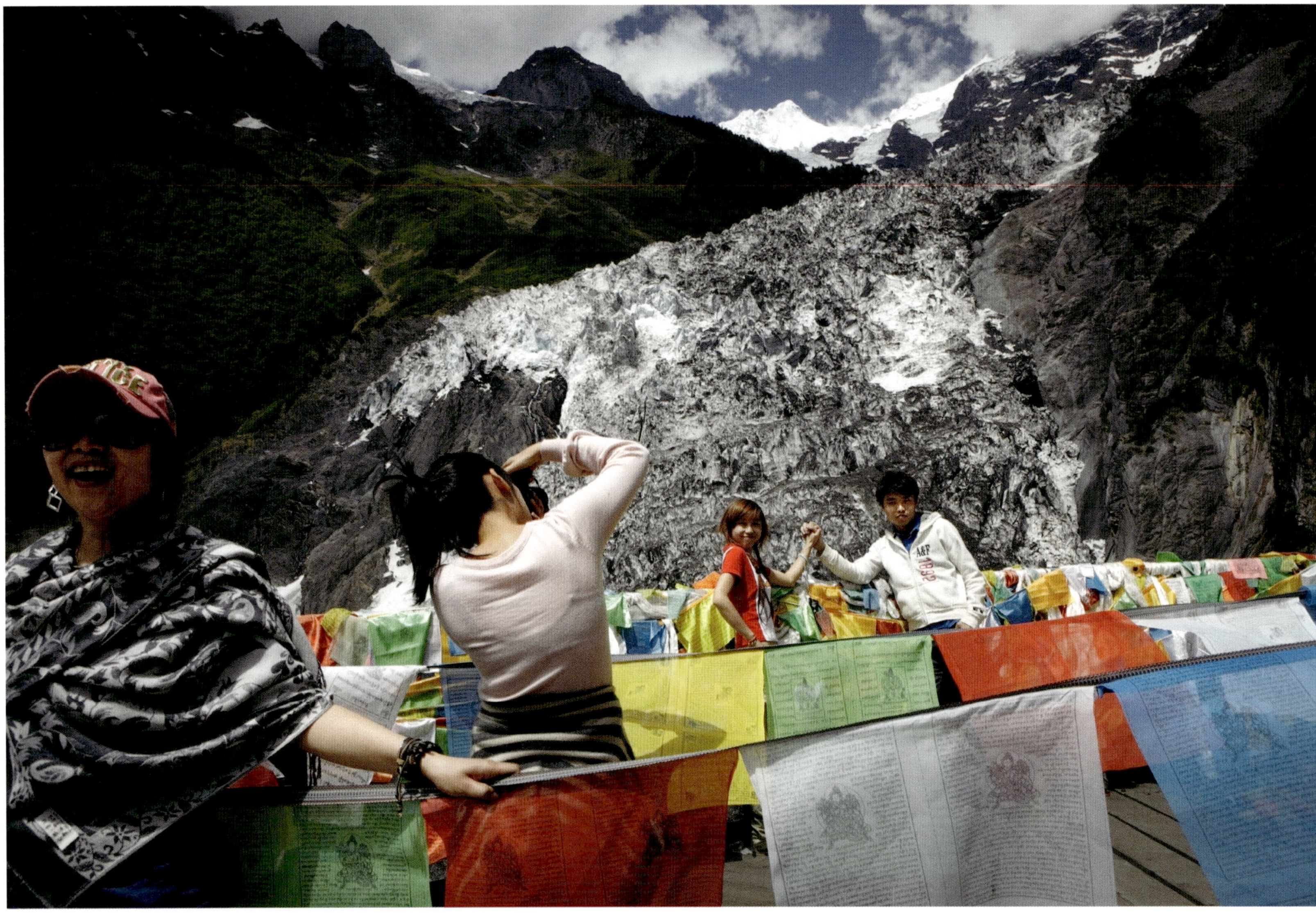

▵ Provinz Yunnan, China, 2009
▹ Xinjiang, China, 2013

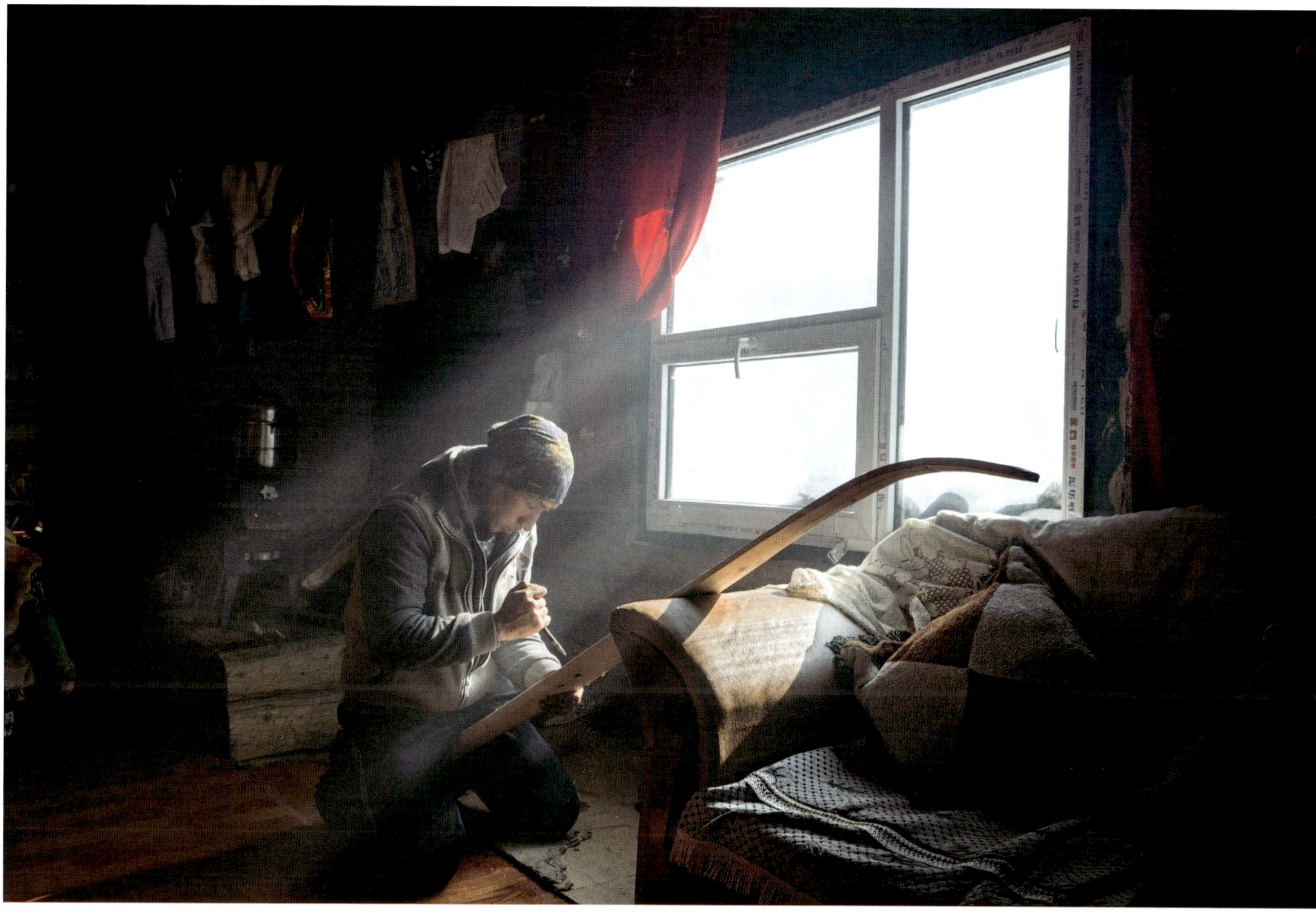

JONAS
BENDIKSEN

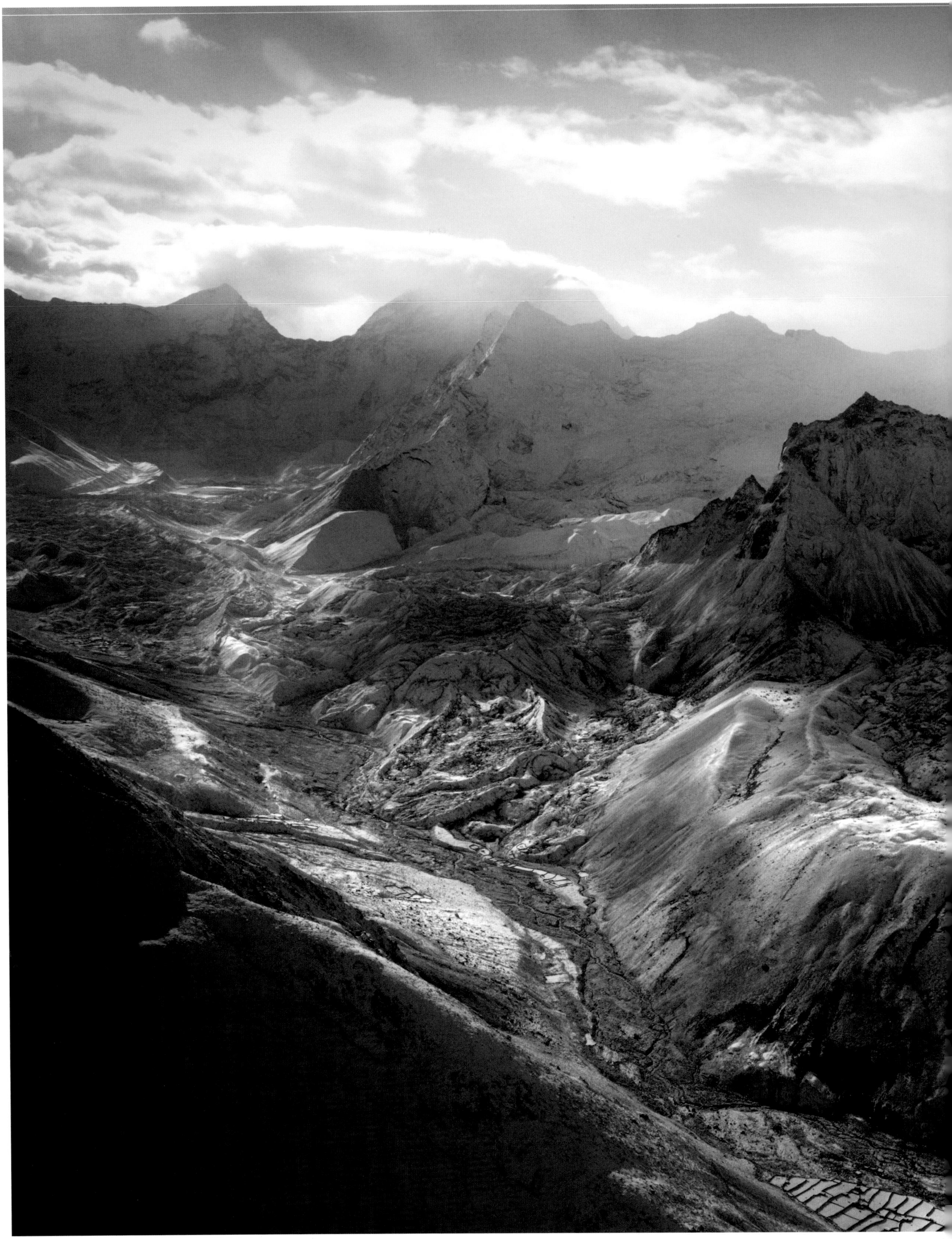

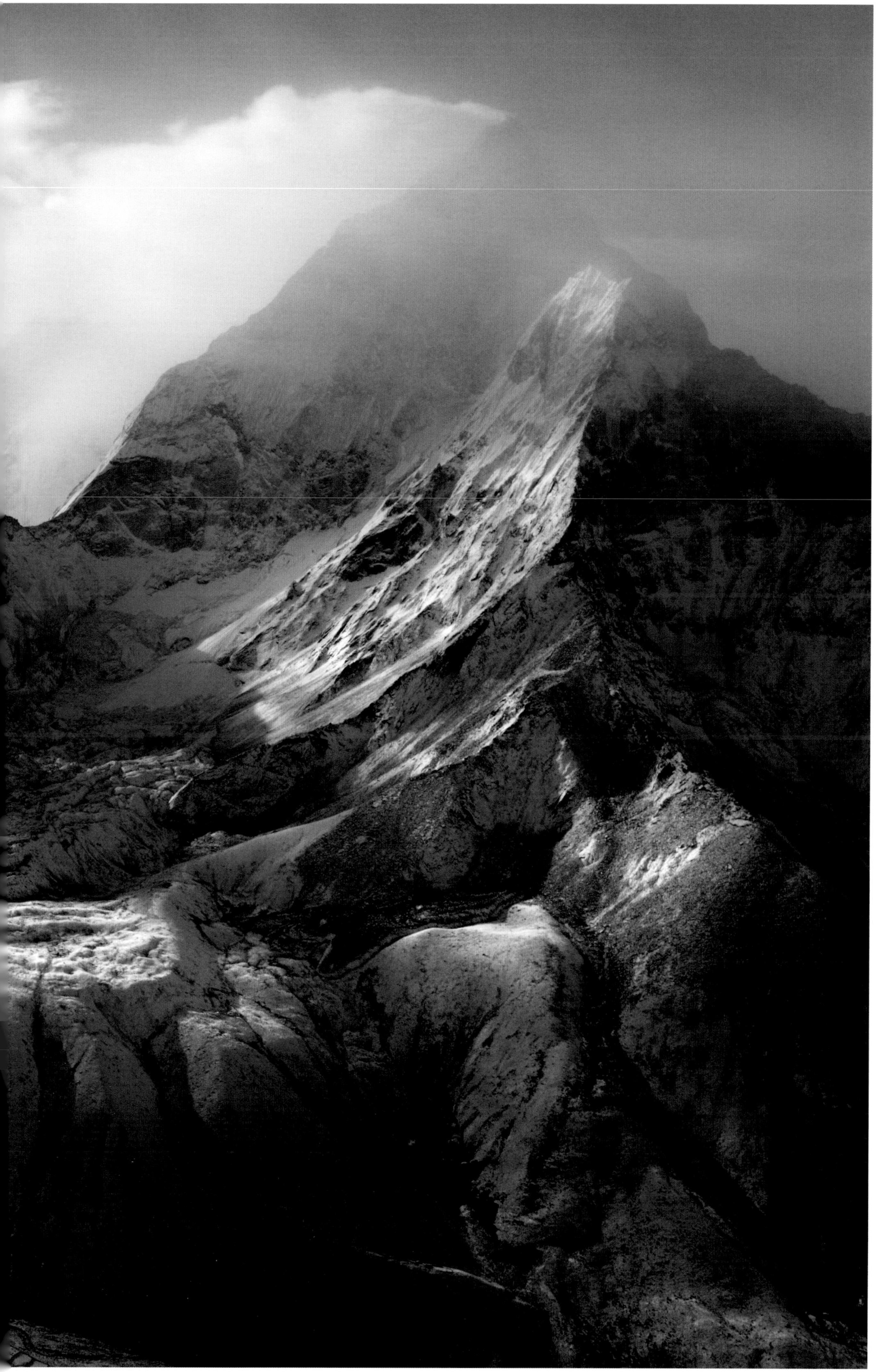

Sagarmatha-
Nationalpark,
Nepal, 2009

IAN BERRY

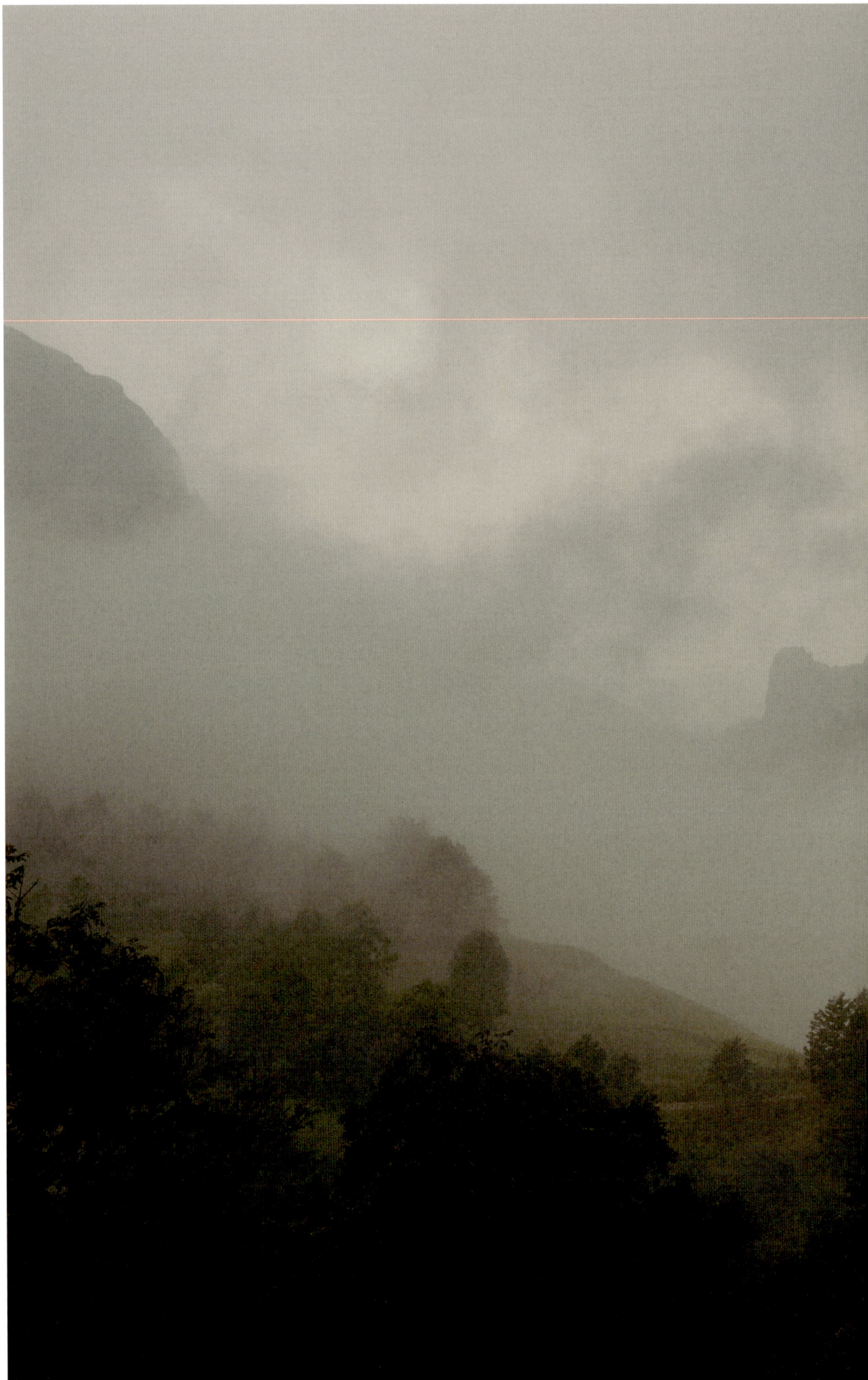

Naranjo de Bulnes, Spanien, 2007

JEAN GAUMY

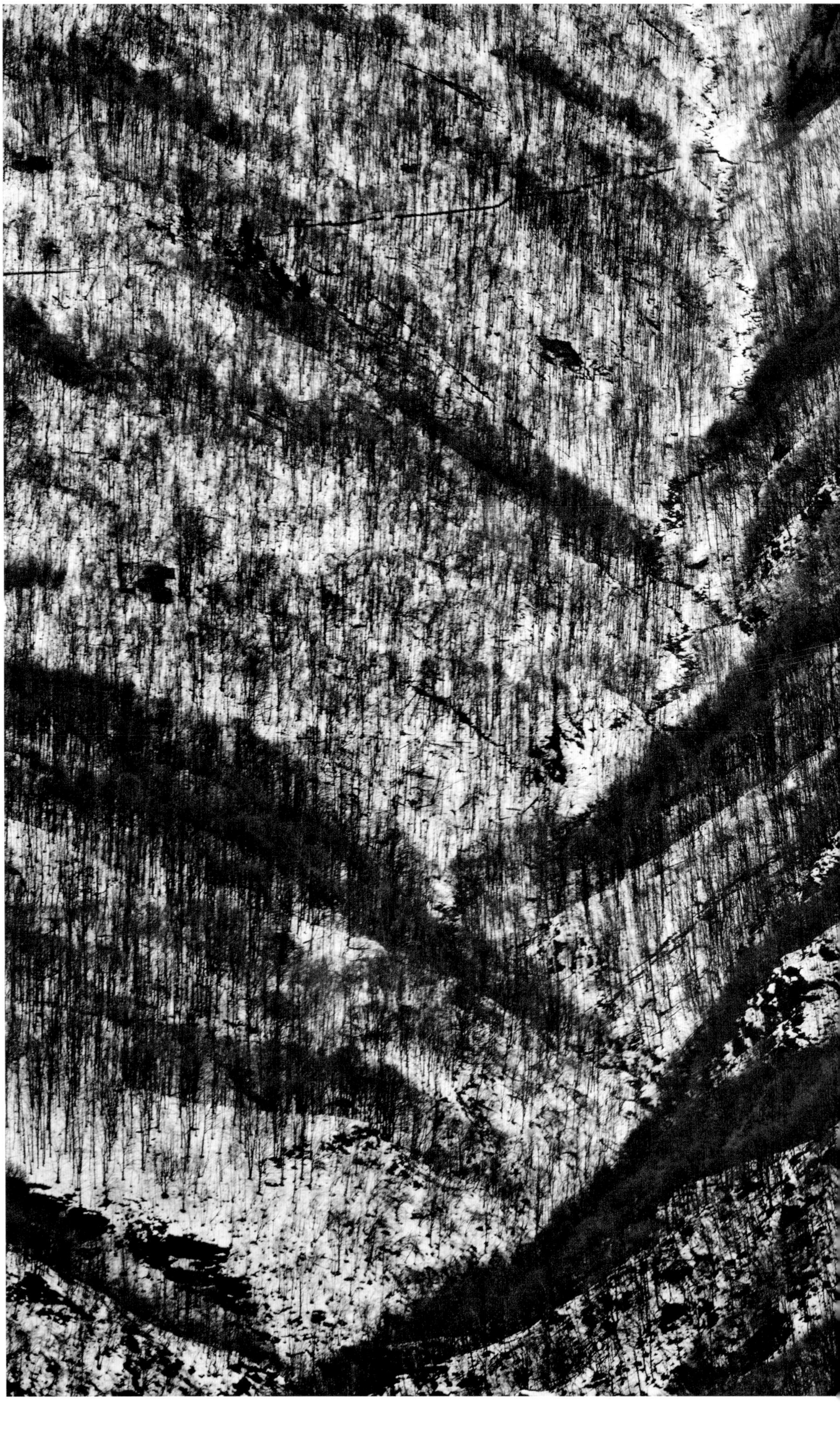

Piemont,
Italien, 2010

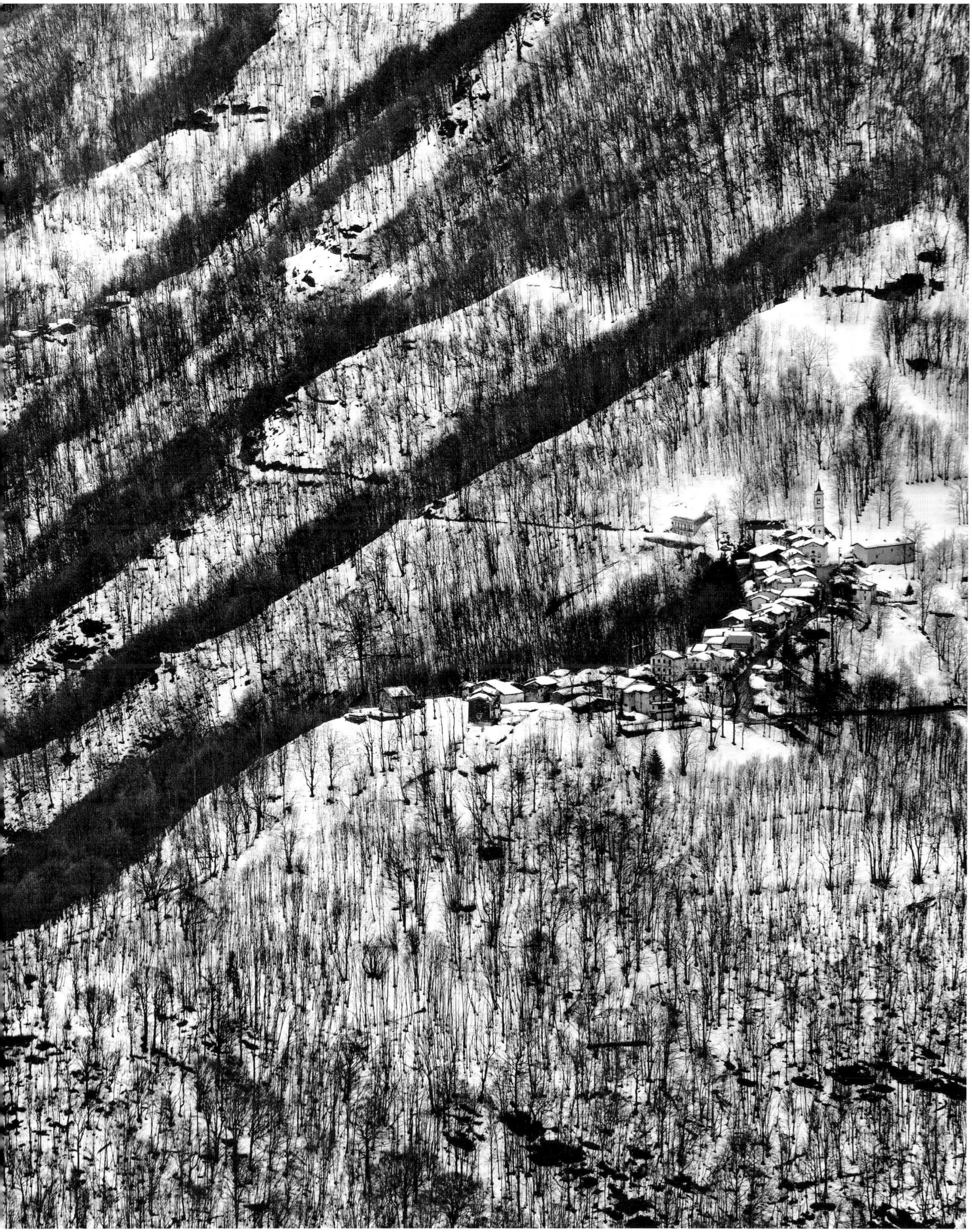

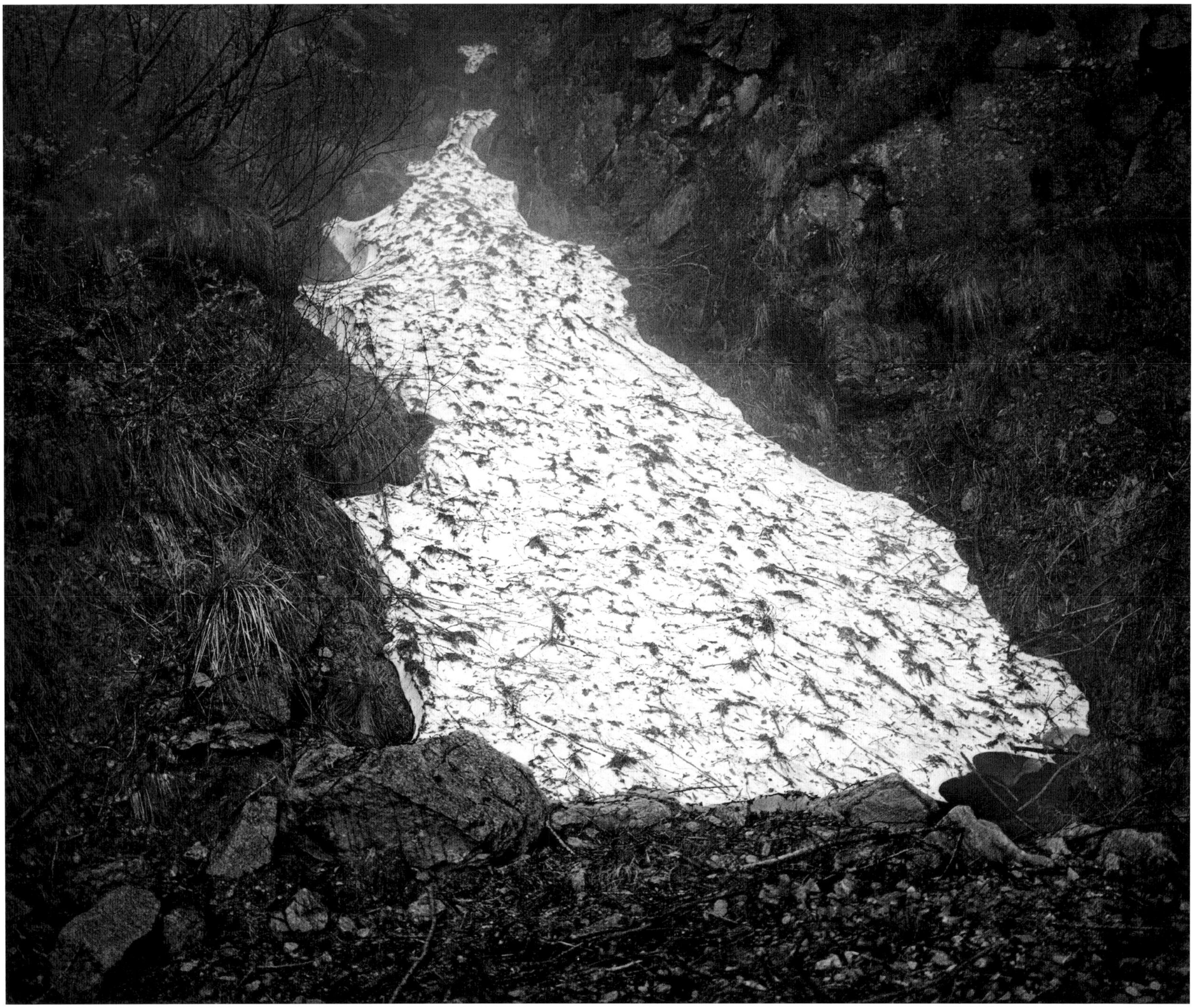

△ ▷ Piemont,
Italien, 2006

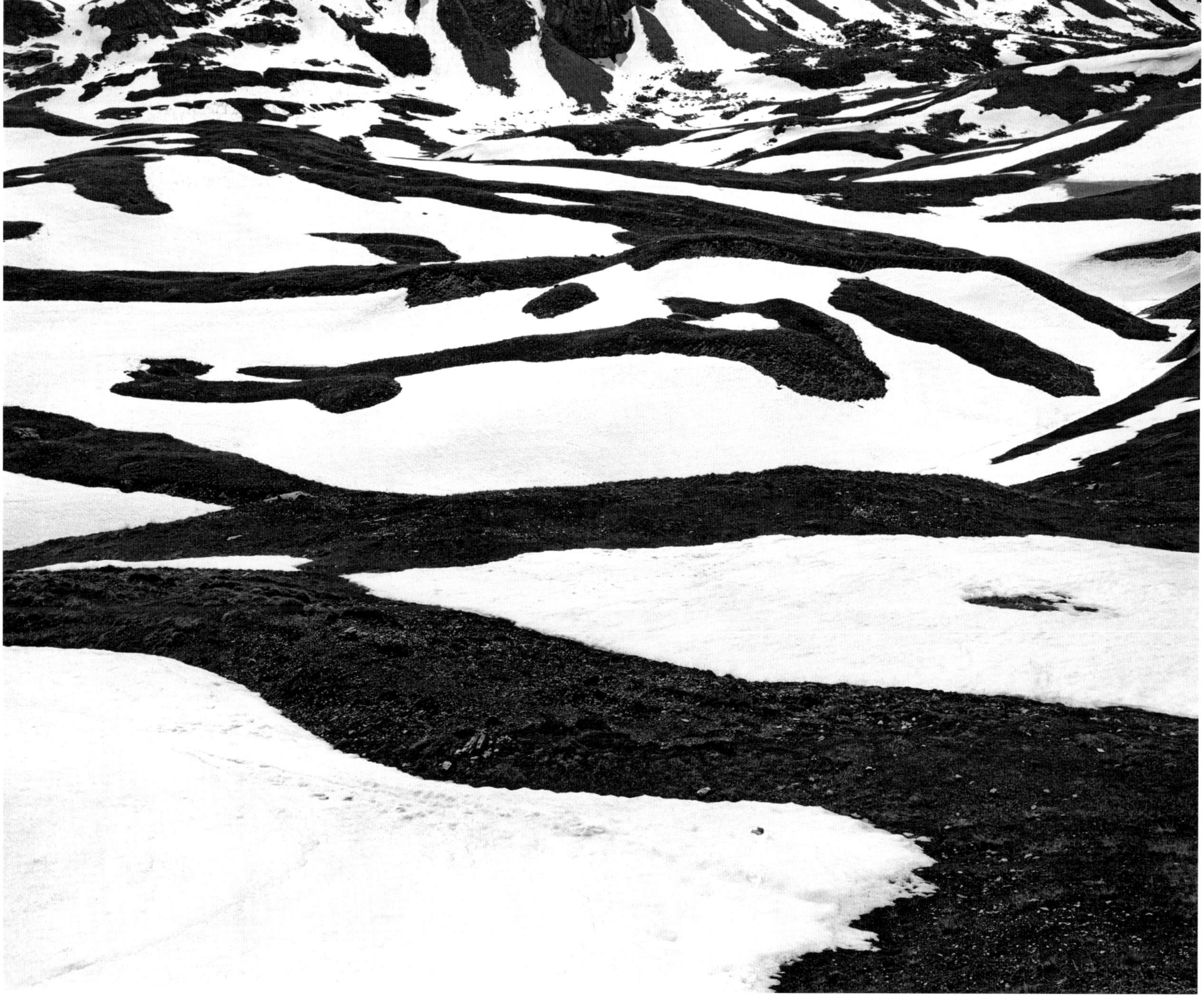

JEAN
GAUMY

BIEKE DEPOORTER

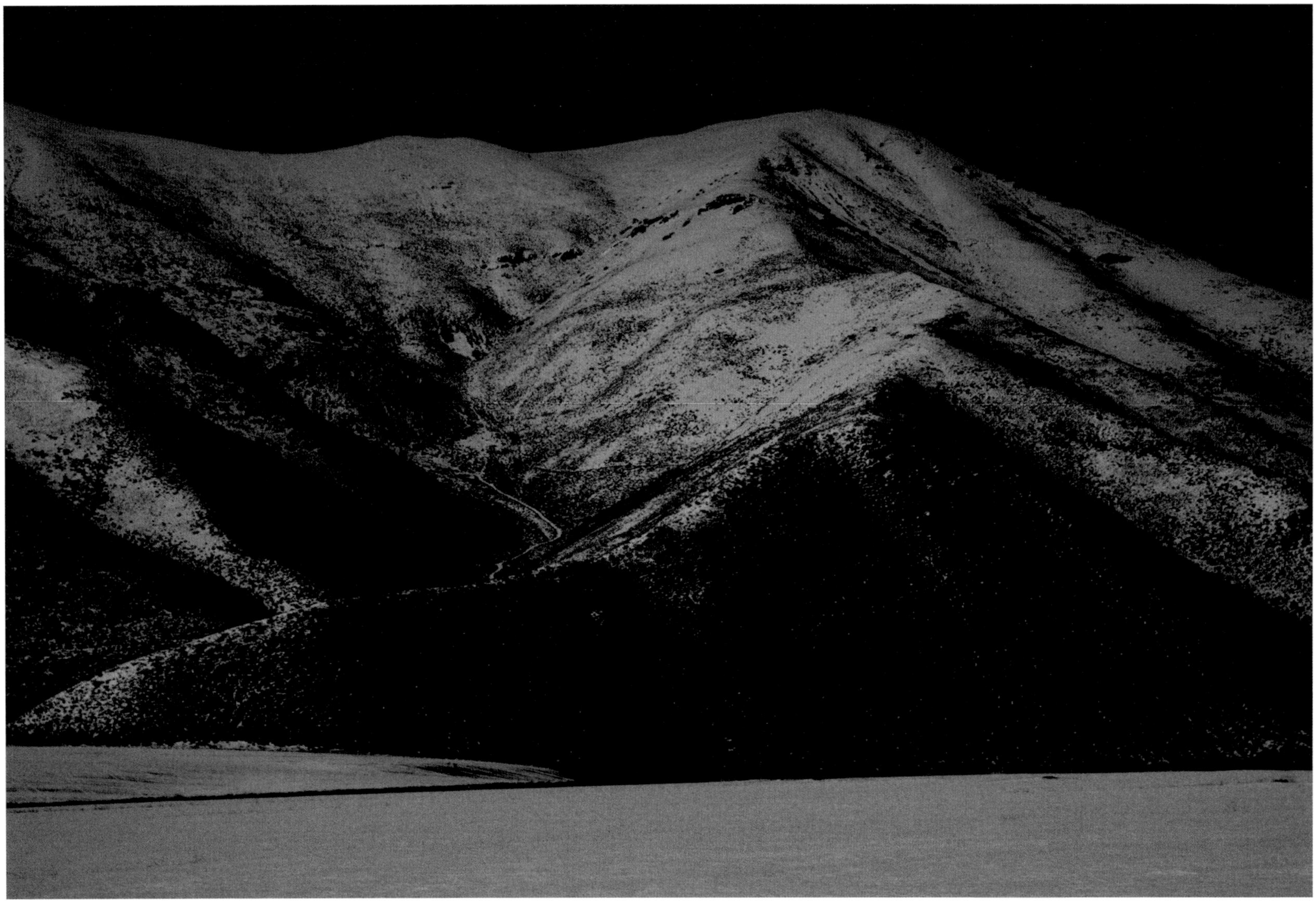

△ ▷ Norwegen, 2015

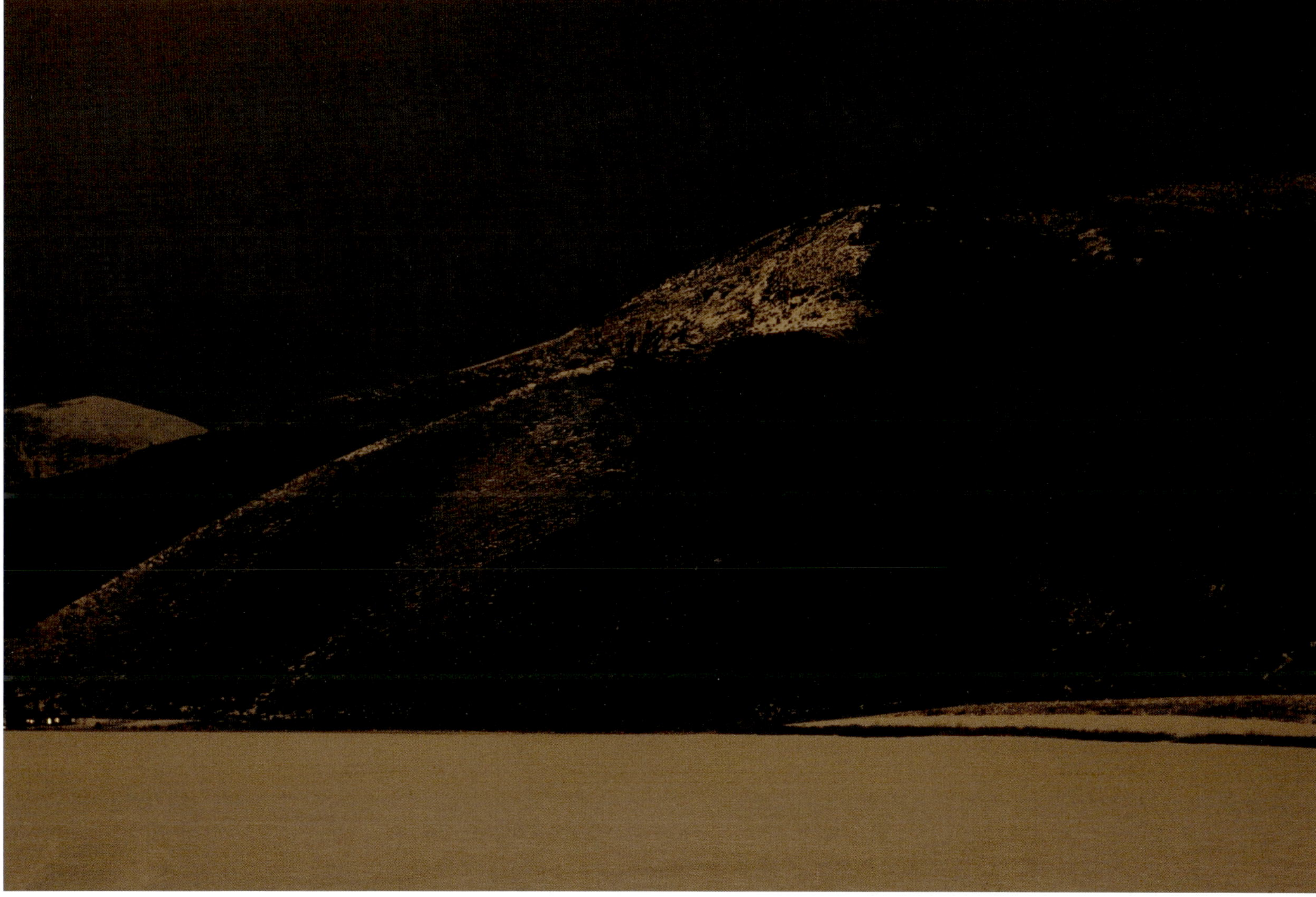

BIEKE
DEPOORTER

ALESSANDRA SANGUINETTI

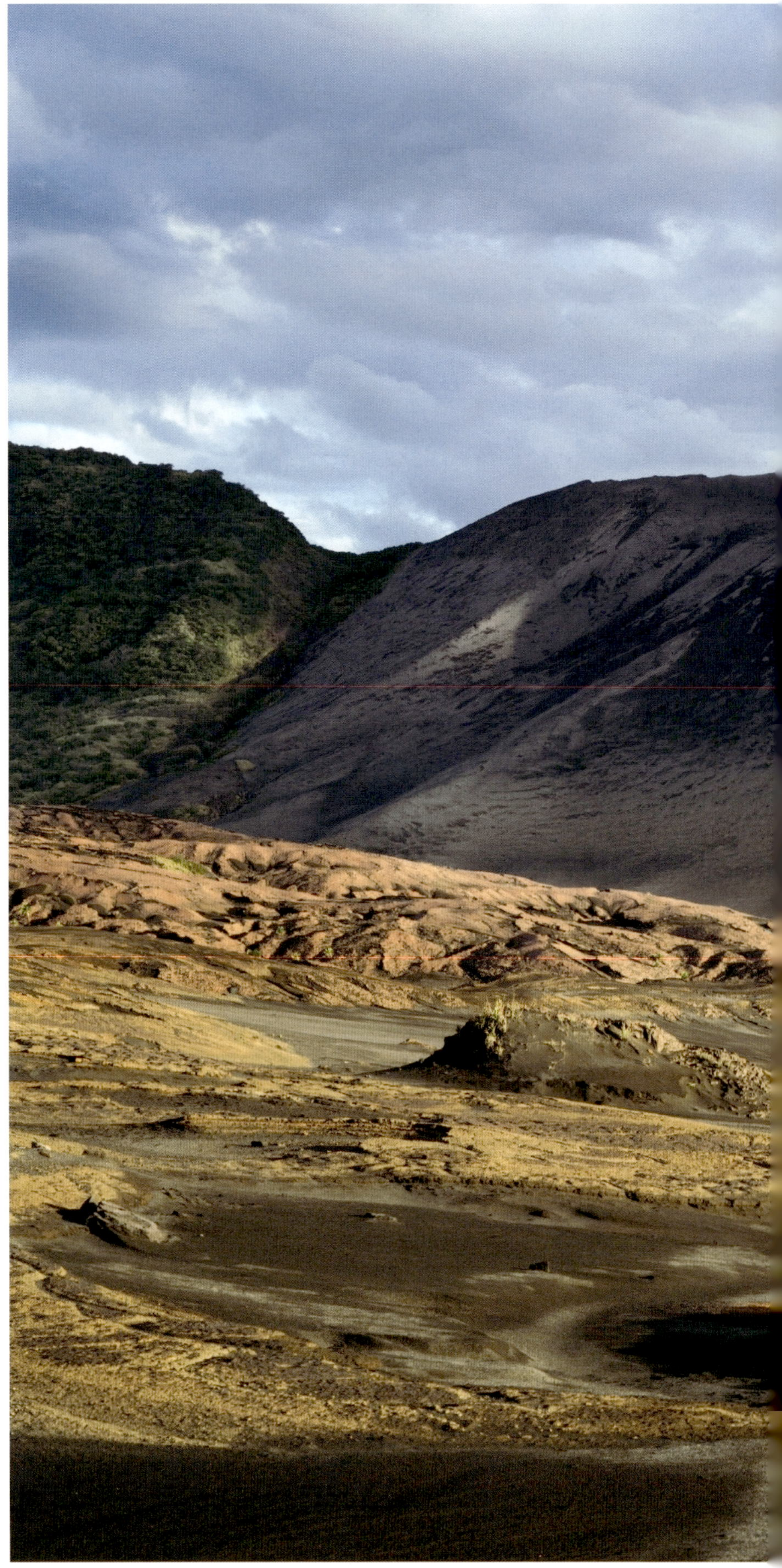

Yasur, Tanna,
Vanuatu, 2014

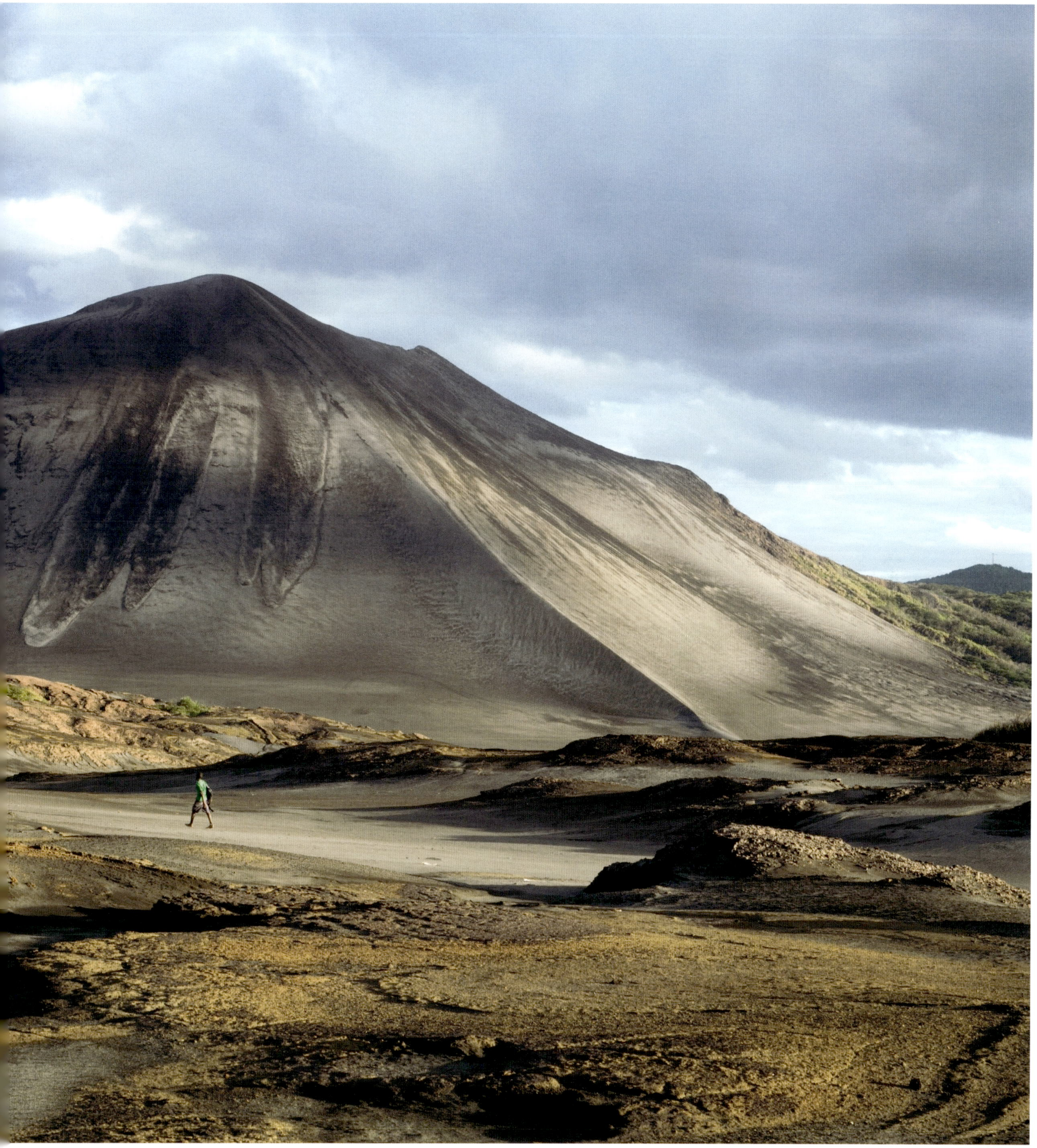

ALESSANDRA
SANGUINETTI

ANTOINE D'AGATA

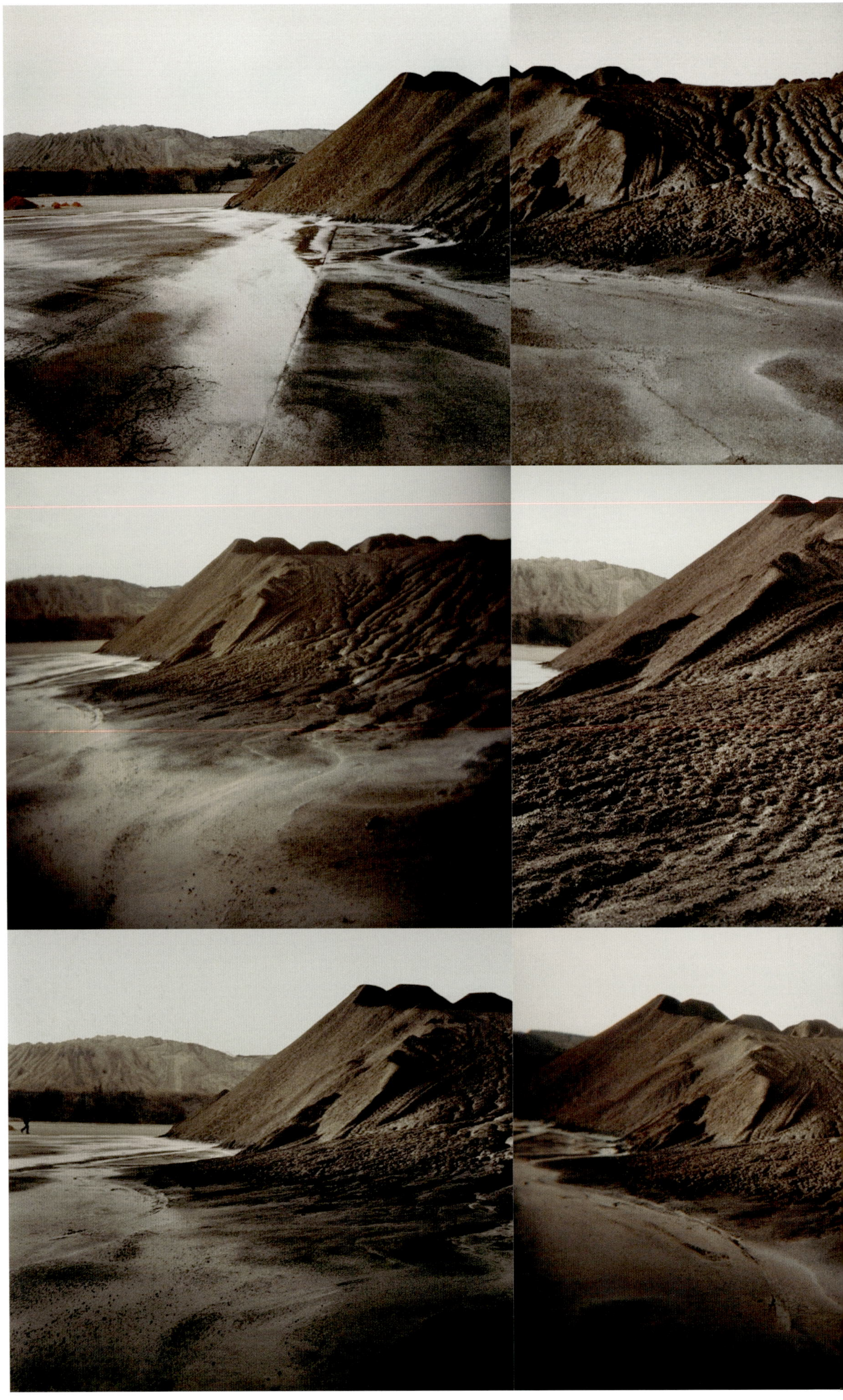

Vogesen,
Frankreich, 2002

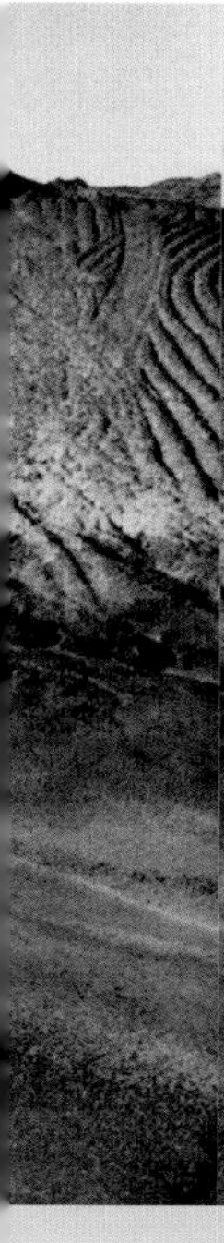
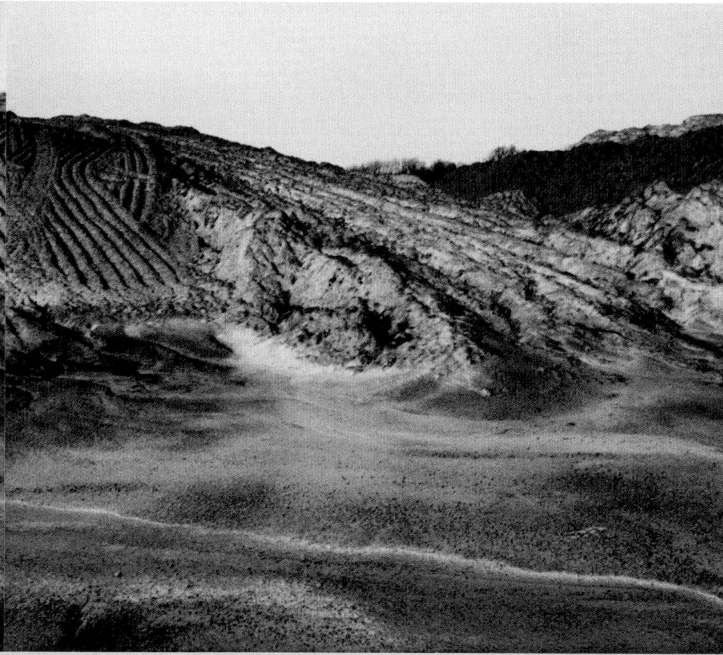
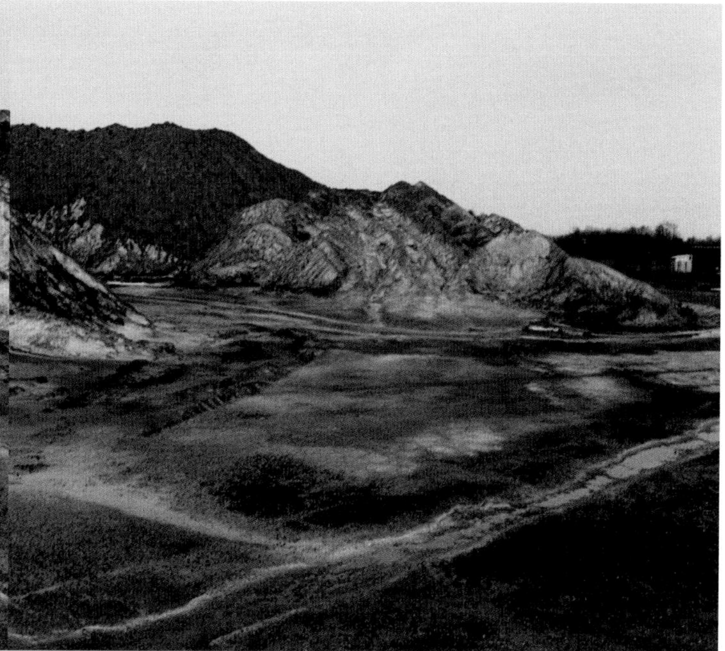
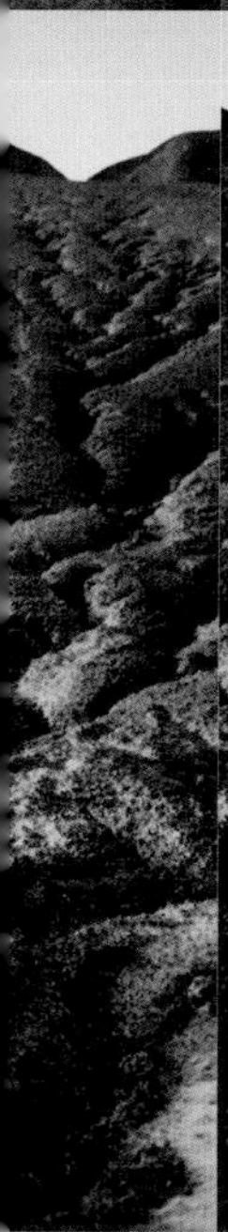
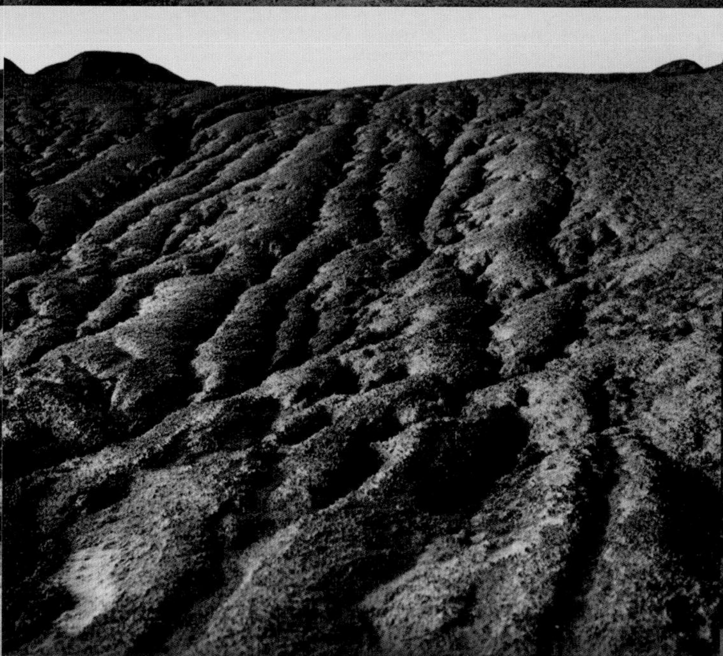
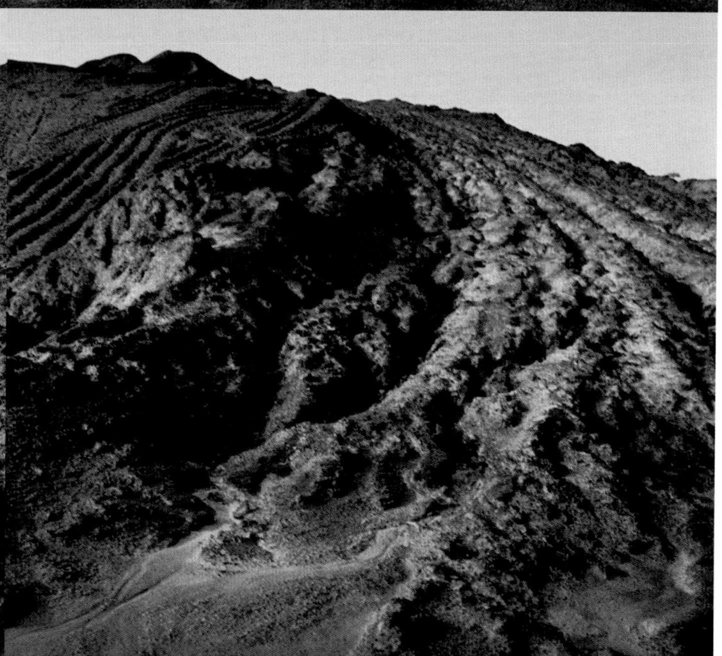
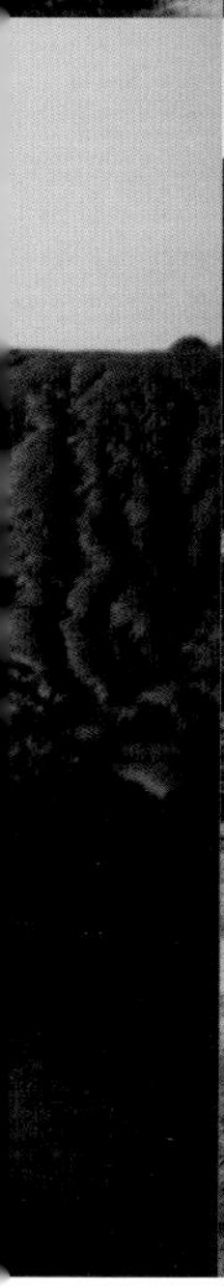
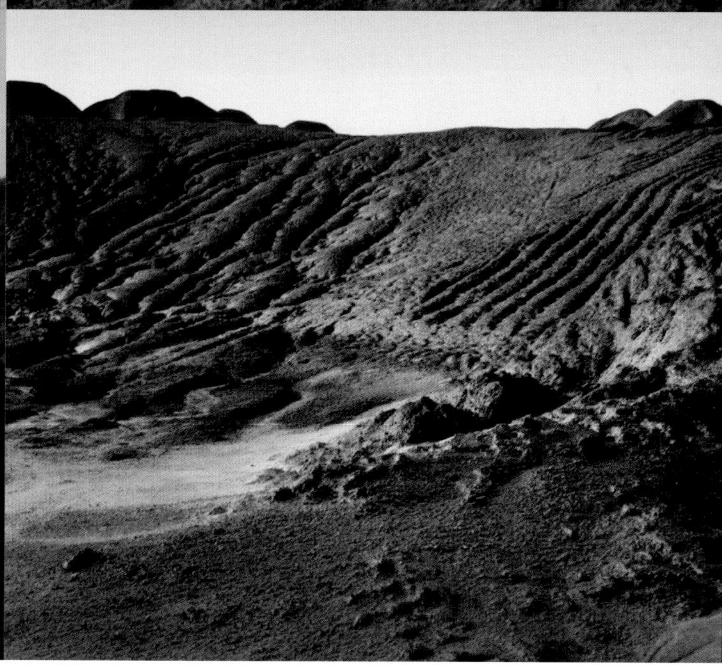
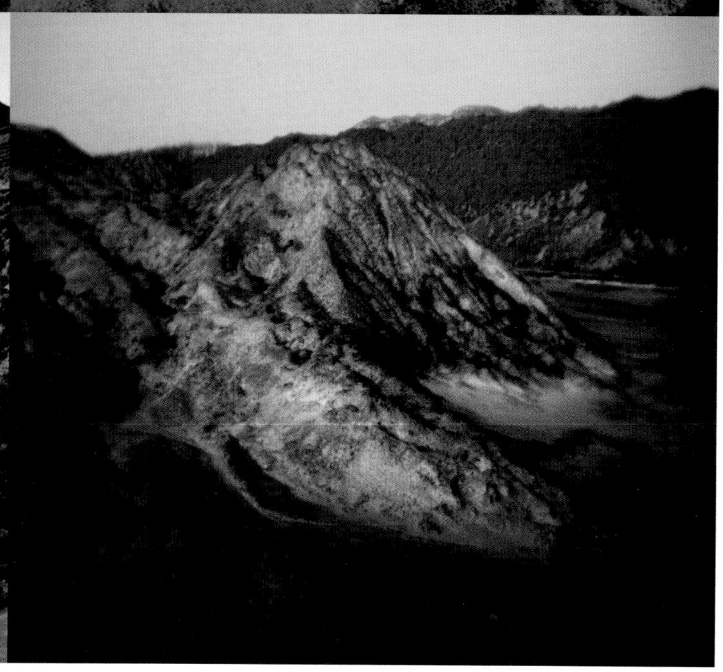

ALEX MAJOLI

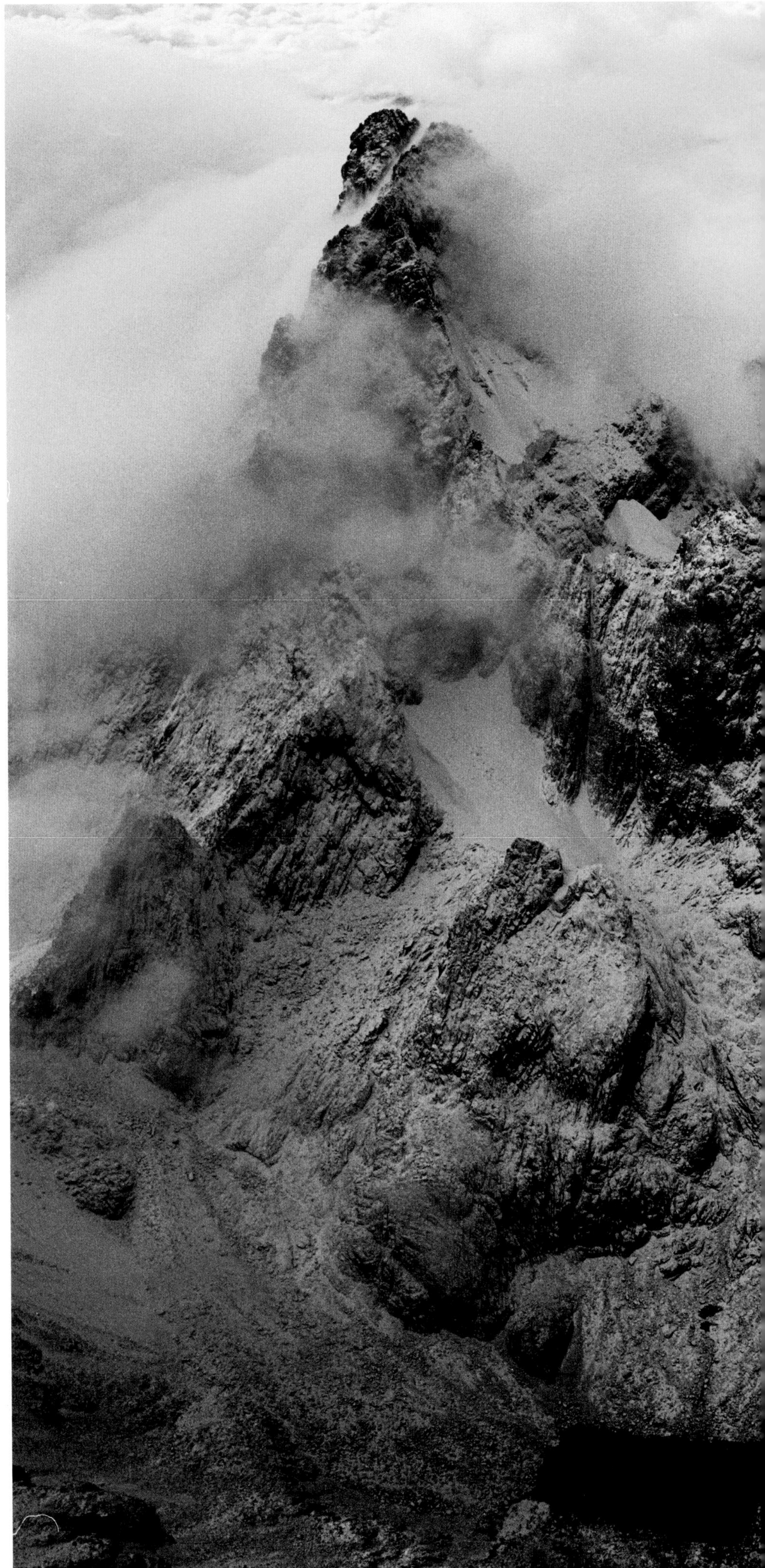

Kenia, 2004

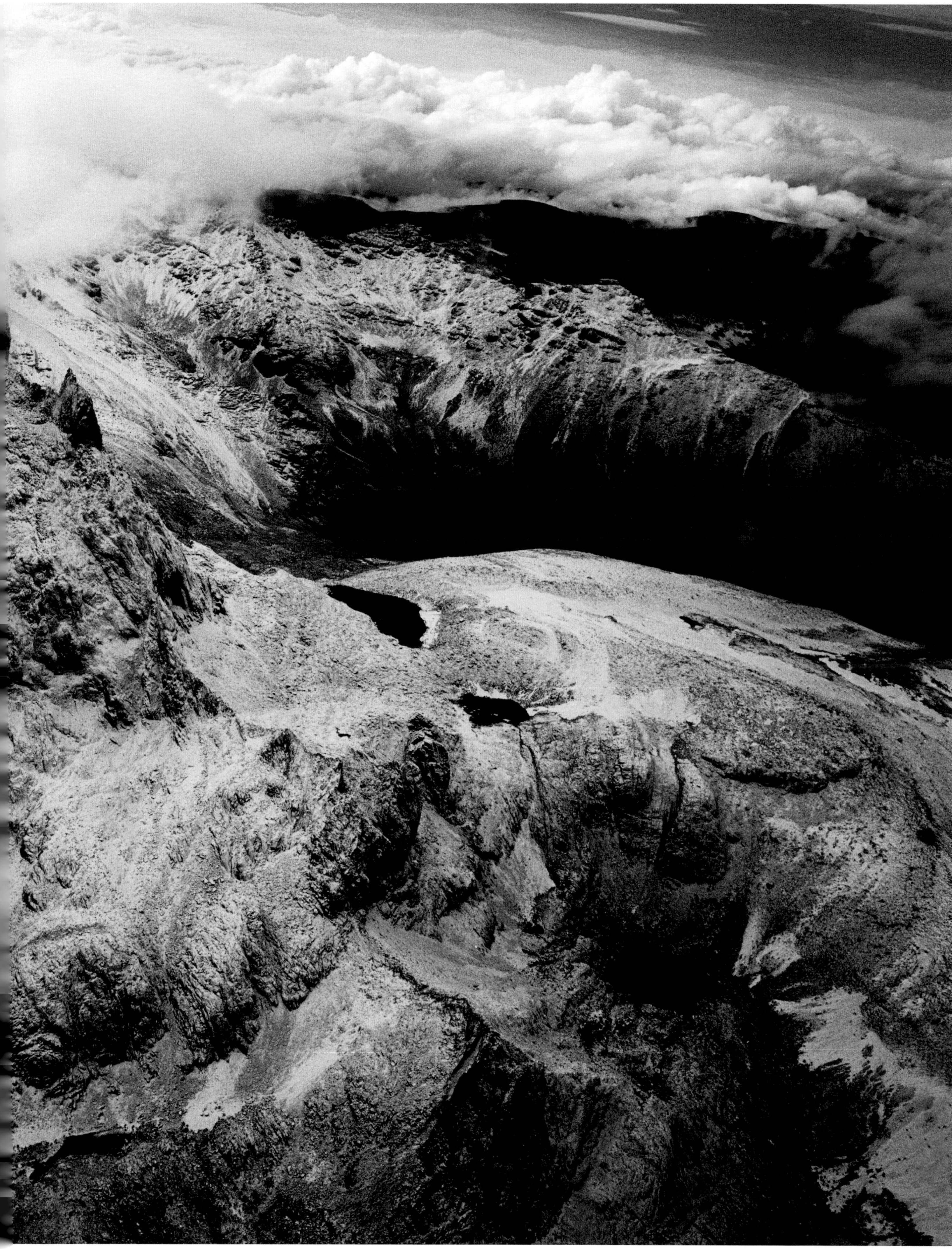

JOSEF KOUDELKA

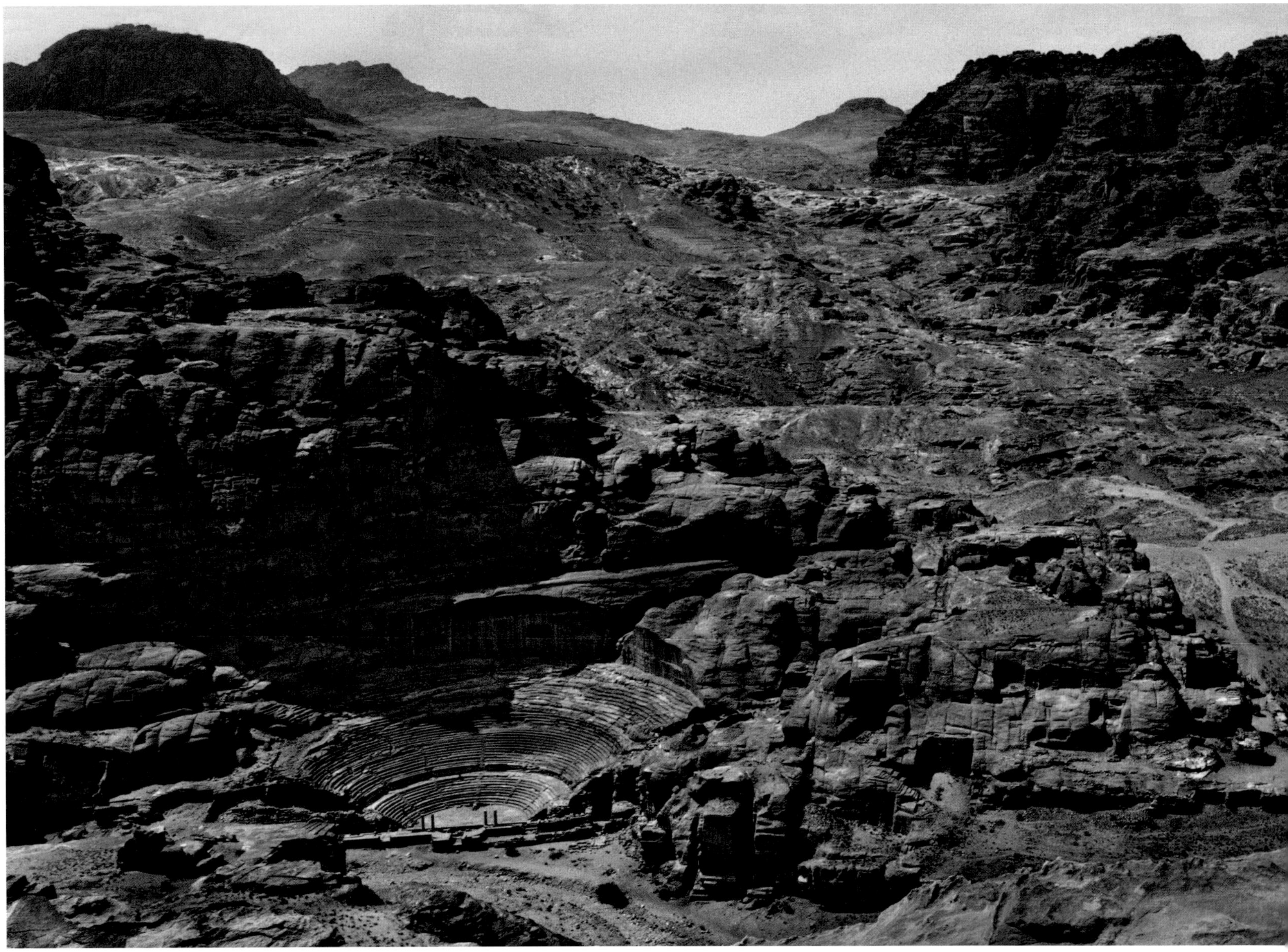

Petra, Jordanien, 2010

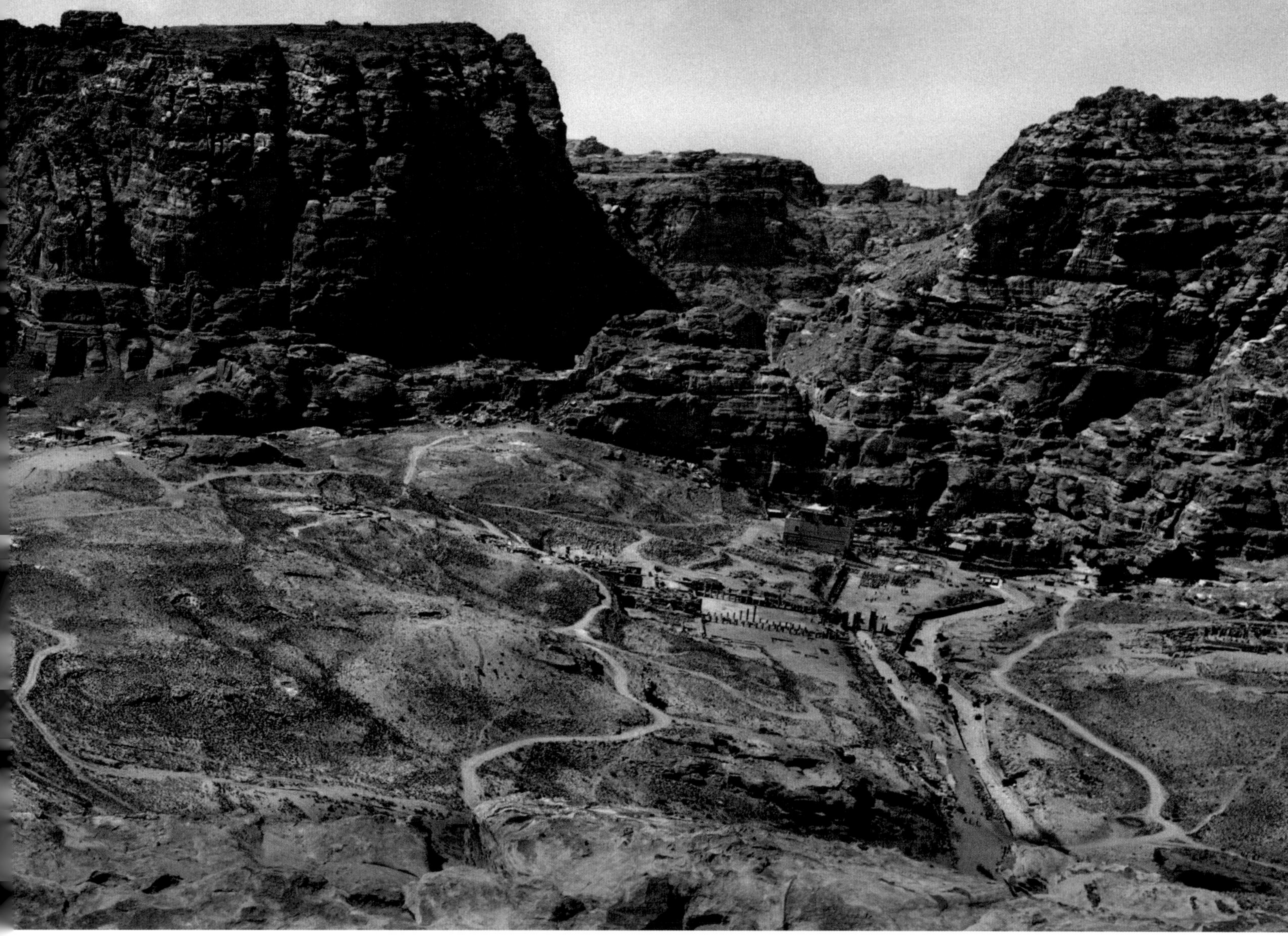

JOSEF
KOUDELKA

MARC RIBOUD

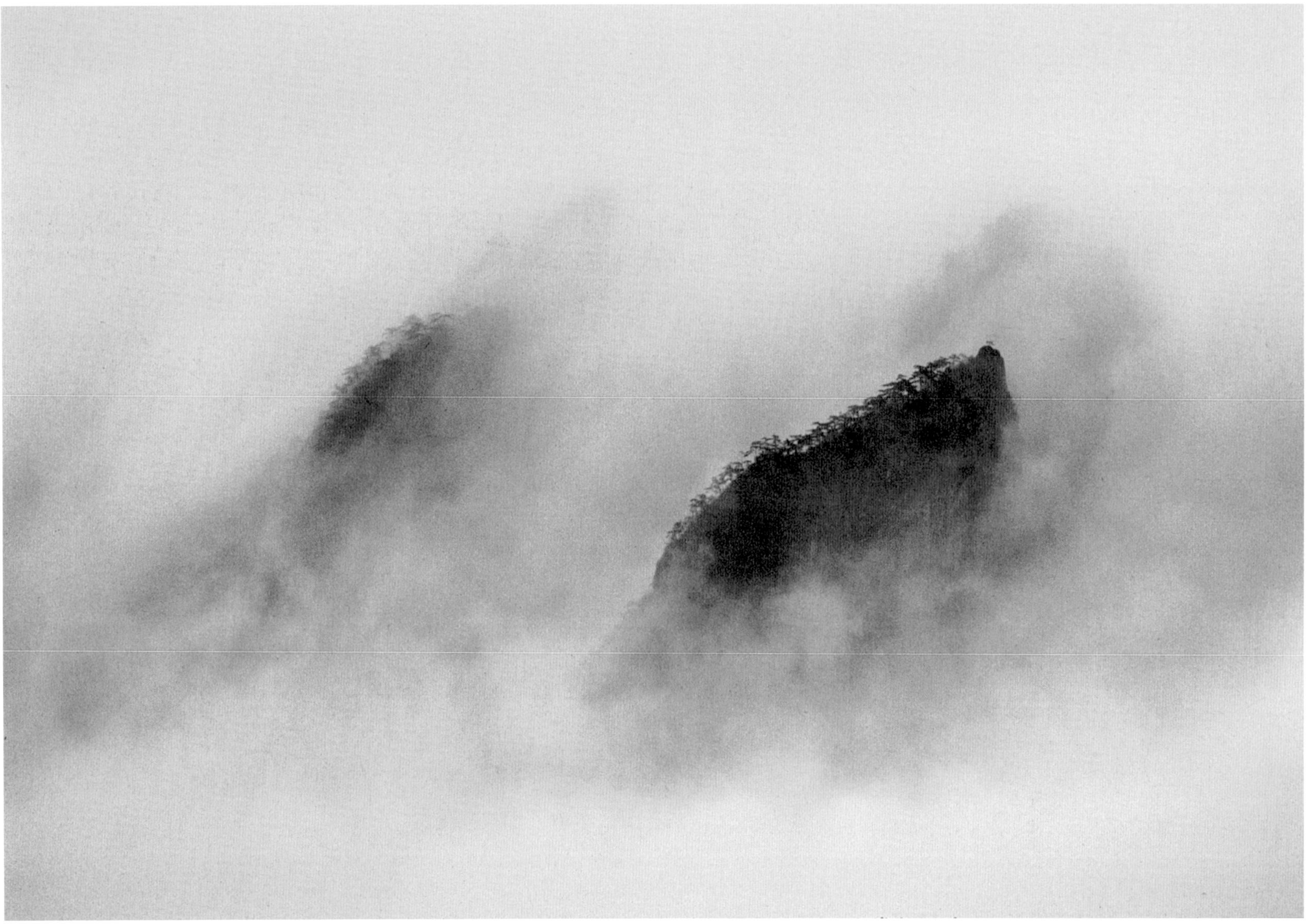

▵ Huang Shan, China, 1985
▹ Huang Shan, China, 1983

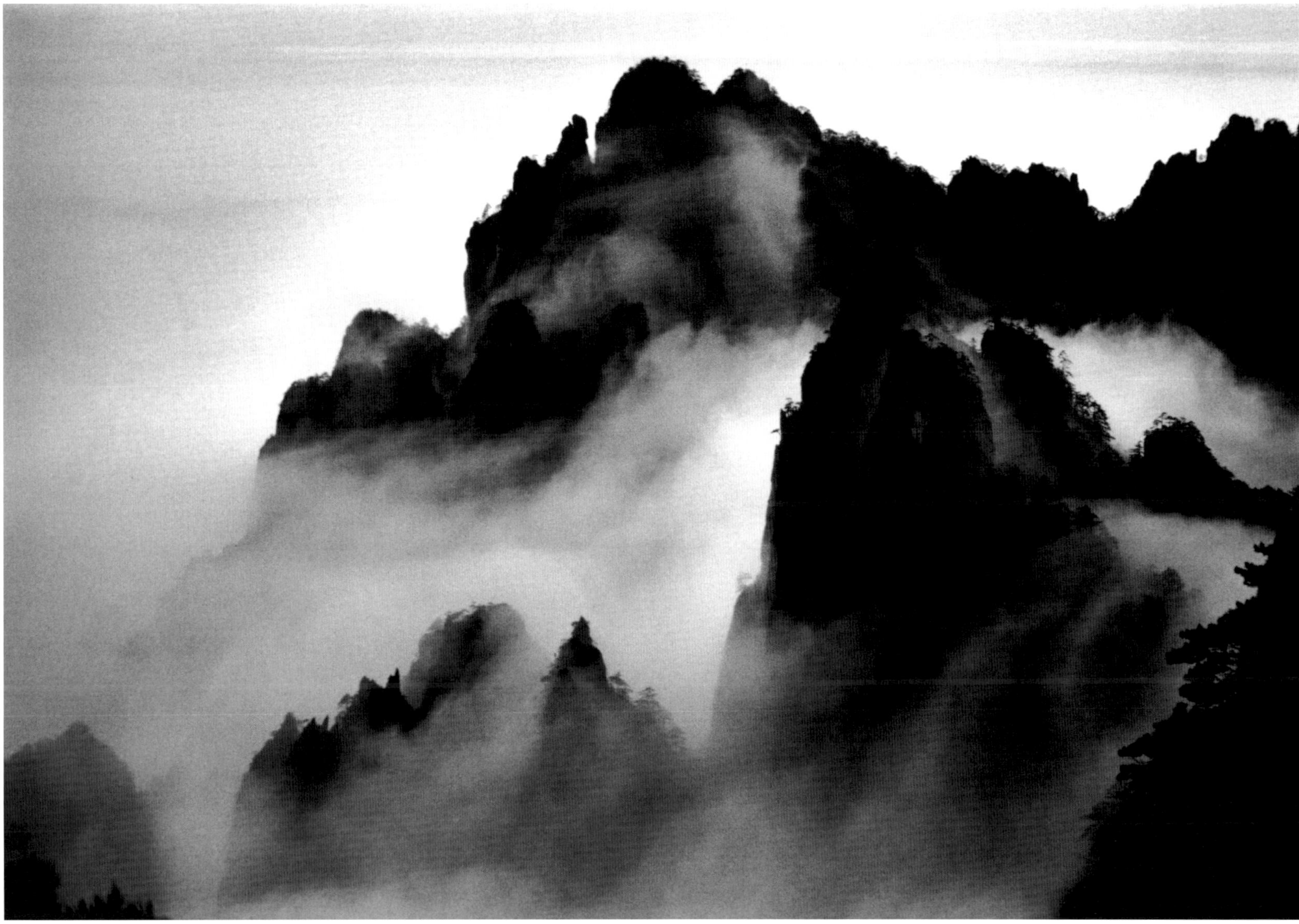

MARC
RIBOUD

THOMAS HOEPKER

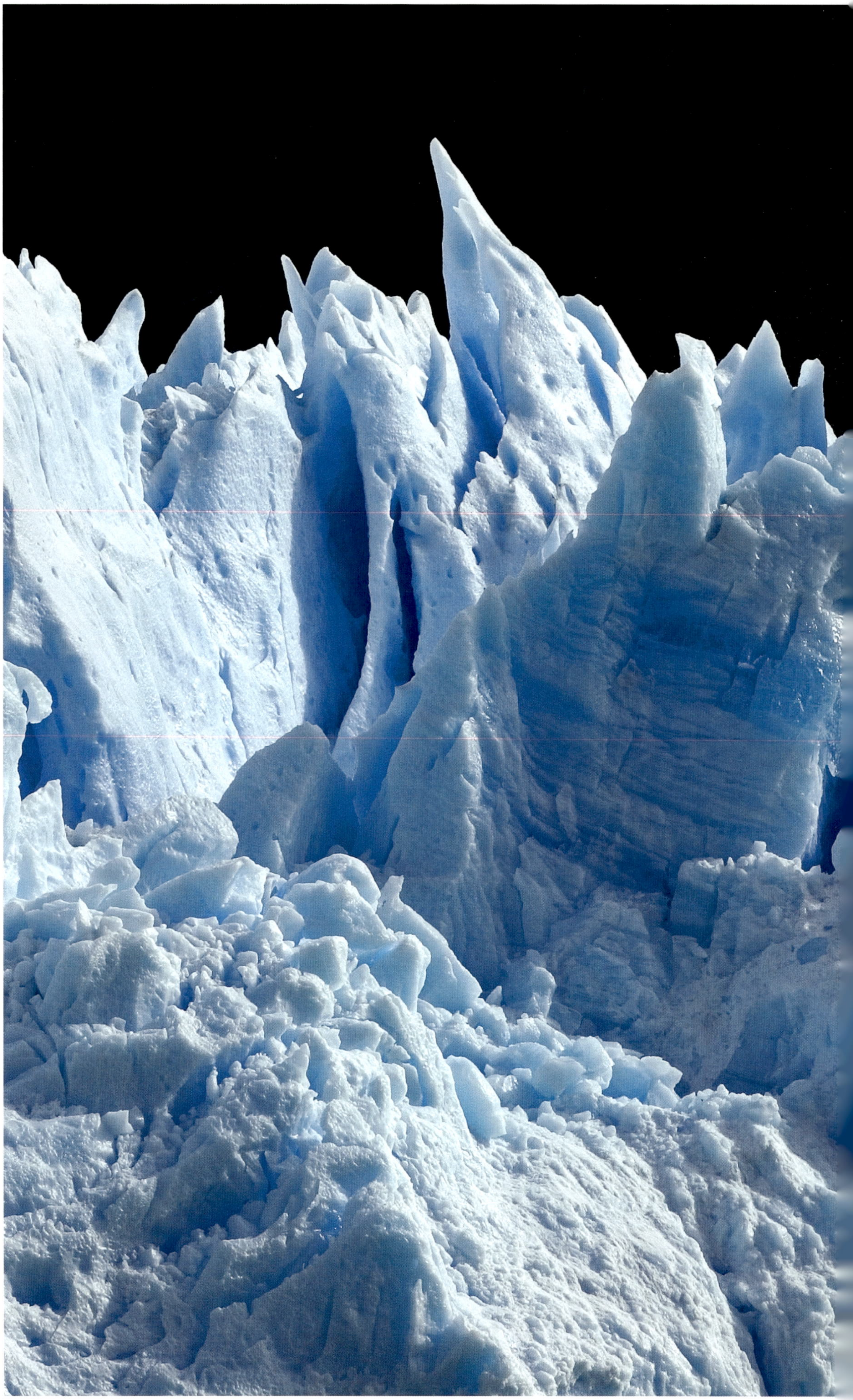

Spegazzini-Gletscher beim Lago Argentino, Patagonien, Argentinien, 2005

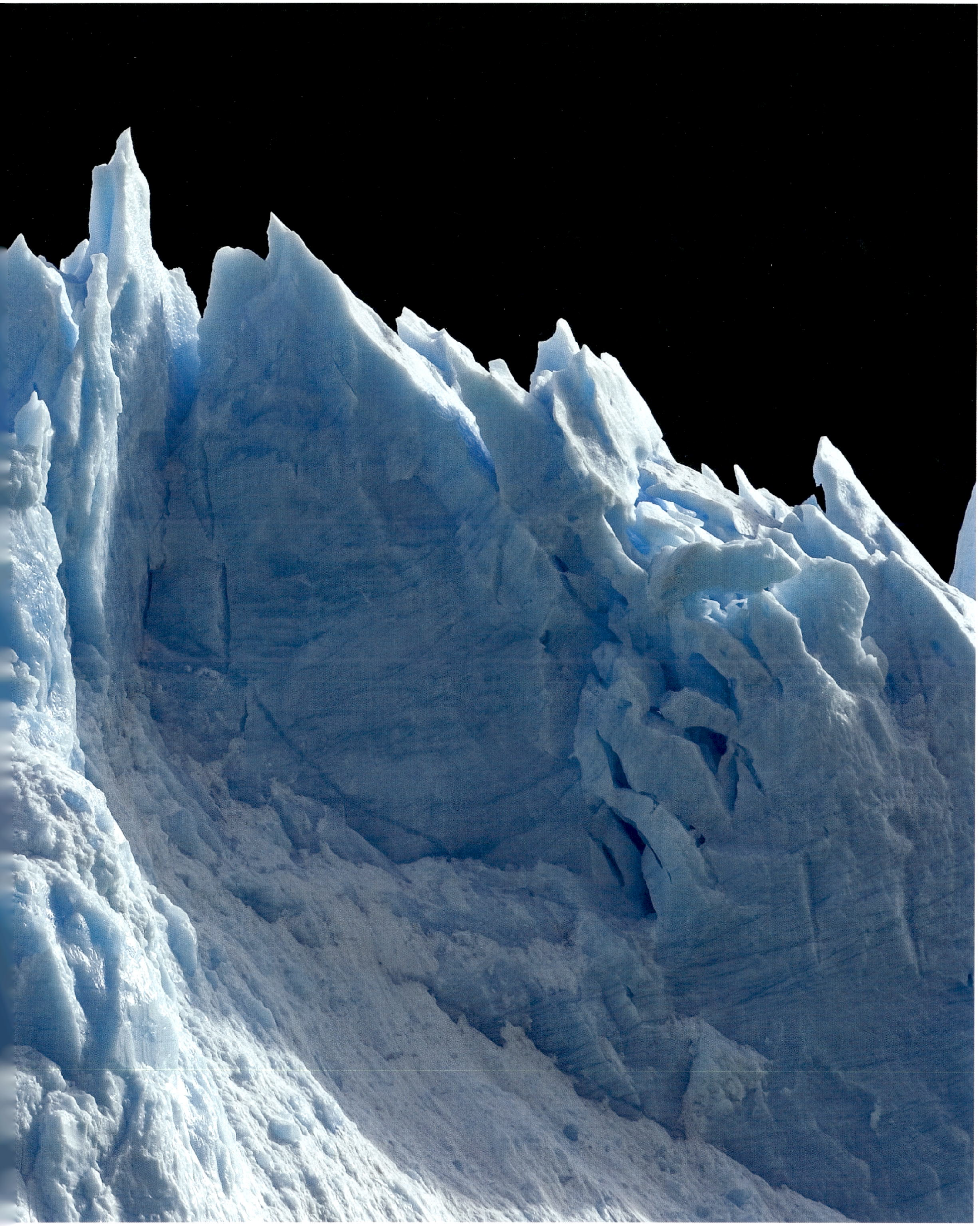

ALEX WEBB

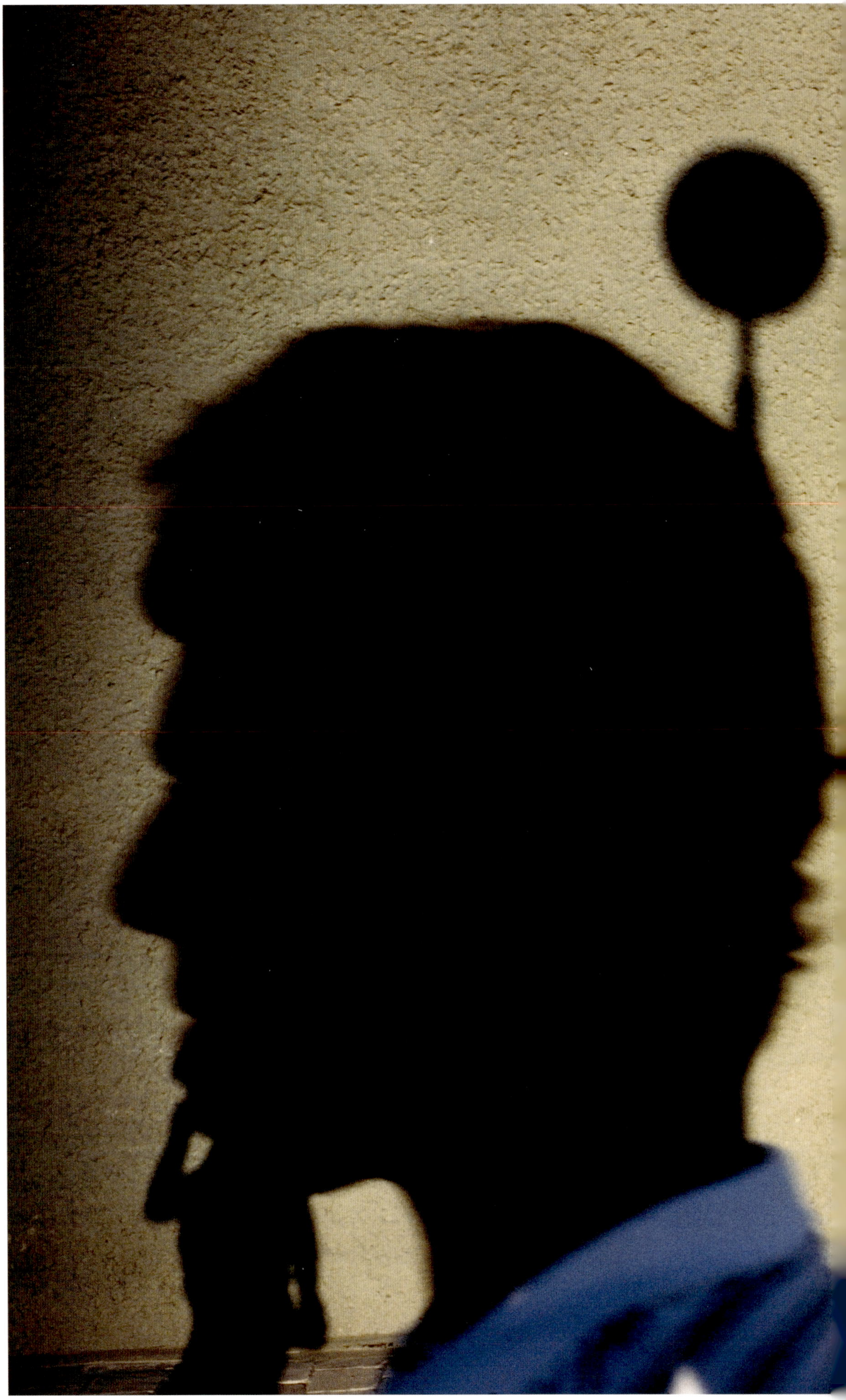

Monterrey,
Mexiko, 1985

CHIEN-CHI
CHANG

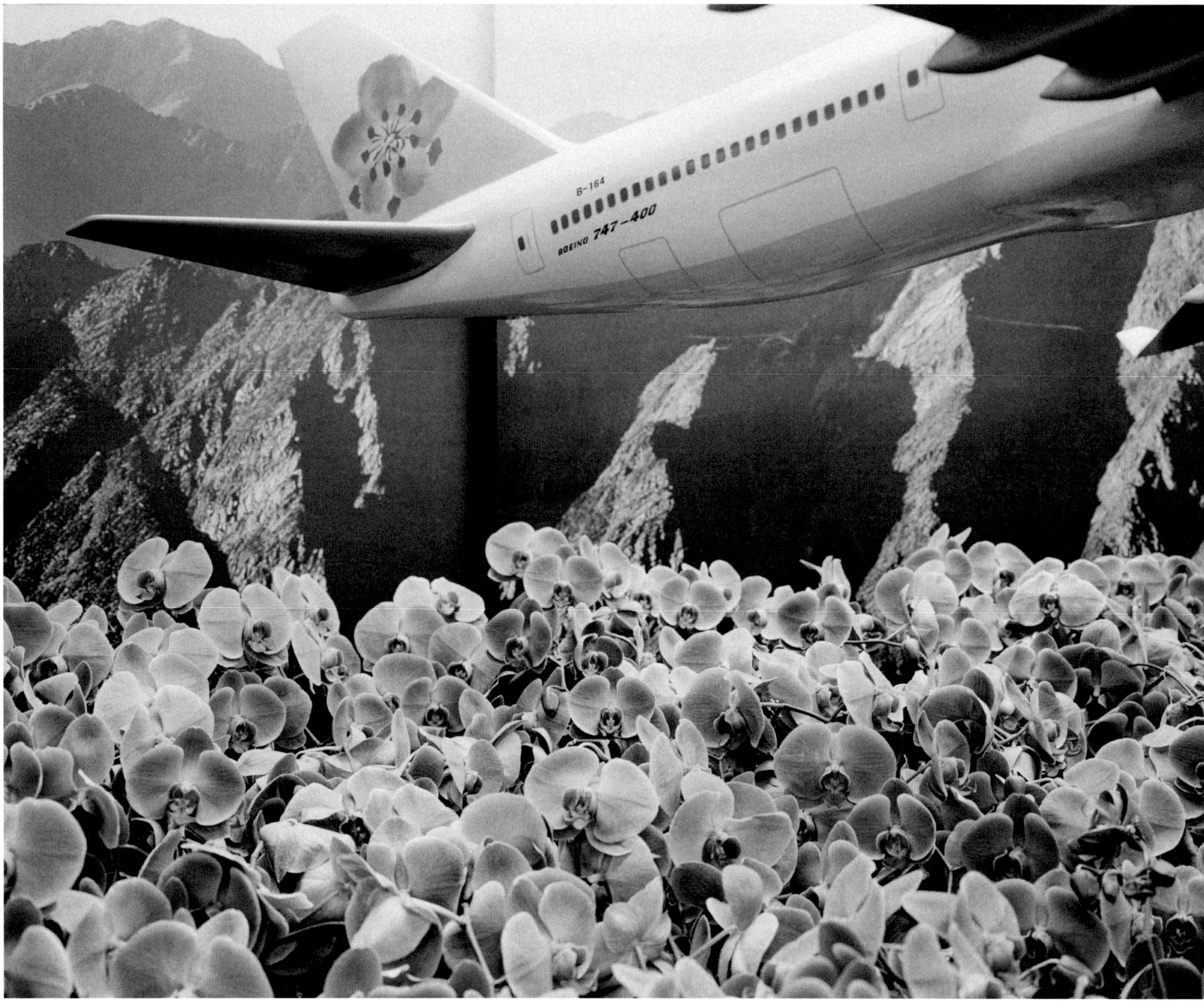

△▷ Internationaler Flughafen
Taiwan Taoyuan, Taiwan, 2008

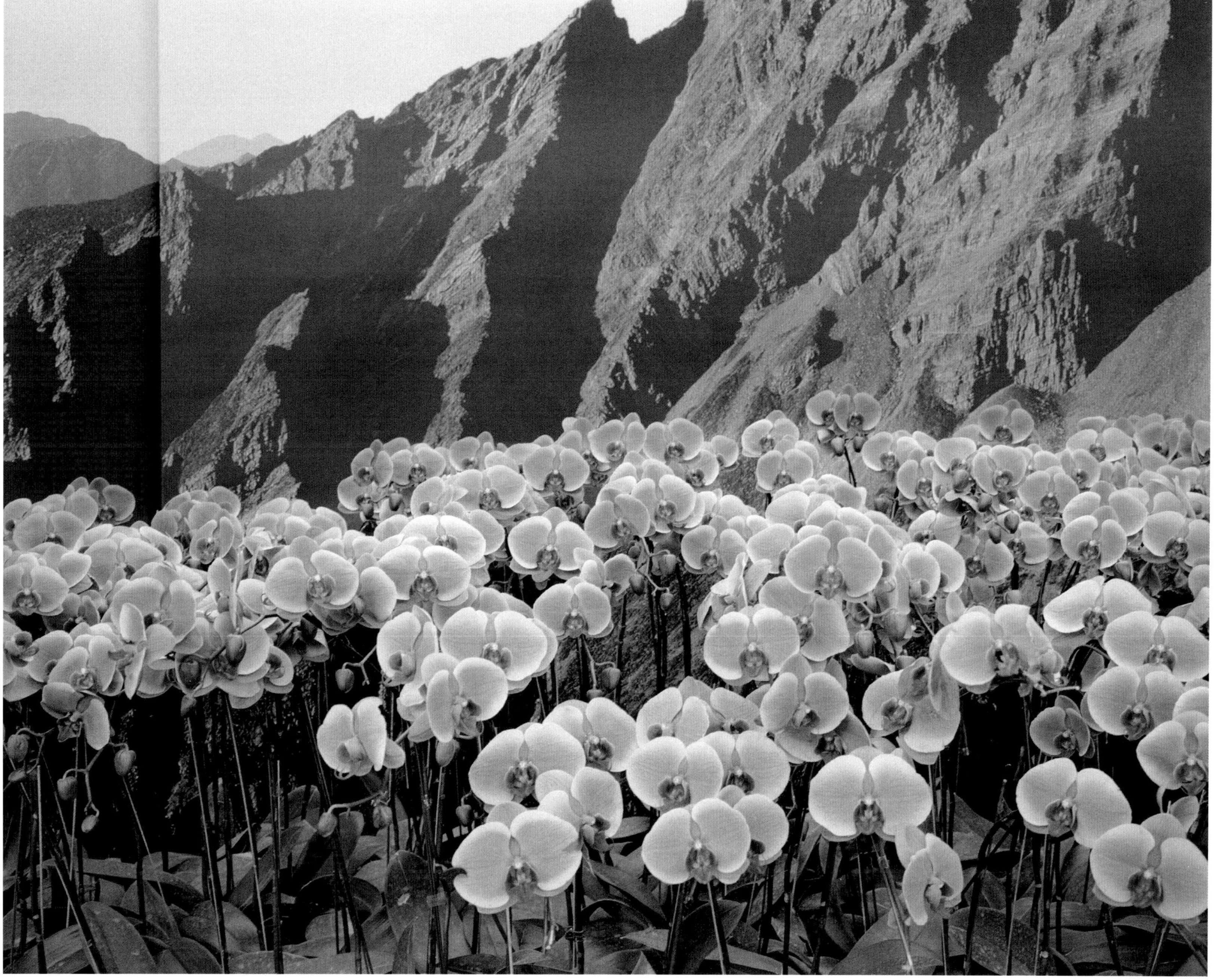

CHIEN-CHI
CHANG

RICHARD KALVAR

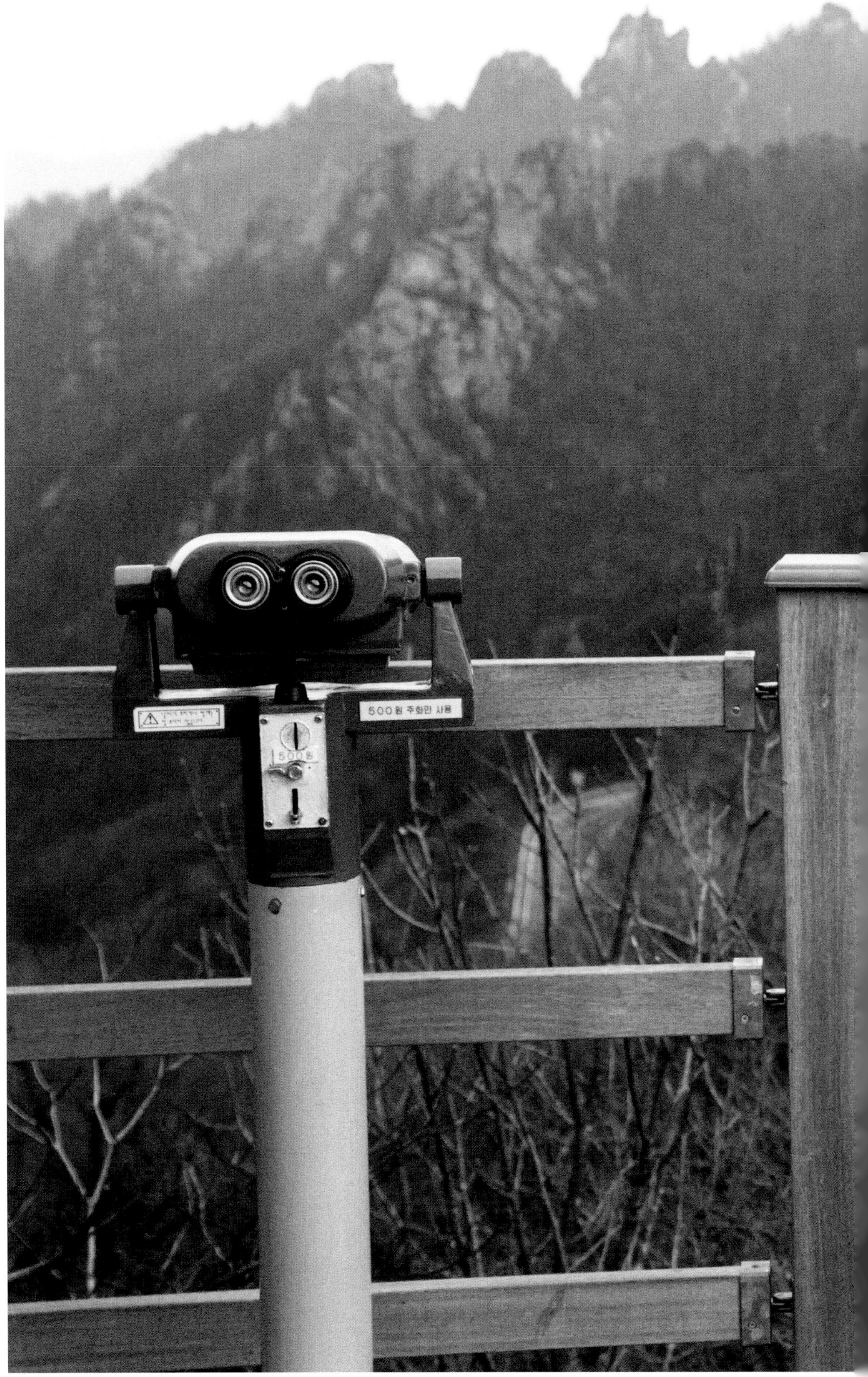

Seoraksan, Hangyeryeong, Provinz Gangwon-do, Südkorea, 2015

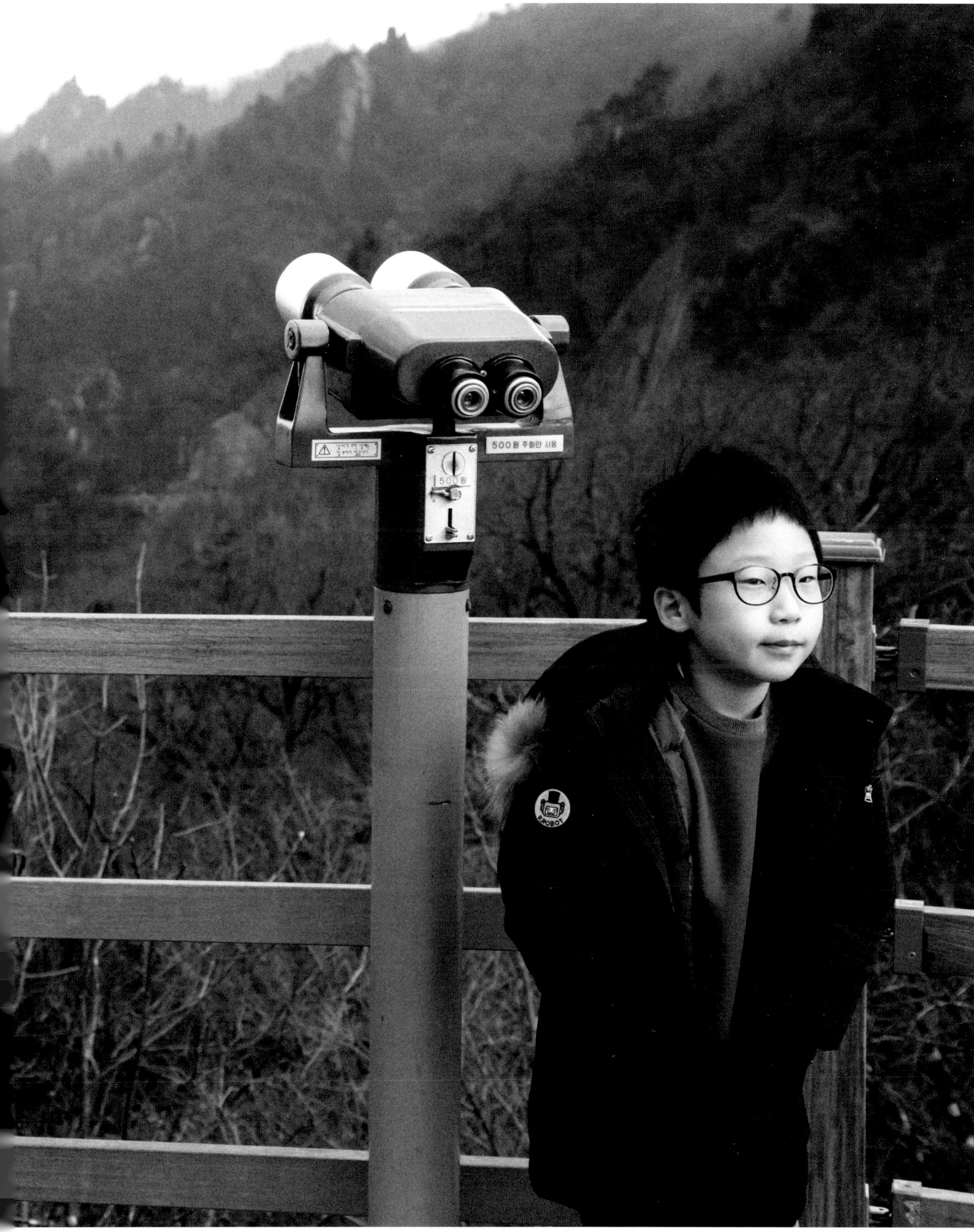
500원 주화만 사용
500원
P.ROBOT

JACOB AUE SOBOL

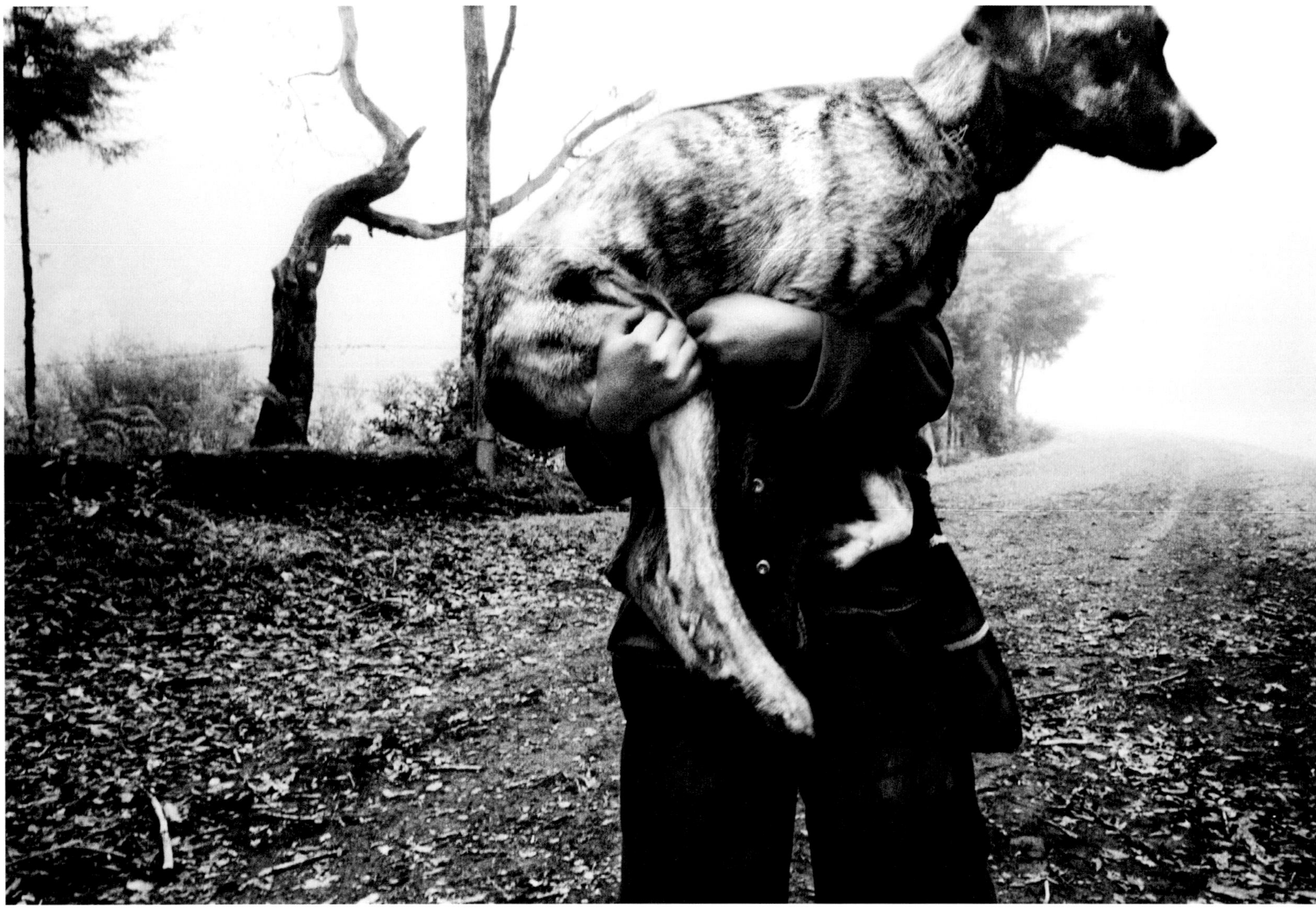

△ ▷ La Pista,
Guatemala, 2005

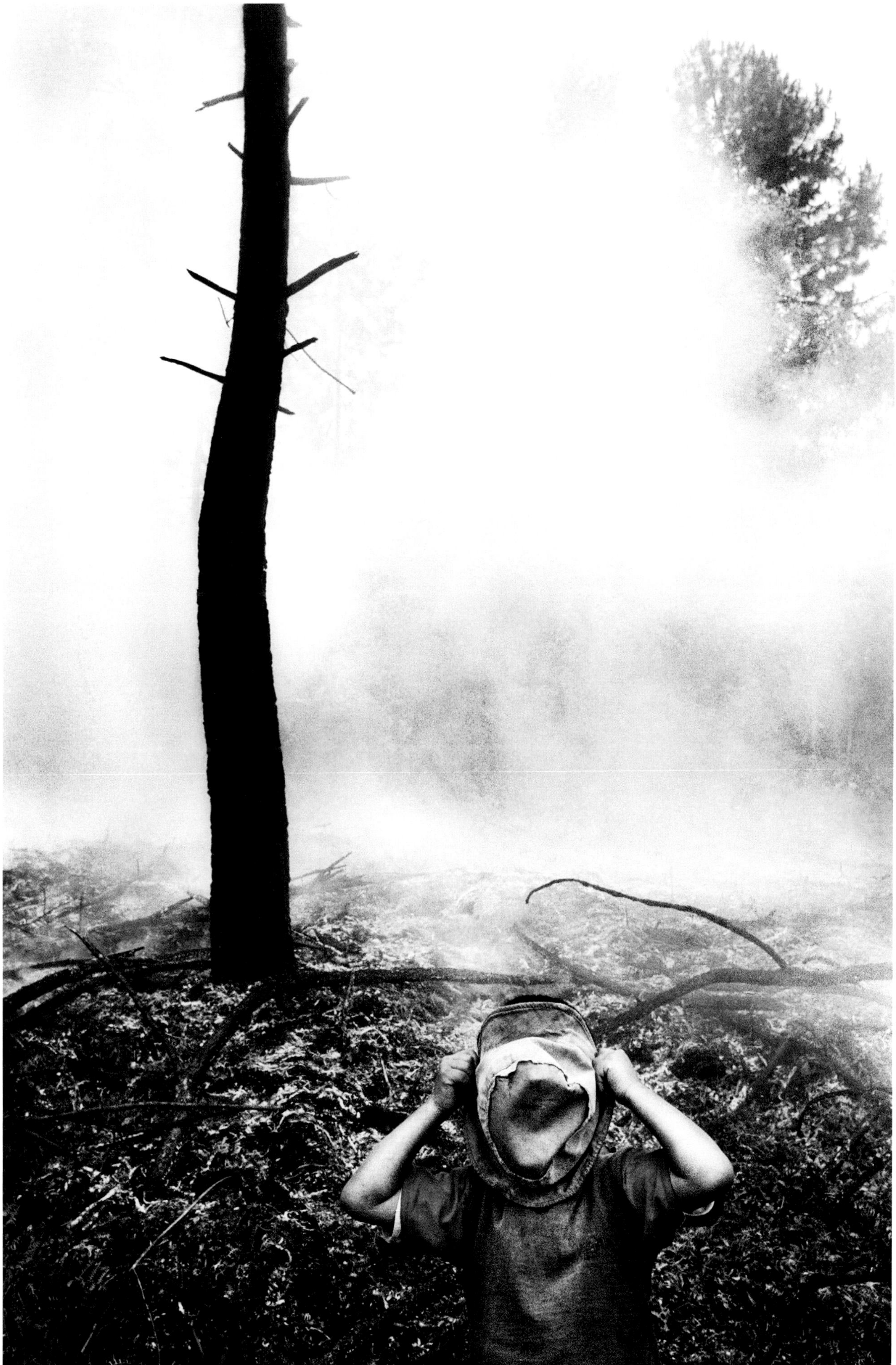

BRUCE GILDEN

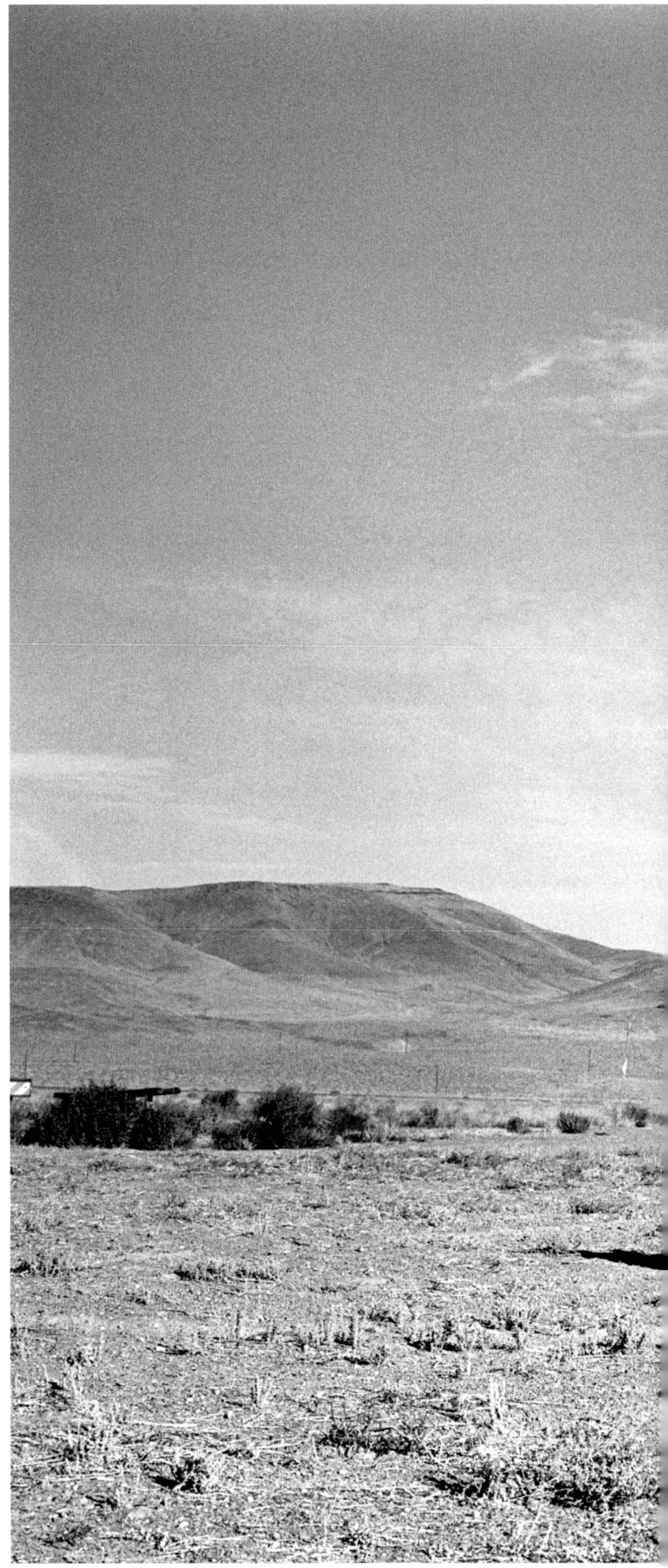

Fernley, Nevada,
USA, 2011

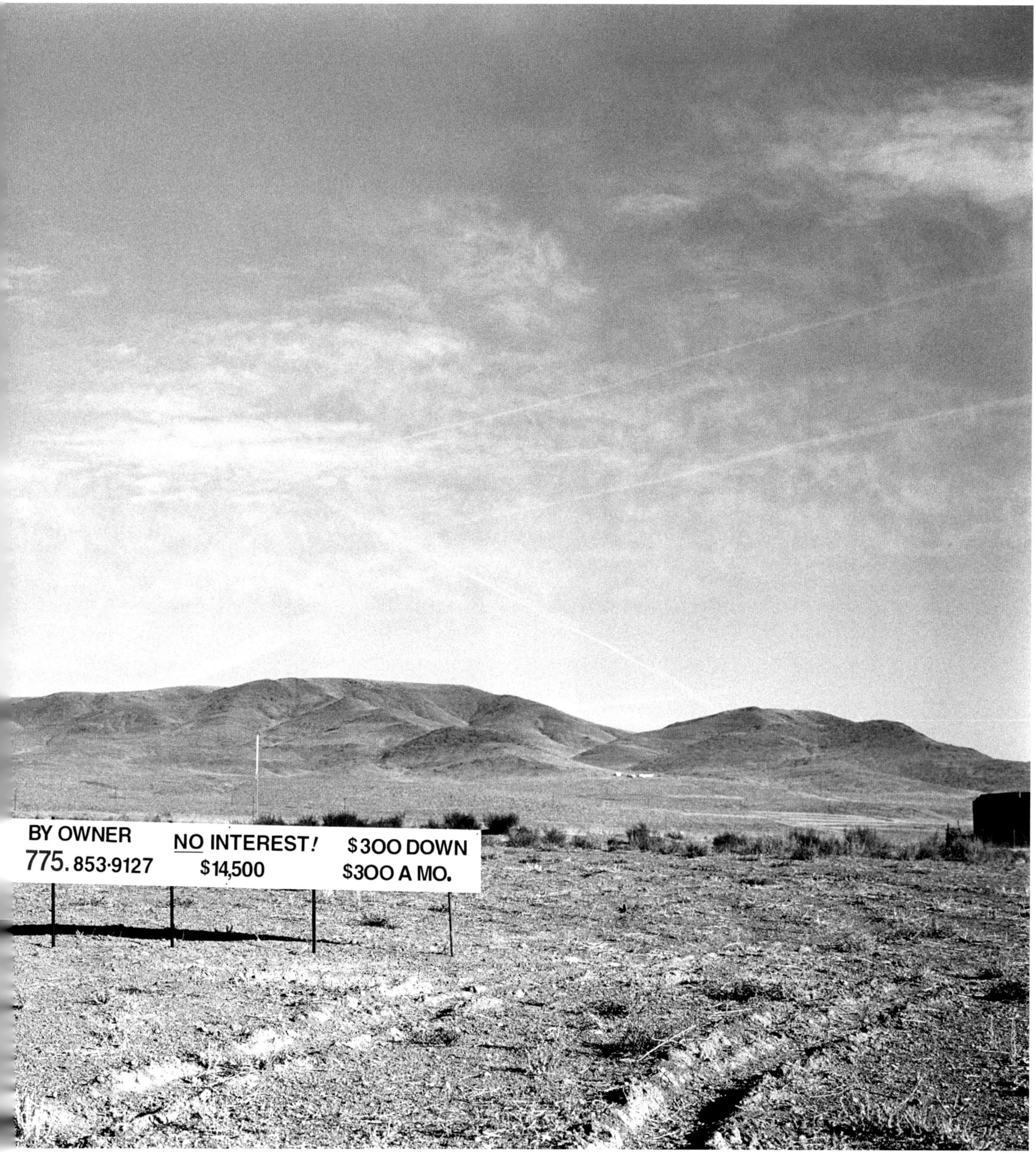

BRUCE
GILDEN

LARRY TOWELL

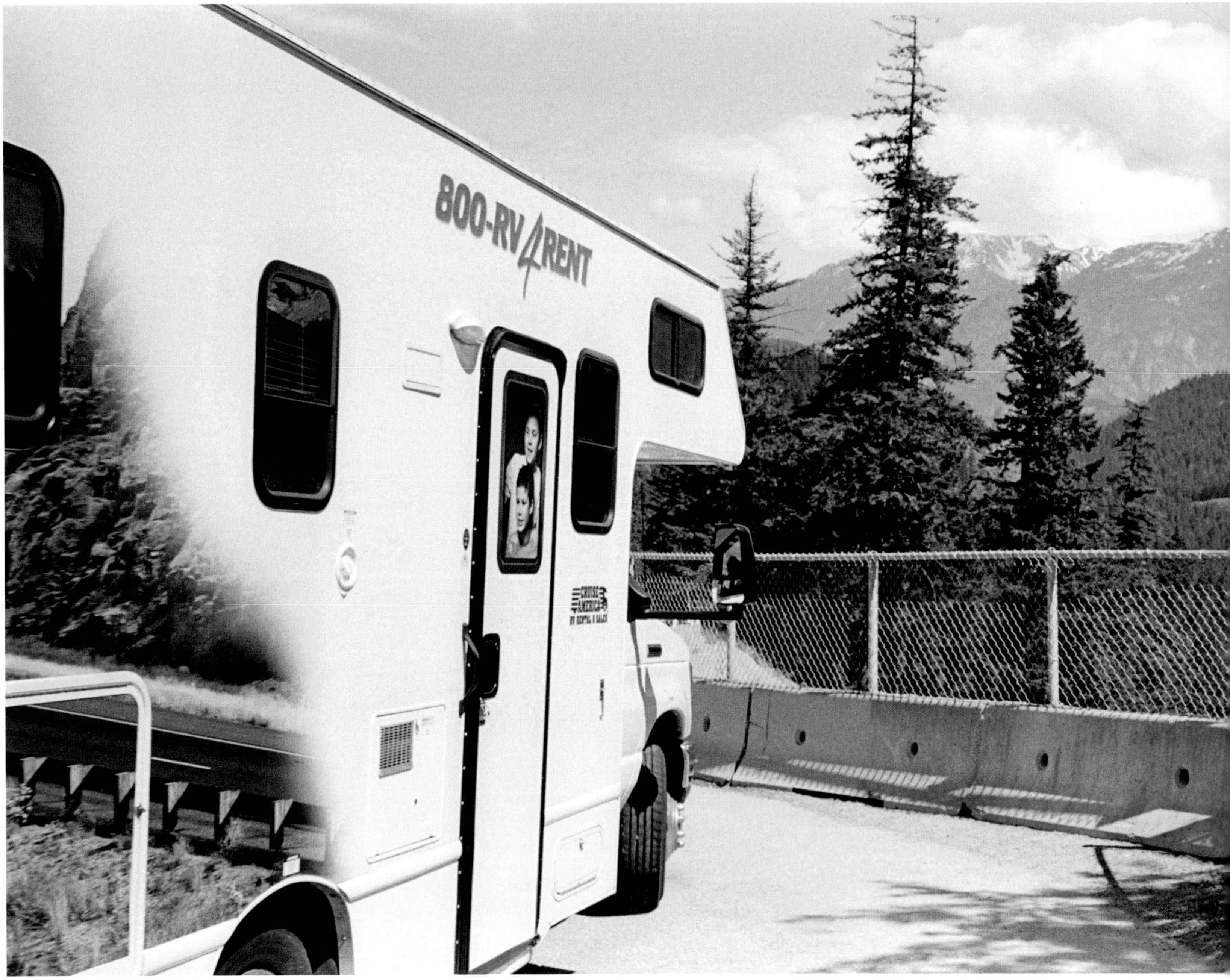

British Columbia,
Kanada, 2016

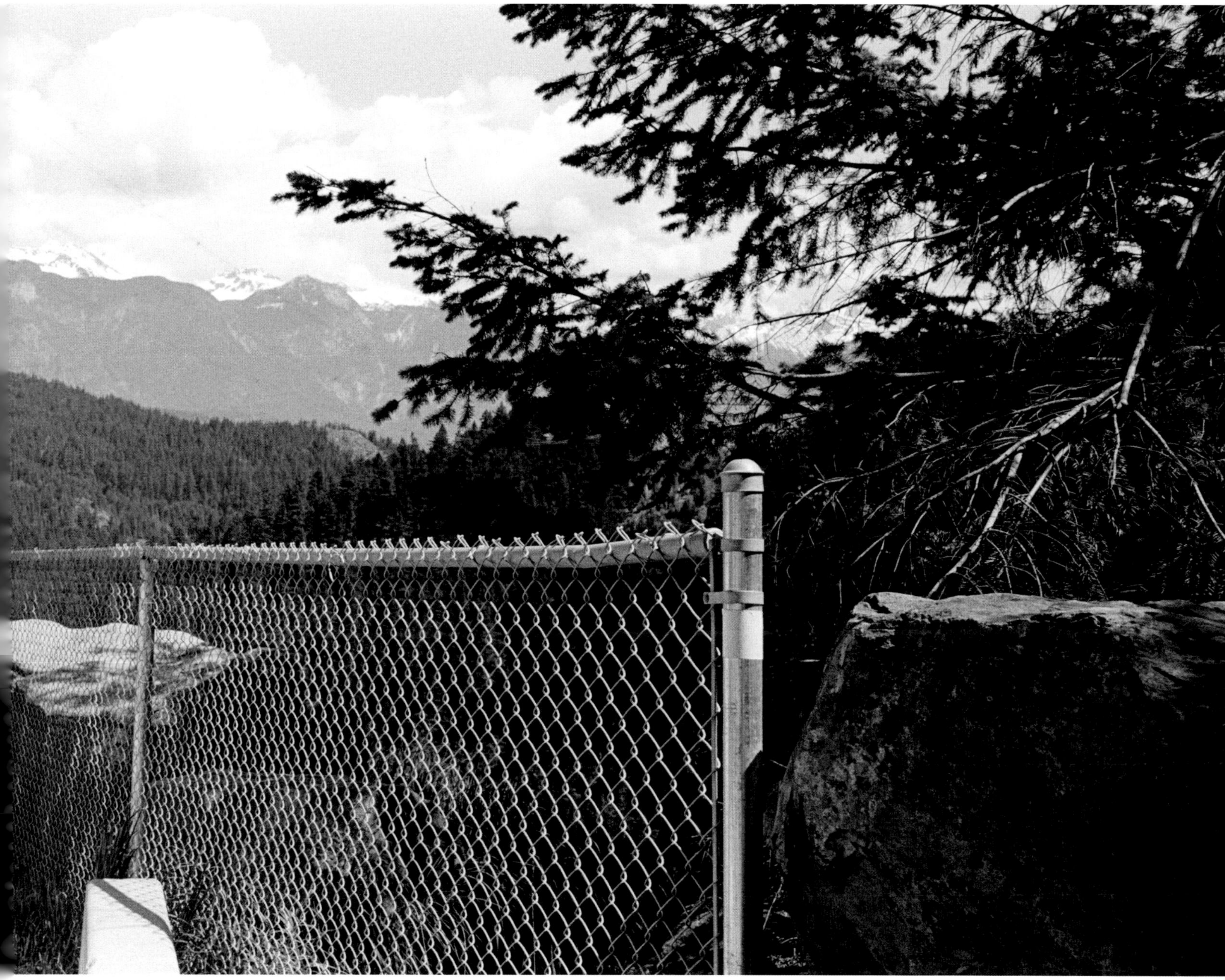

LARRY
TOWELL

CAROLYN DRAKE

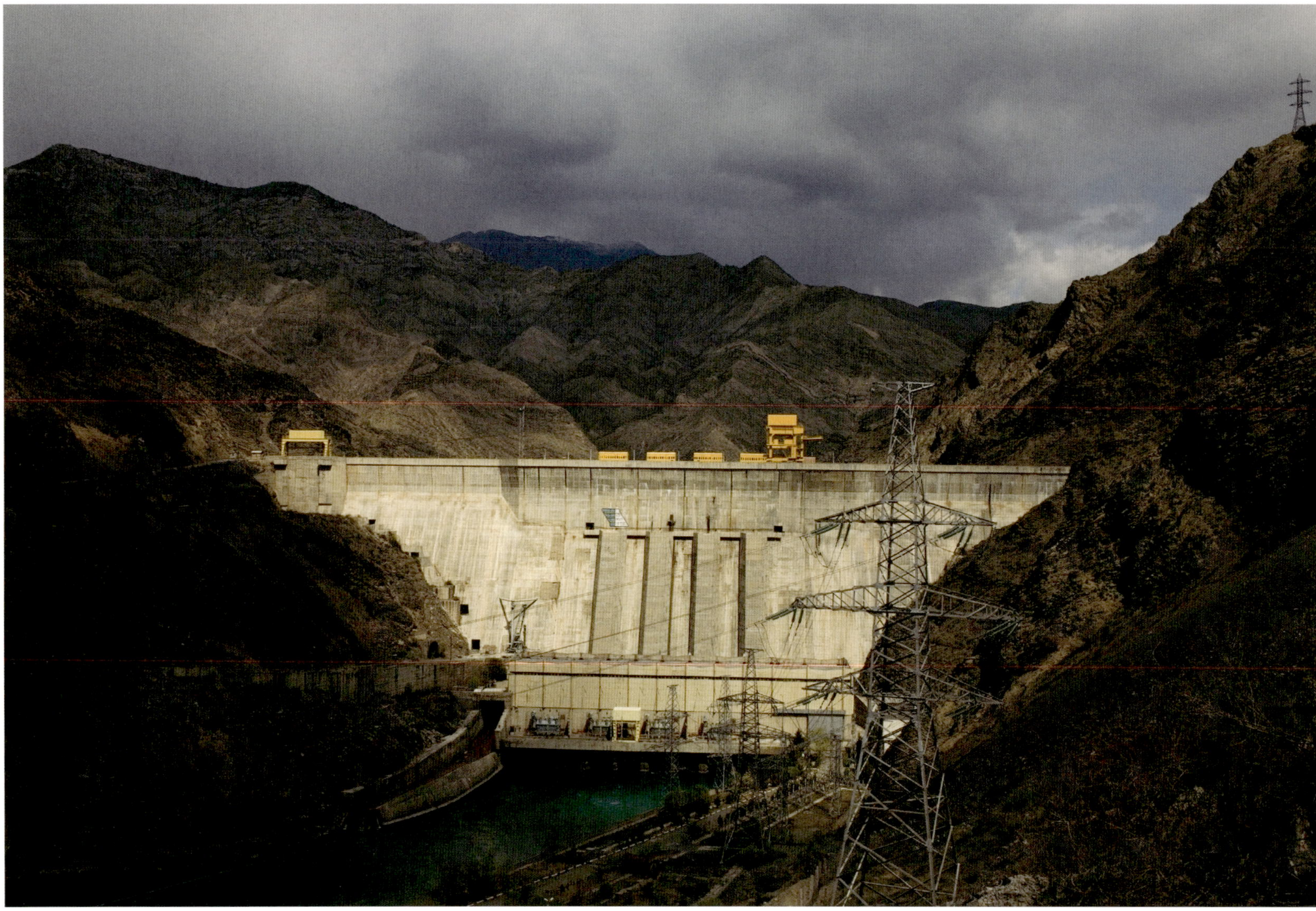

△ ▷ Naryn,
Kirgisistan, 2008

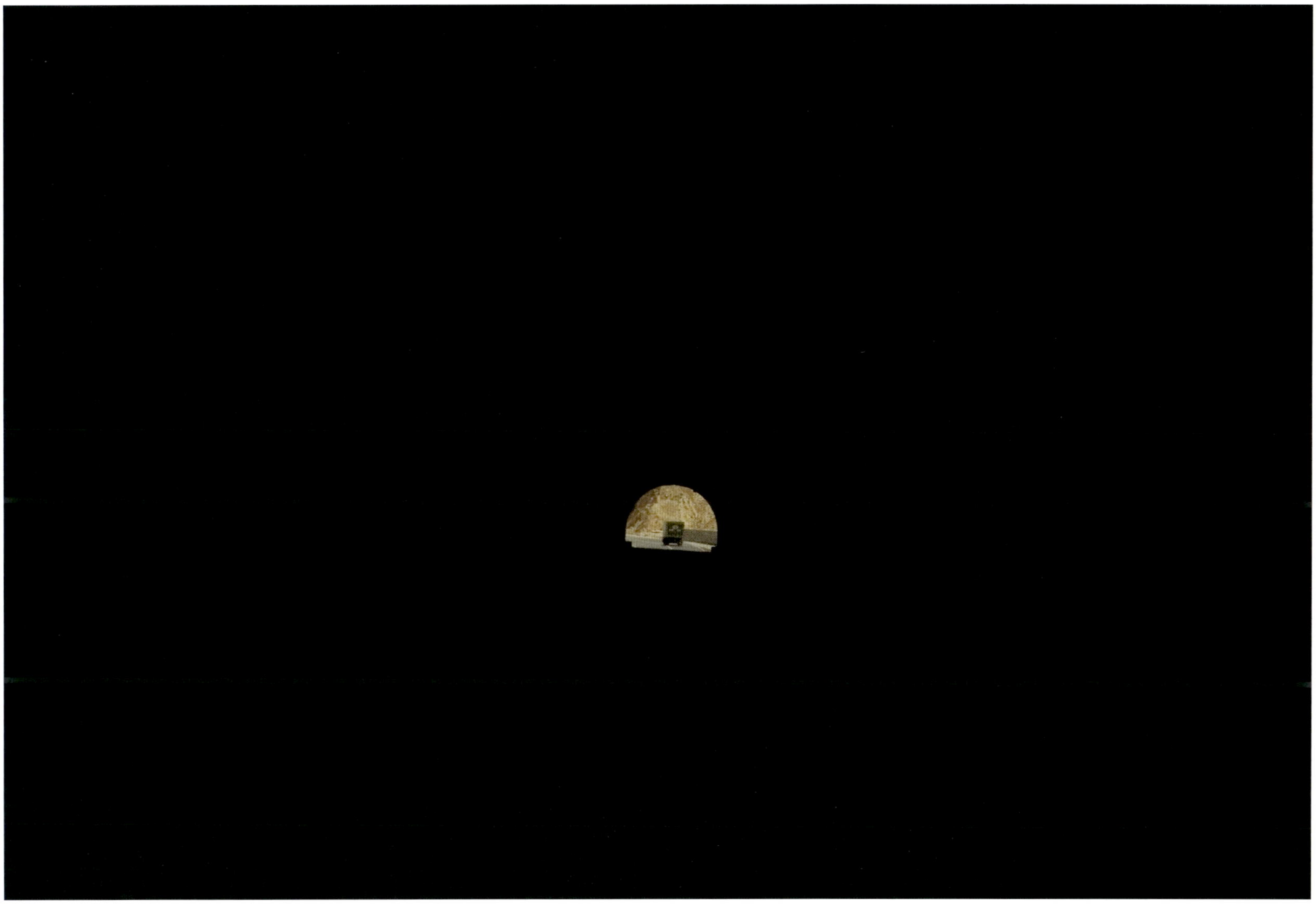

CAROLYN
DRAKE

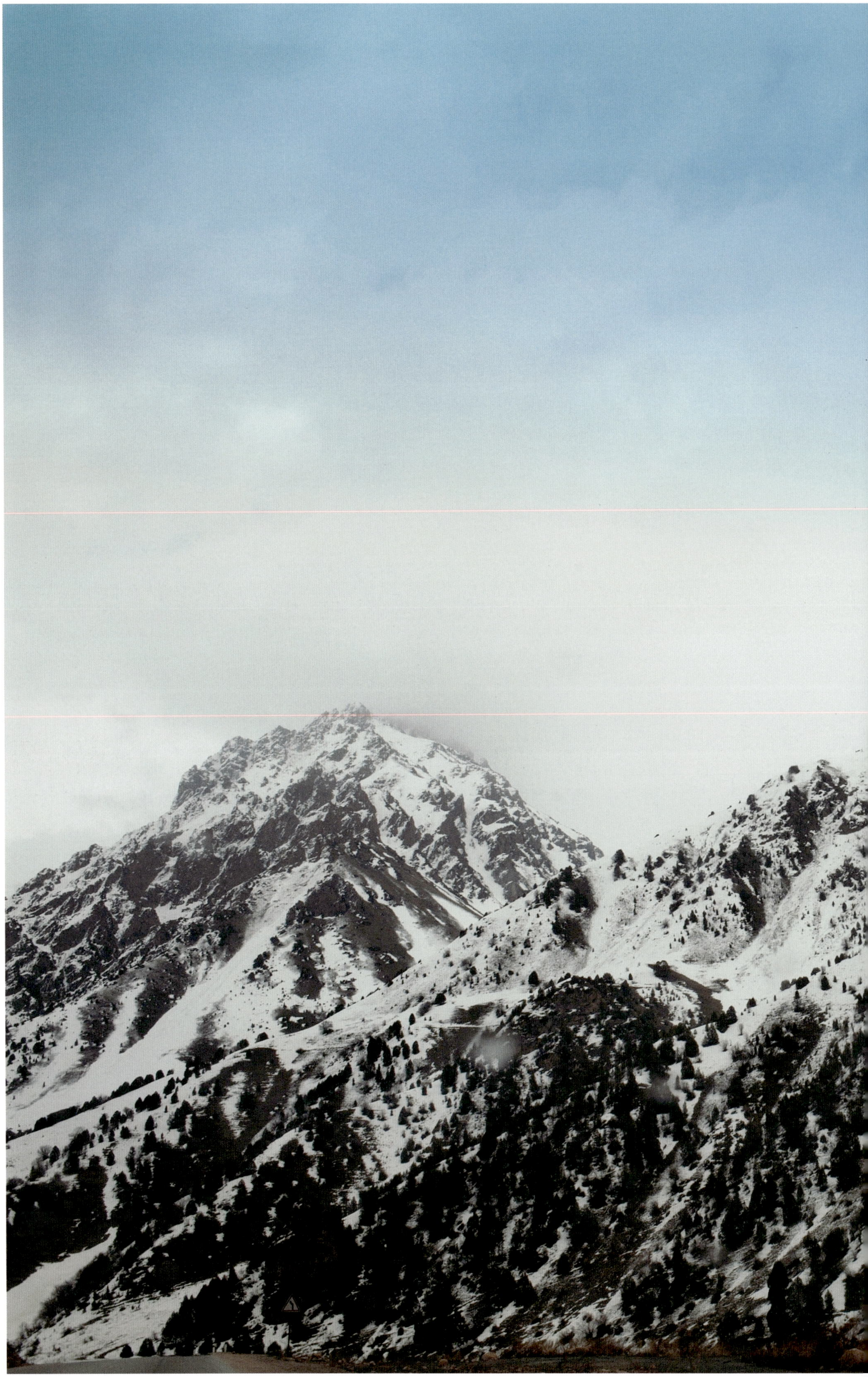

Suusamyr,
Kirgisistan, 2008

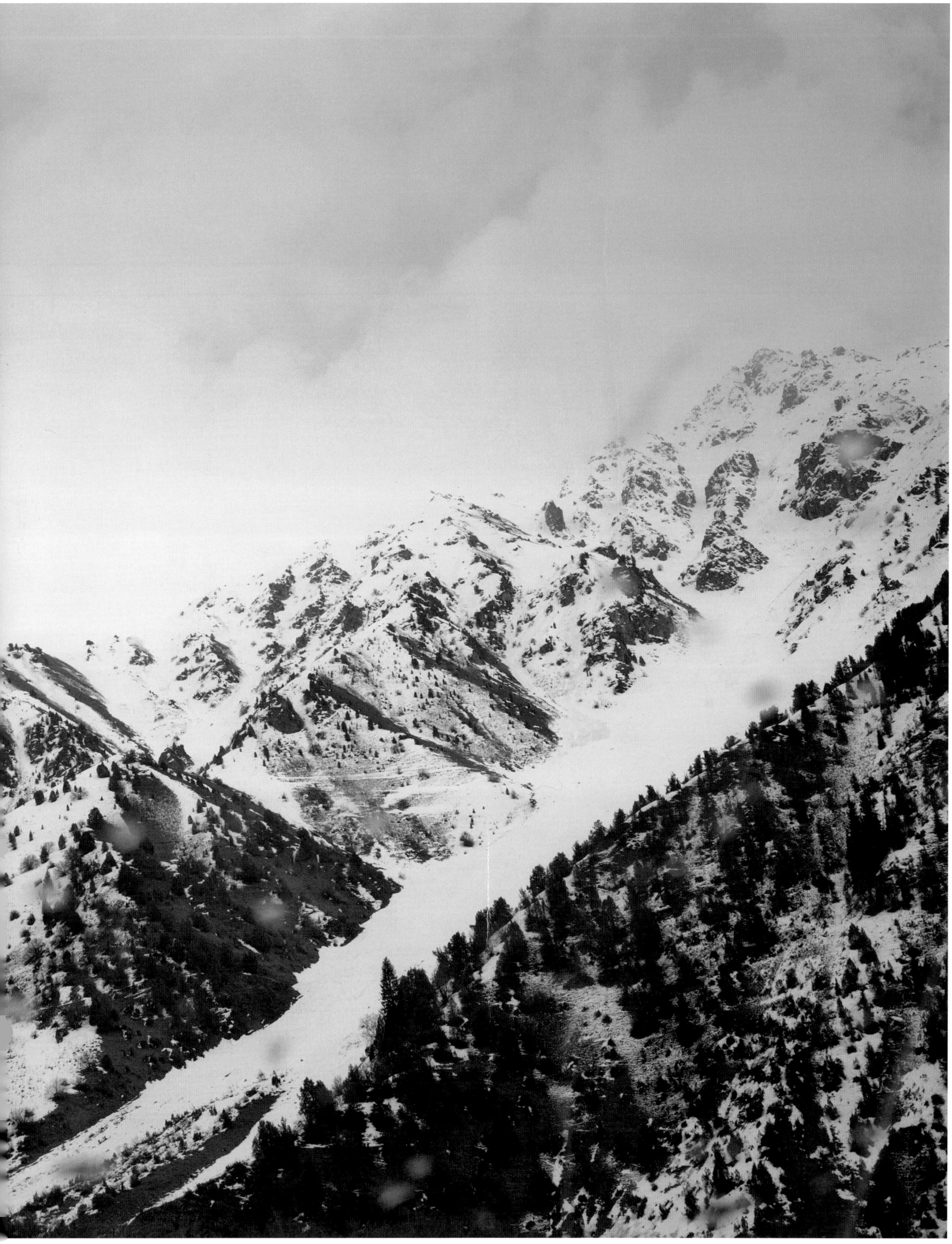

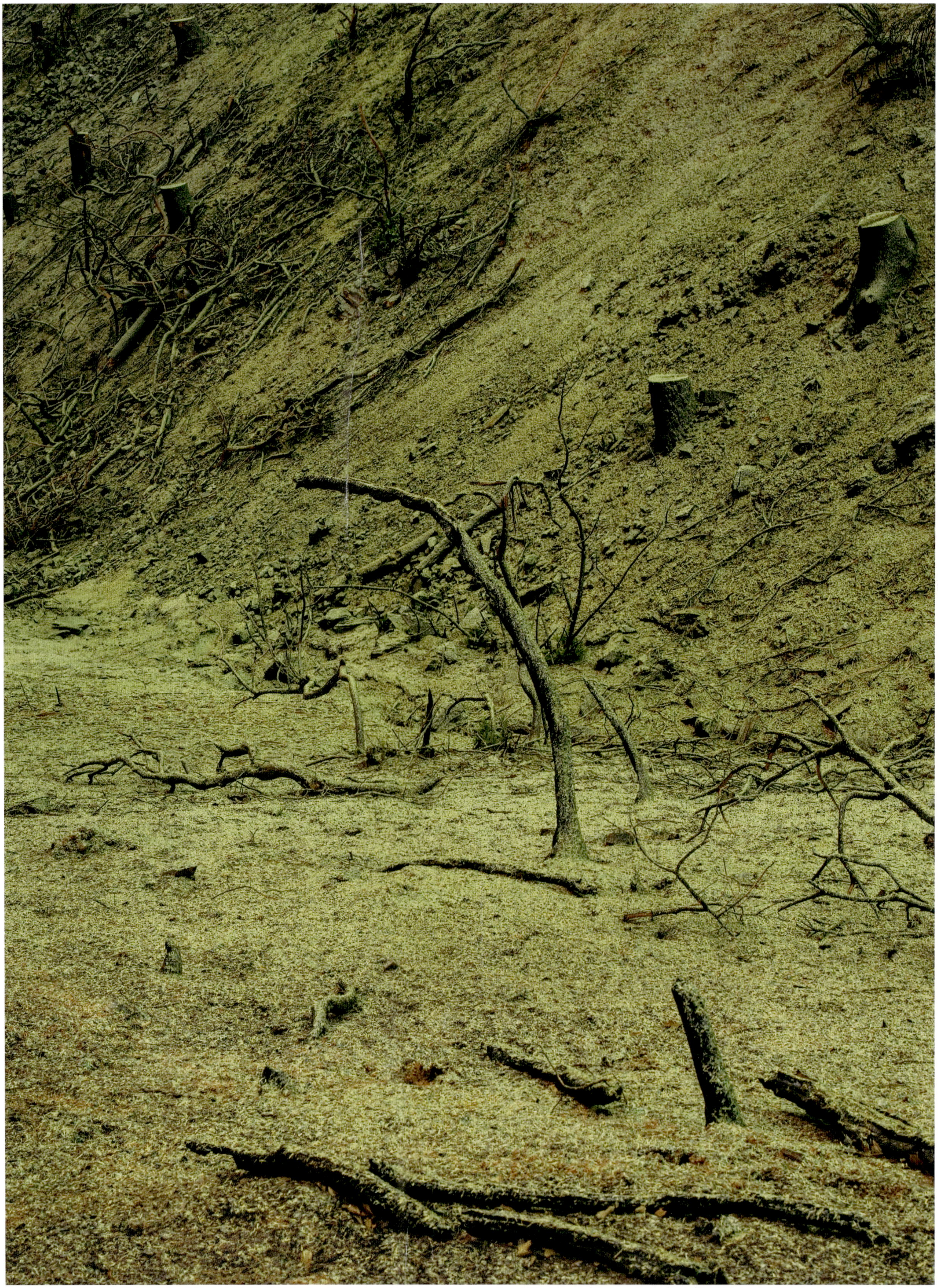

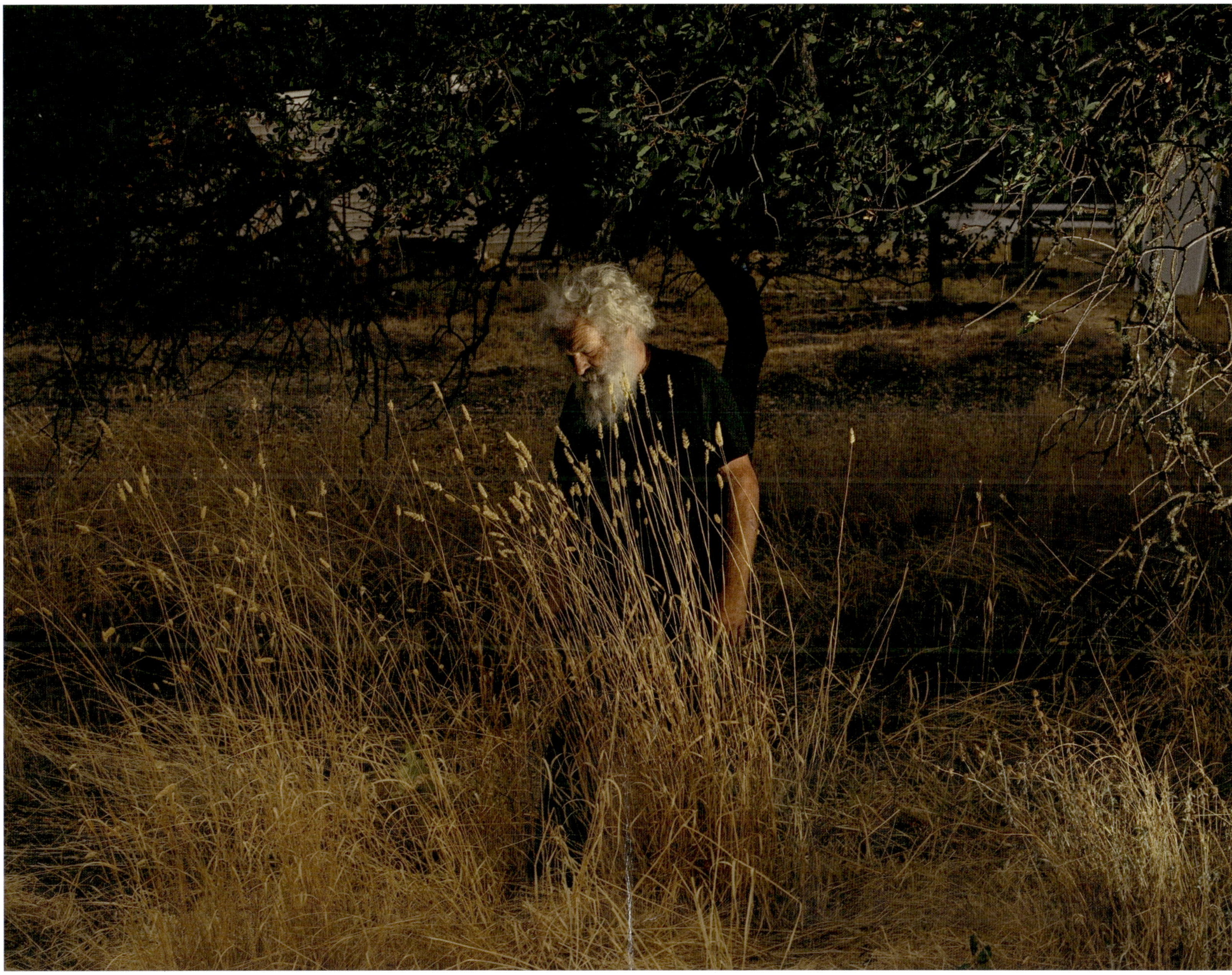

◁ △ Kalifornien,
USA, 2018

CAROLYN
DRAKE

ALEC SOTH

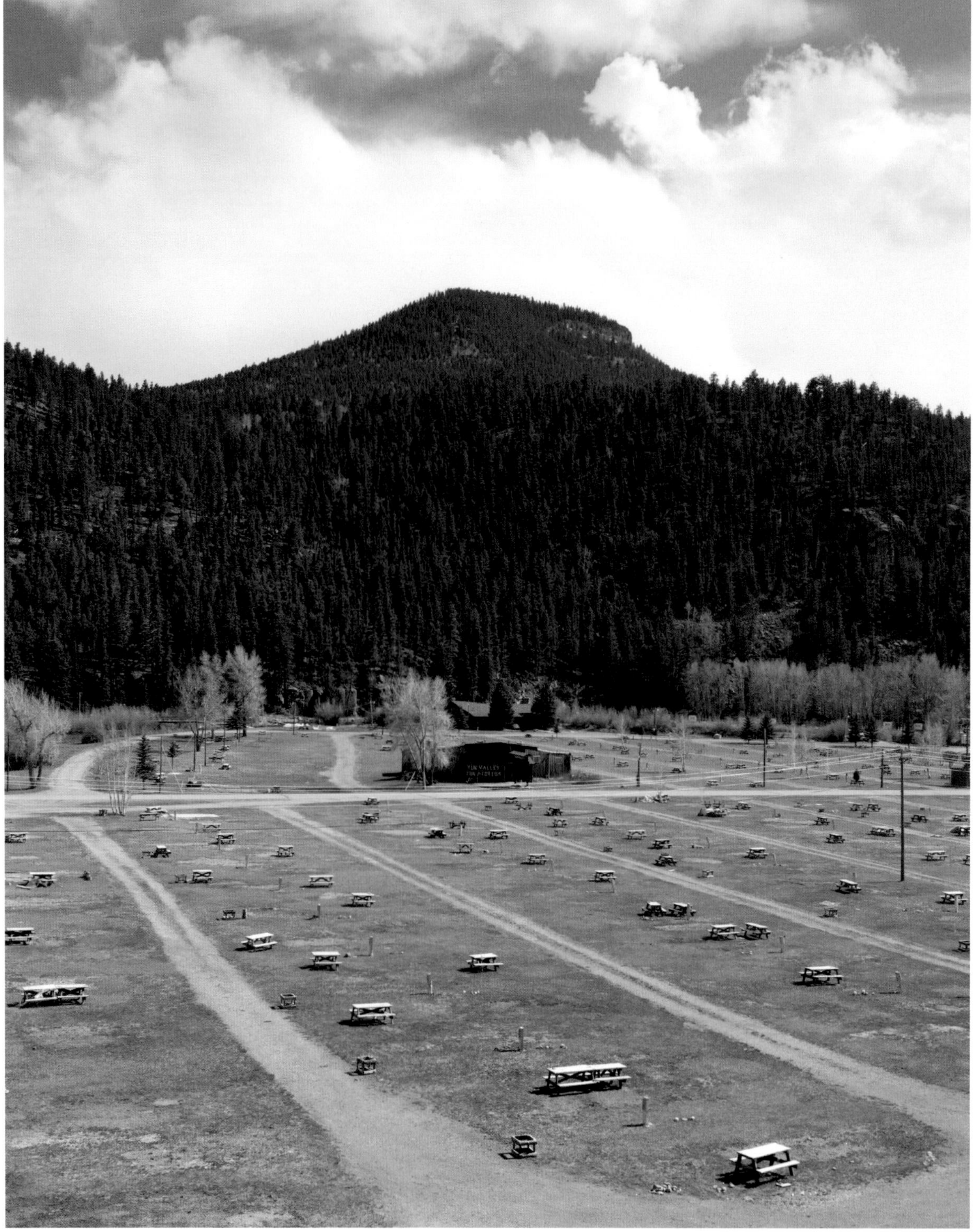

△ South Fork, Colorado, USA, 2013
▷ Colorado National Monument, USA, 2013

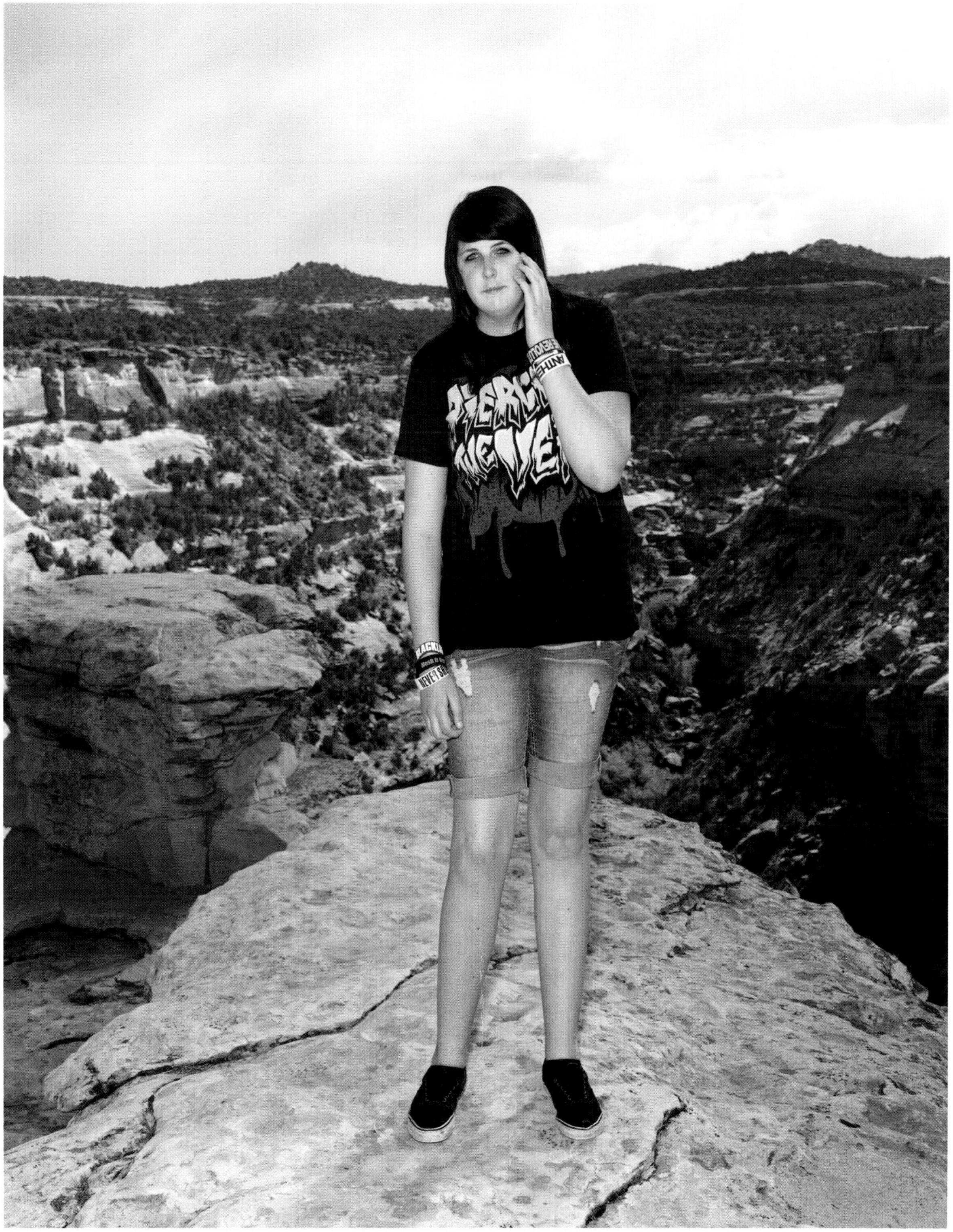

ALEC
SOTH

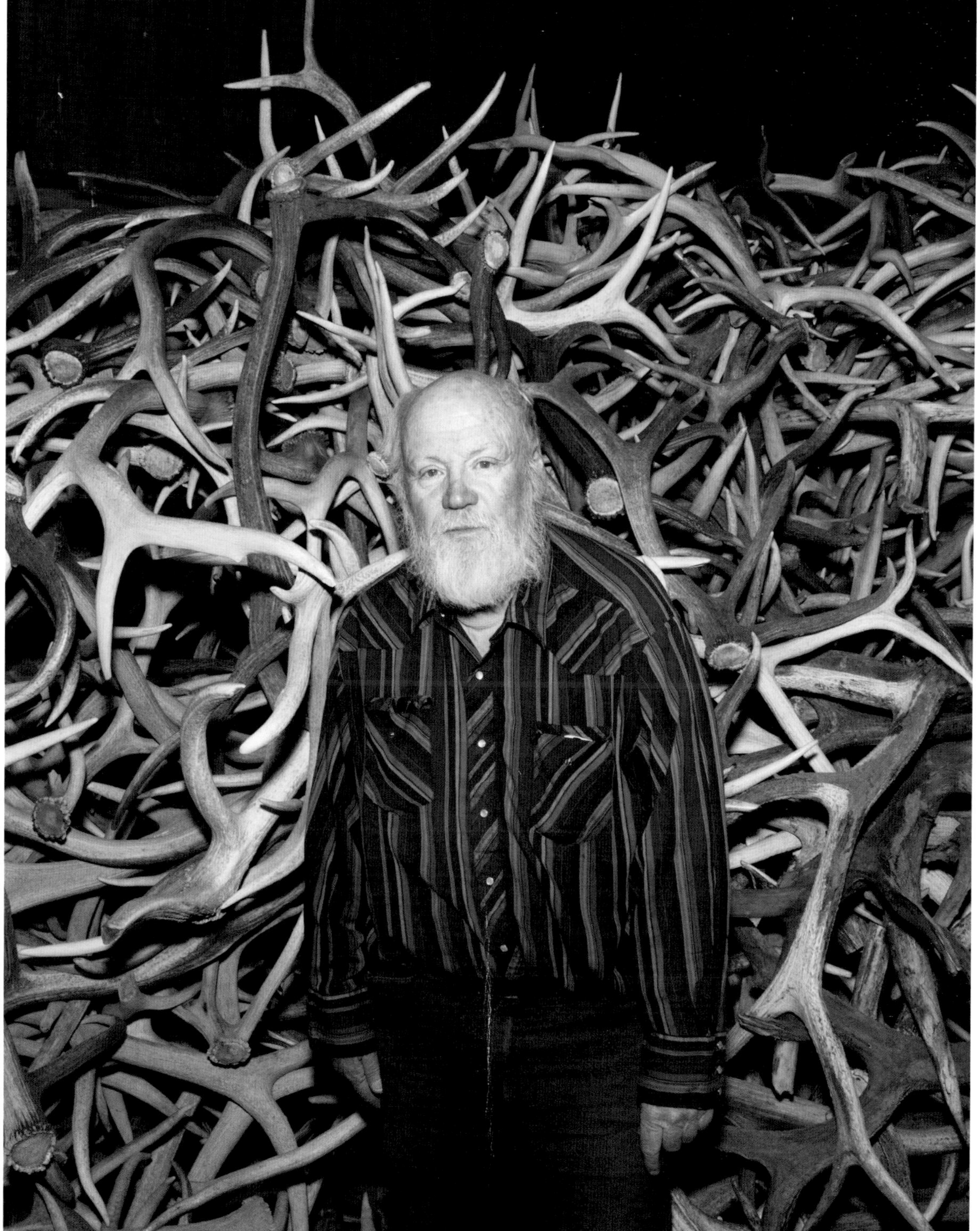

◁ △ Colorado,
USA, 2013

ELLIOTT ERWITT

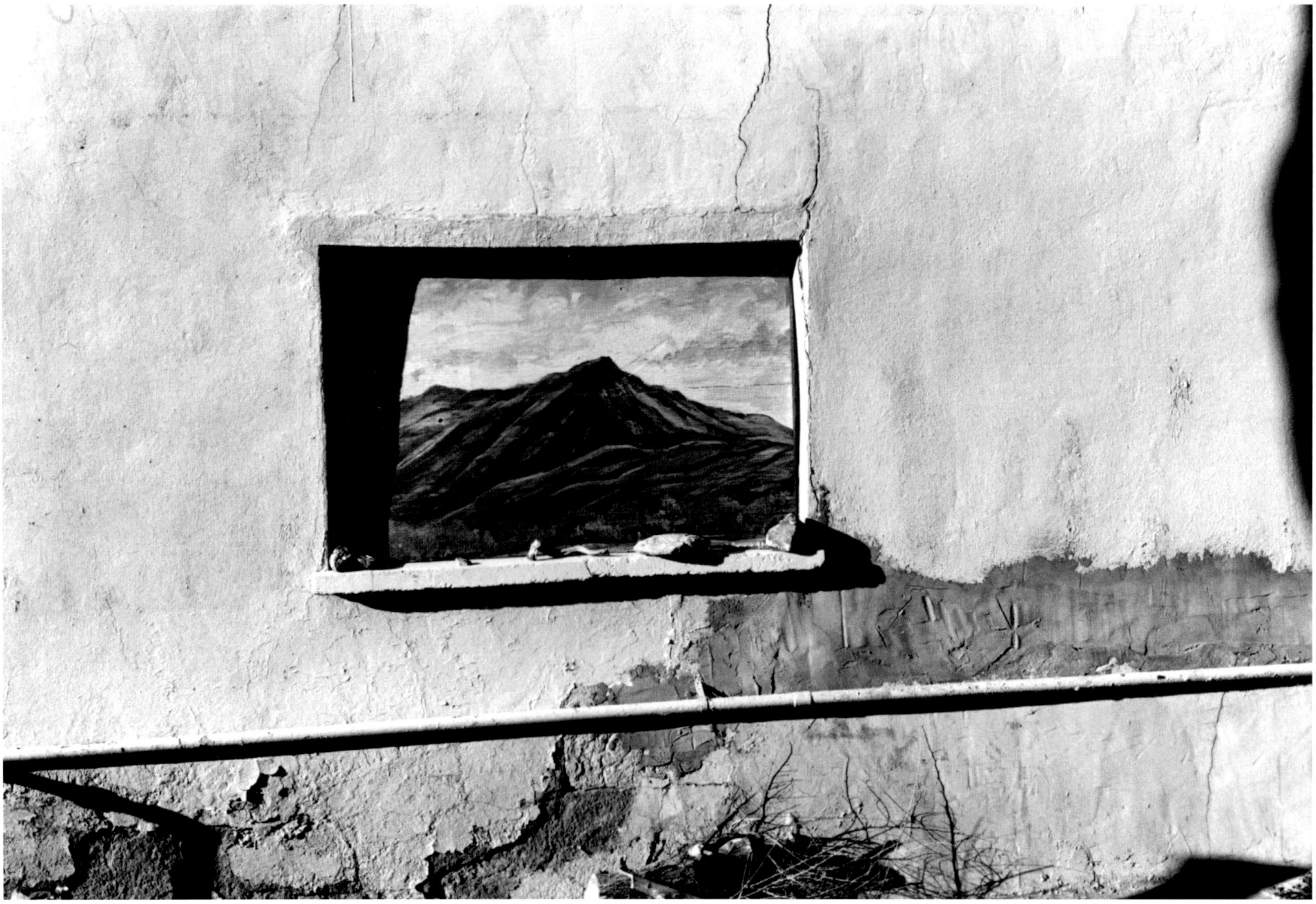

▵ New Mexico, USA, 1998
▹ Fuji, Japan, 1997

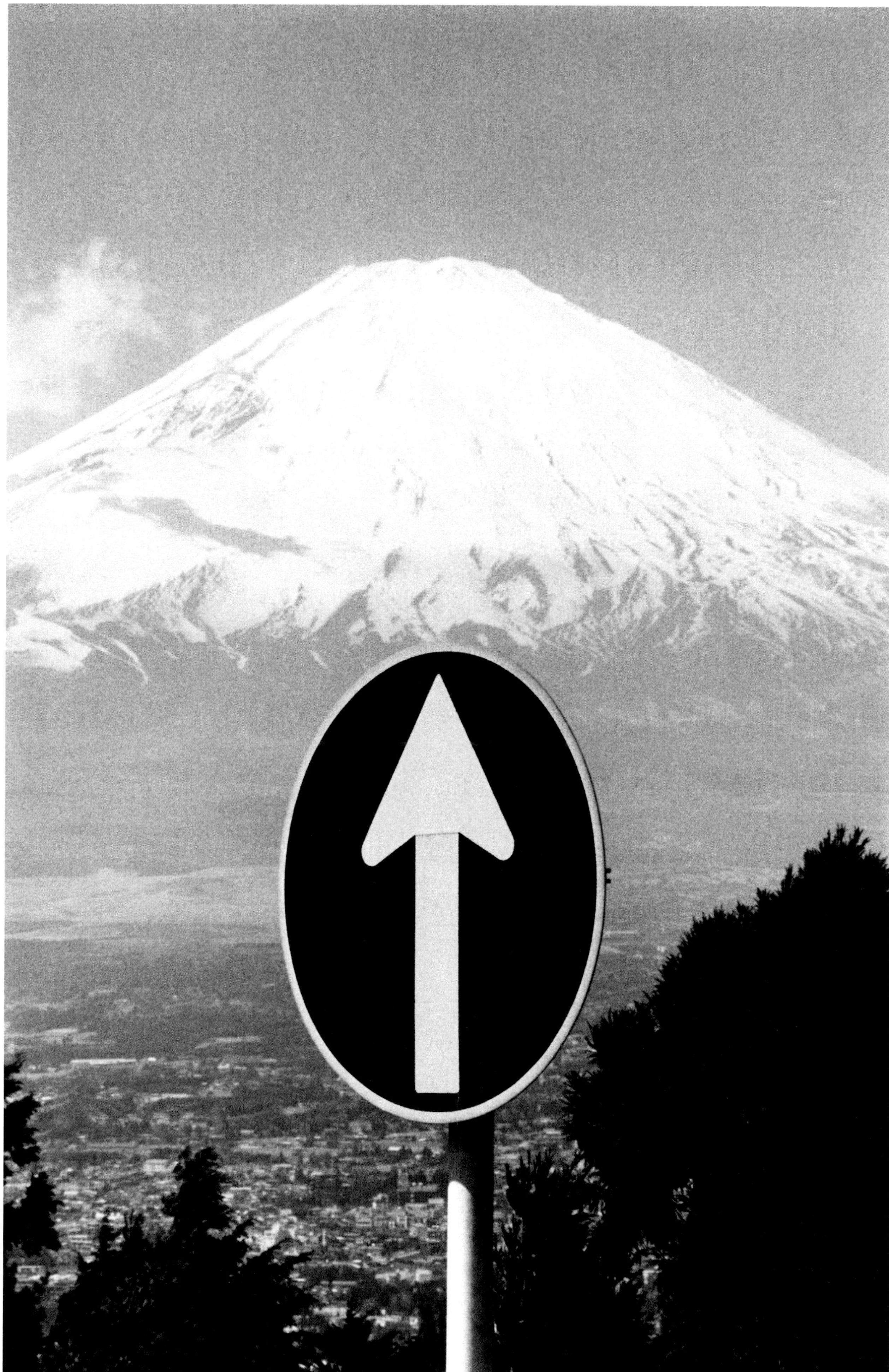

CHRIS STEELE-PERKINS

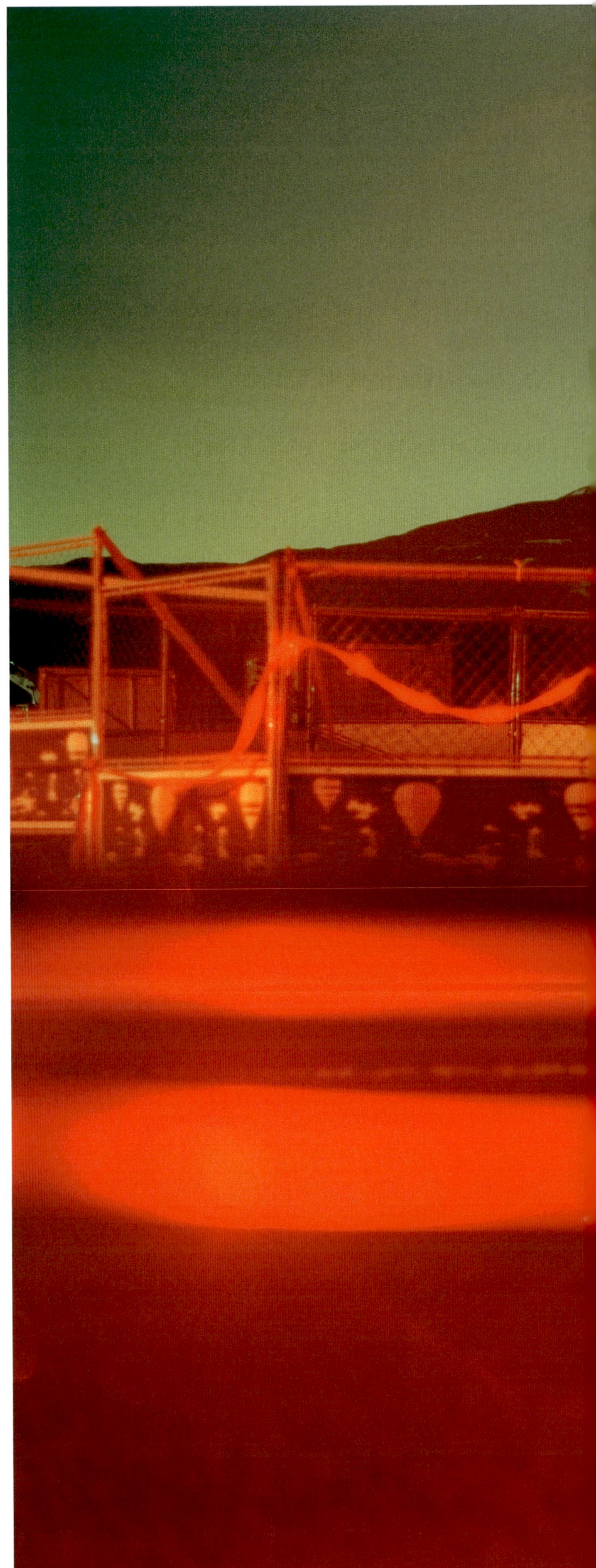

Fuji, Japan, 1999

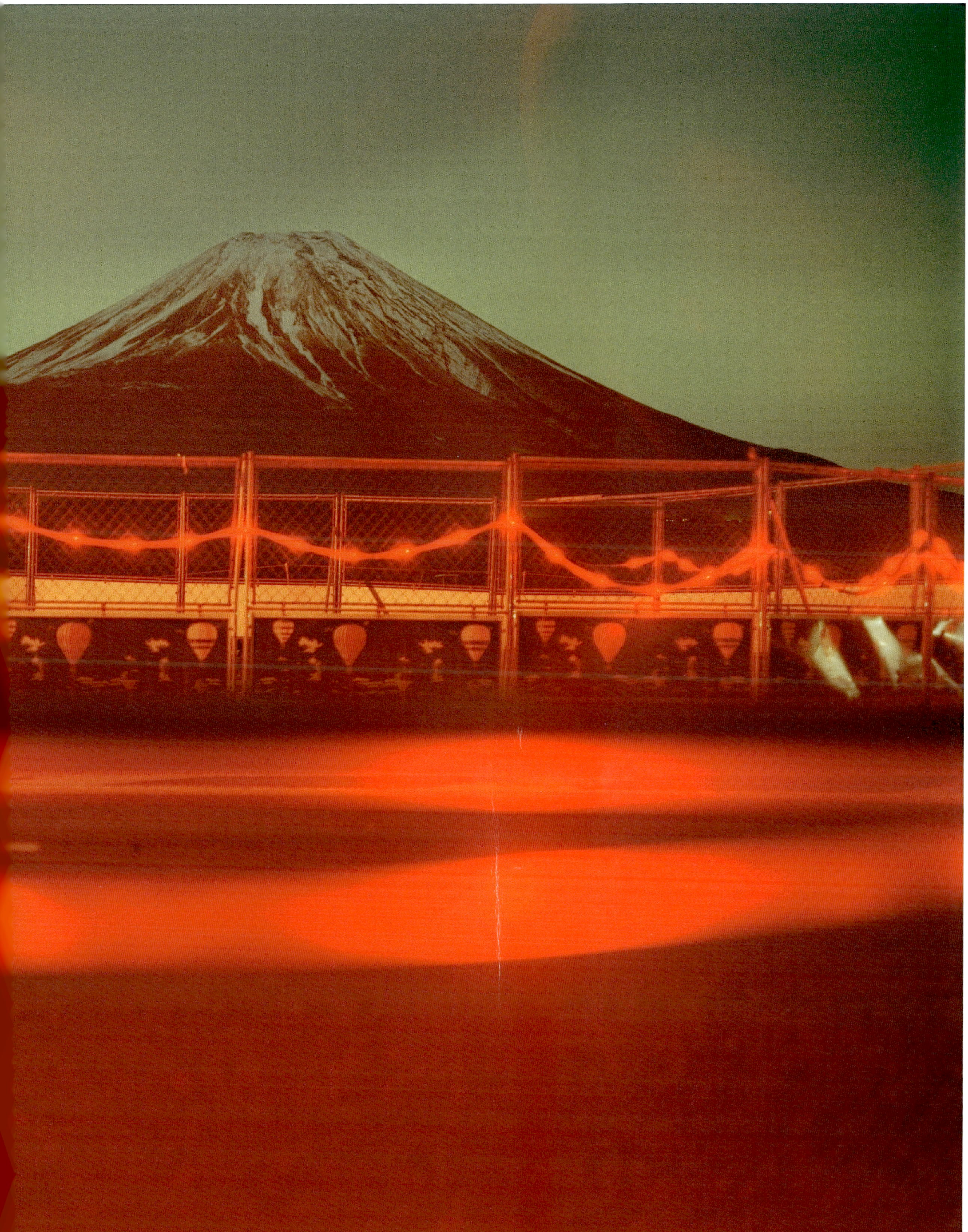

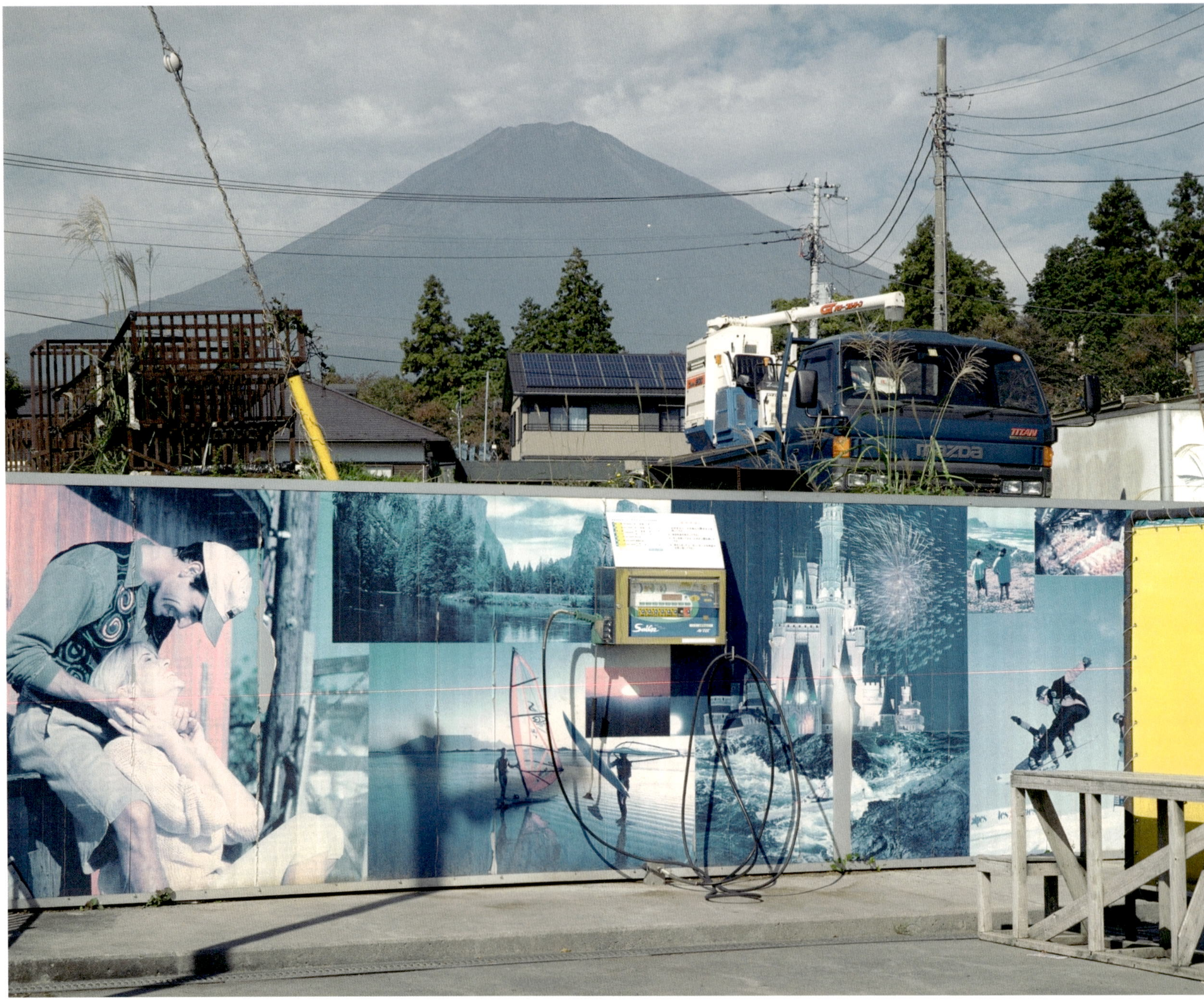

▵ Gotemba, Japan, 2001
▹ Fuji, Japan, 1999

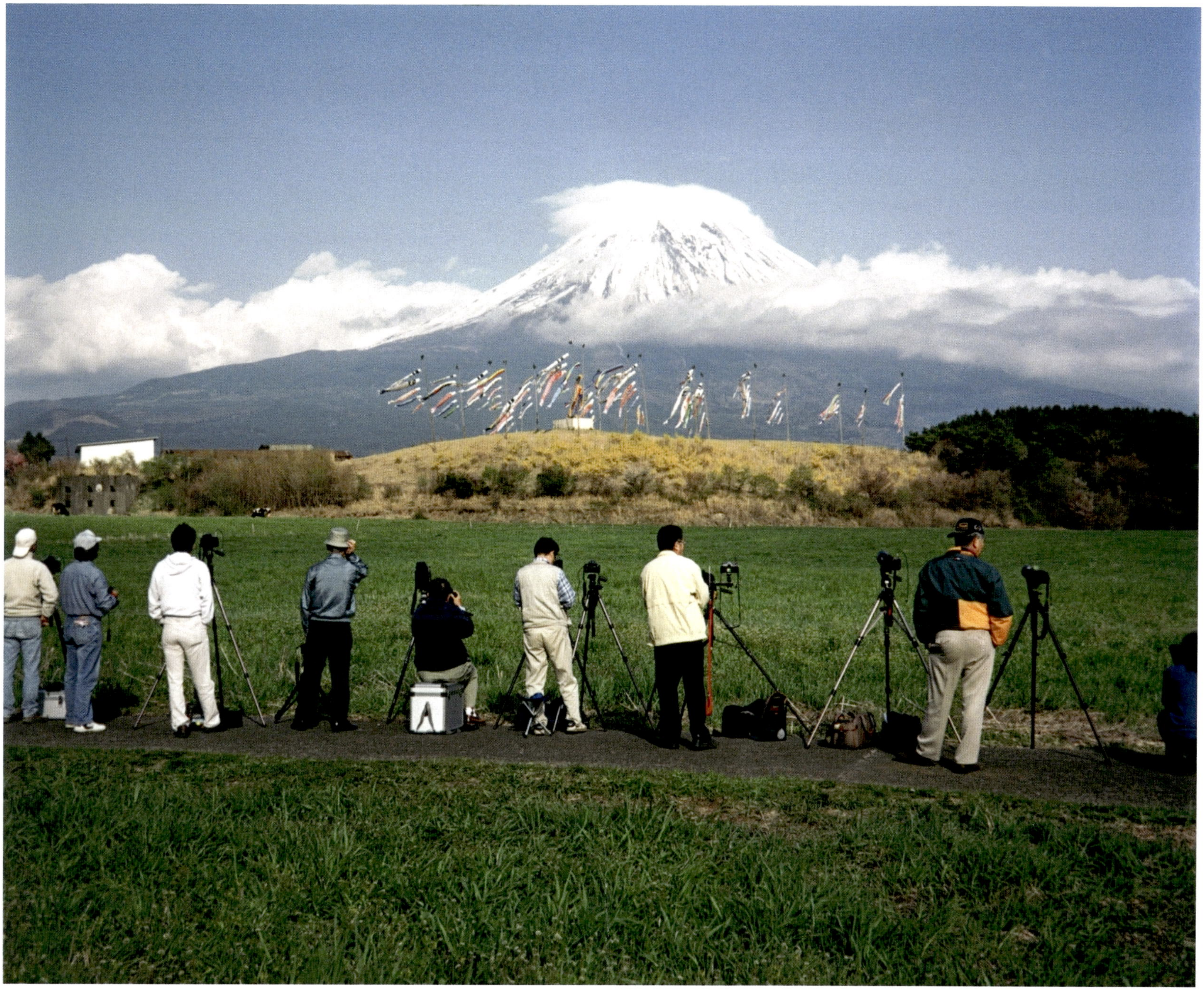

CHRIS
STEELE-PERKINS

STEVE McCURRY

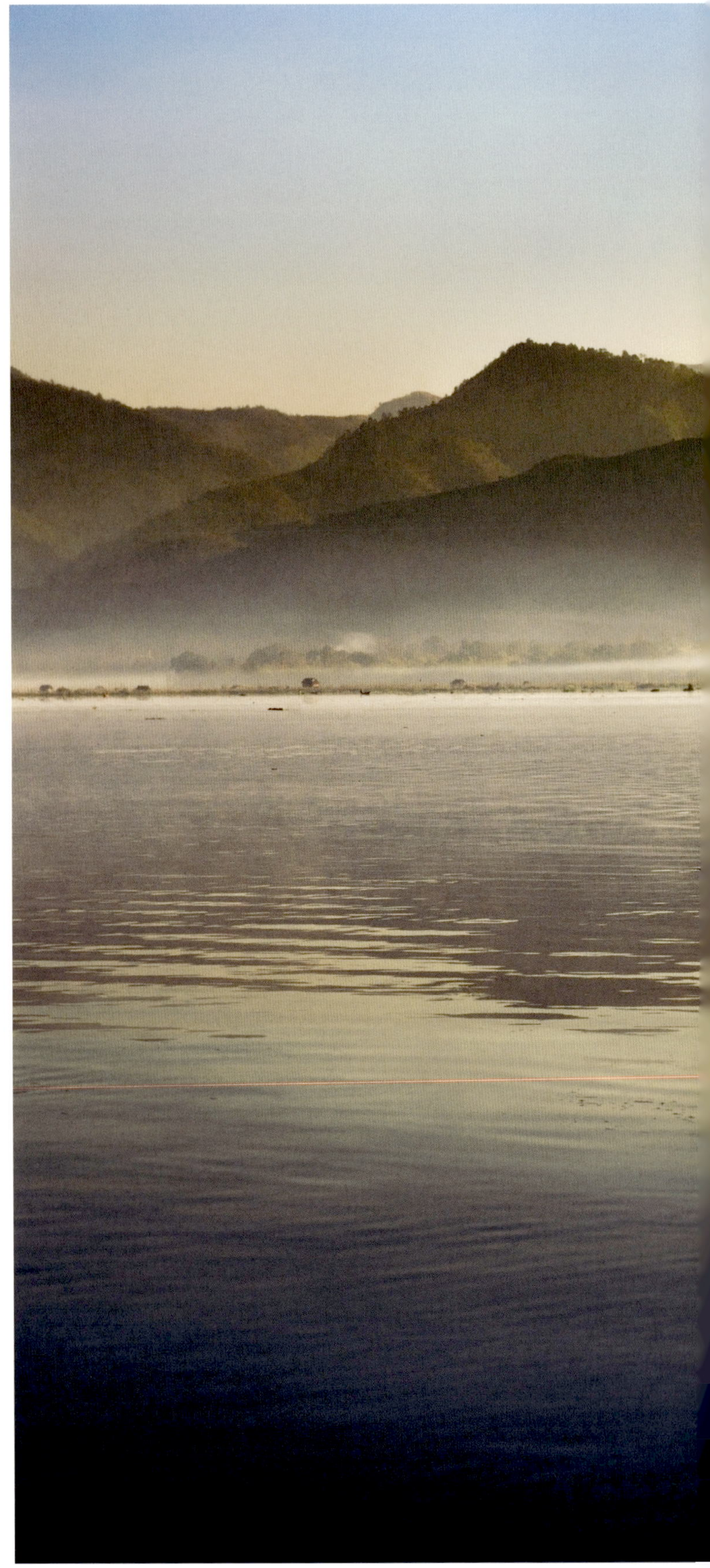

Inle-See,
Myanmar, 2011

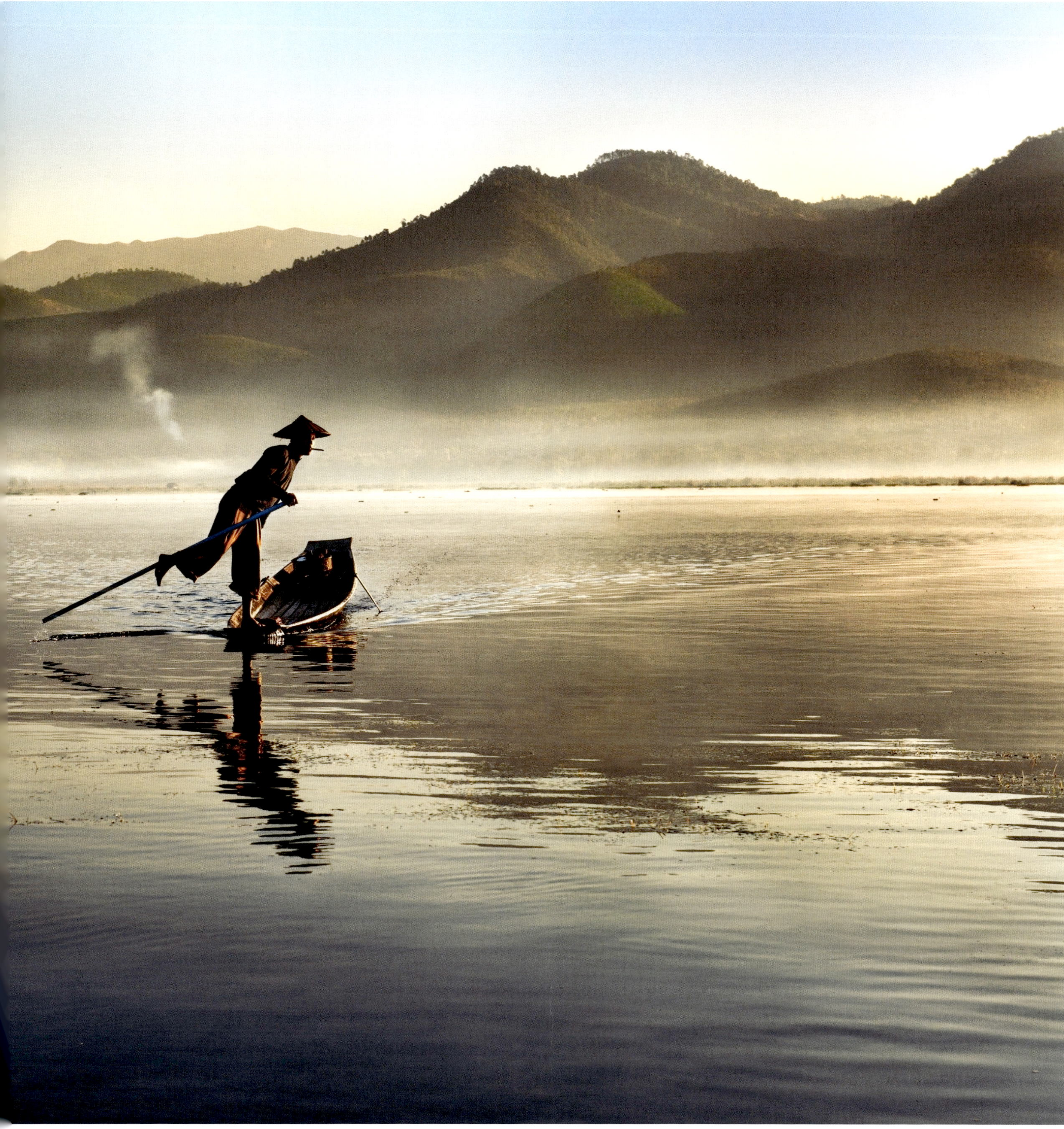

STEVE
McCURRY

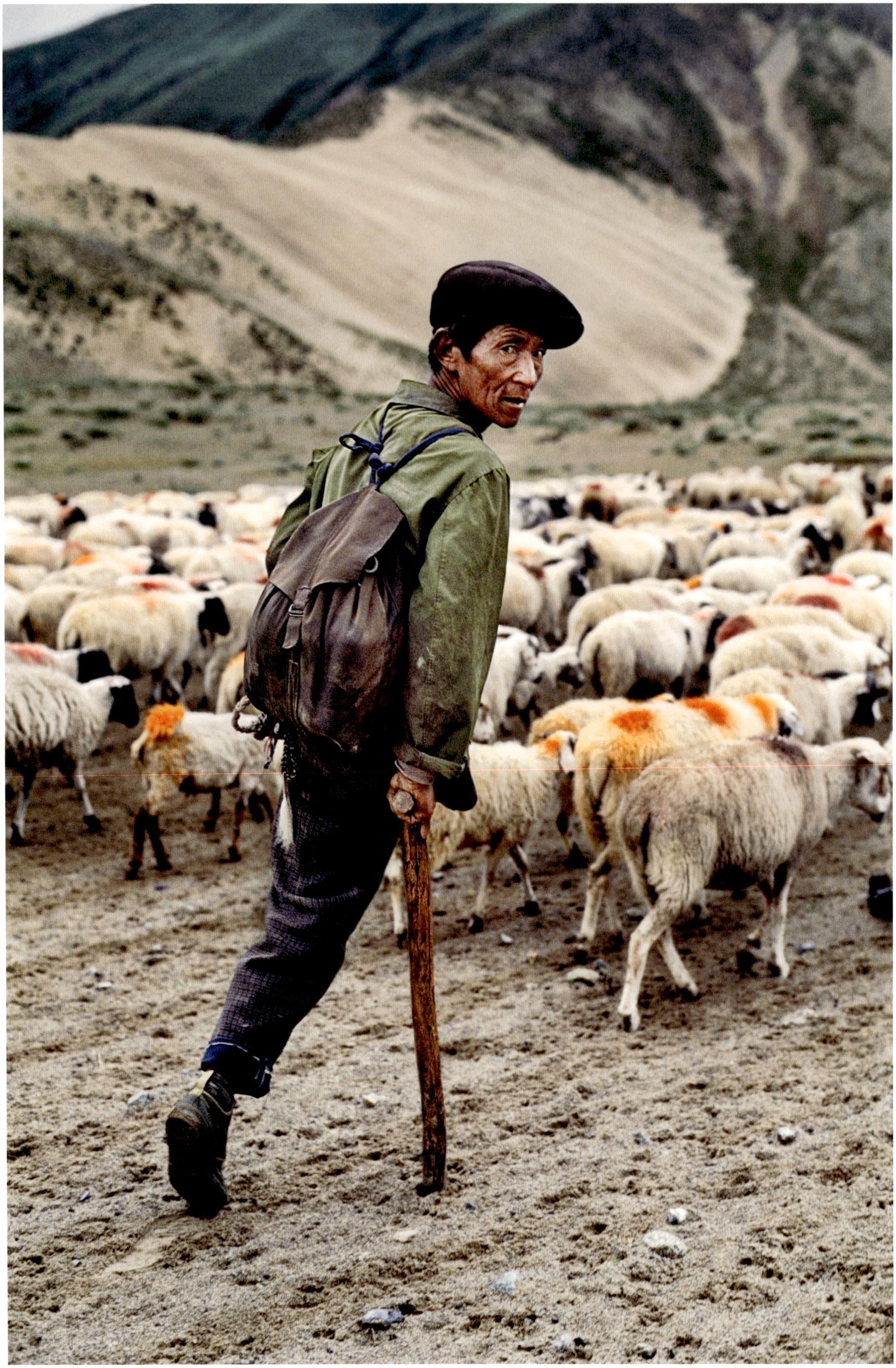

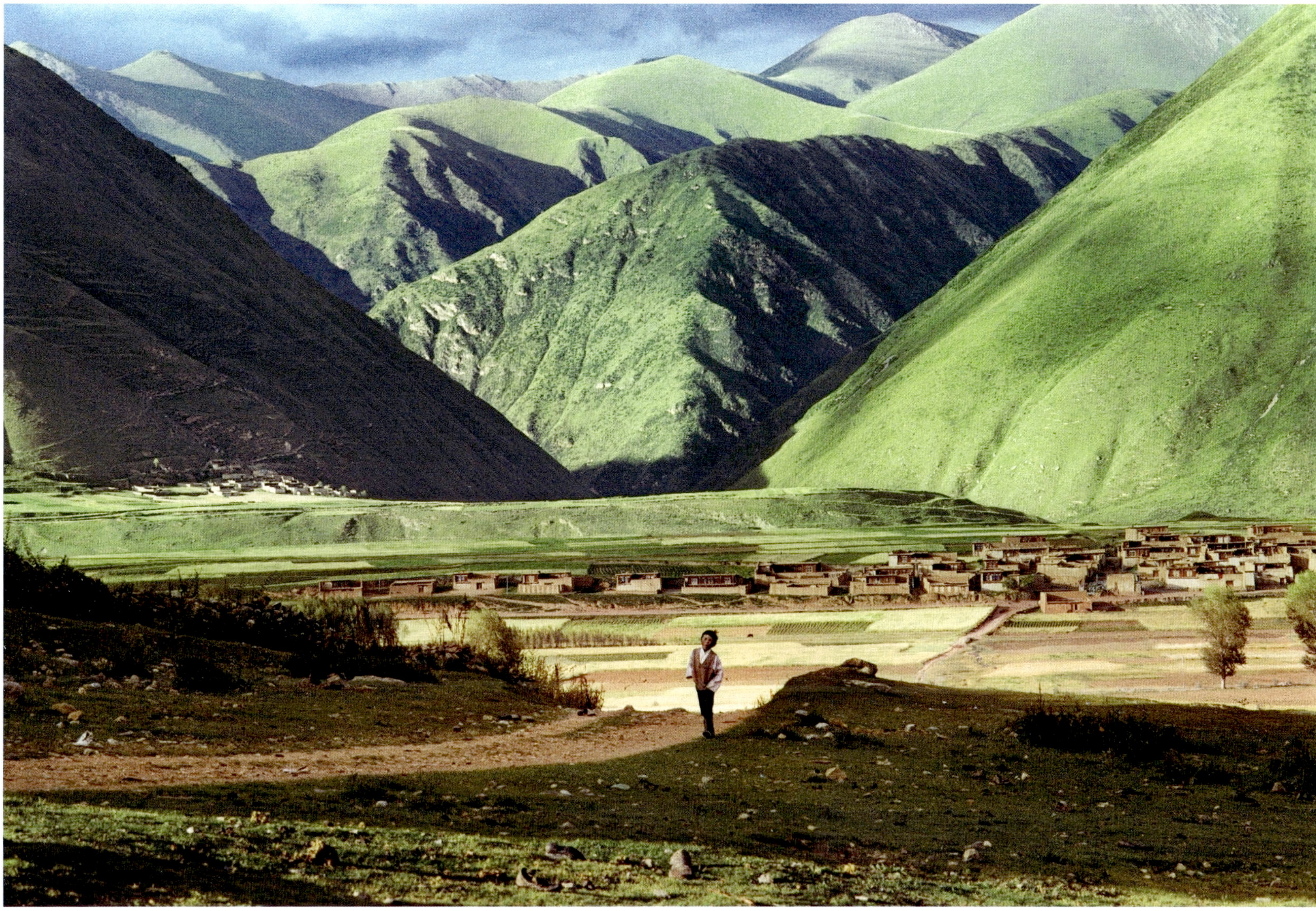

◁ Tibet, China, 2002
△ Tibet, China, 2001

STEVE
McCURRY

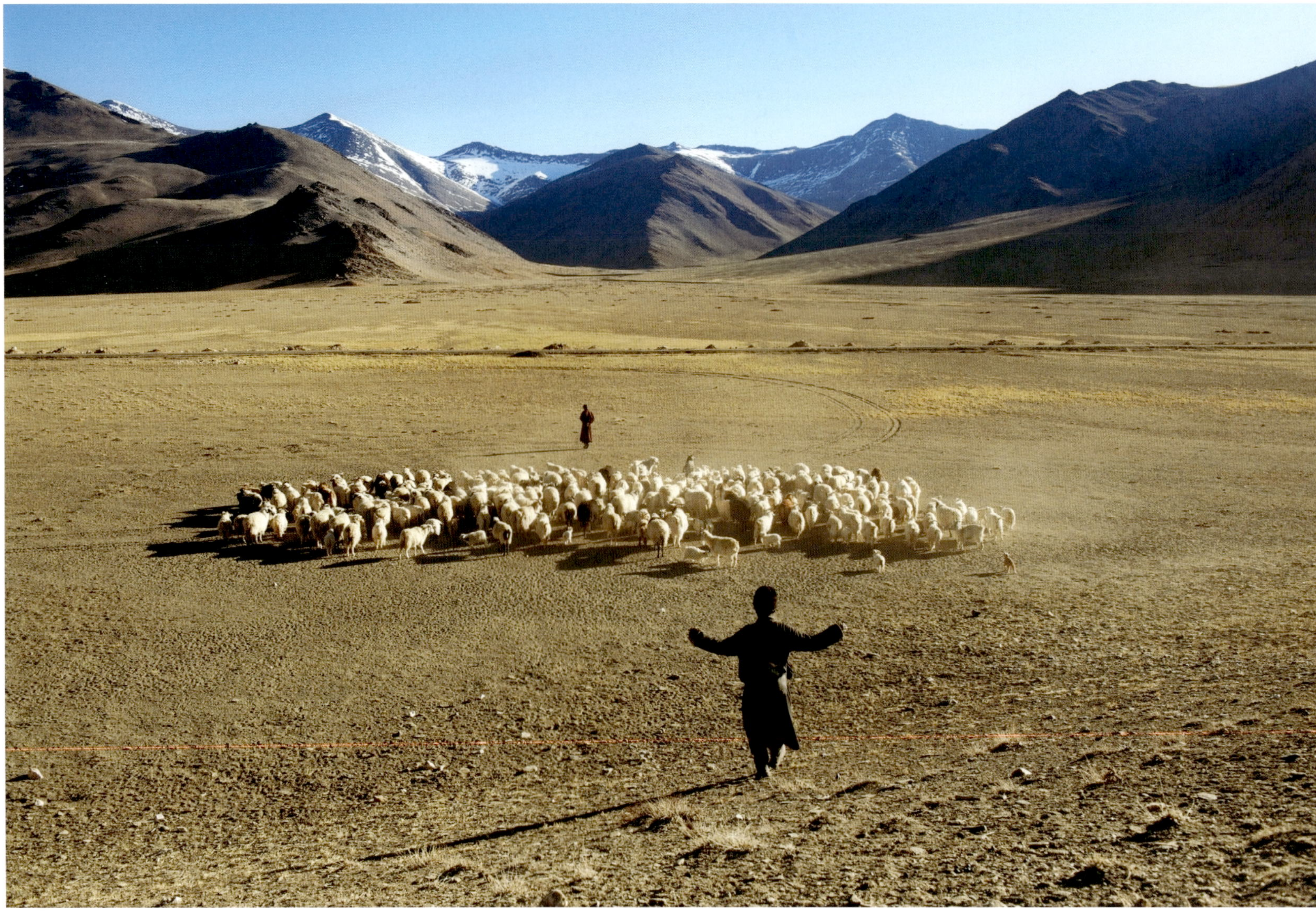

△ Ladakh, Indien, 2008
▷ Ladakh, Indien, 2009

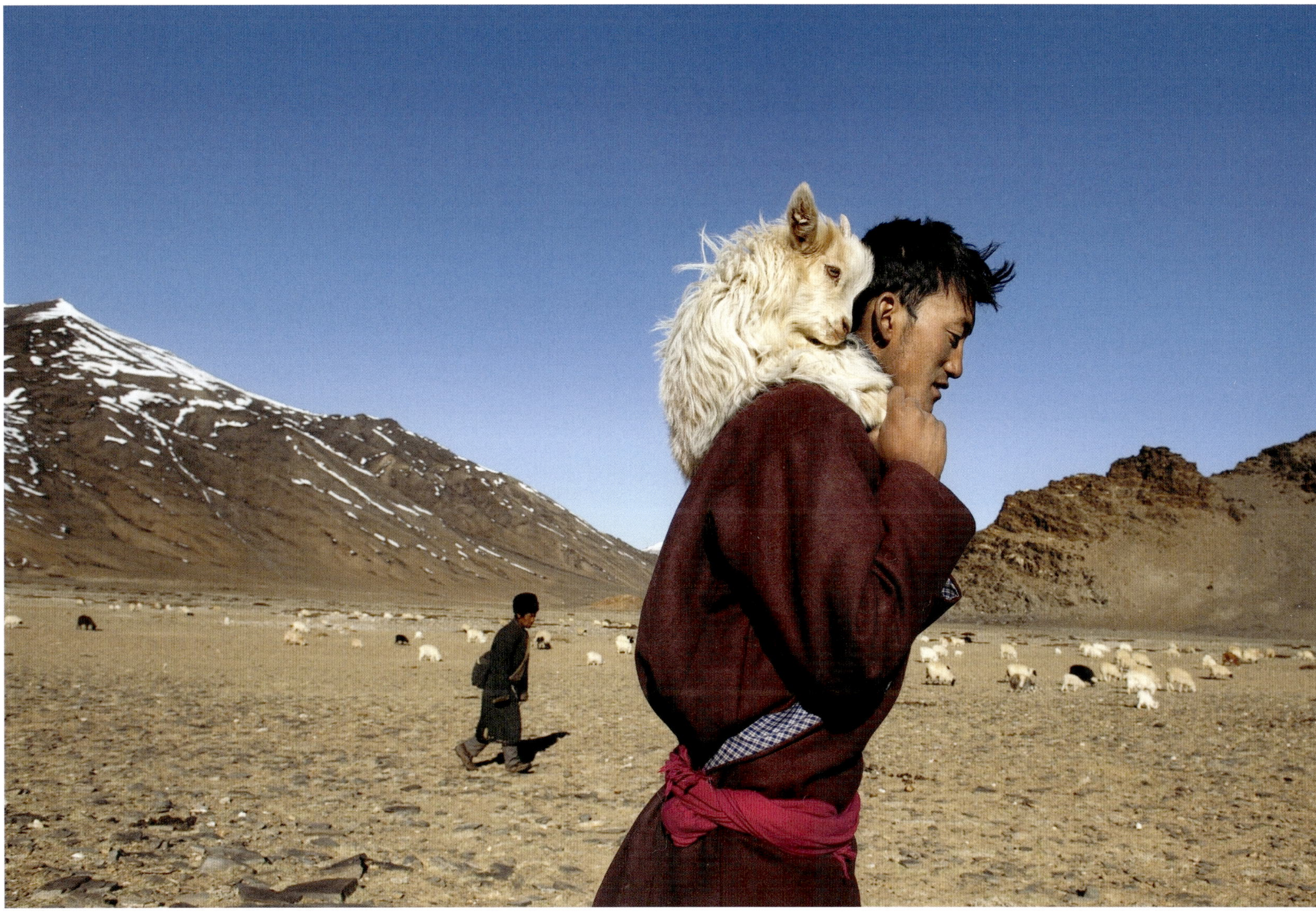

STEVE
McCURRY

THOMAS DWORZAK

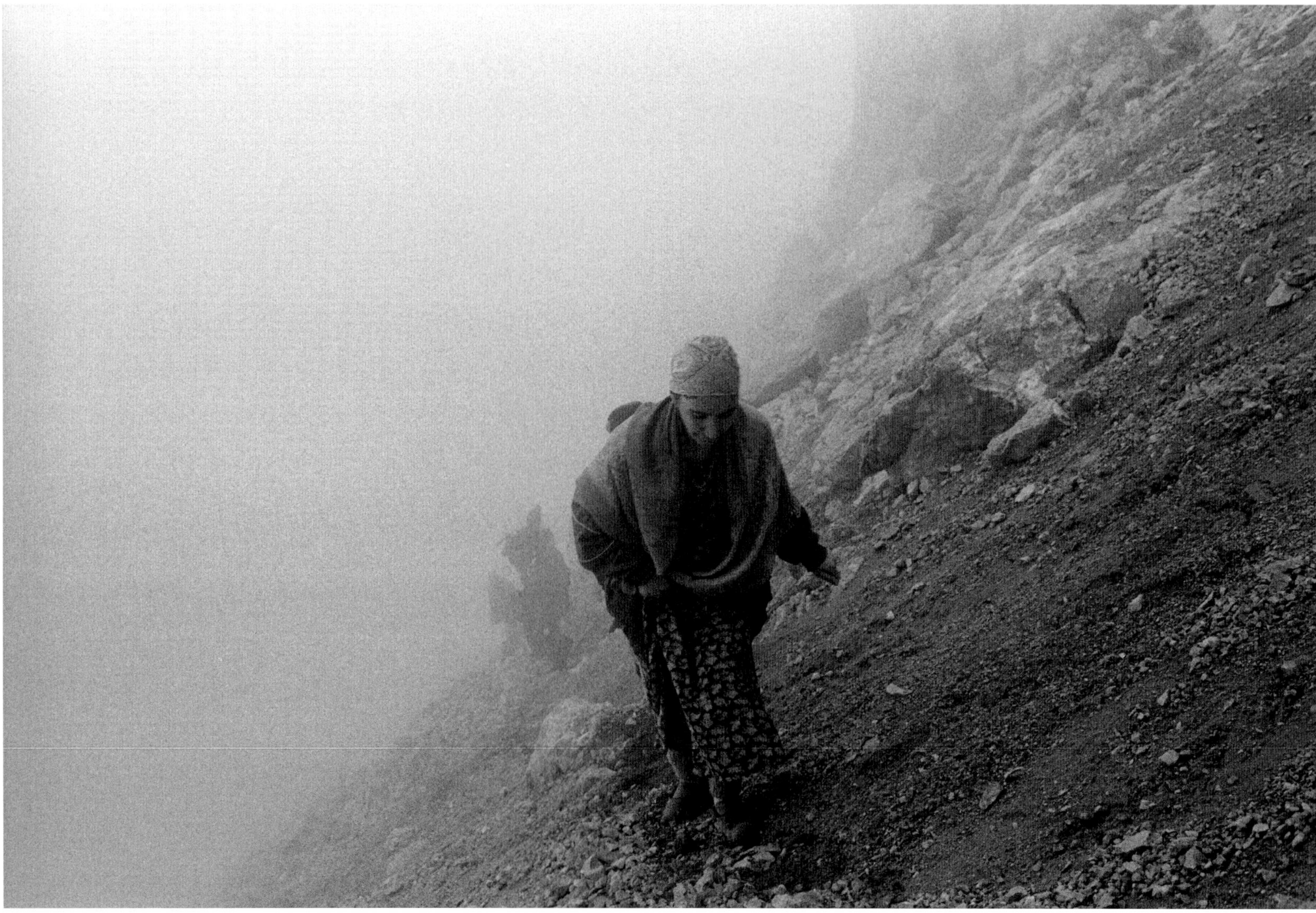

△▷ Dagestan, Kaukasus, Russland, 1997

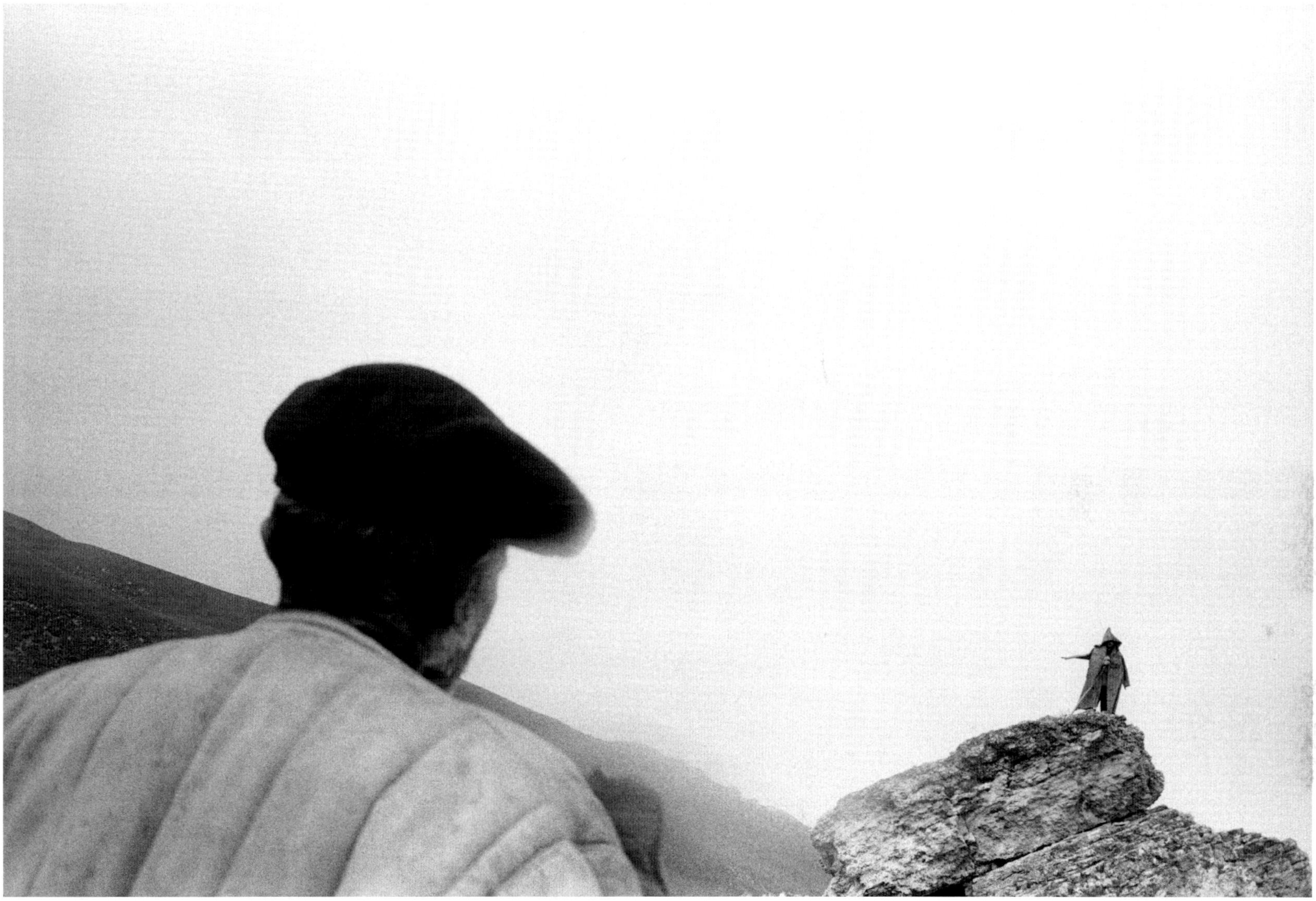

THOMAS
DWORZAK

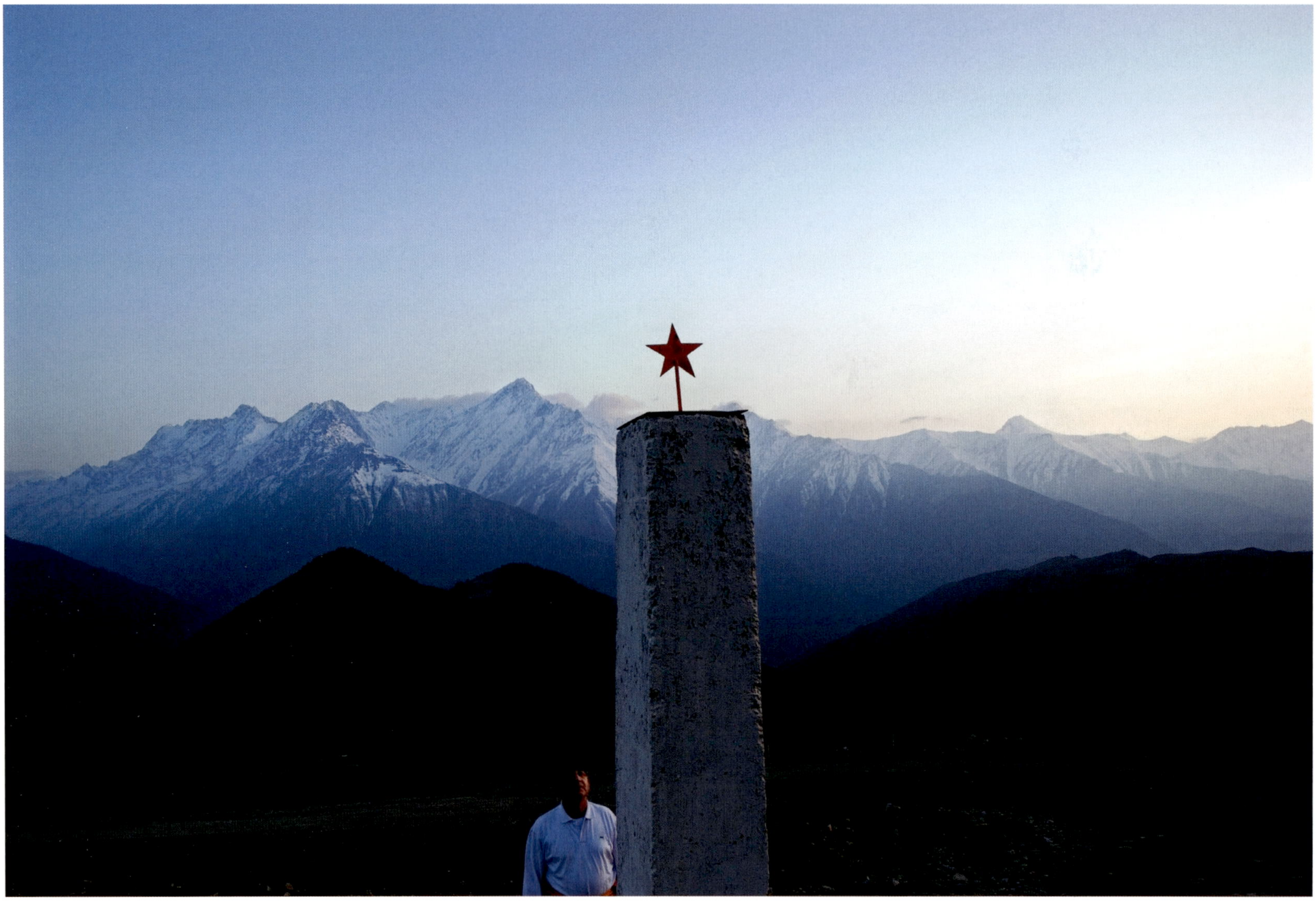

△▷ Inguschetien, Kaukasus,
Russland, 2013

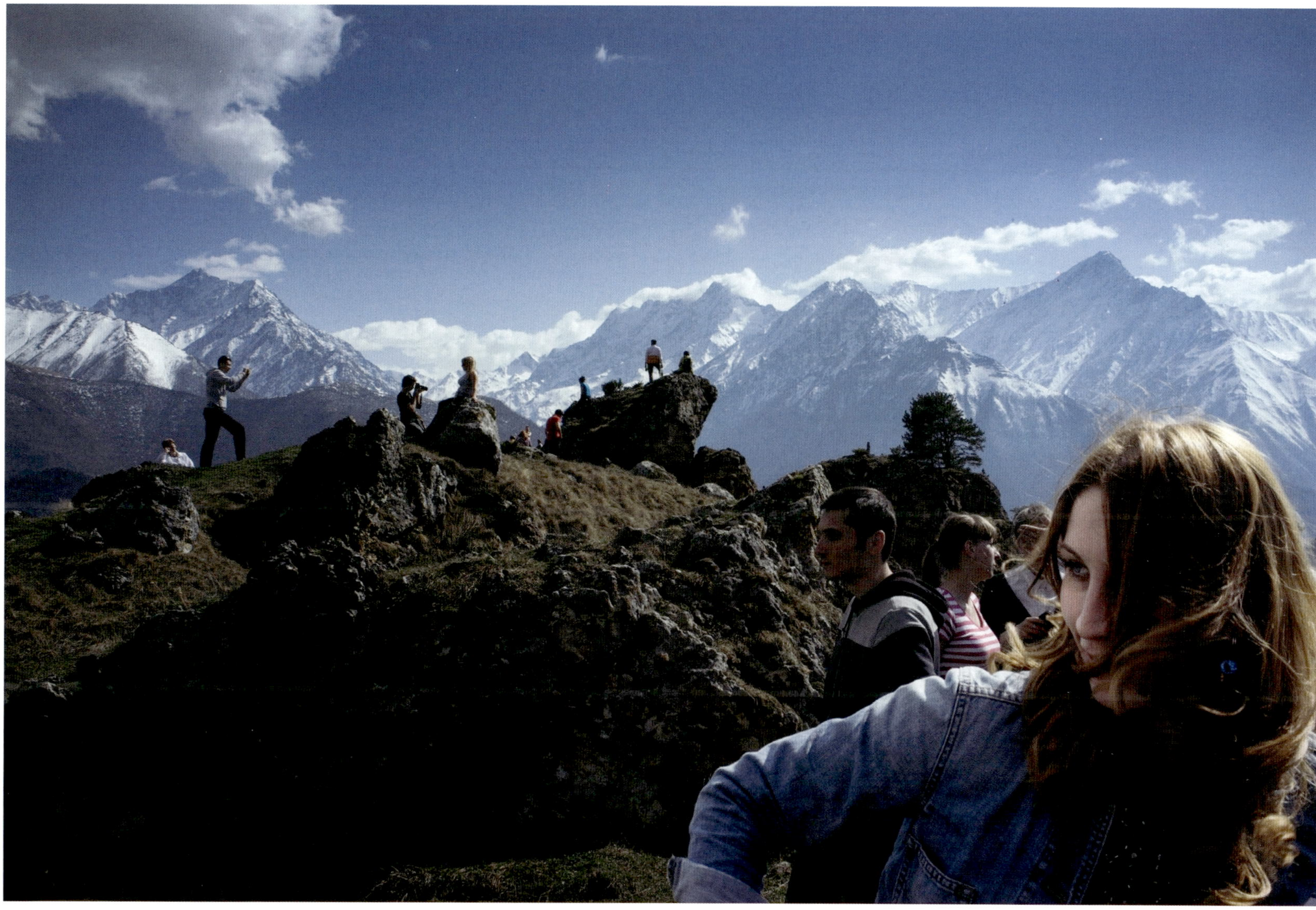

THOMAS
DWORZAK

LEONARD FREED

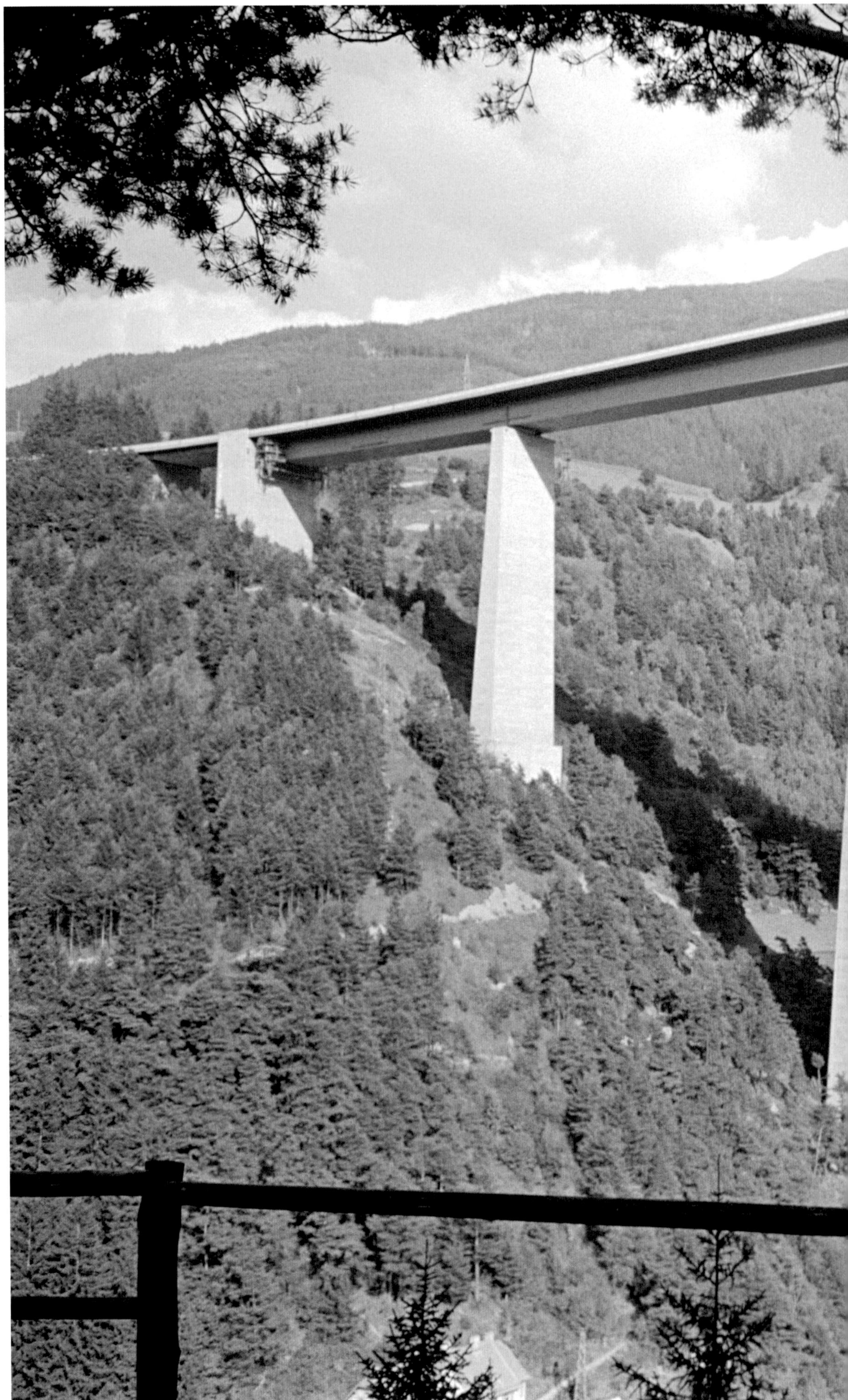

Tirol, Österreich, 1965

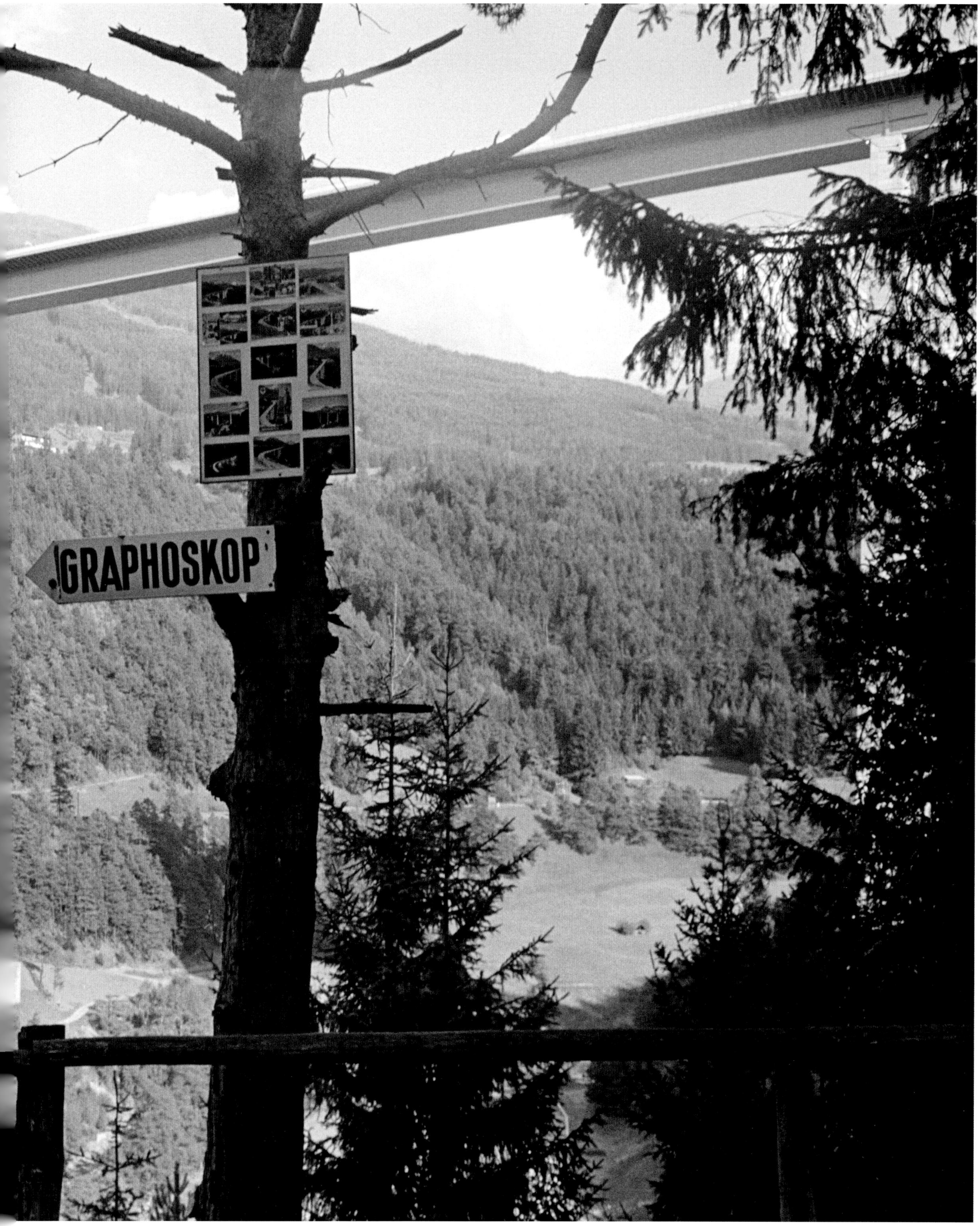
GRAPHOSKOP

ERICH HARTMANN

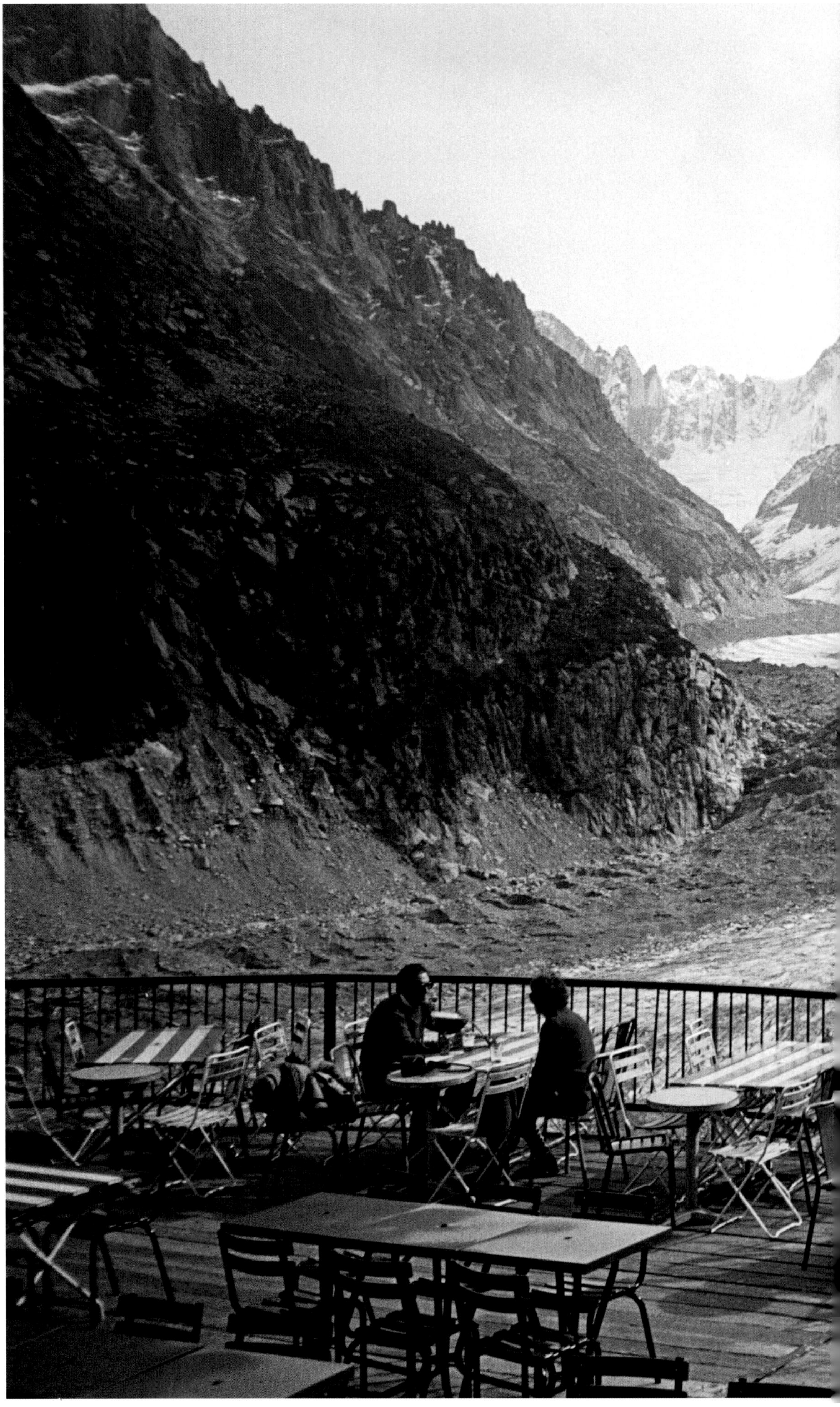

Mer de Glace, Chamonix, Frankreich, 1979

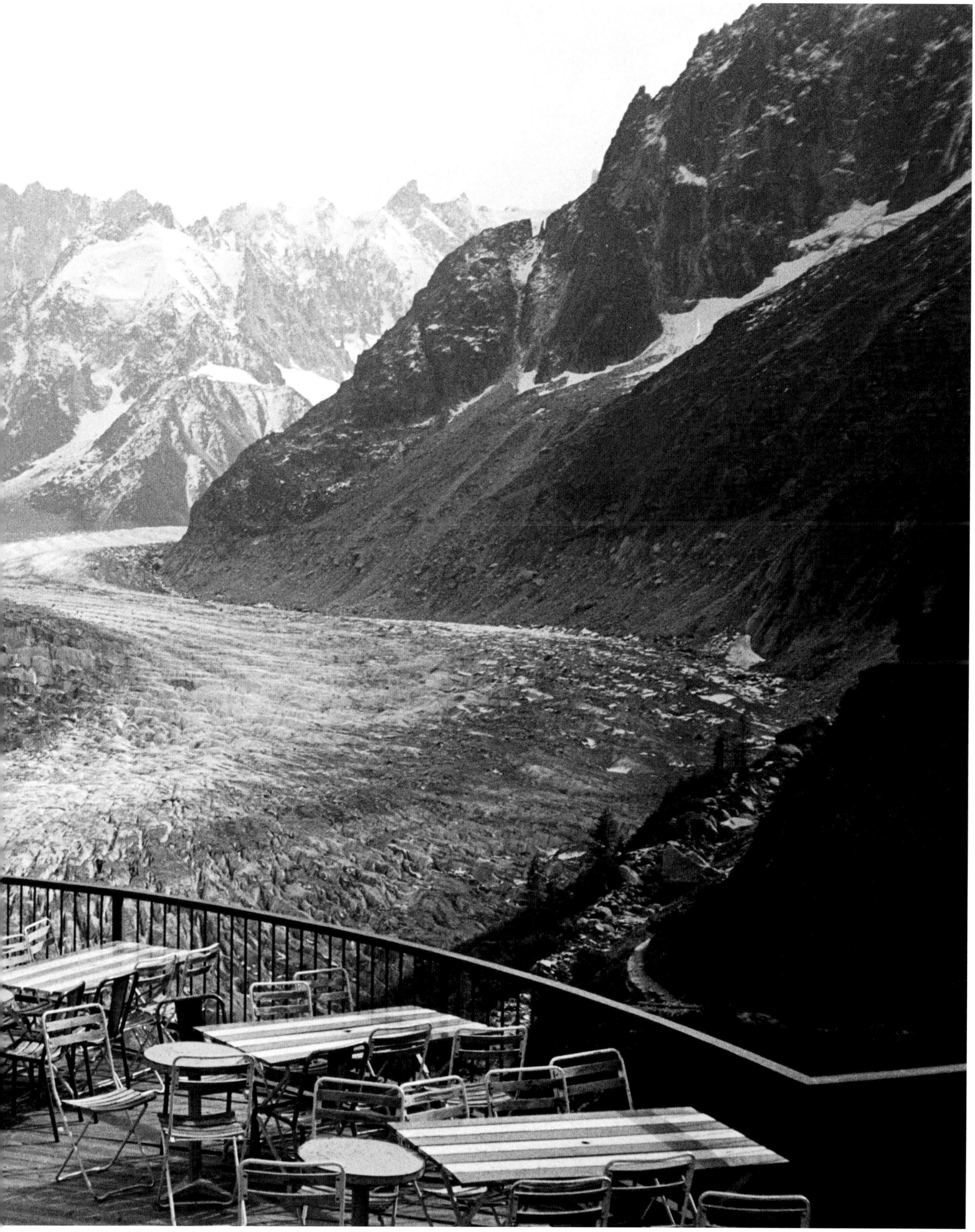

DENNIS STOCK

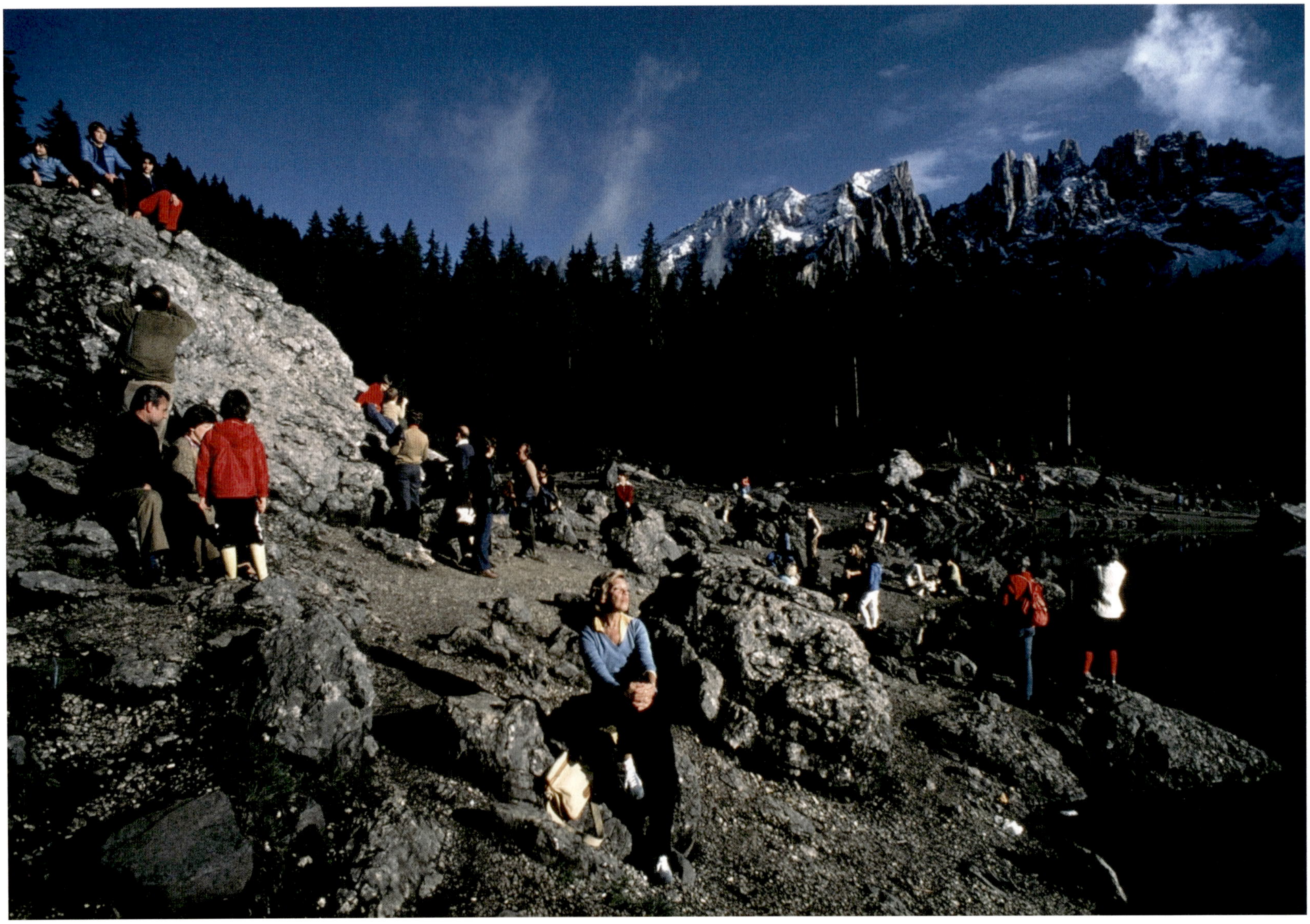

△ Trentino, Südtirol, Italien, 1979
▷ Haleakalā, Maui, Hawaii, USA, 1980

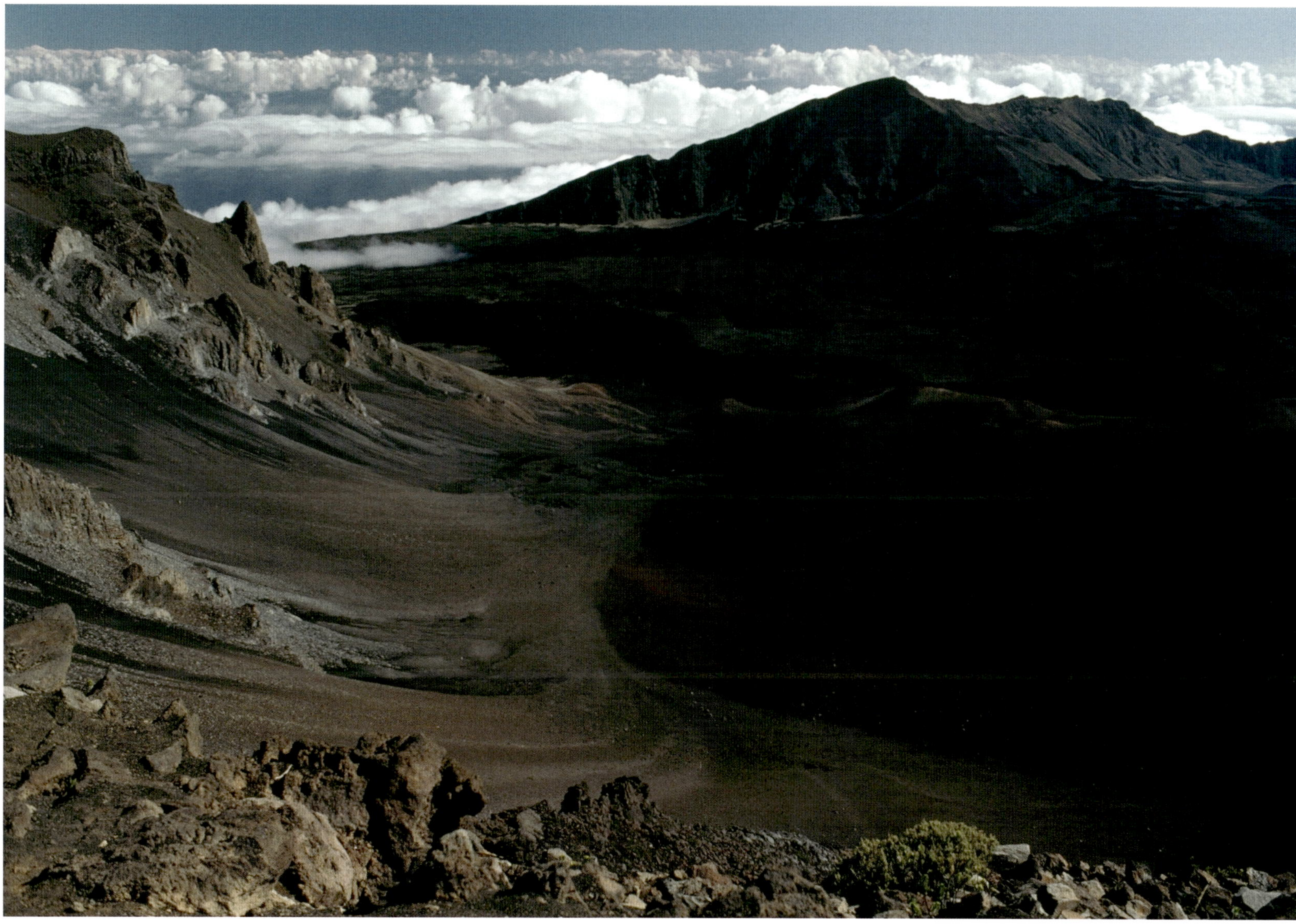

DENNIS
STOCK

RAYMOND DEPARDON

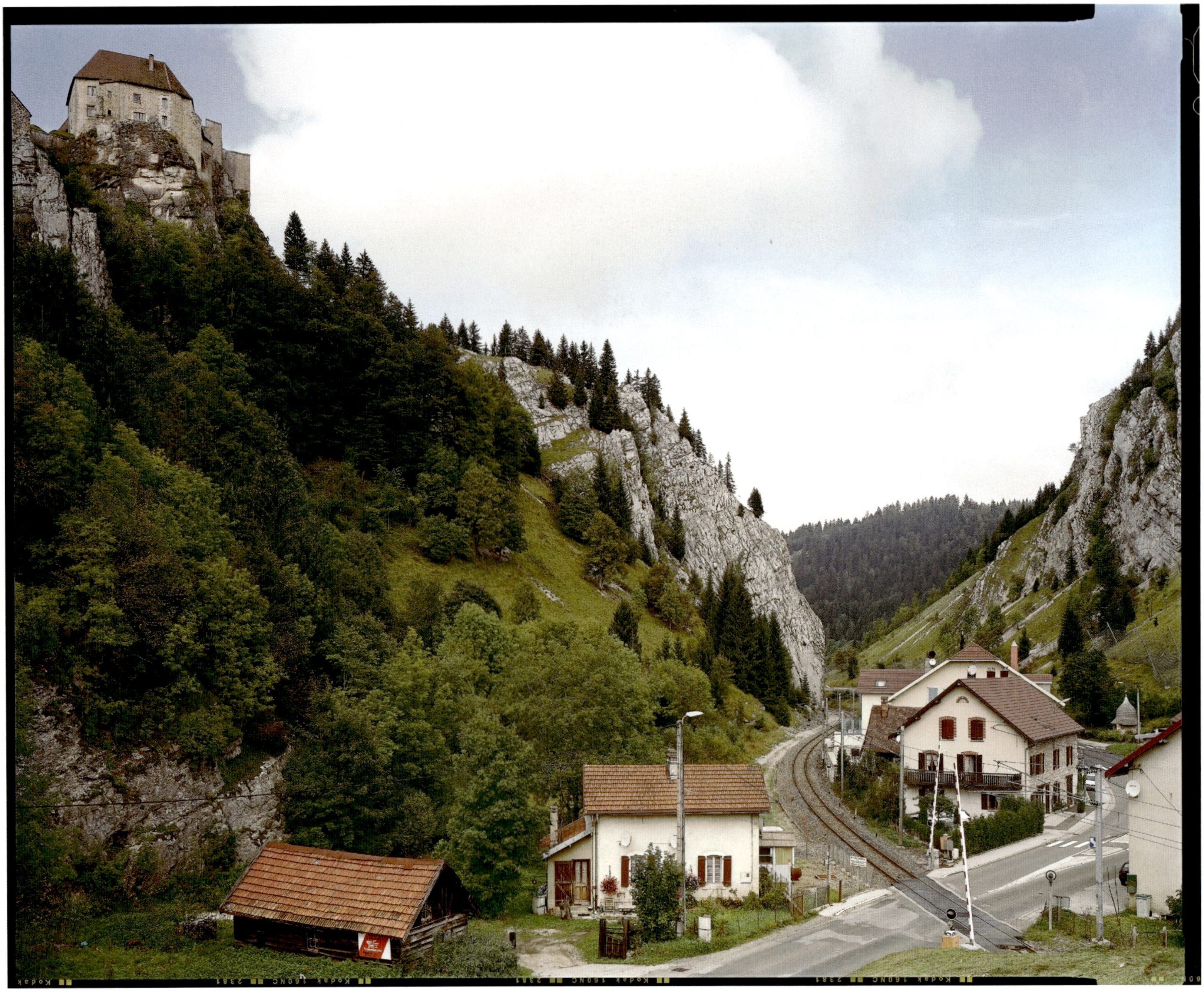

△ La Cluse-et-Mijoux, Frankreich, 2006
▷ Chamonix, Frankreich, 2009

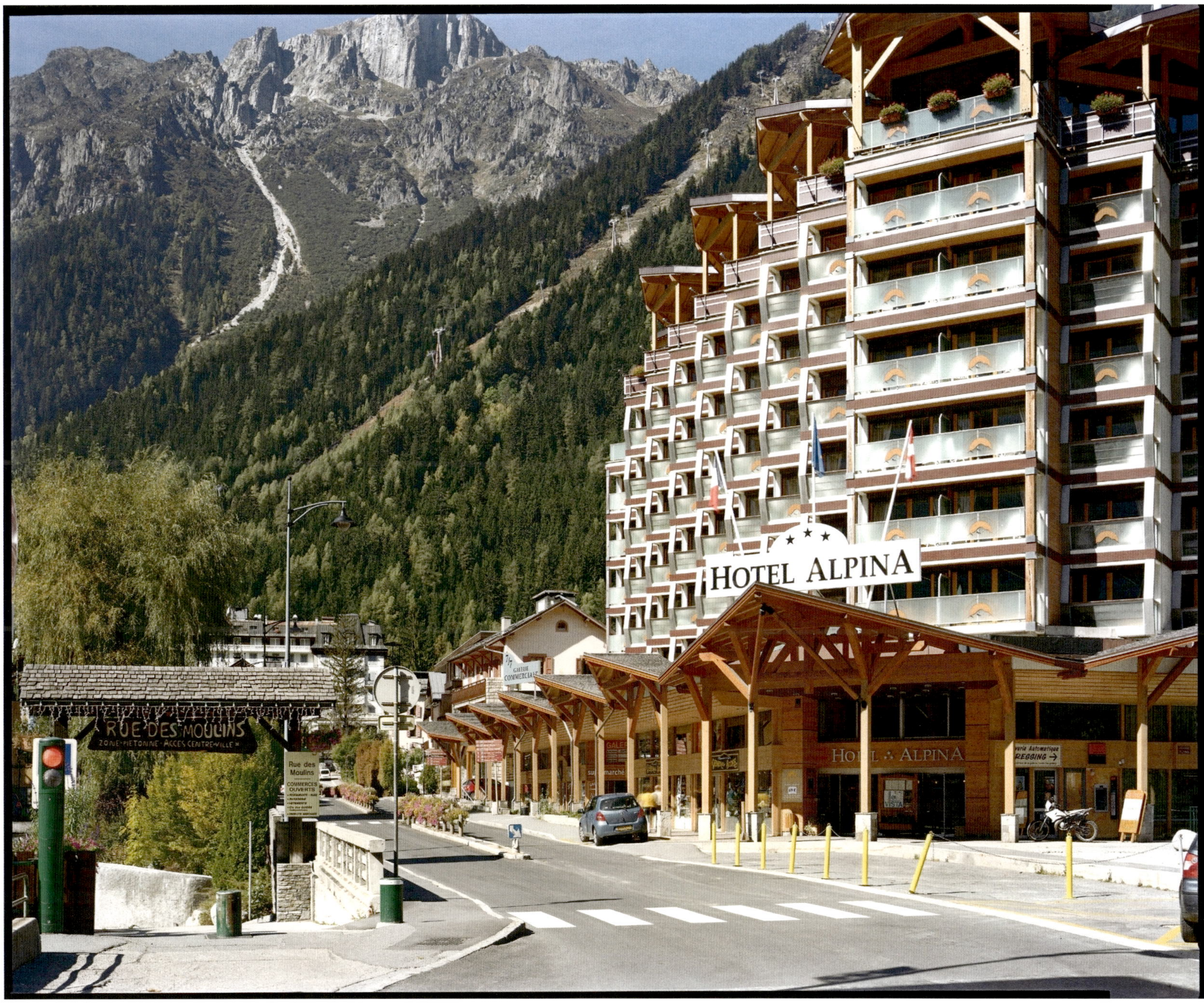

RAYMOND
DEPARDON

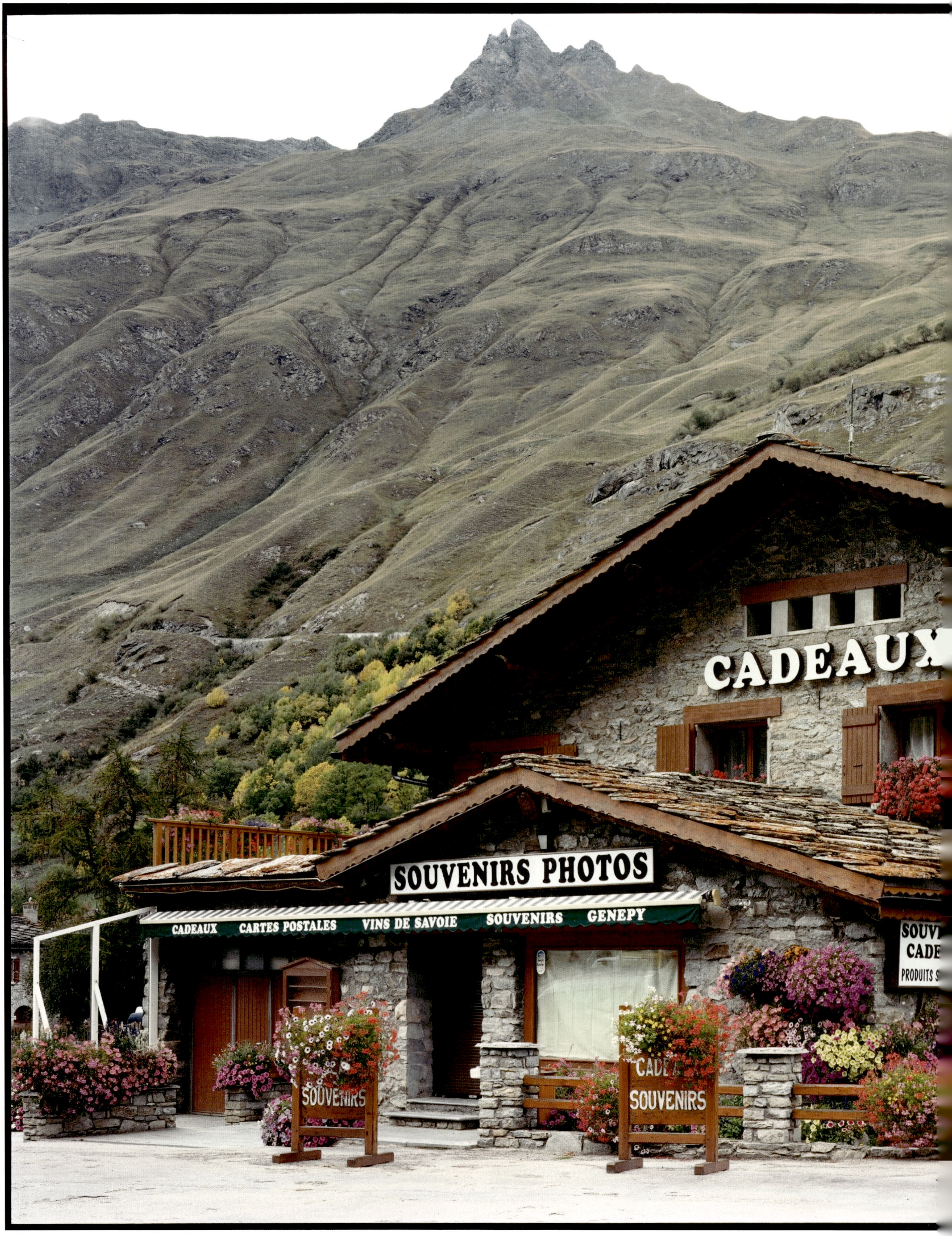
CADEAUX
SOUVENIRS PHOTOS
CADEAUX CARTES POSTALES VINS DE SAVOIE SOUVENIRS GENEPY
SOUVENIRS
SOUVENIRS

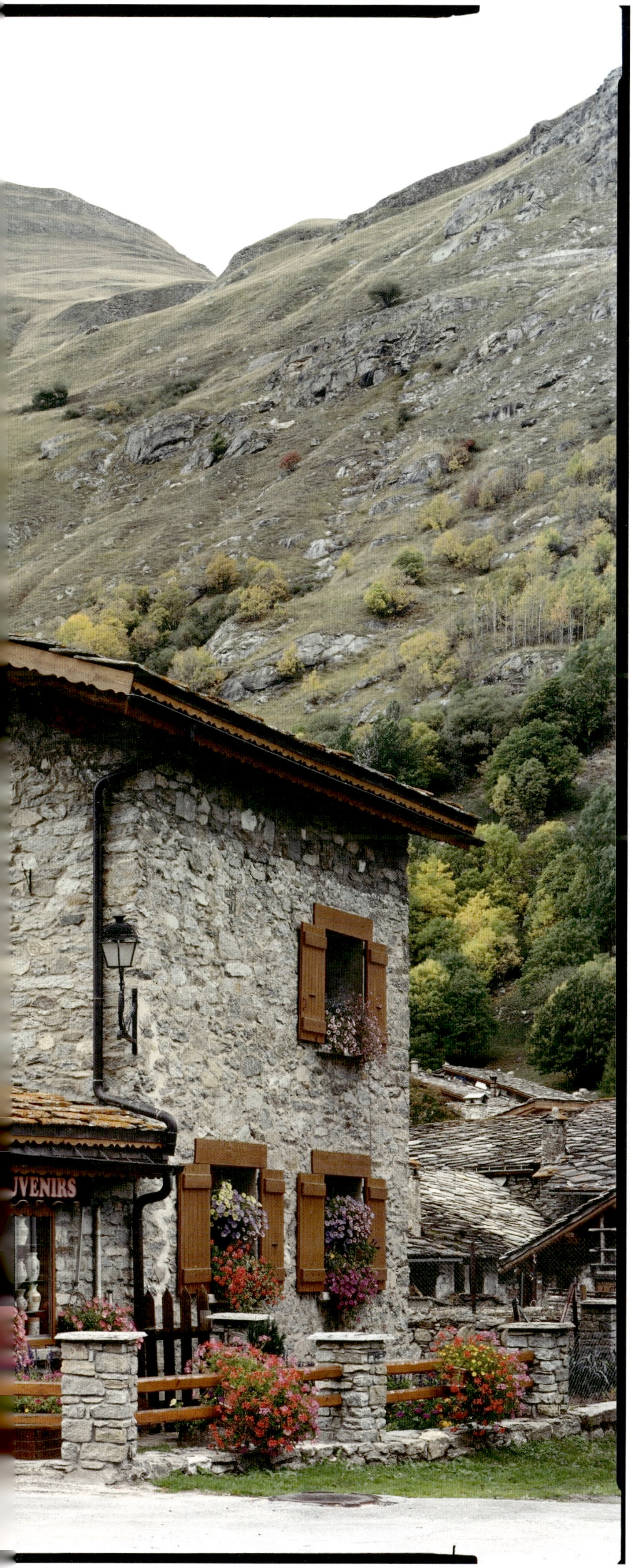

Bonneval-sur-Arc,
Frankreich, 2009

RAYMOND
DEPARDON

HARRY GRUYAERT

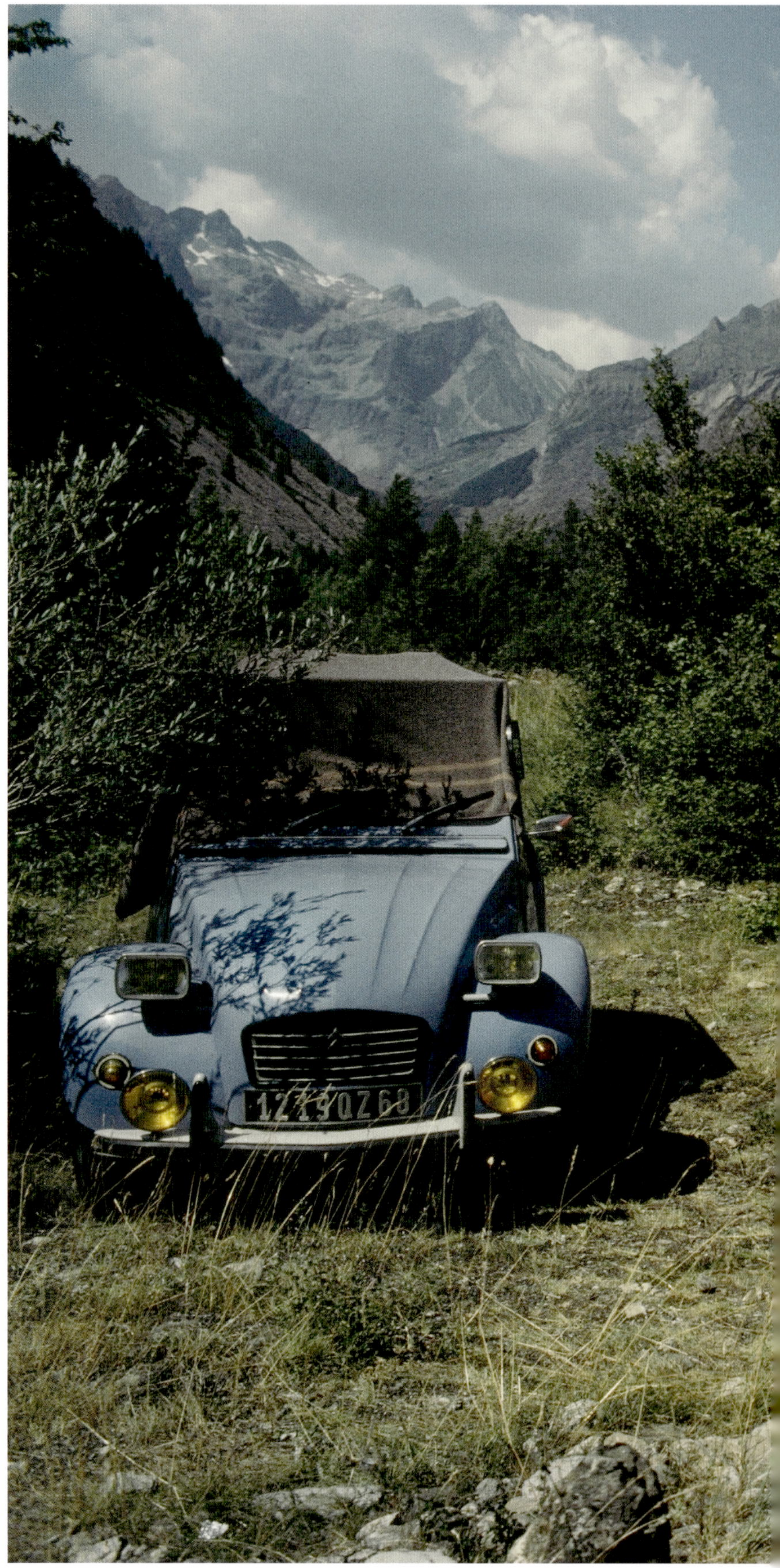

Tour de France,
Frankreich, 1982

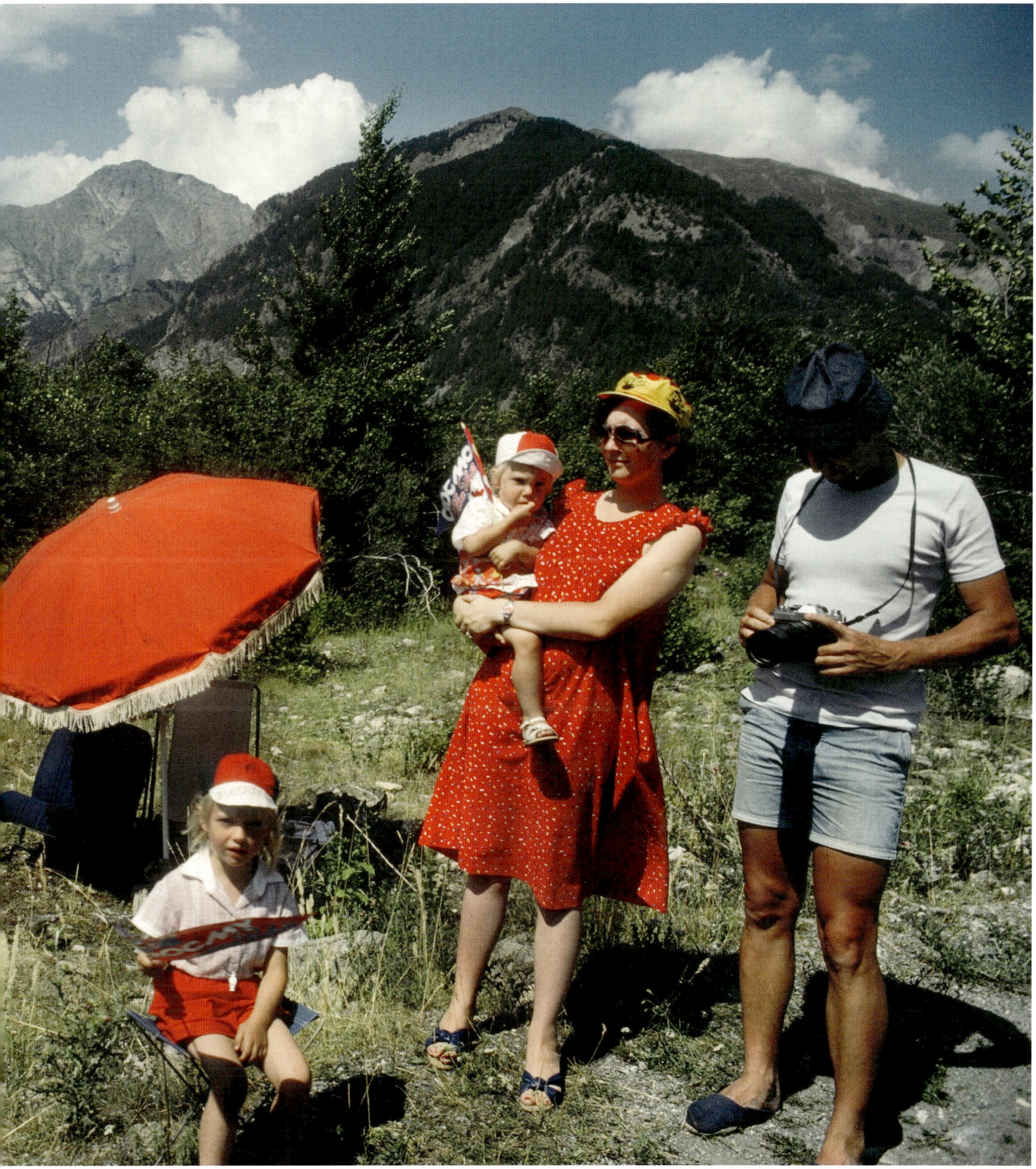

HARRY
GRUYAERT

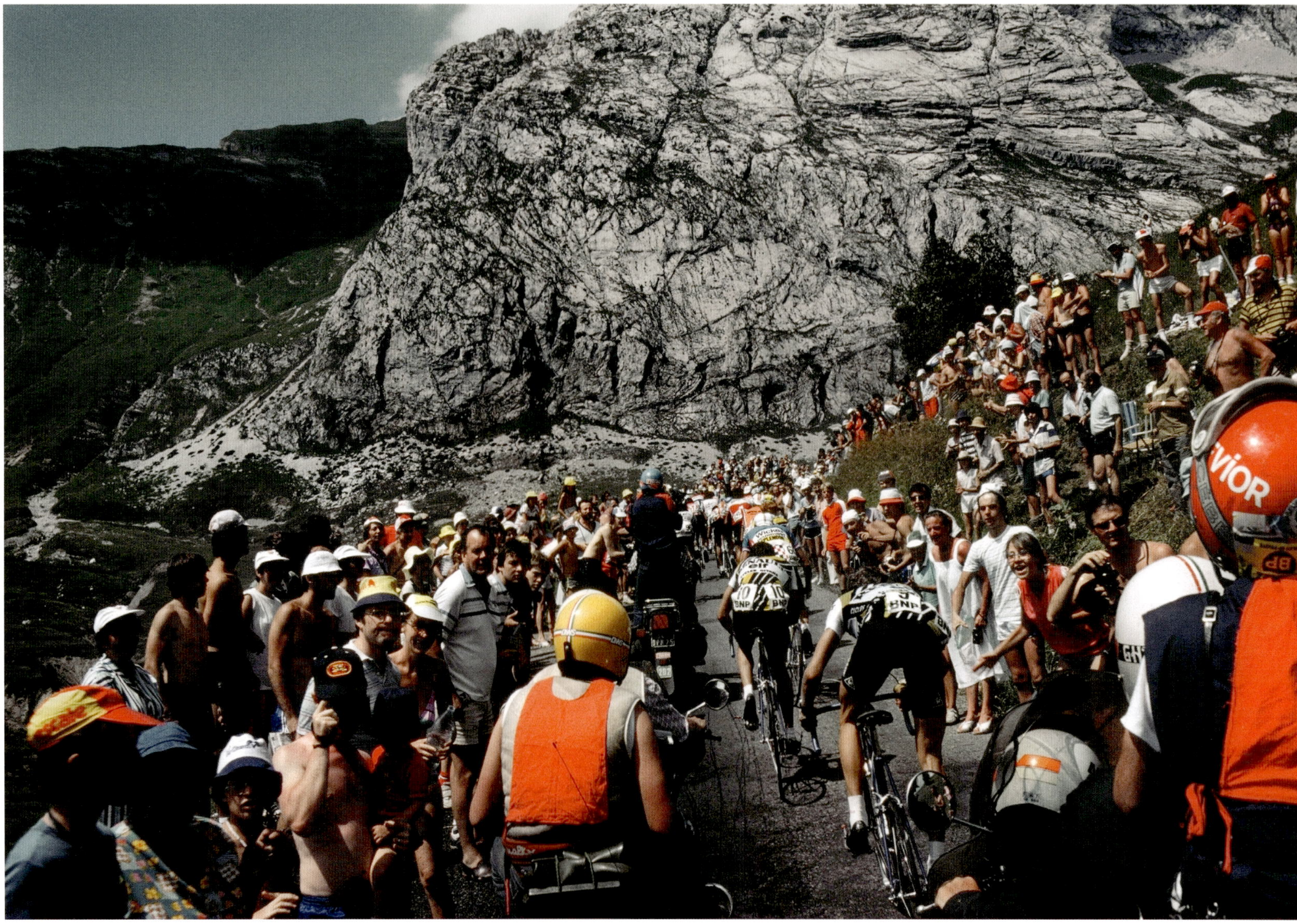

△ ▷ Tour de France,
Frankreich, 1982

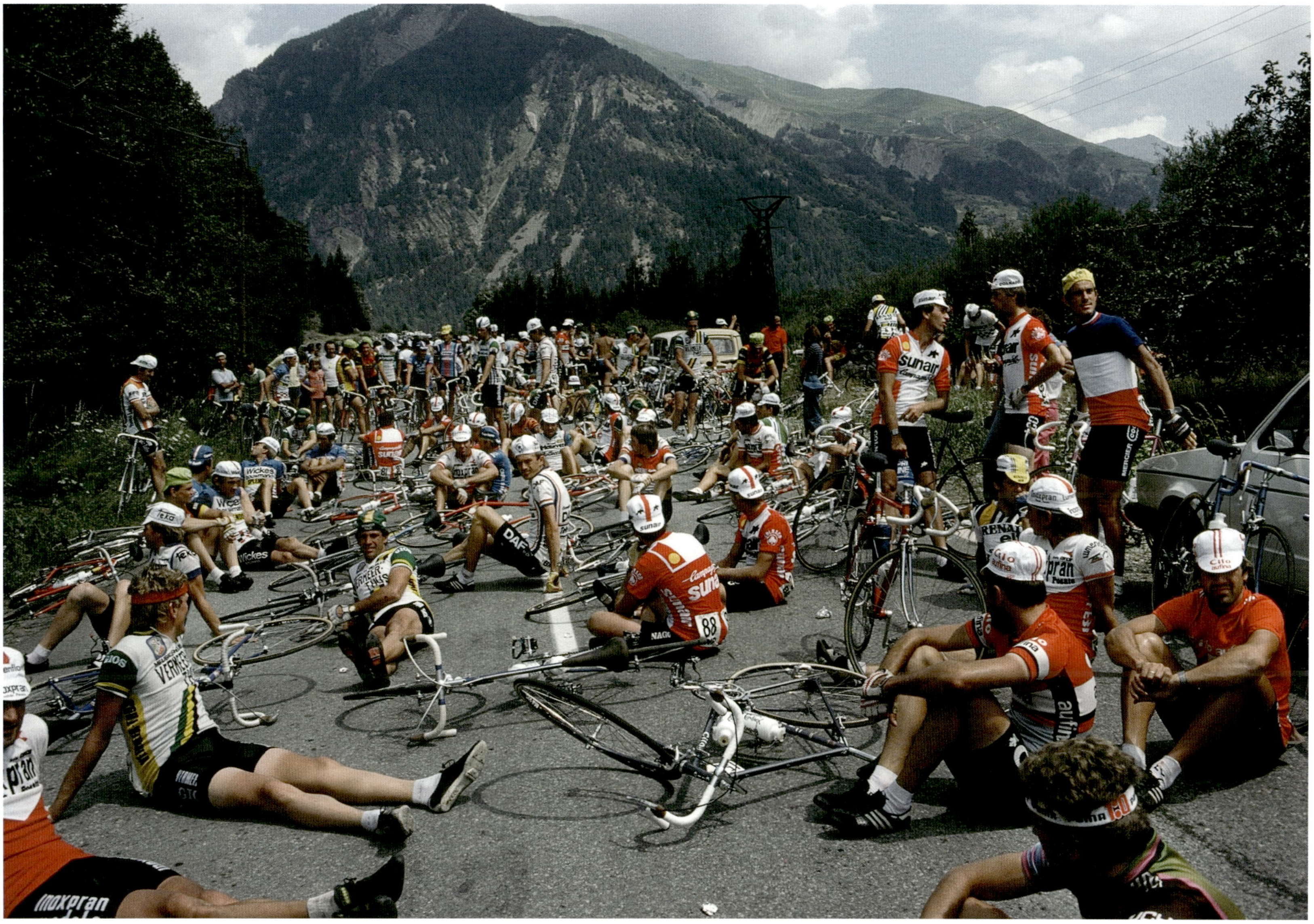

HARRY
GRUYAERT

MARTIN PARR

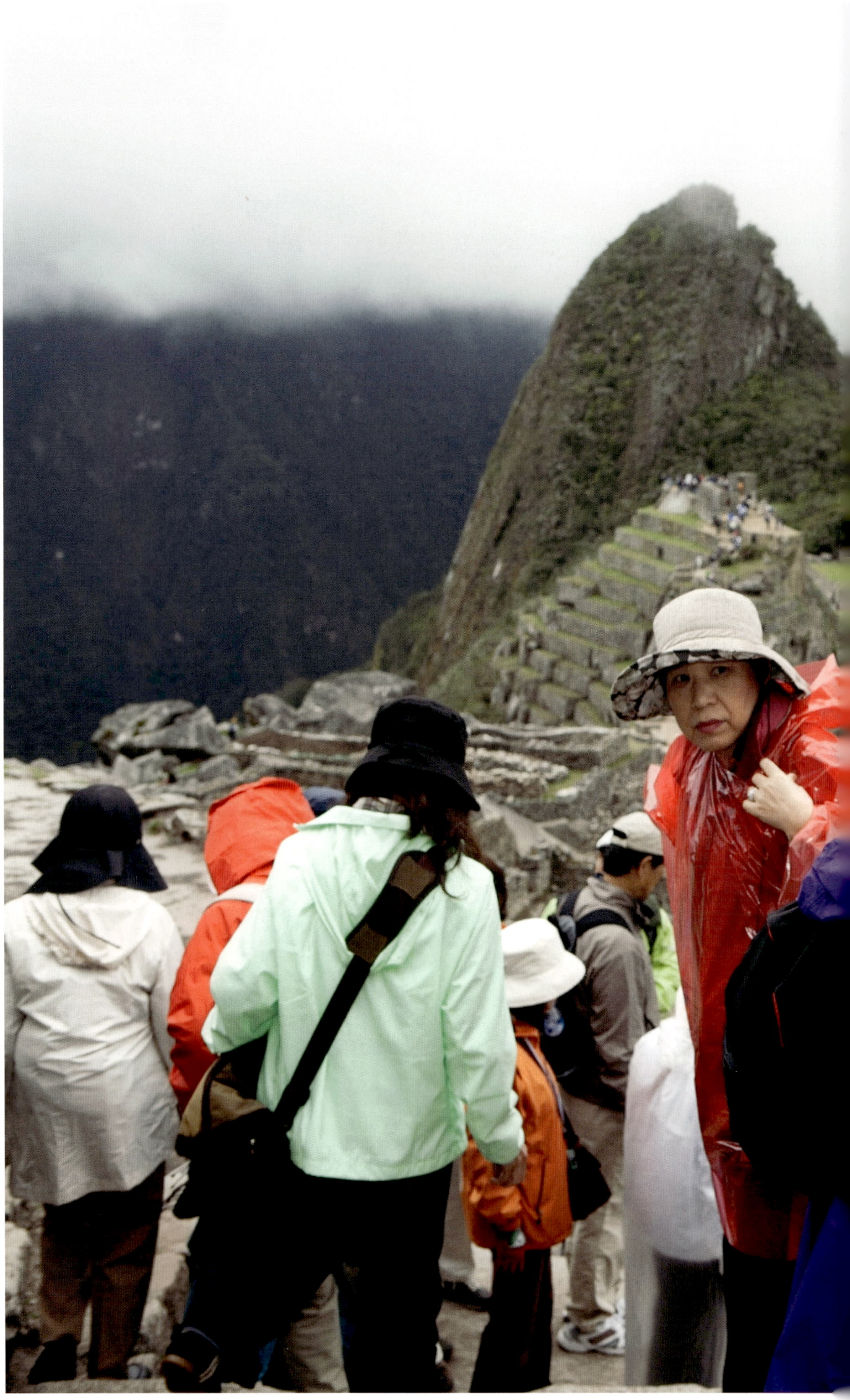

Machu Picchu,
Peru, 2008

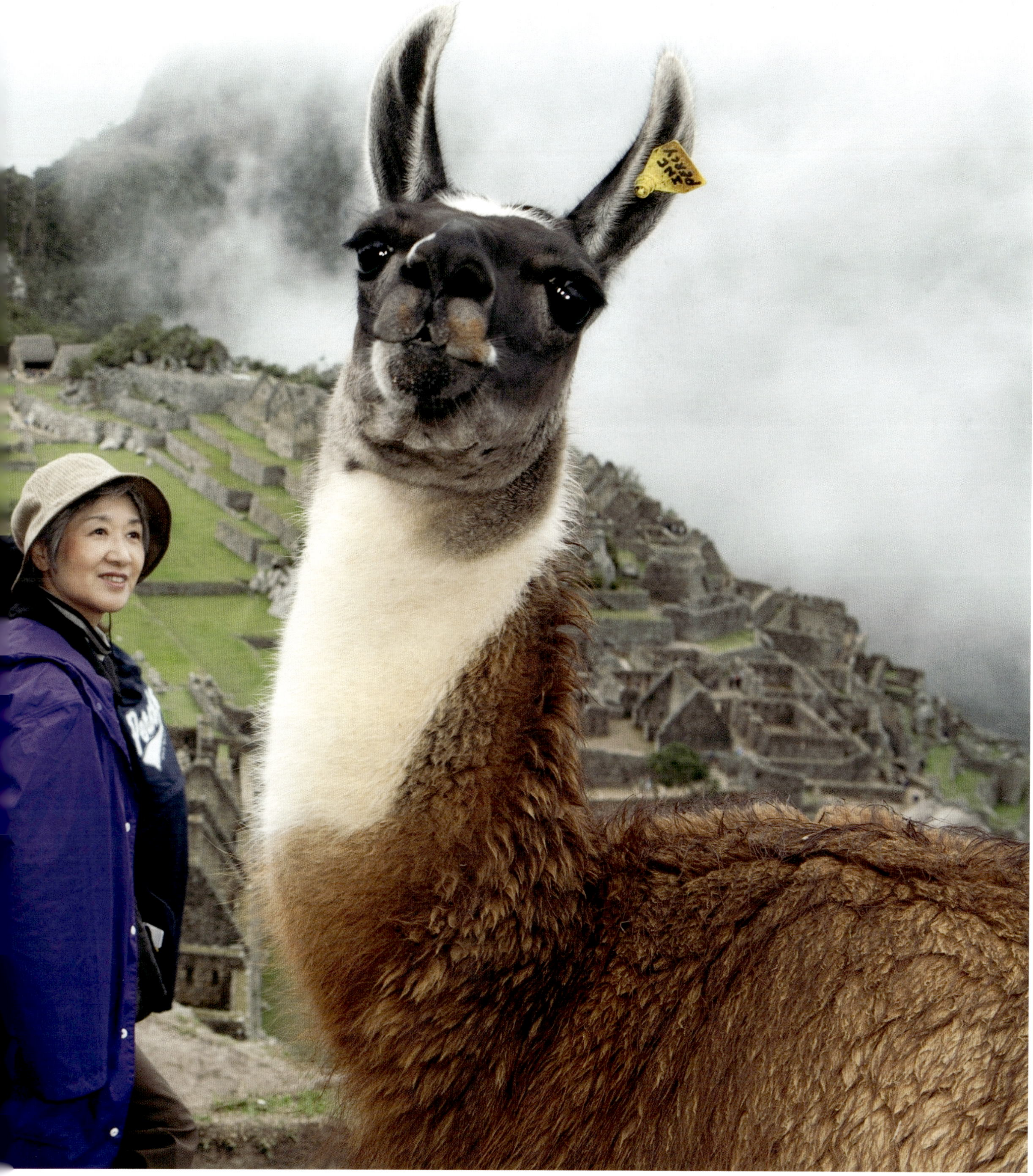

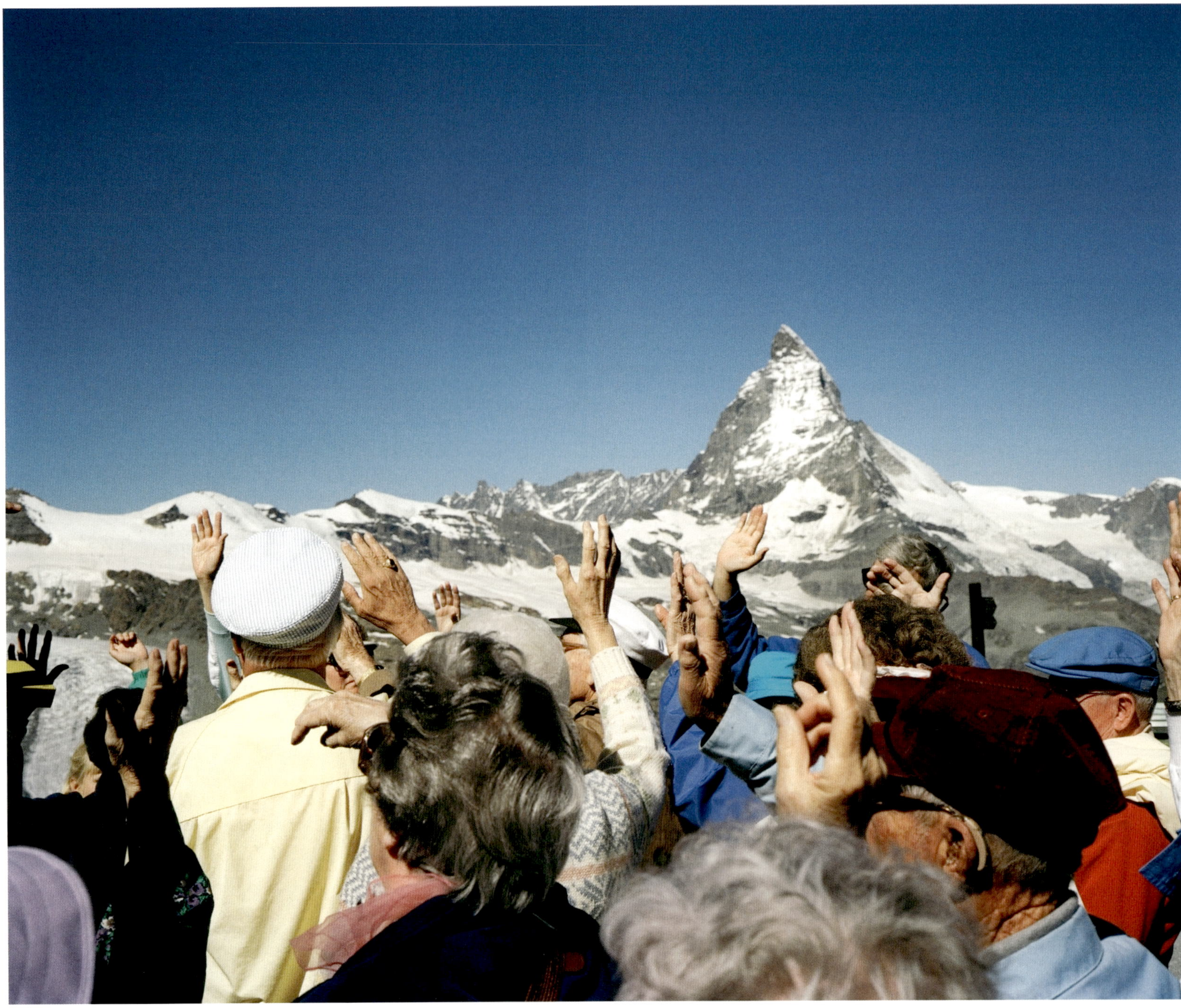

▵ Matterhorn, Schweiz, 1990
▹ Kleine Scheidegg, Schweiz, 1994

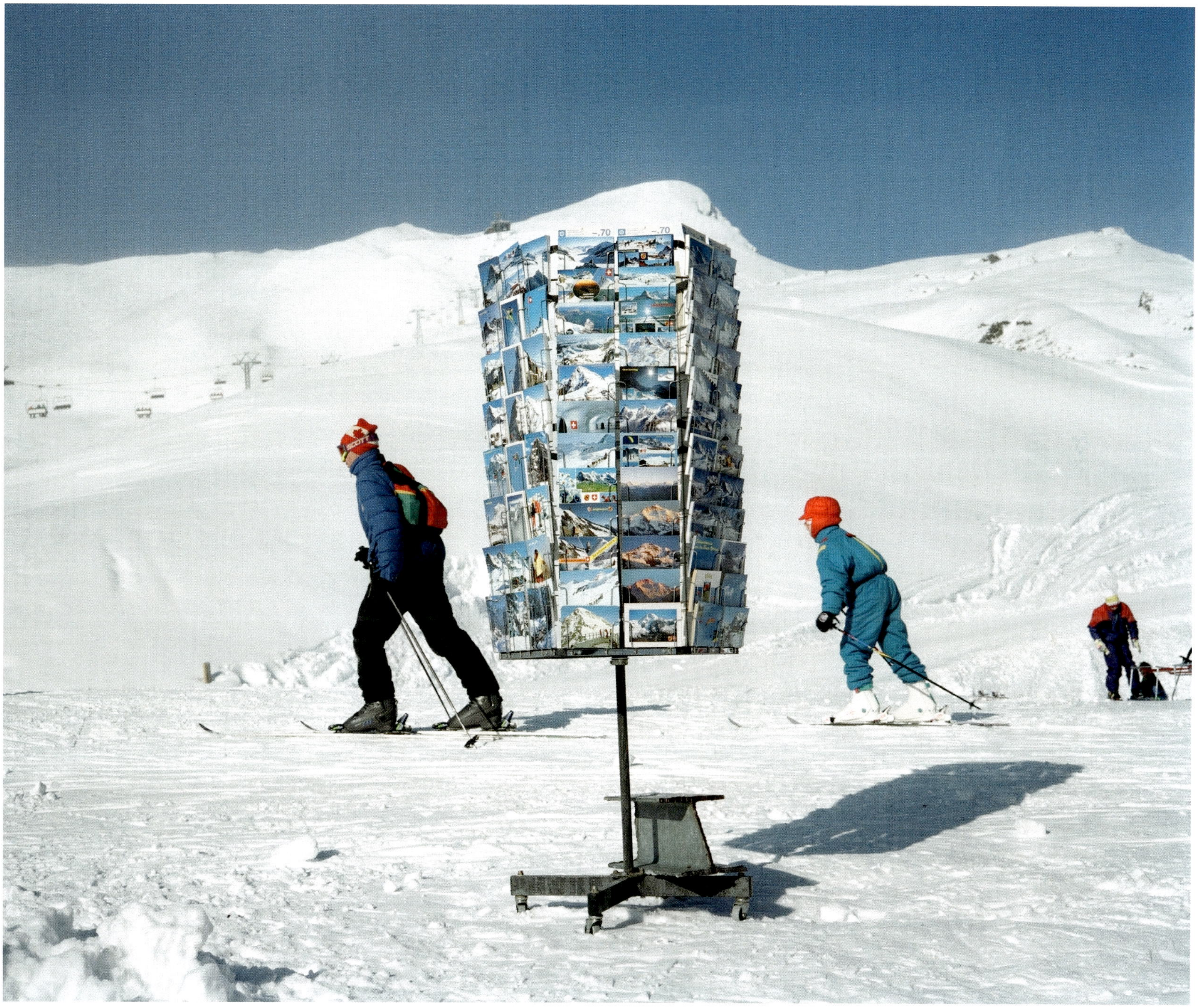

MARTIN
PARR

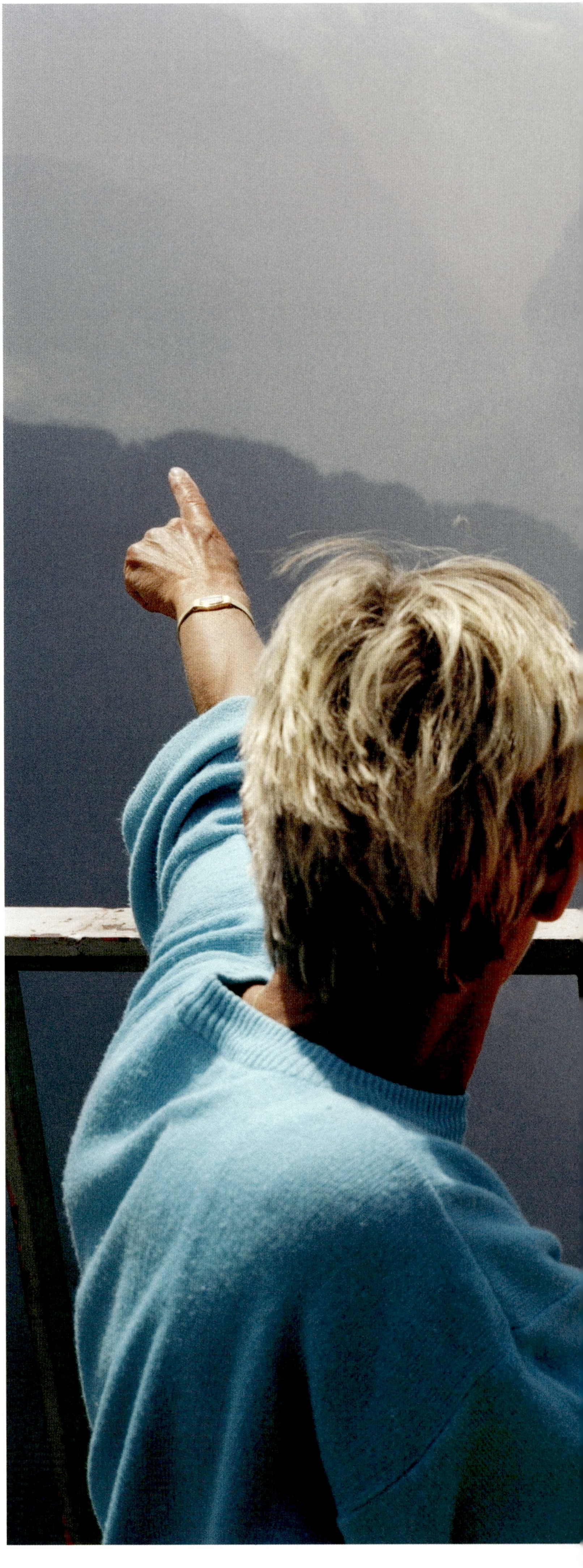

Schweiz, 1990

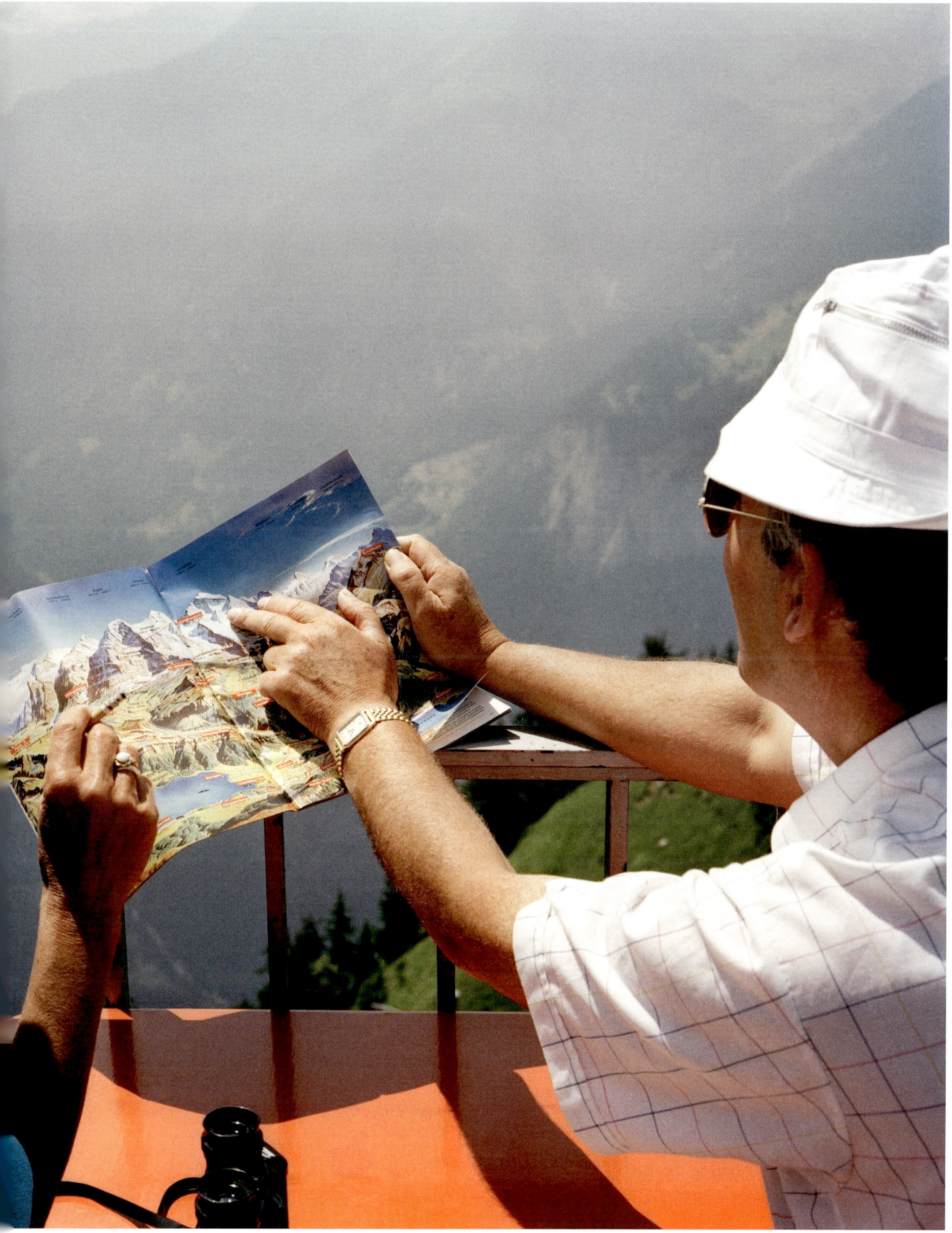

CARL
DE KEYZER

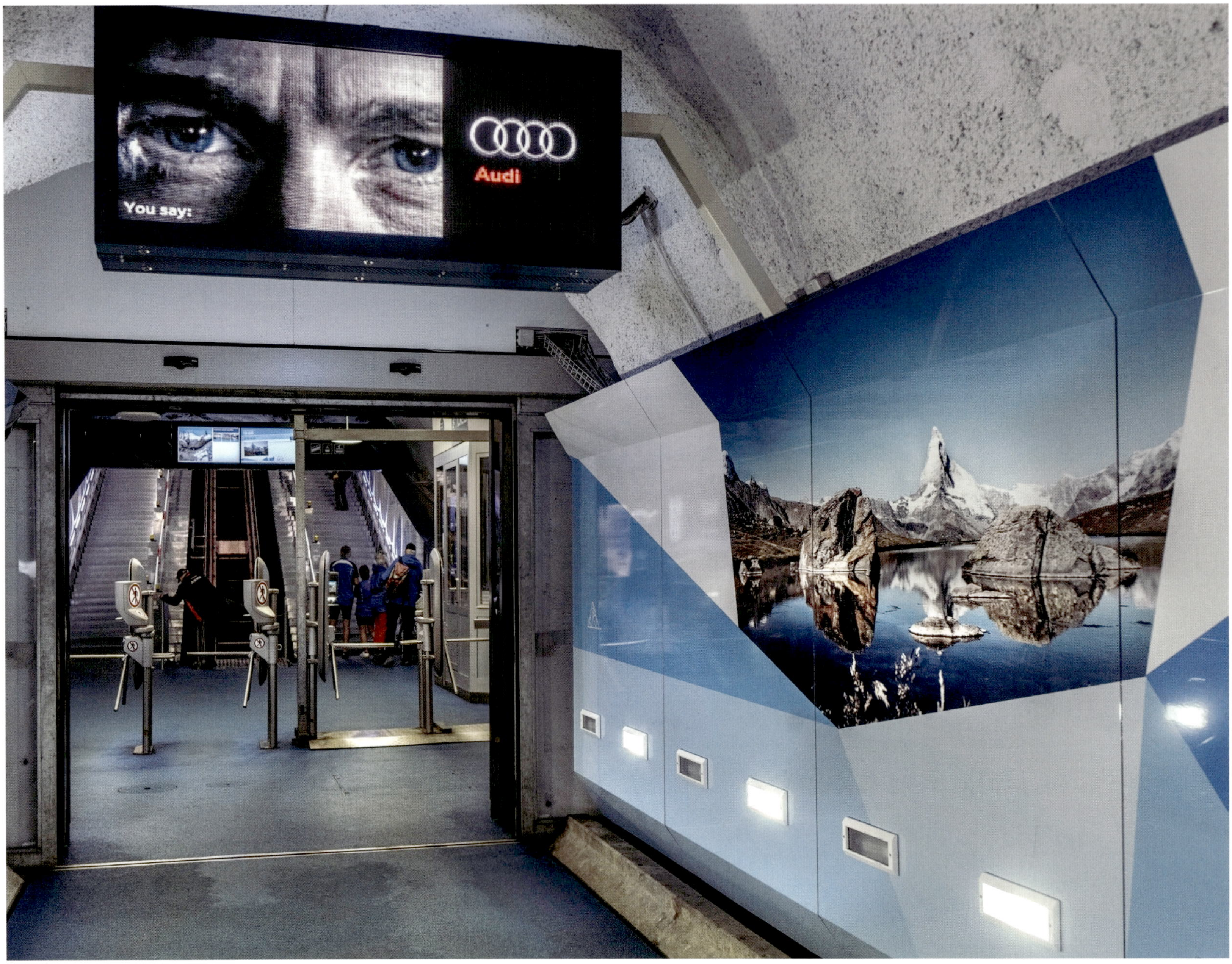

▵ Zermatt, Schweiz, 2015
▹ Jungfrau, Lauterbrunnen, Schweiz, 2016

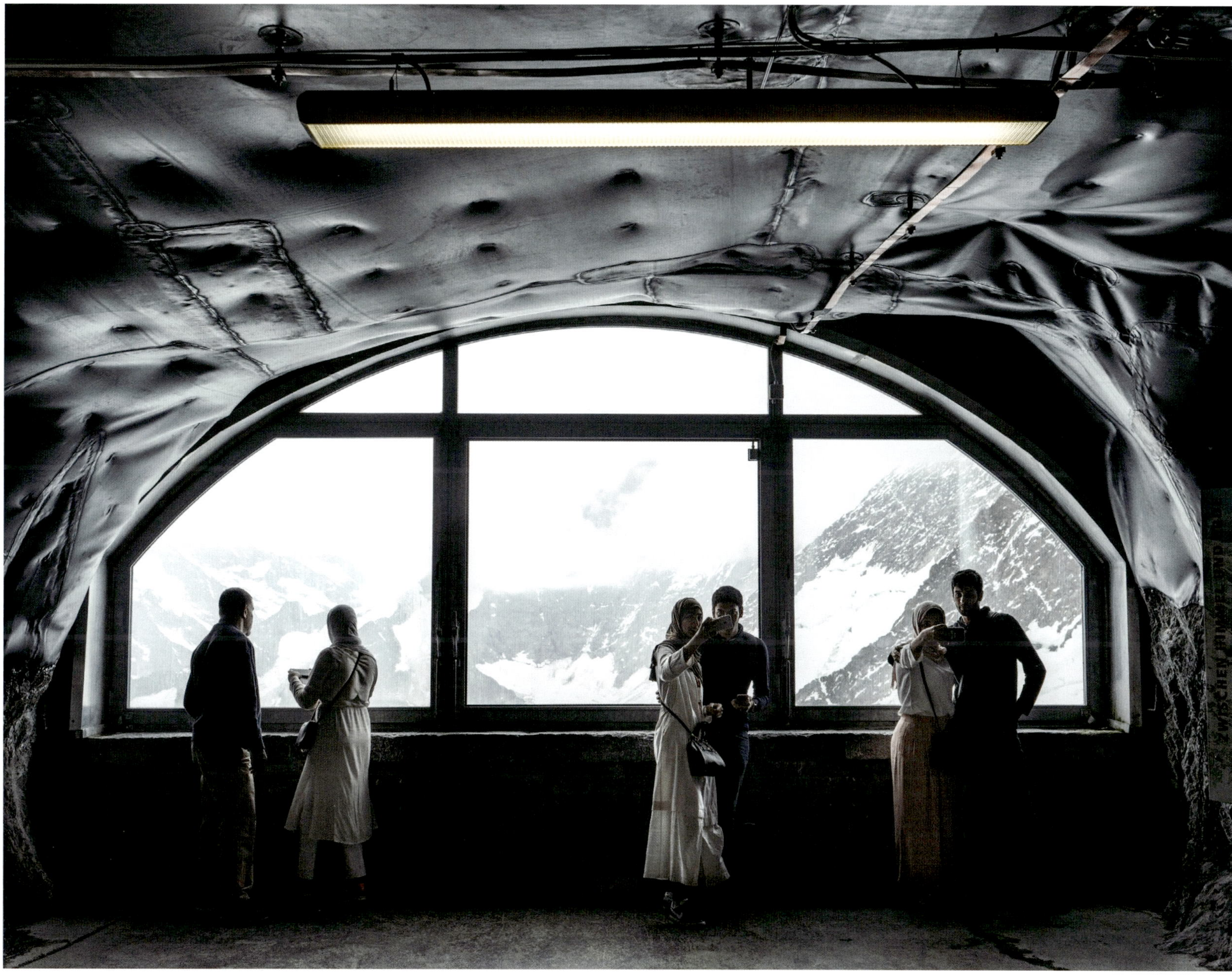

CARL
DE KEYZER

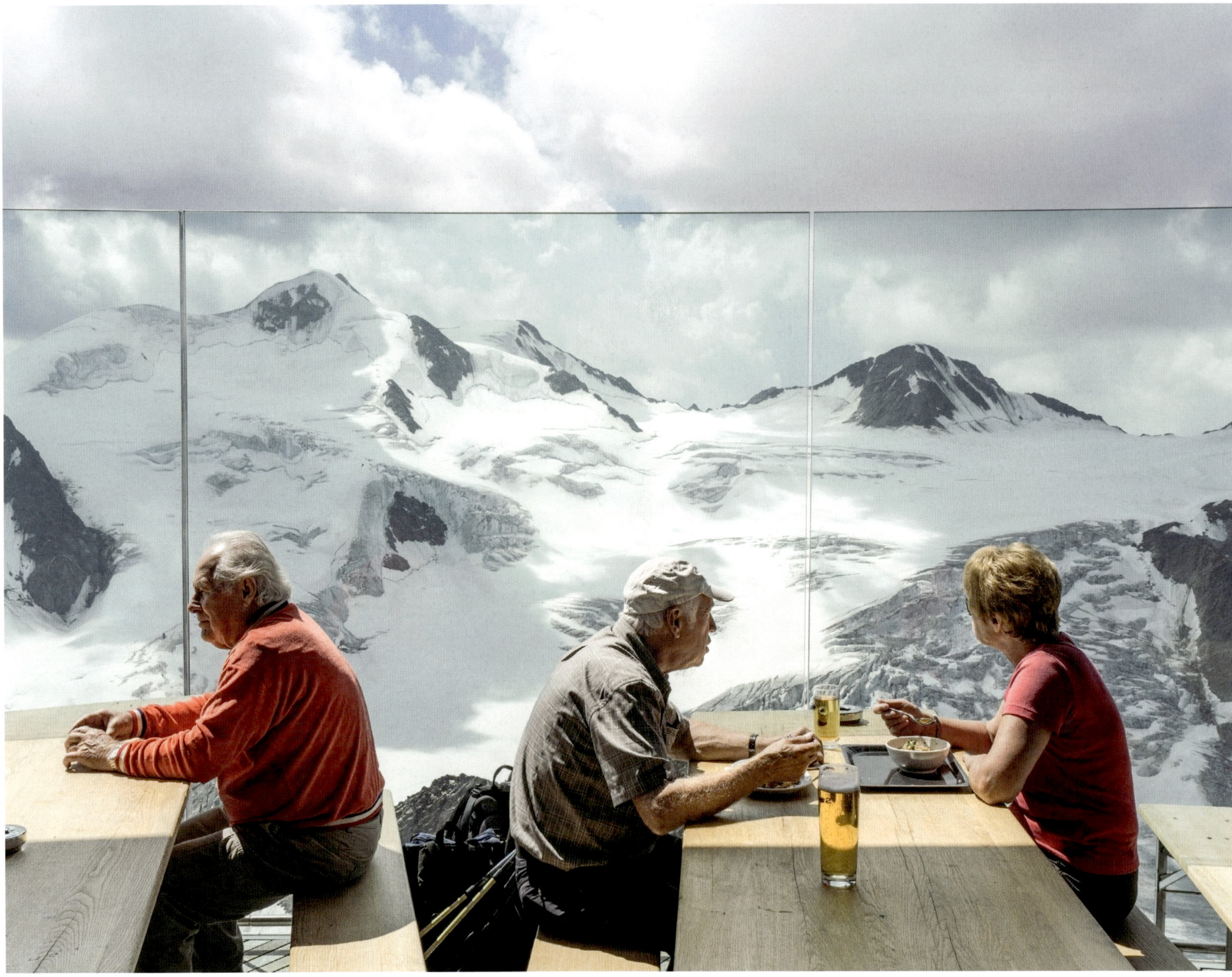

▵ Sölden, Österreich, 2015
▹ Rhonegletscher, Schweiz, 2014

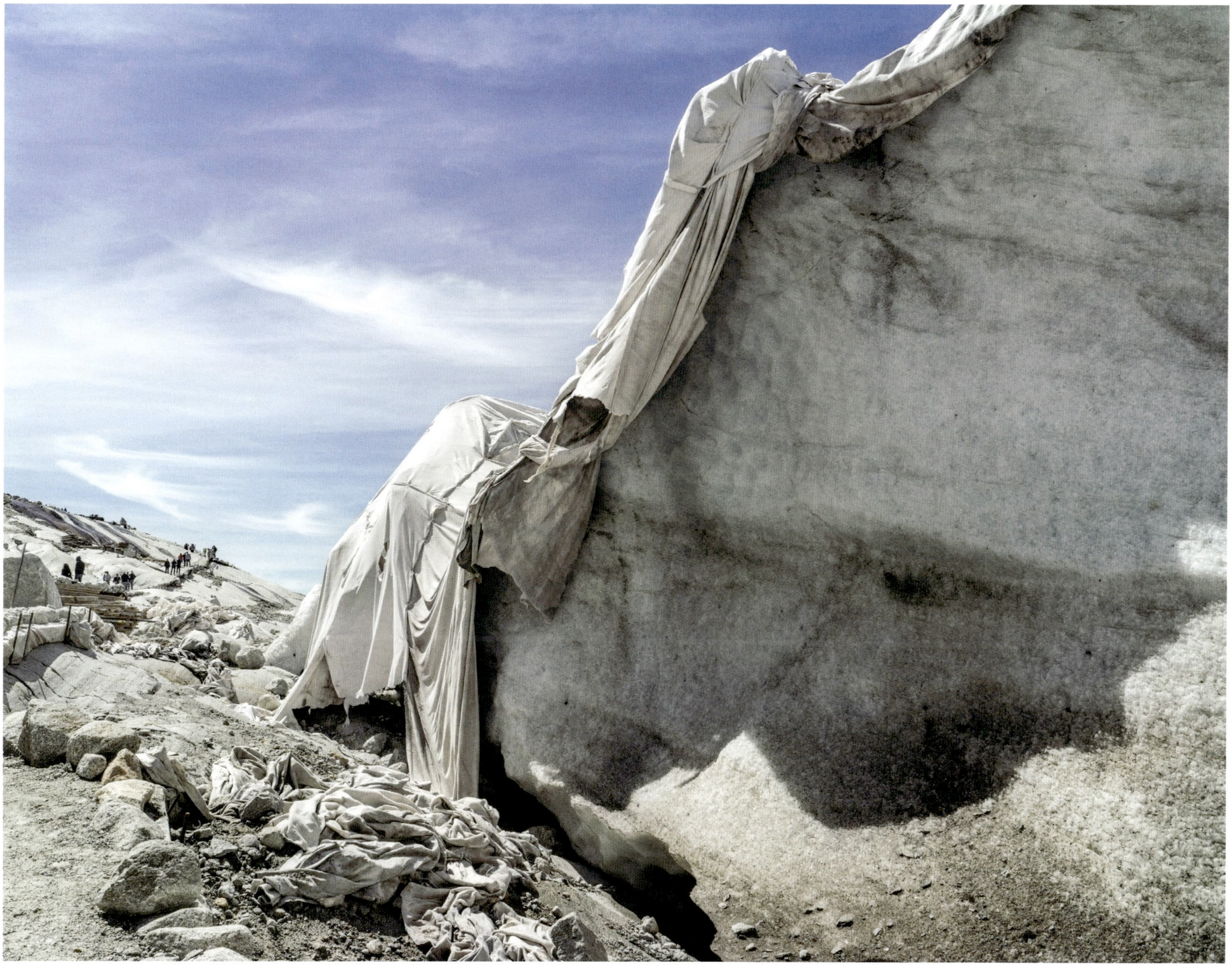

CARL
DE KEYZER

NEWSHA TAVAKOLIAN

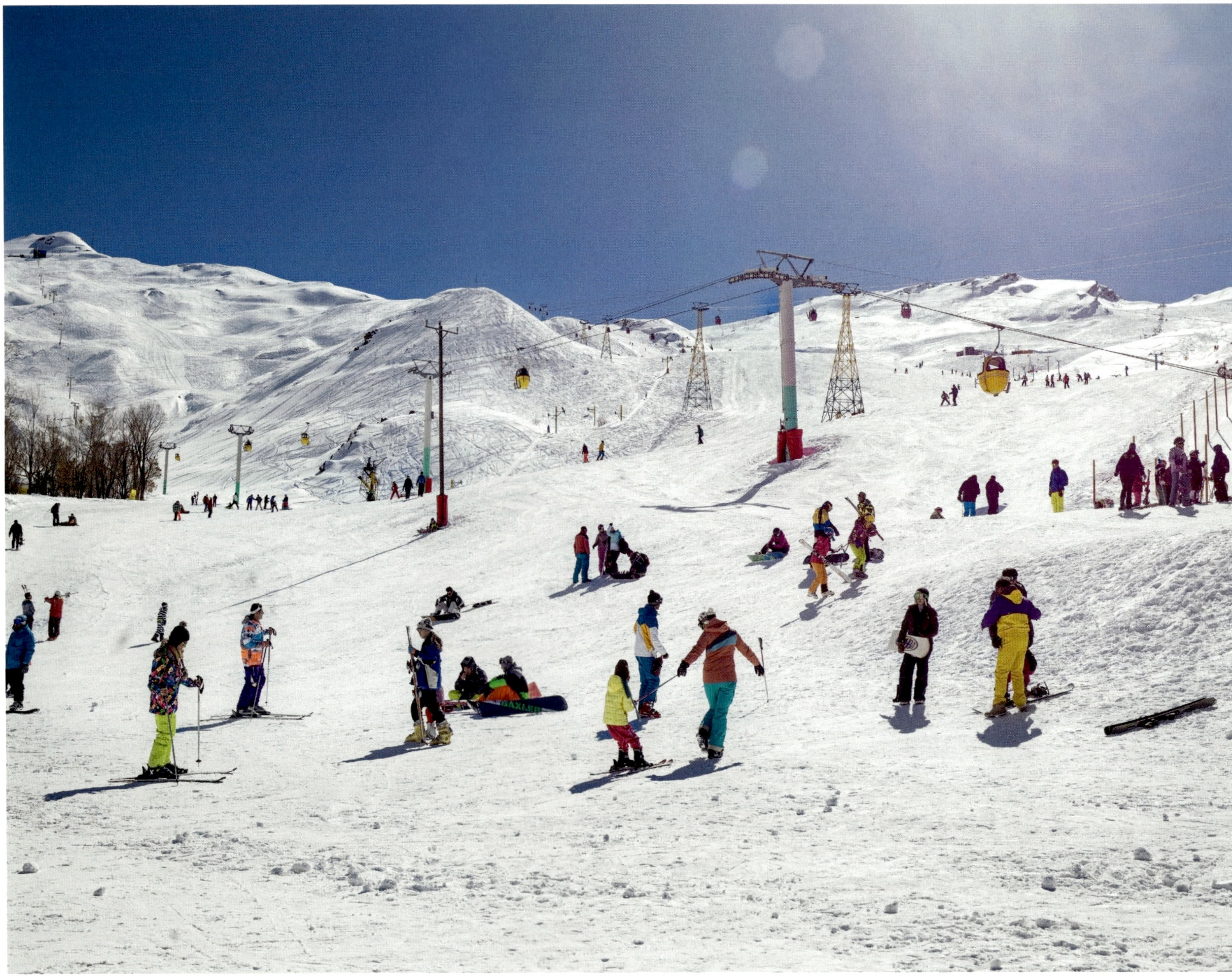

△▷ Provinz Alborz,
Iran, 2016

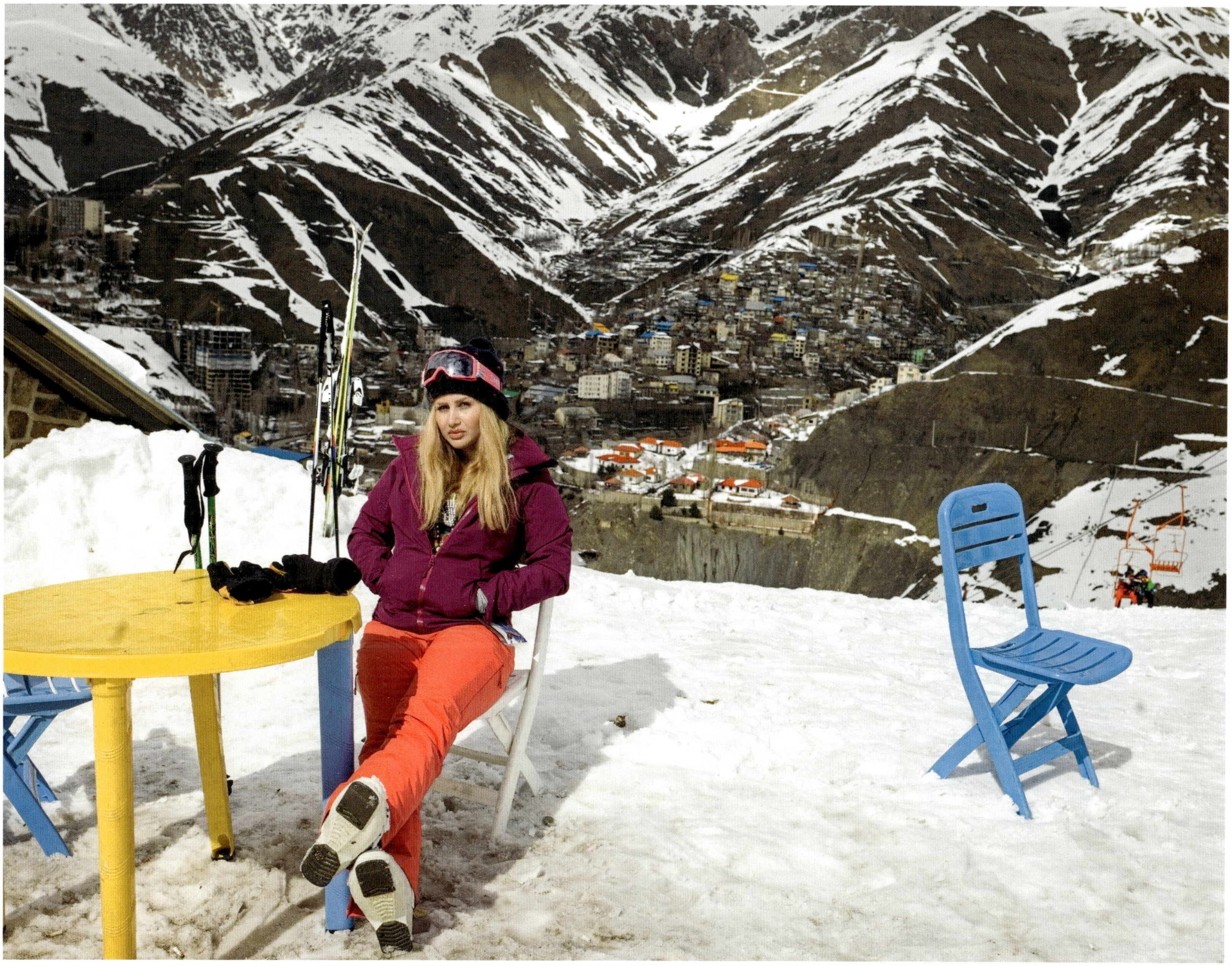

NEWSHA
TAVAKOLIAN

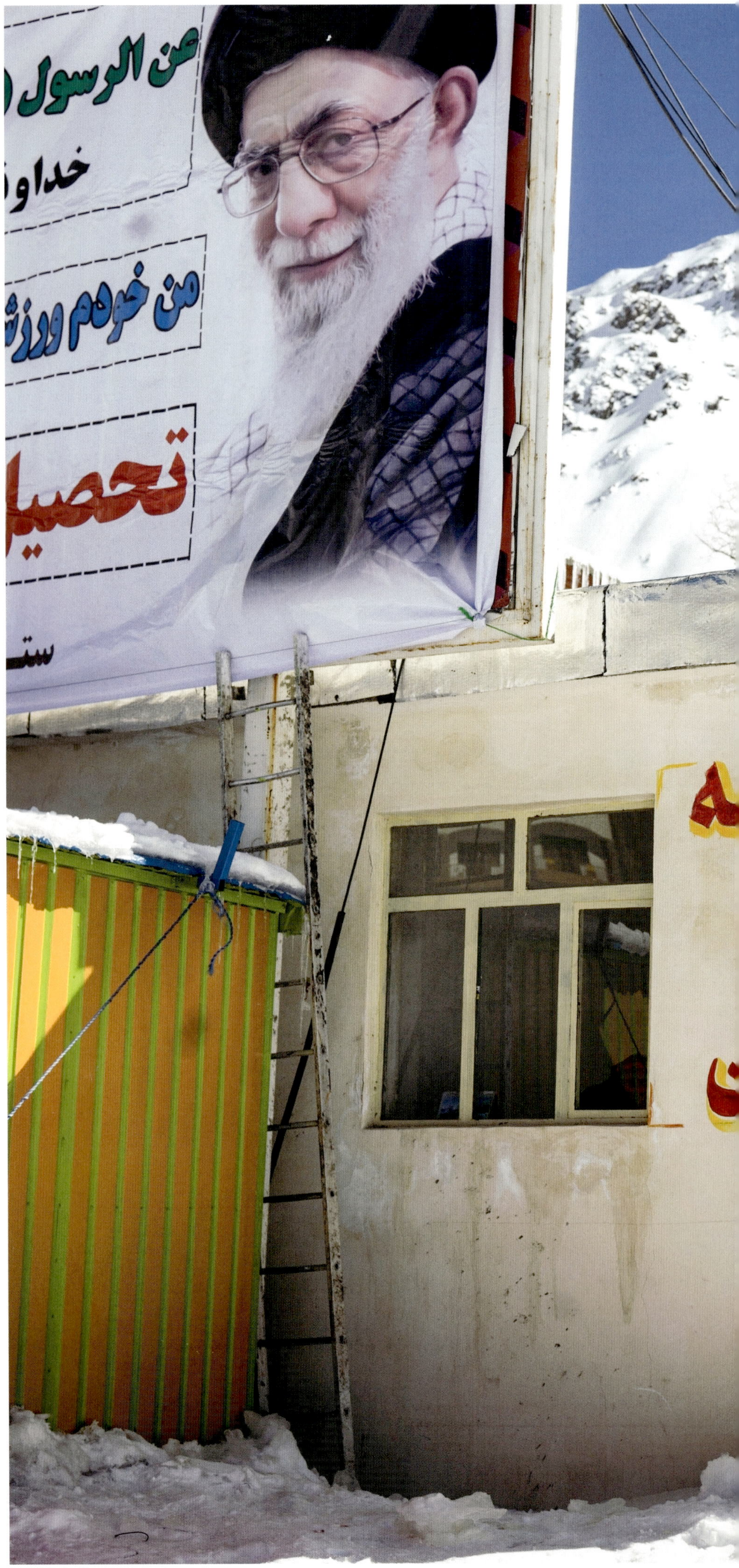

Provinz Alborz,
Iran, 2016

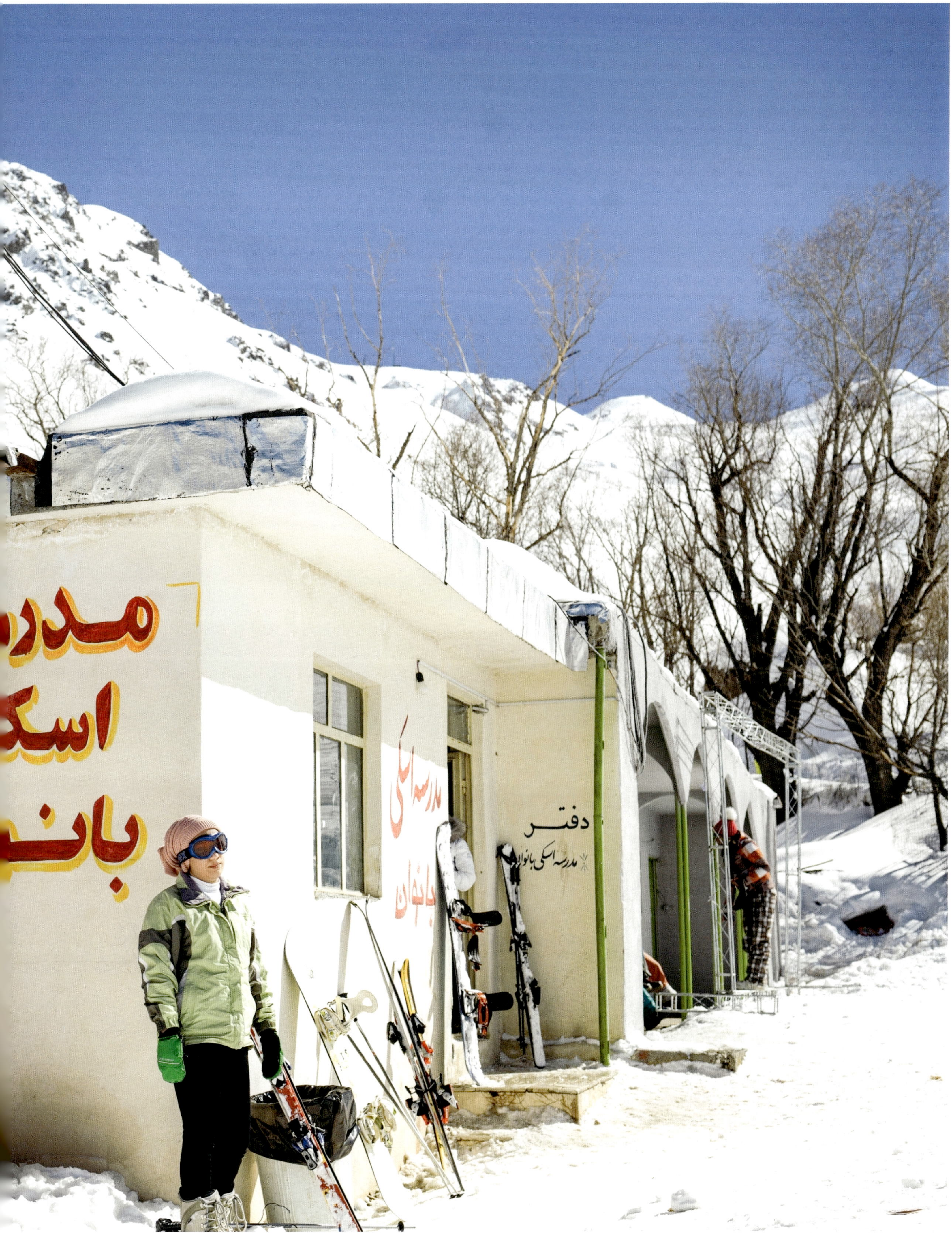
مدرسه اسکی بانوان
دفتر

PETER
MARLOW

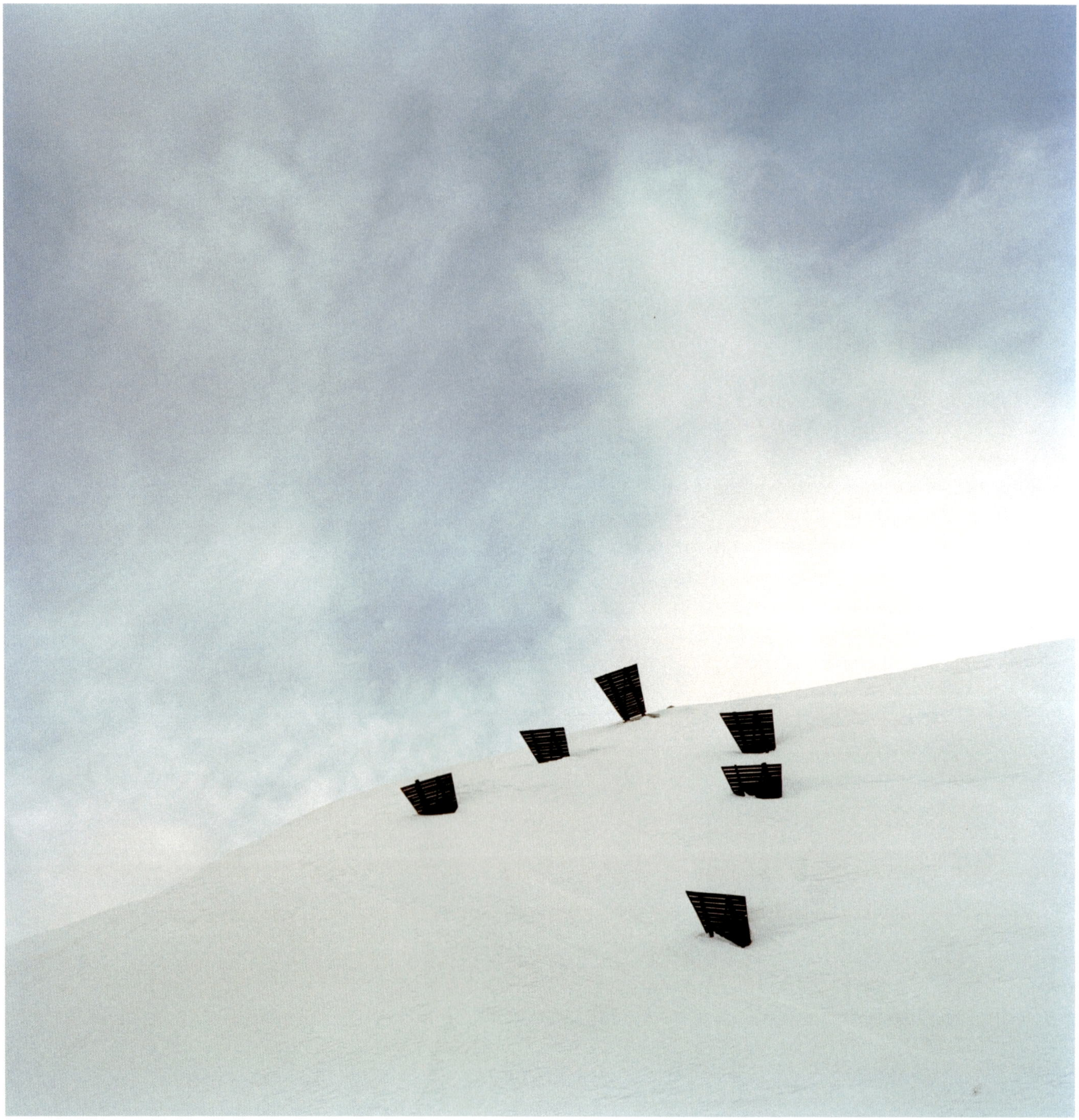

△ Trepalle, Lombardei, Italien, 2004
▷ Chiesa in Valmalenco, Lombardei, Italien, 2004

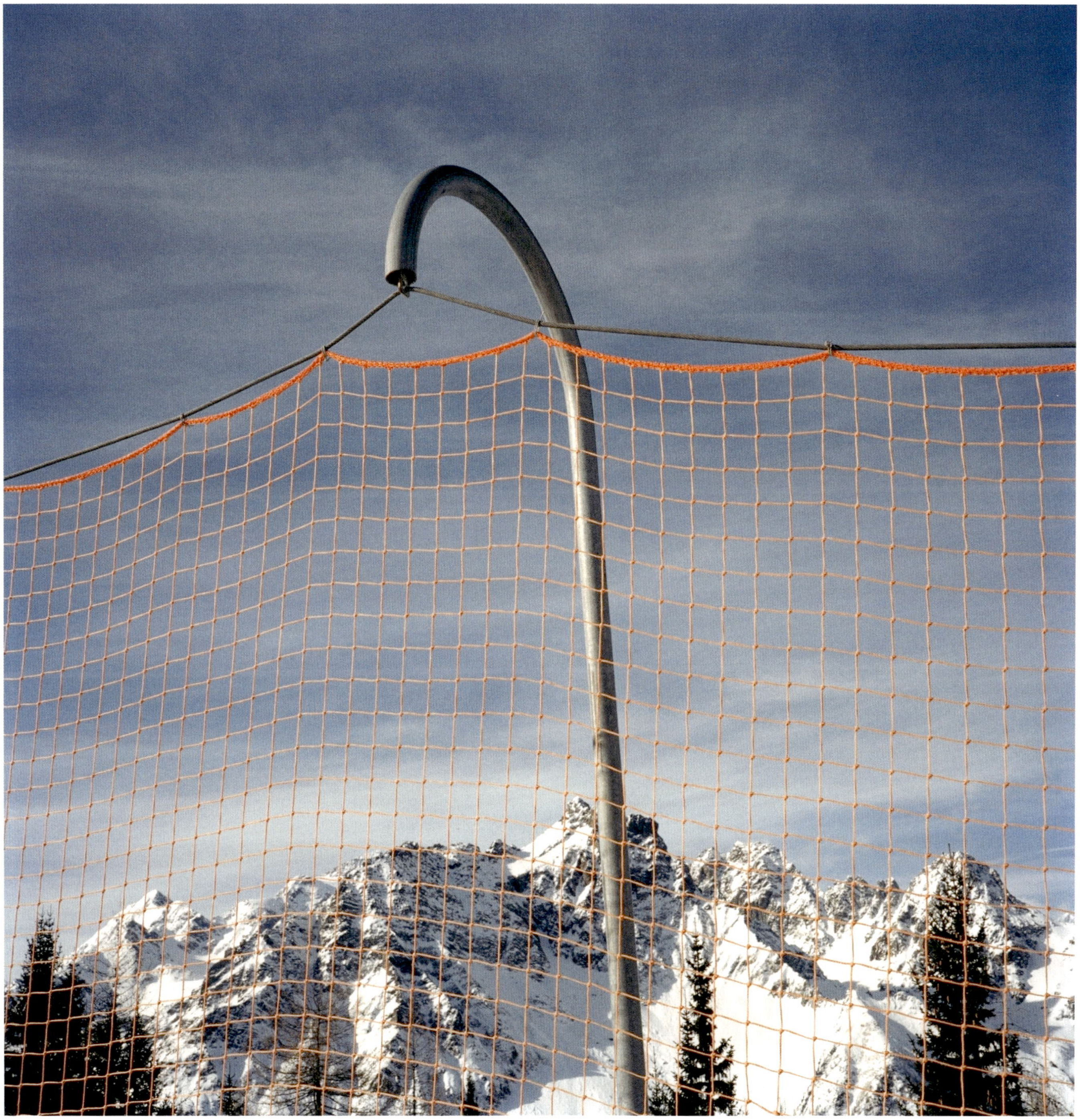

PETER
MARLOW

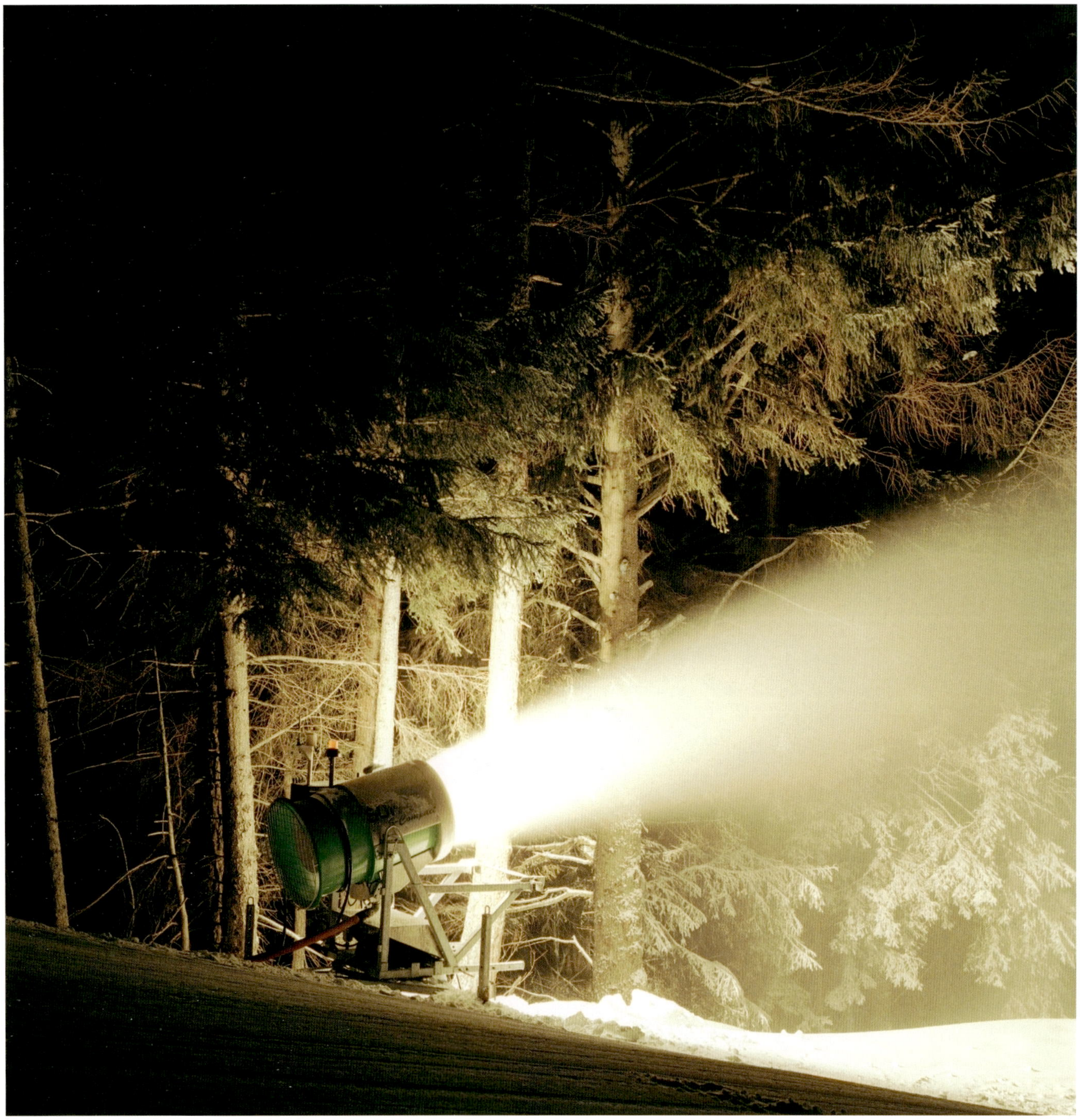

△ ▷ Passo Tonale,
Lombardei, Italien, 2004

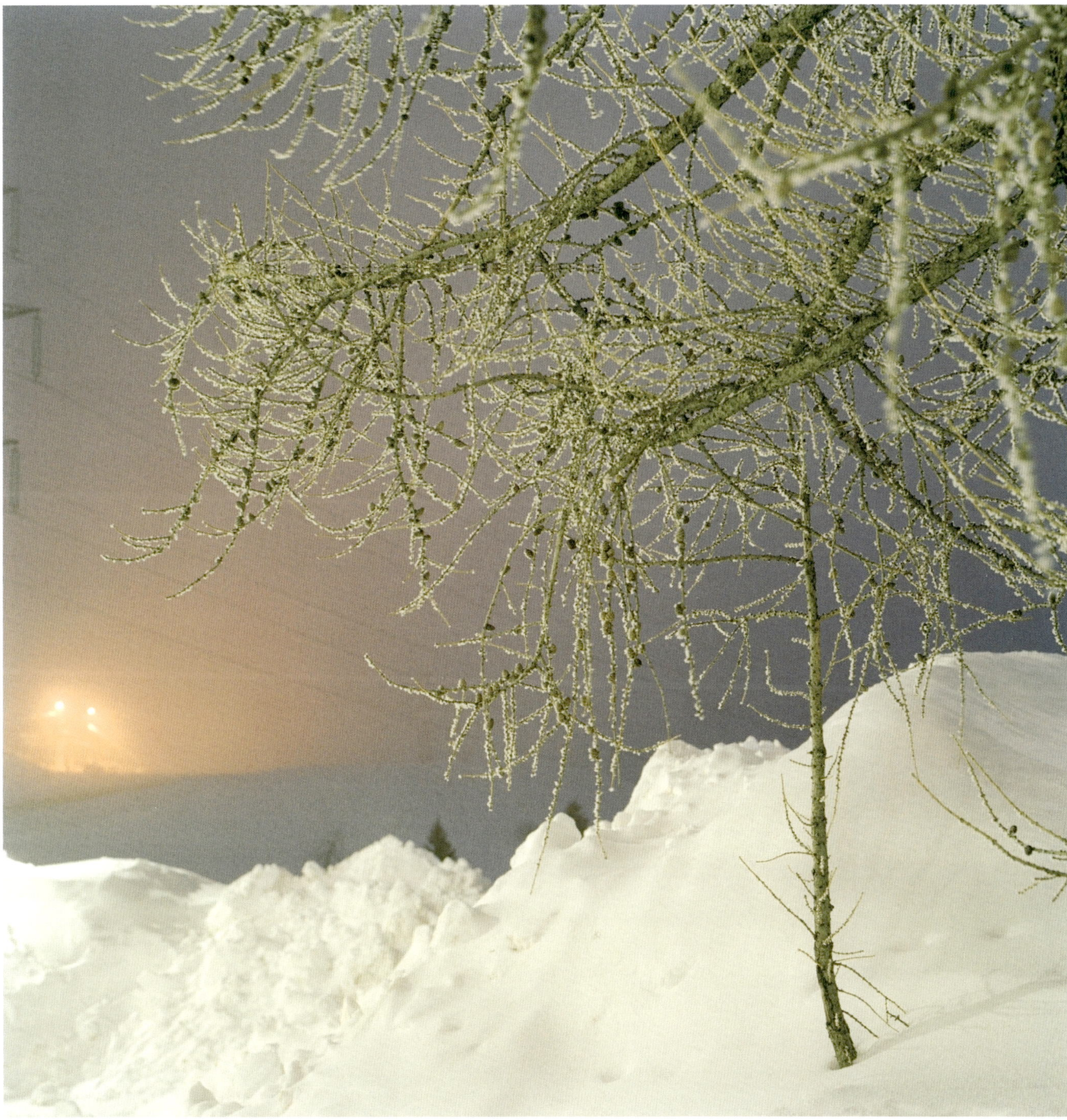

PETER
MARLOW

JIM GOLDBERG

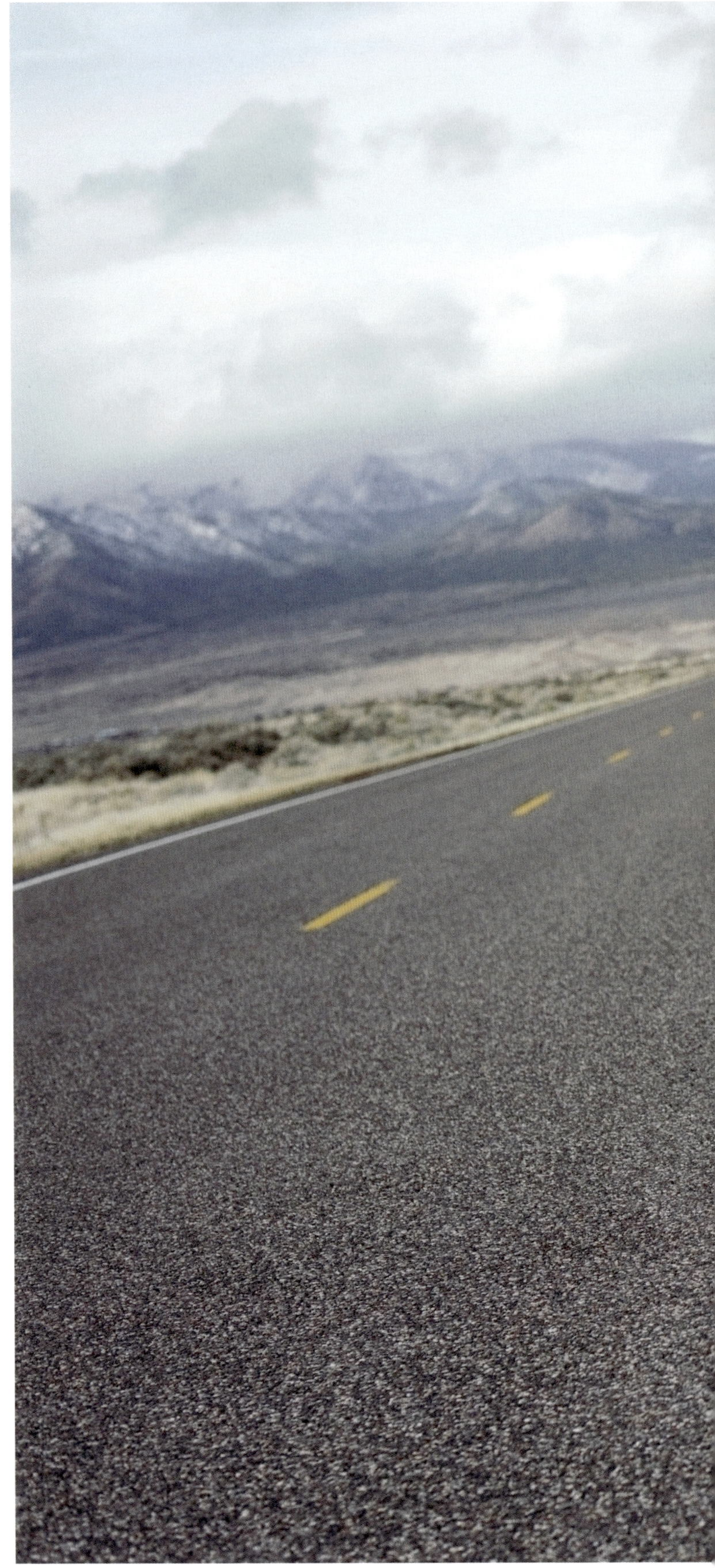

Milford, Utah,
USA, 2012

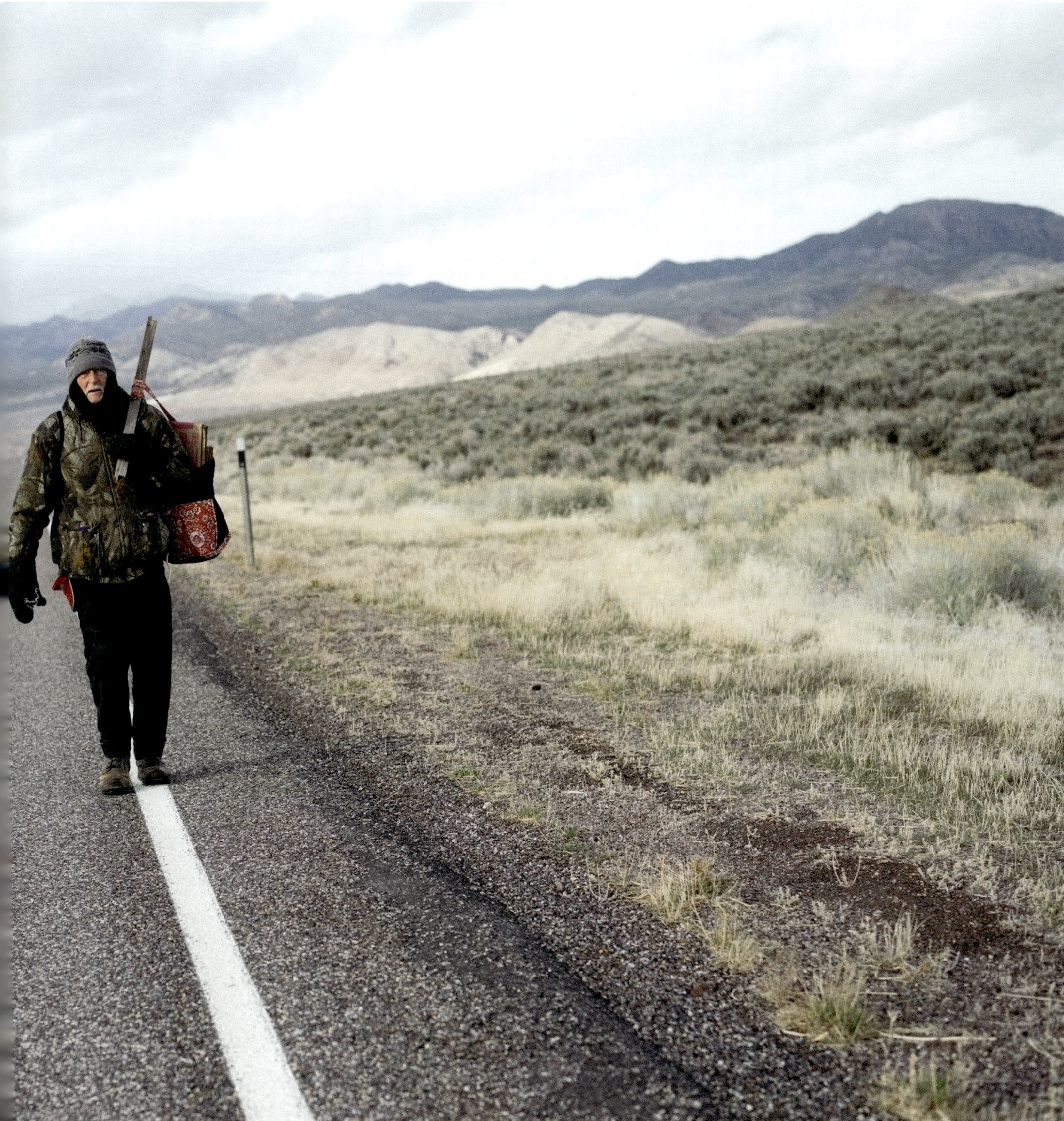

JIM
GOLDBERG

PATRICK ZACHMANN

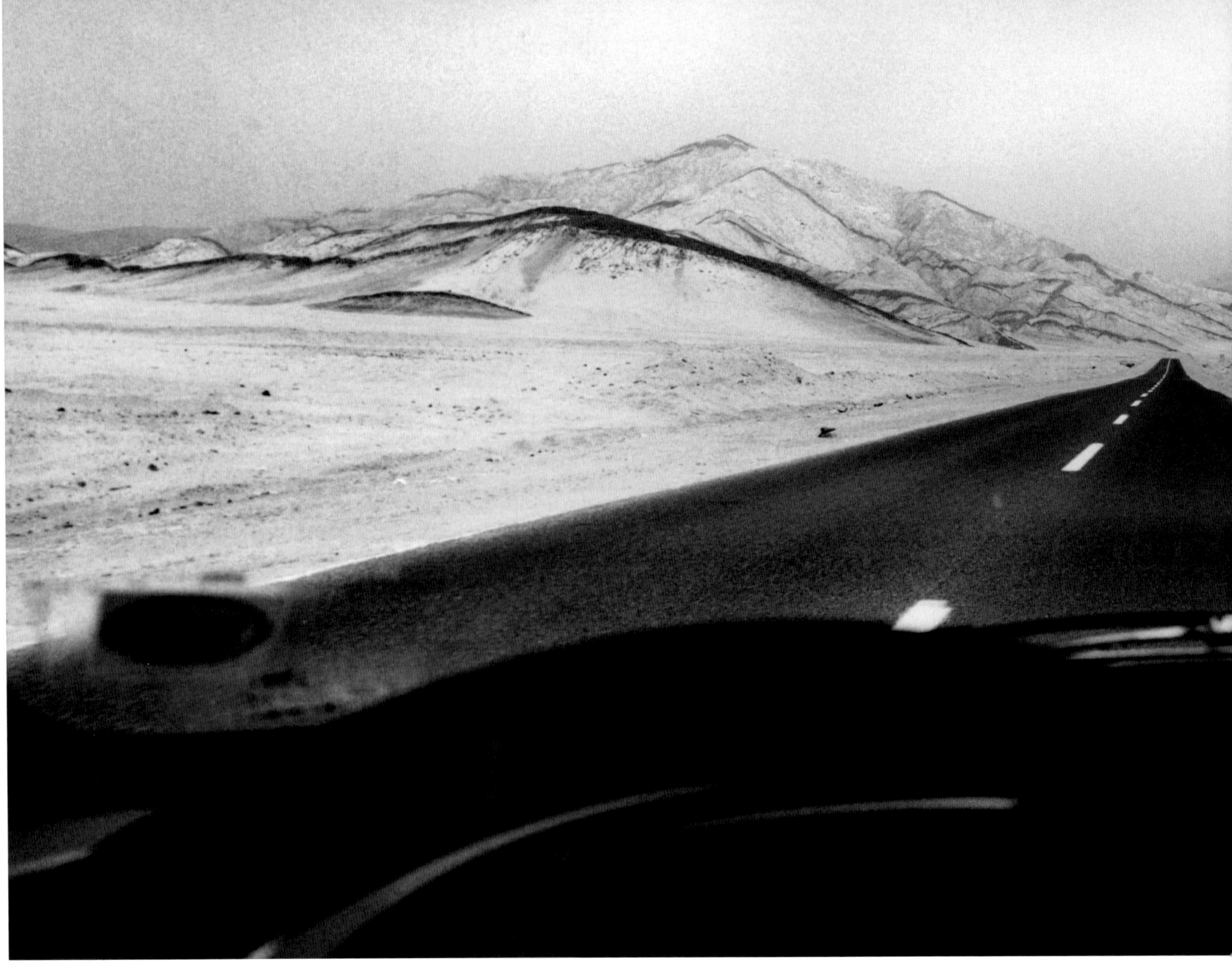

In der Nähe von Copiapó,
Chile, 1999

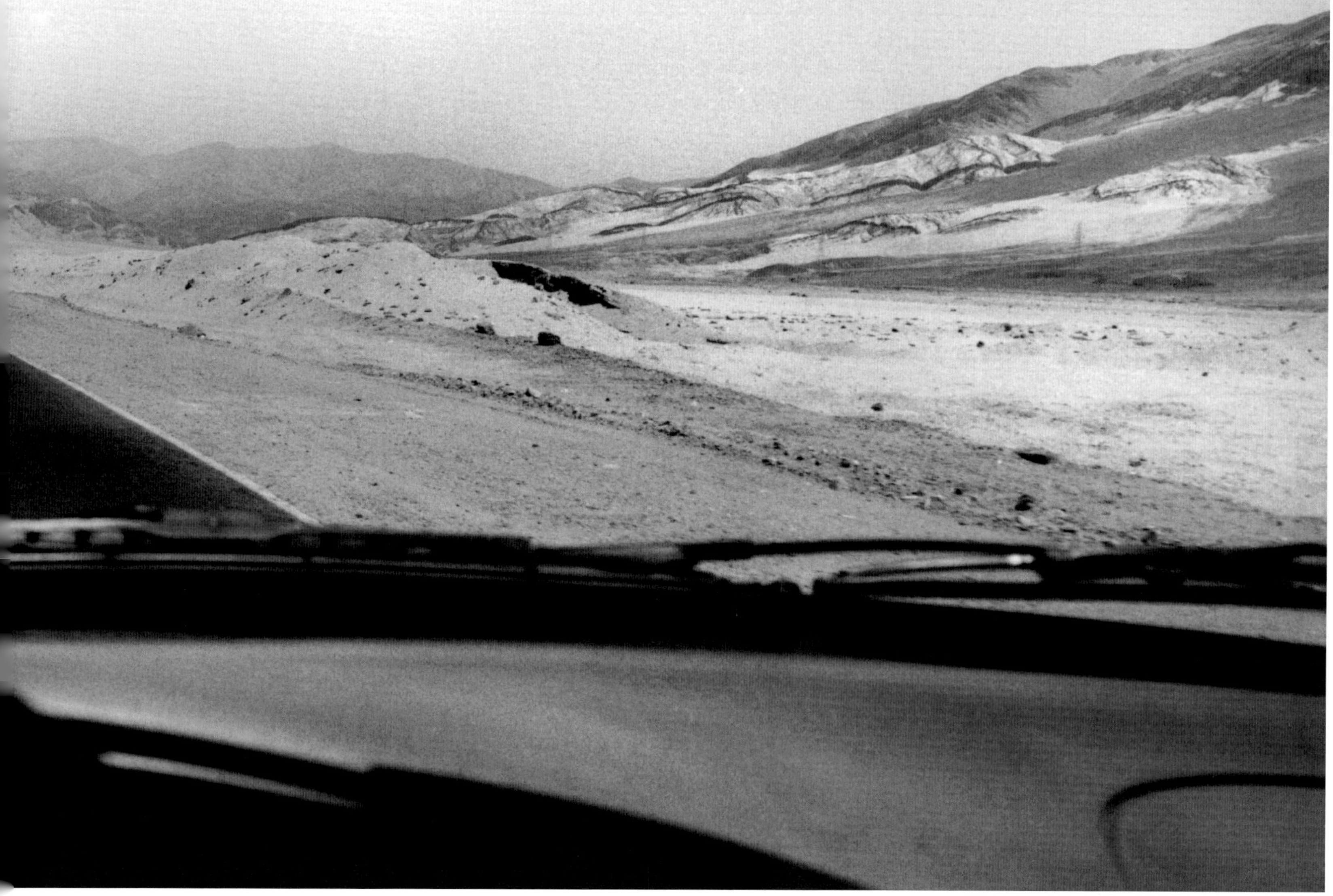

PATRICK
ZACHMANN

TRENT PARKE

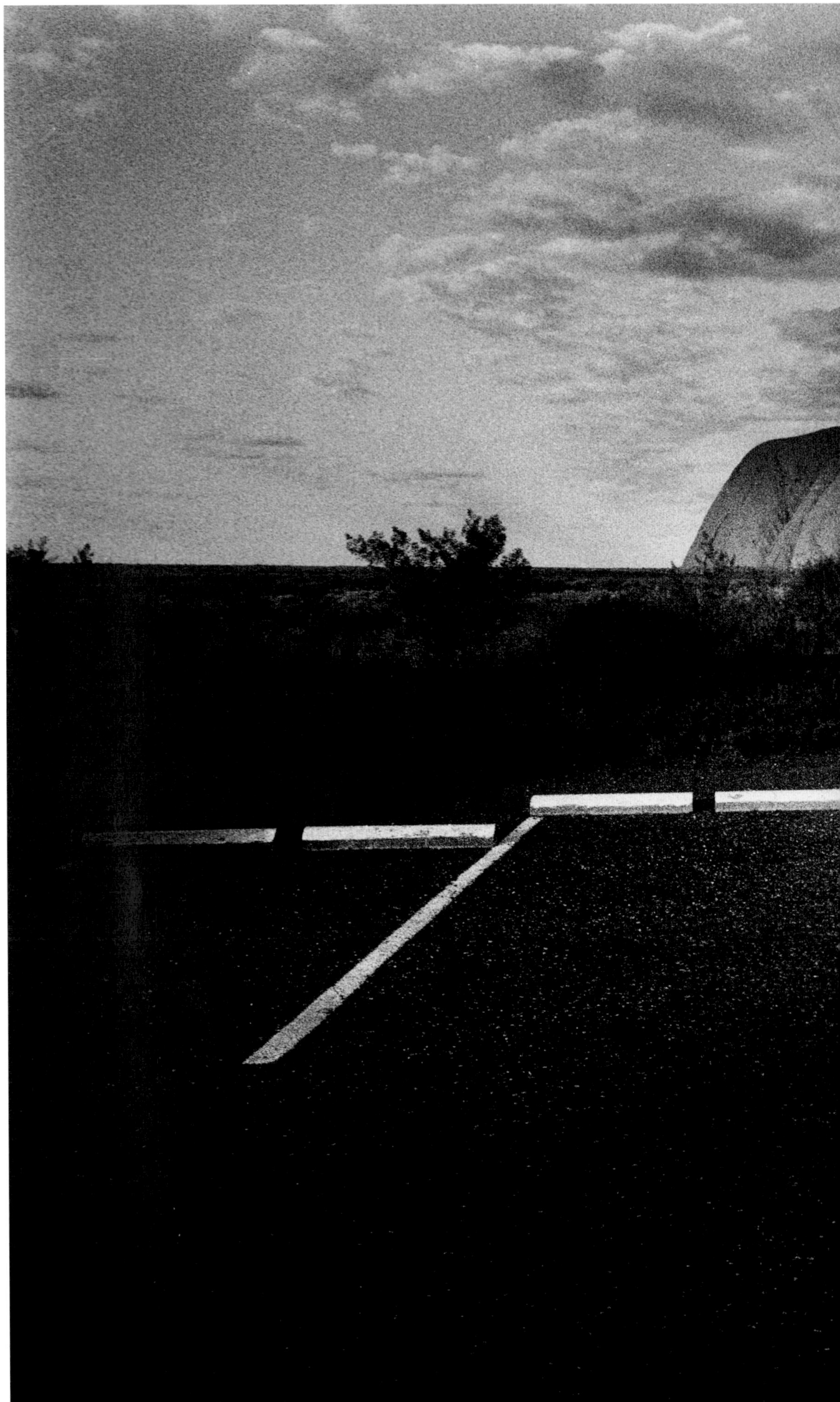

Uluru, Northern Territory,
Australien, 2003

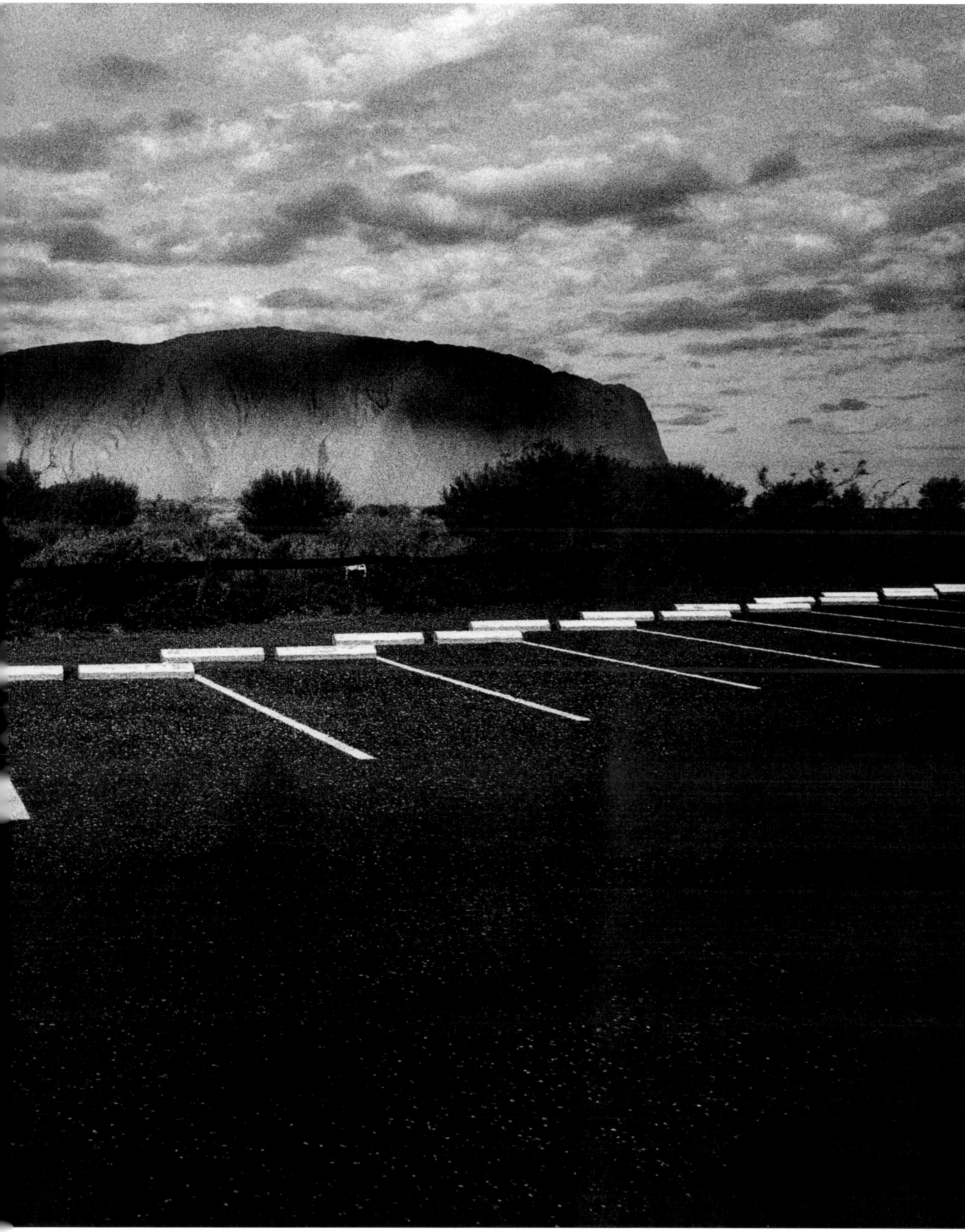

MARK POWER

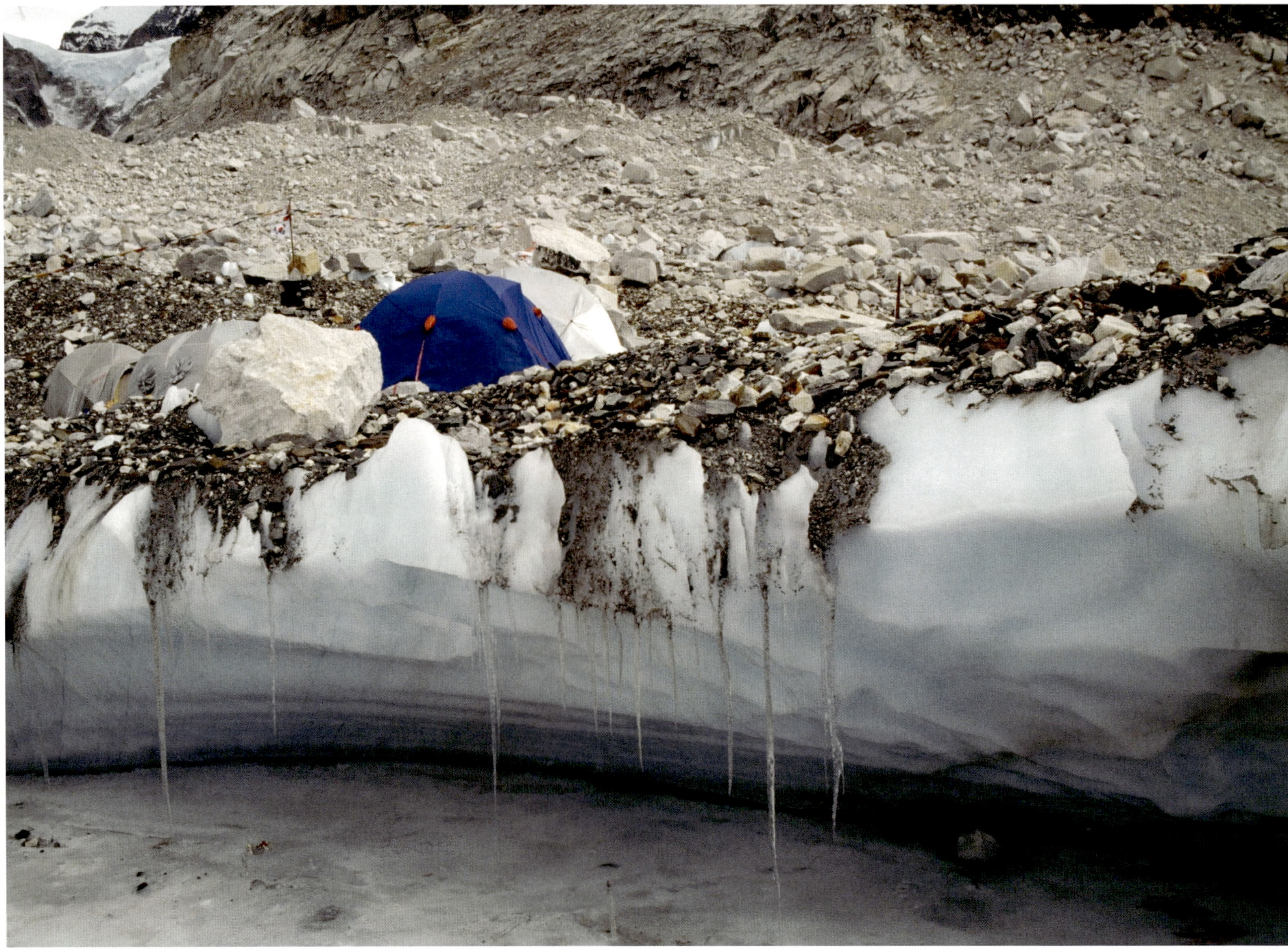

△ ▷ Khumbu-Gletscher und
Everest-Basislager, Nepal, 1998

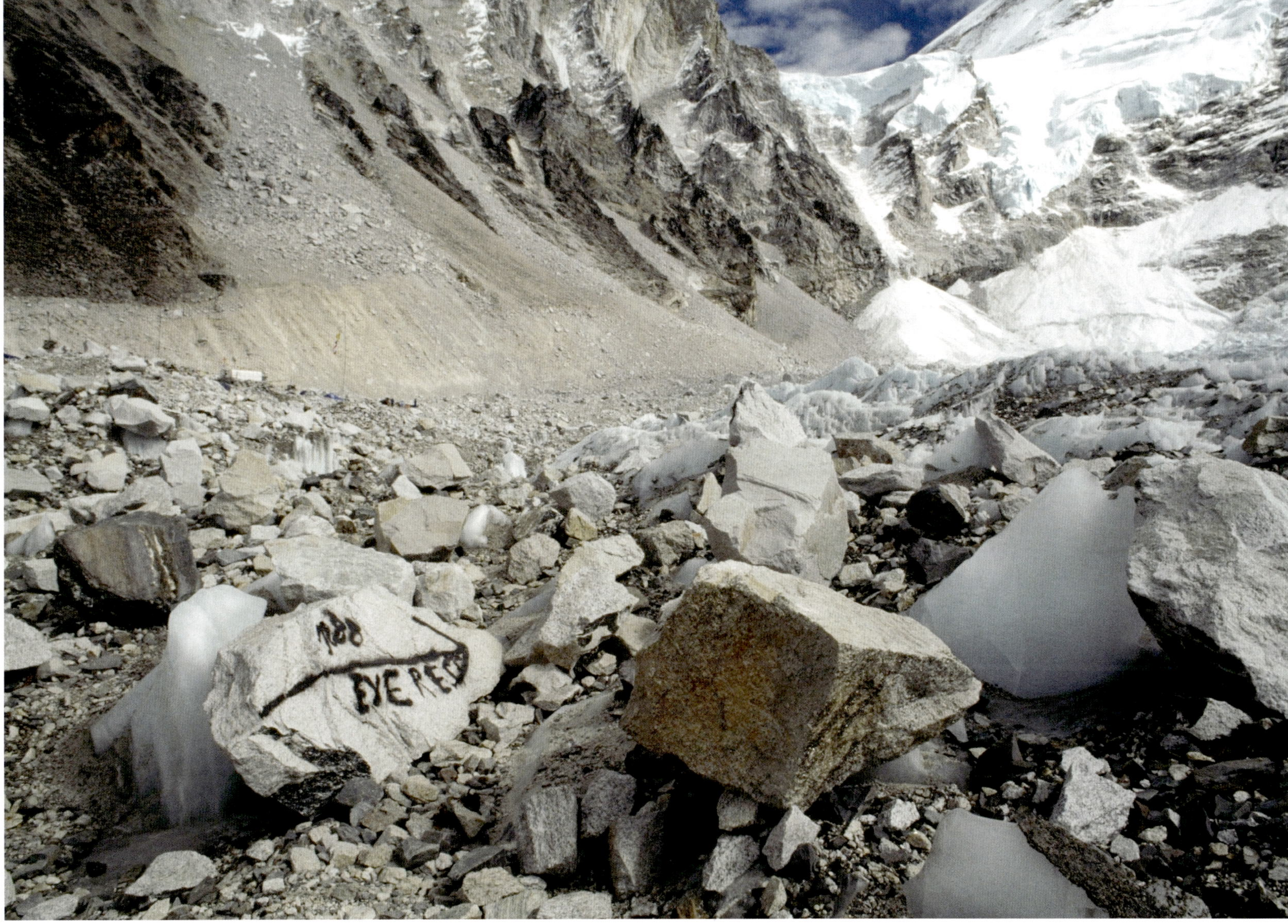

MARK
POWER

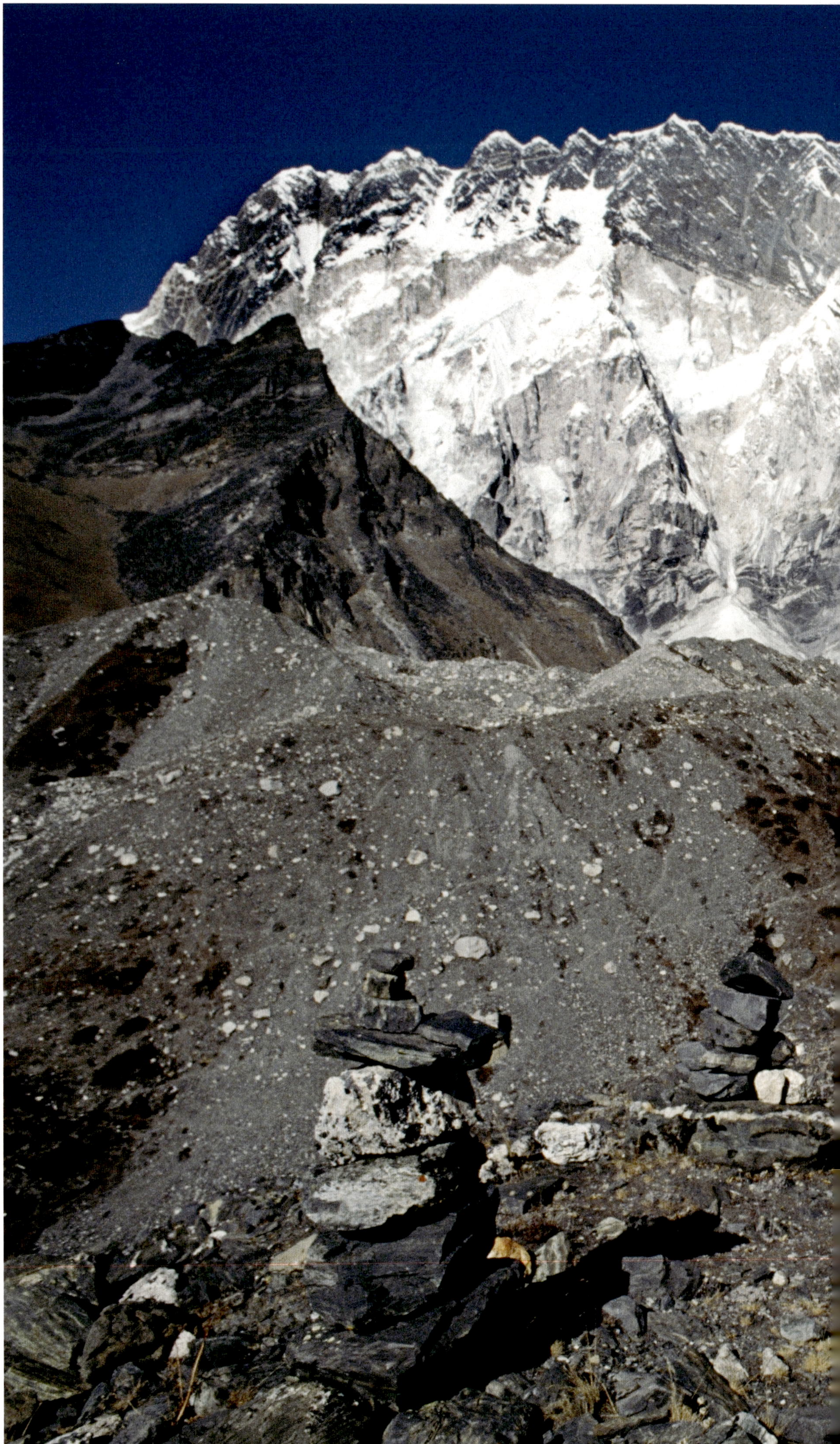

Everest-Basislager,
Nepal, 1988

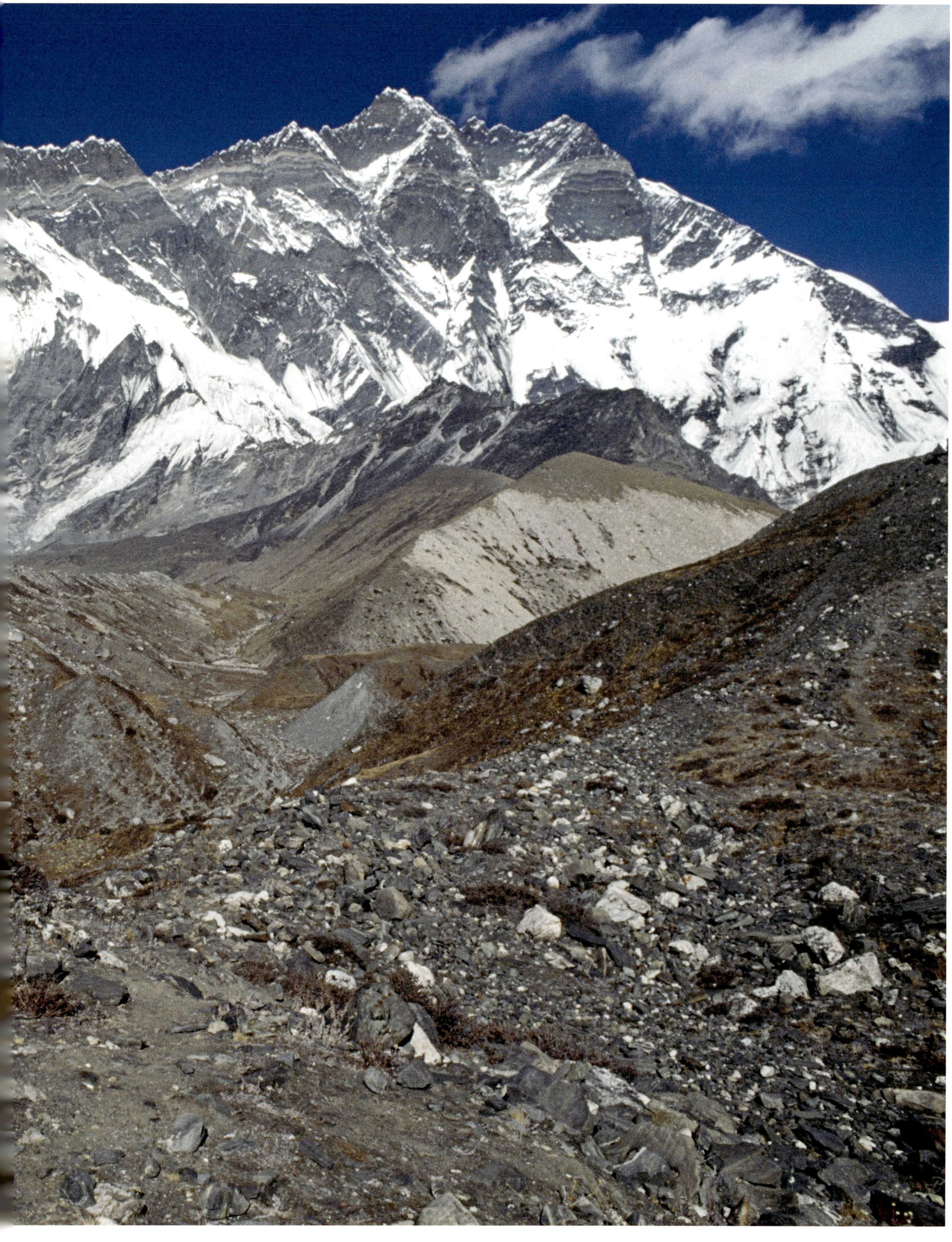

STUART FRANKLIN

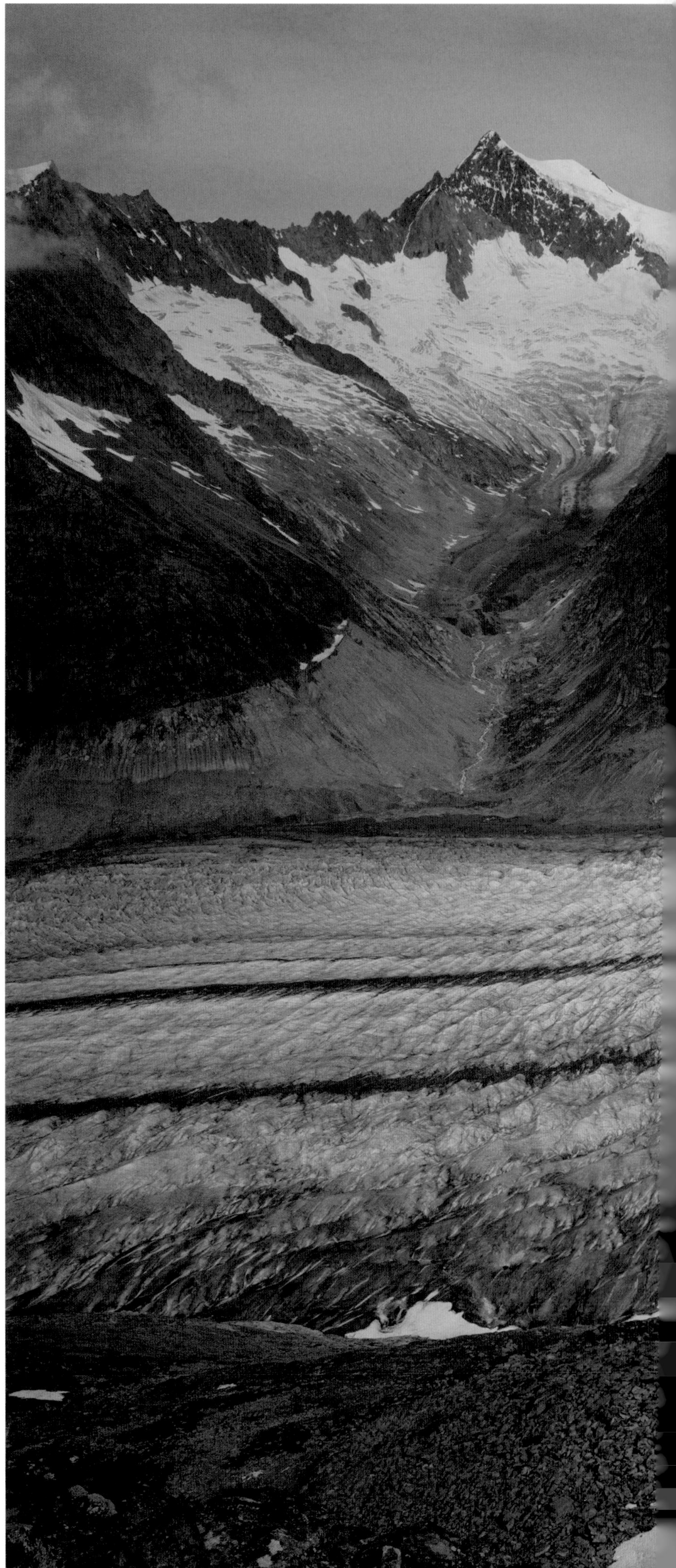

Aletschgletscher, Fiesch,
Schweiz, 2006

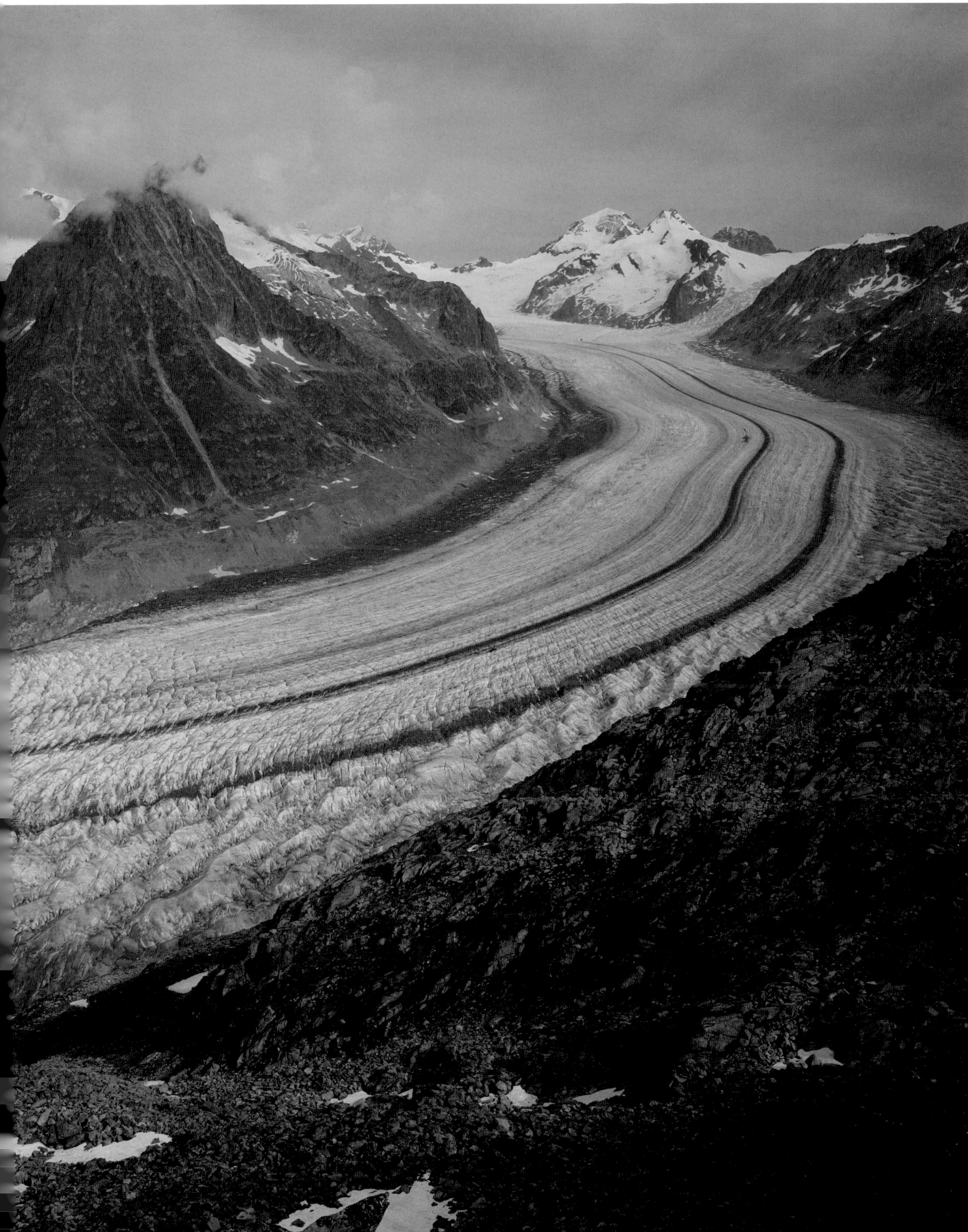

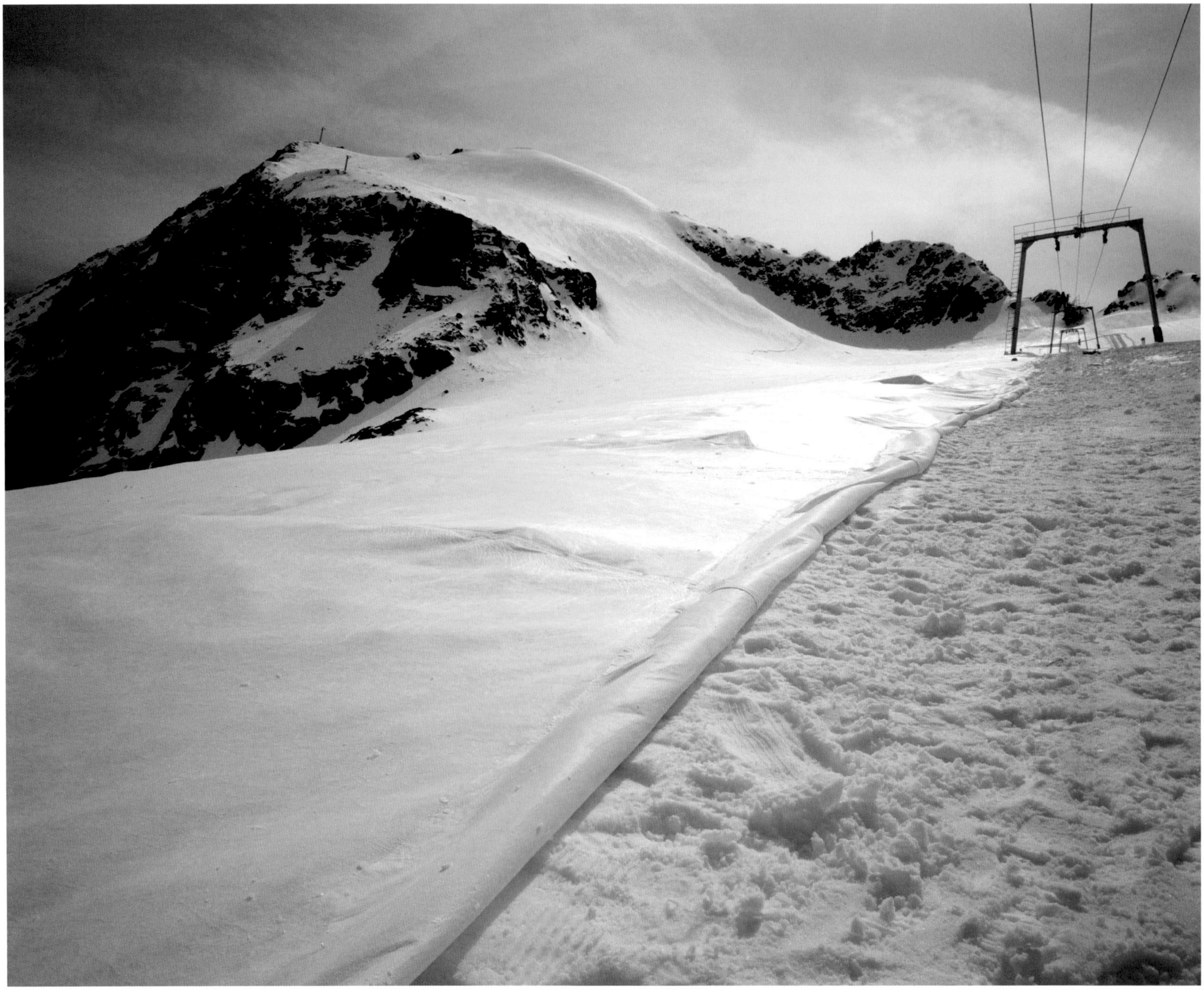

△ Pitztaler Gletscher, Österreich, 2006
▷ Aletschgletscher, Fiesch, Schweiz, 2006

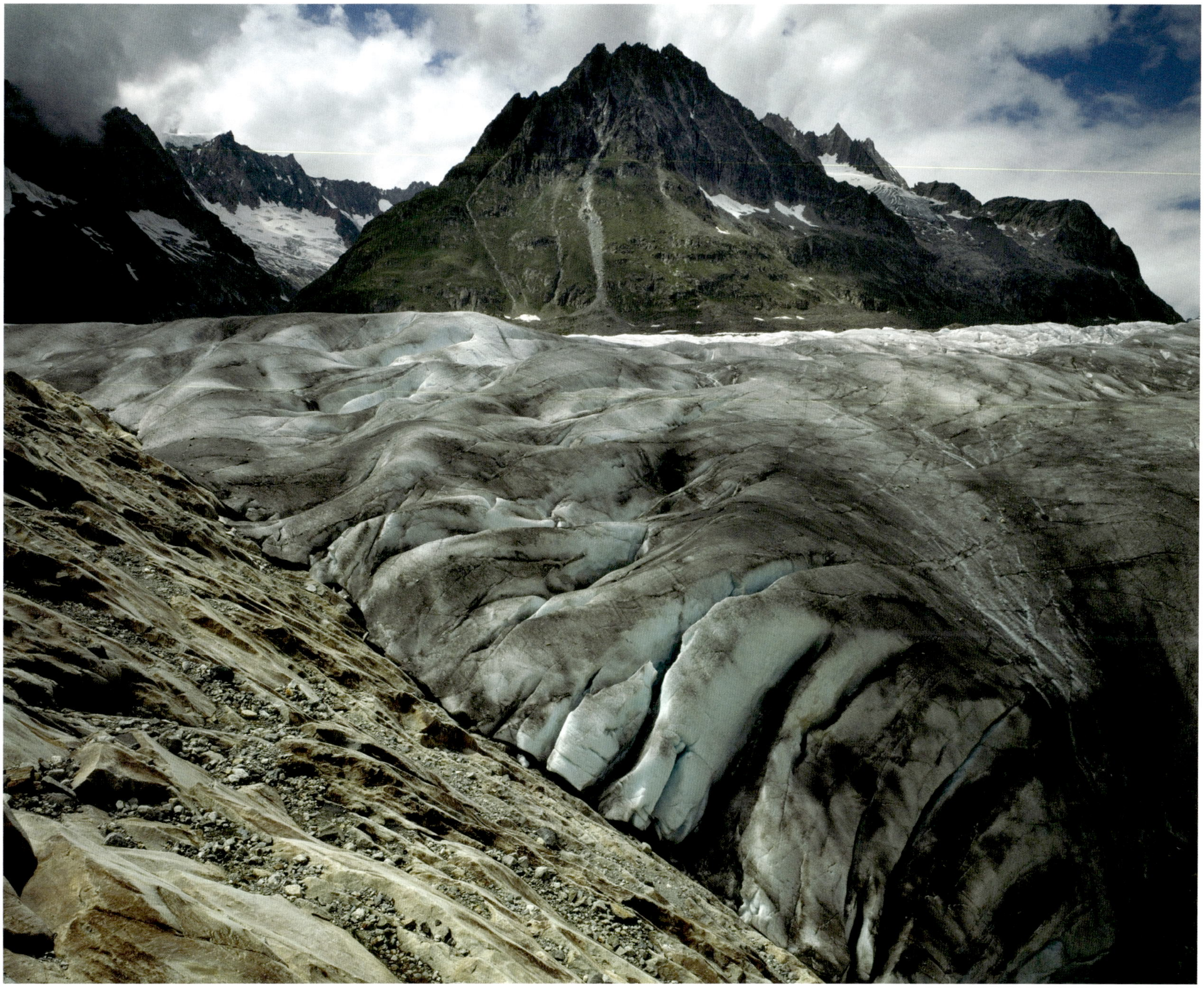

STUART
FRANKLIN

PAOLO
PELLEGRIN

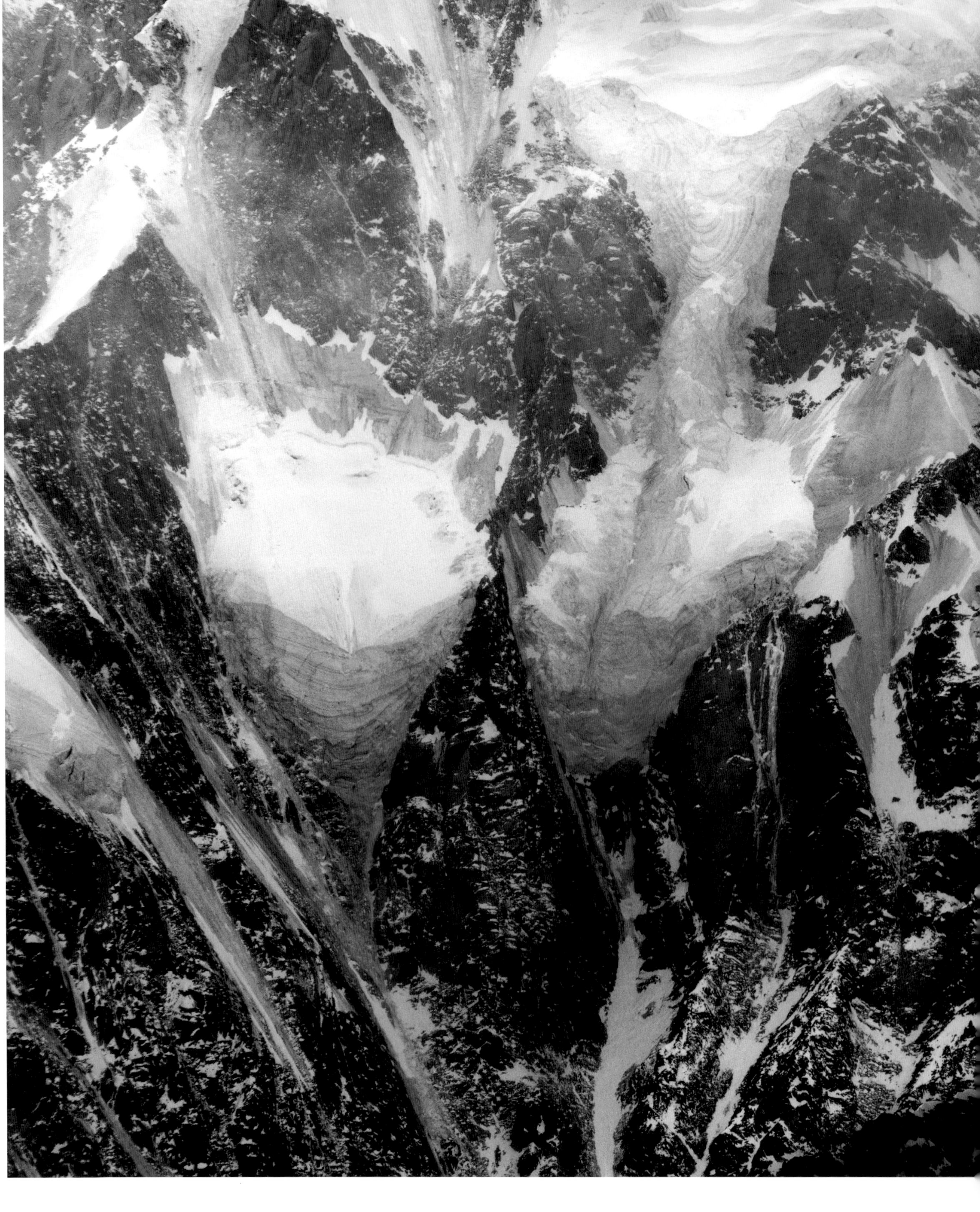

Die Alpen im Aostatal,
Italien, 2019

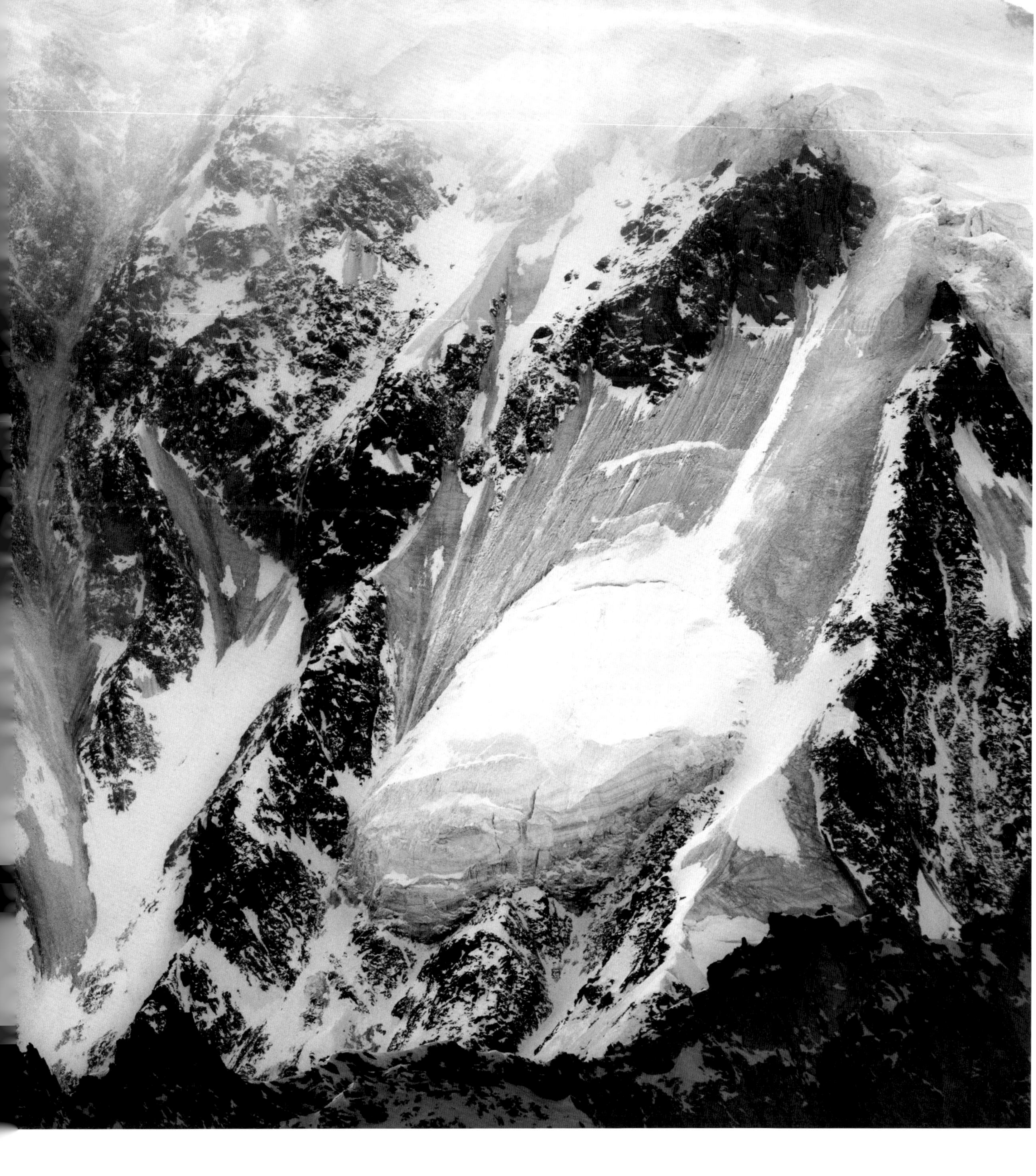

Die Alpen im Aostatal,
Italien, 2019

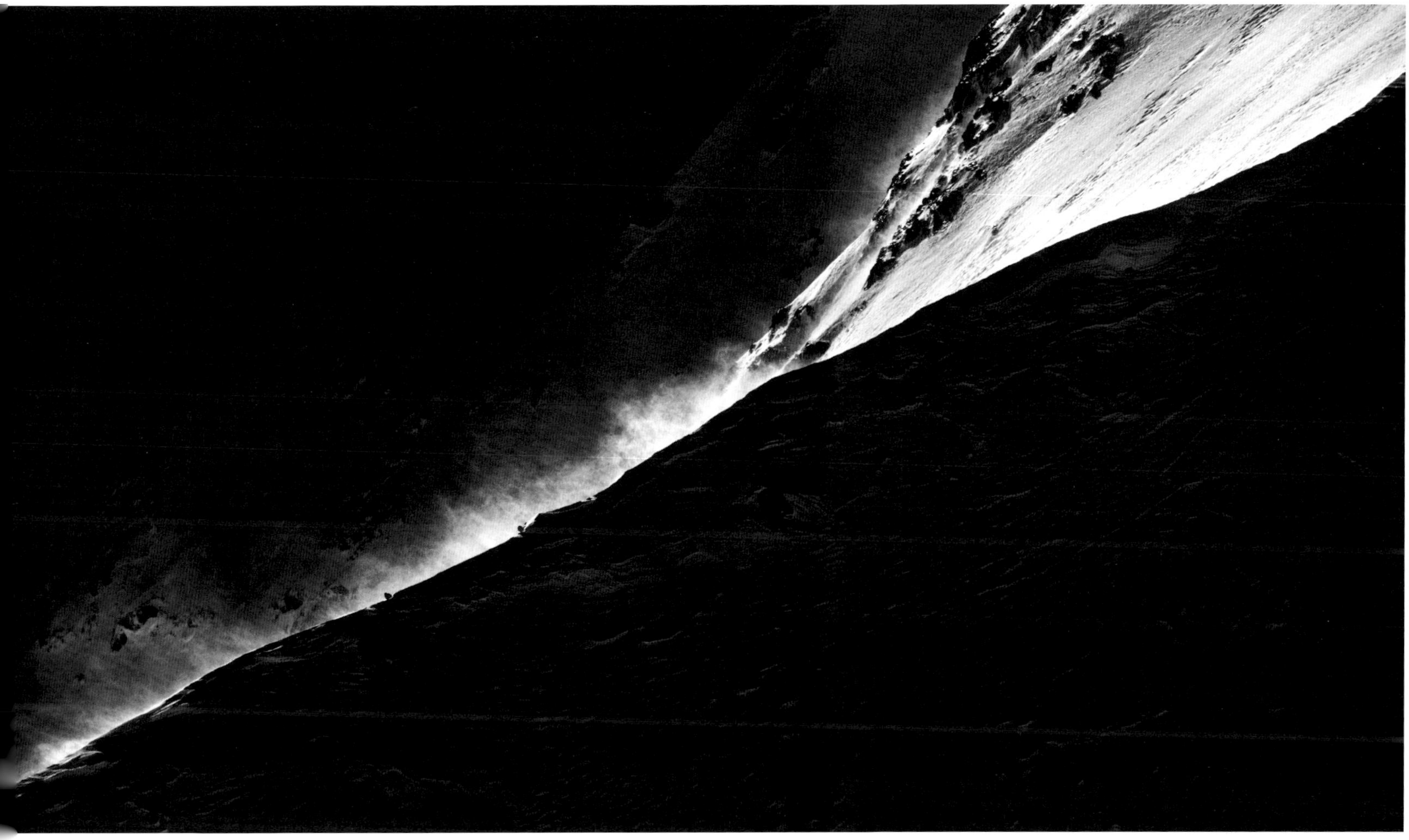

PAOLO
PELLEGRIN

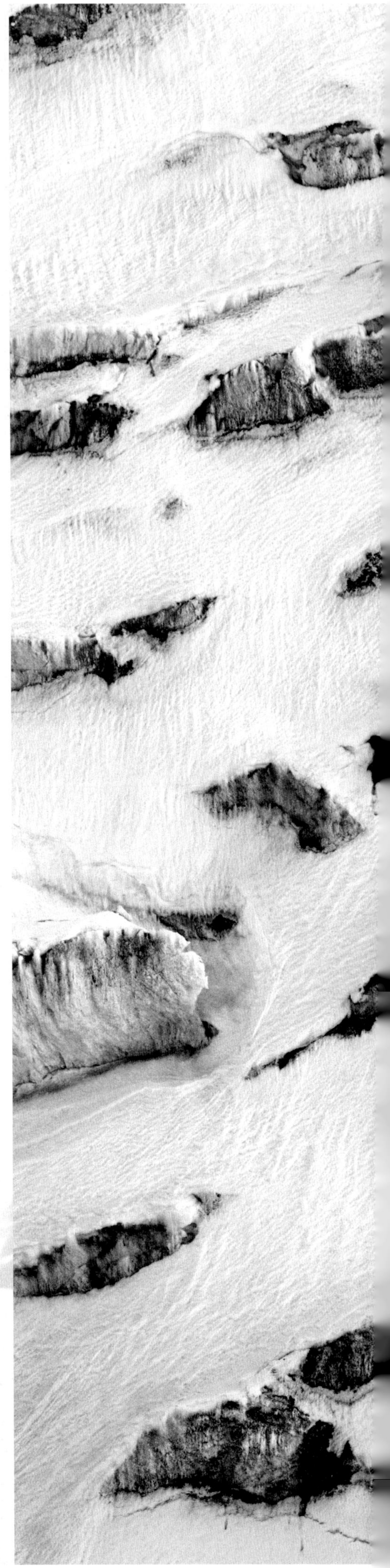

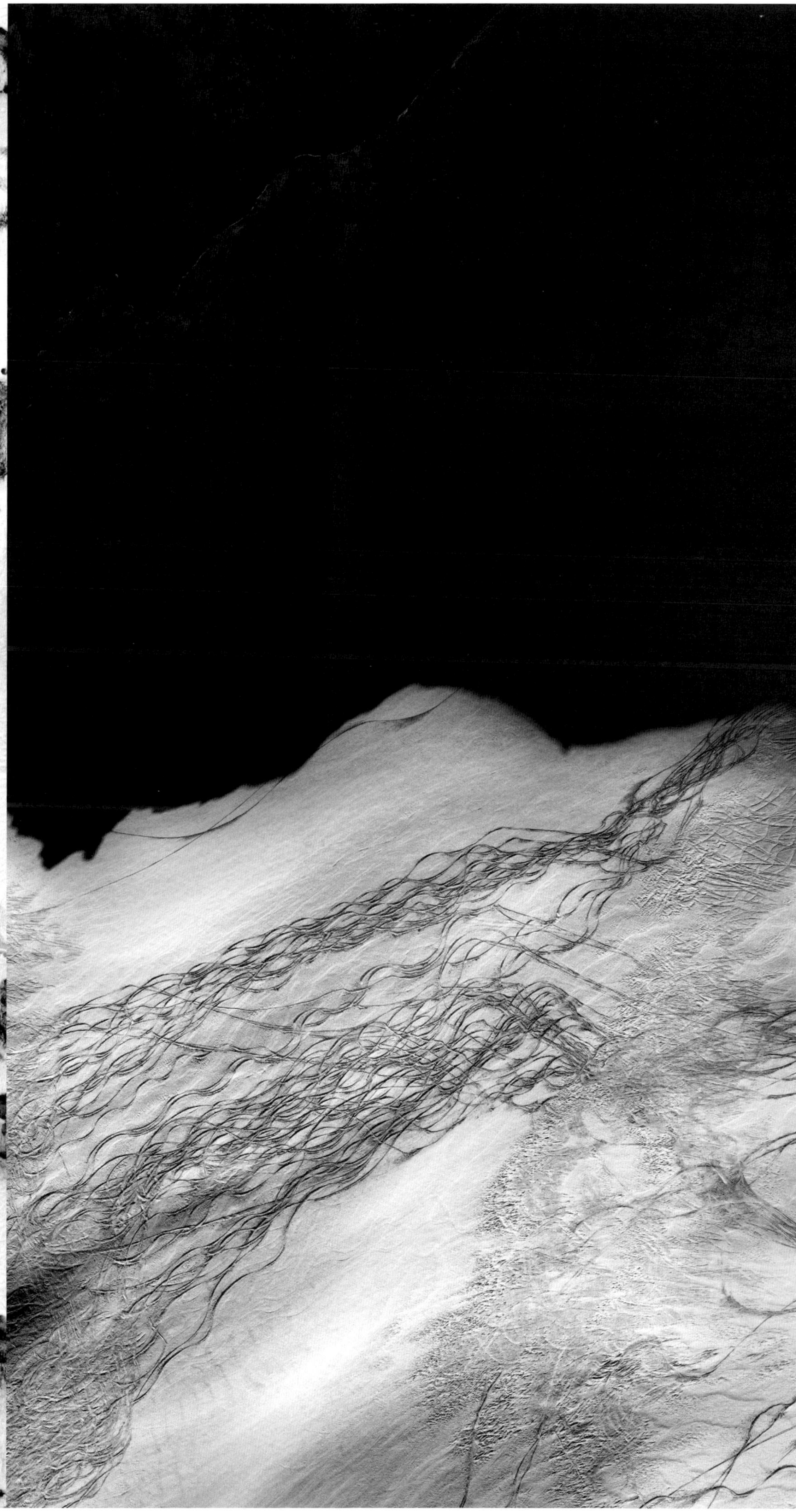

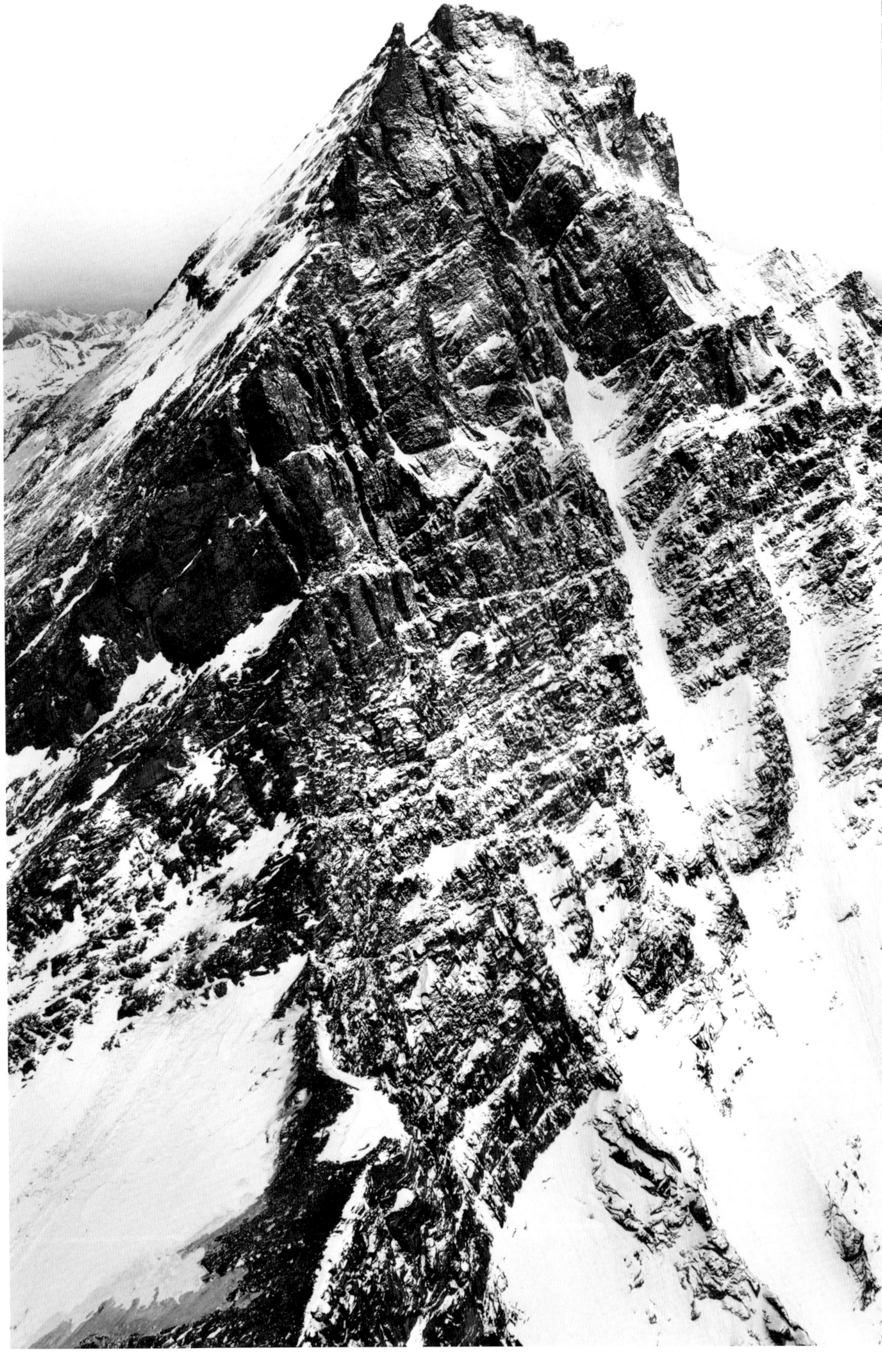
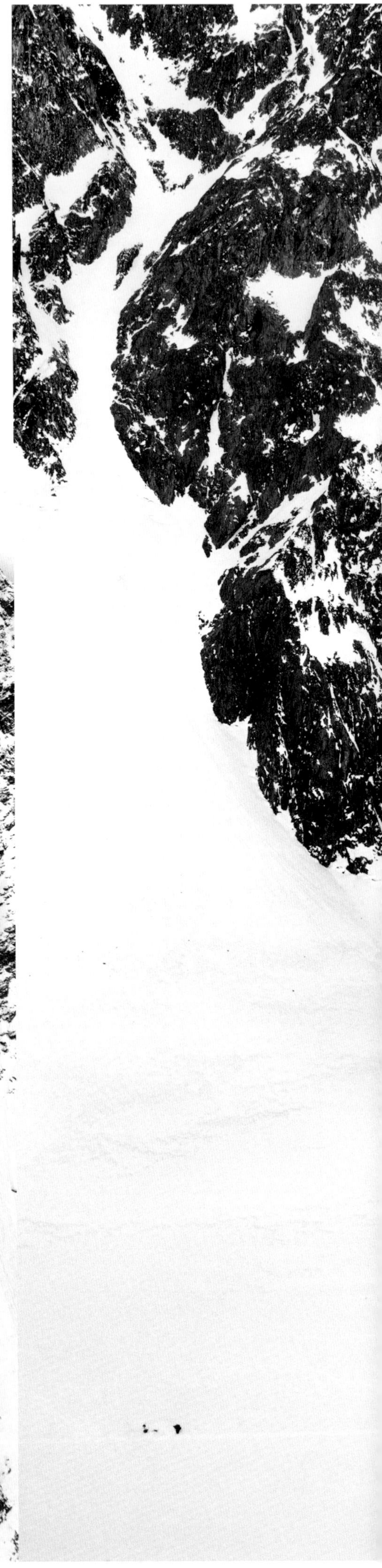

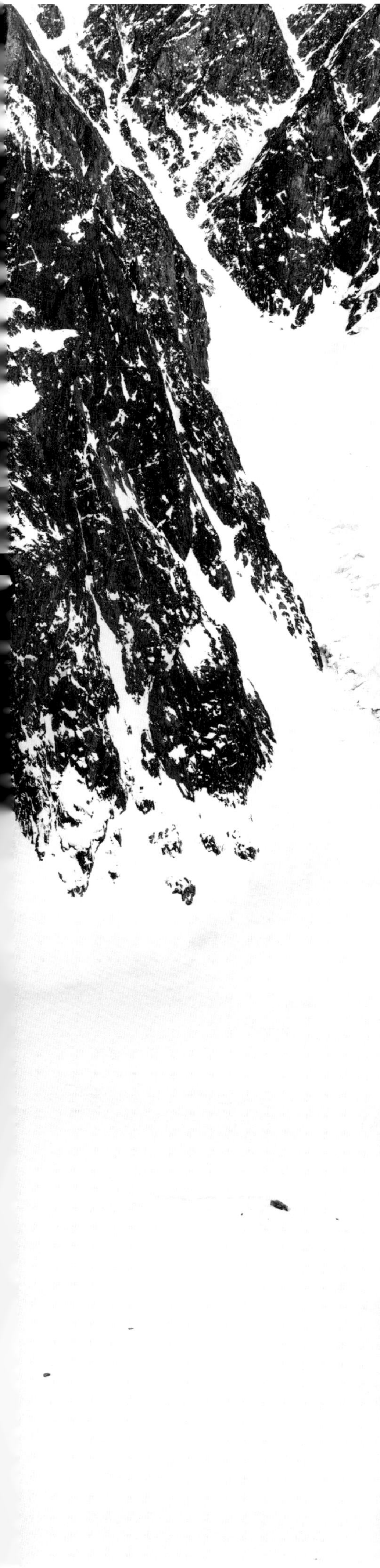

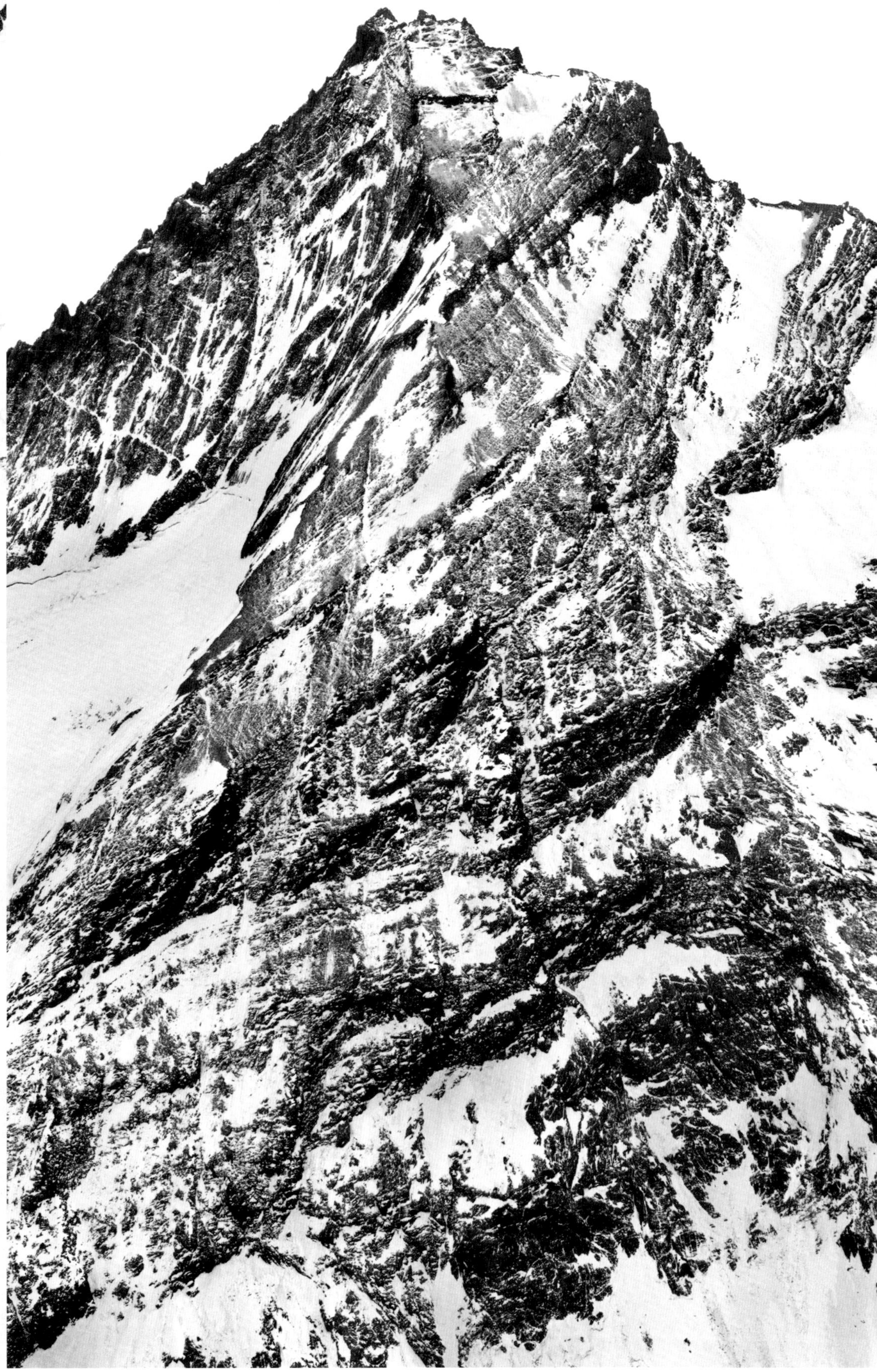

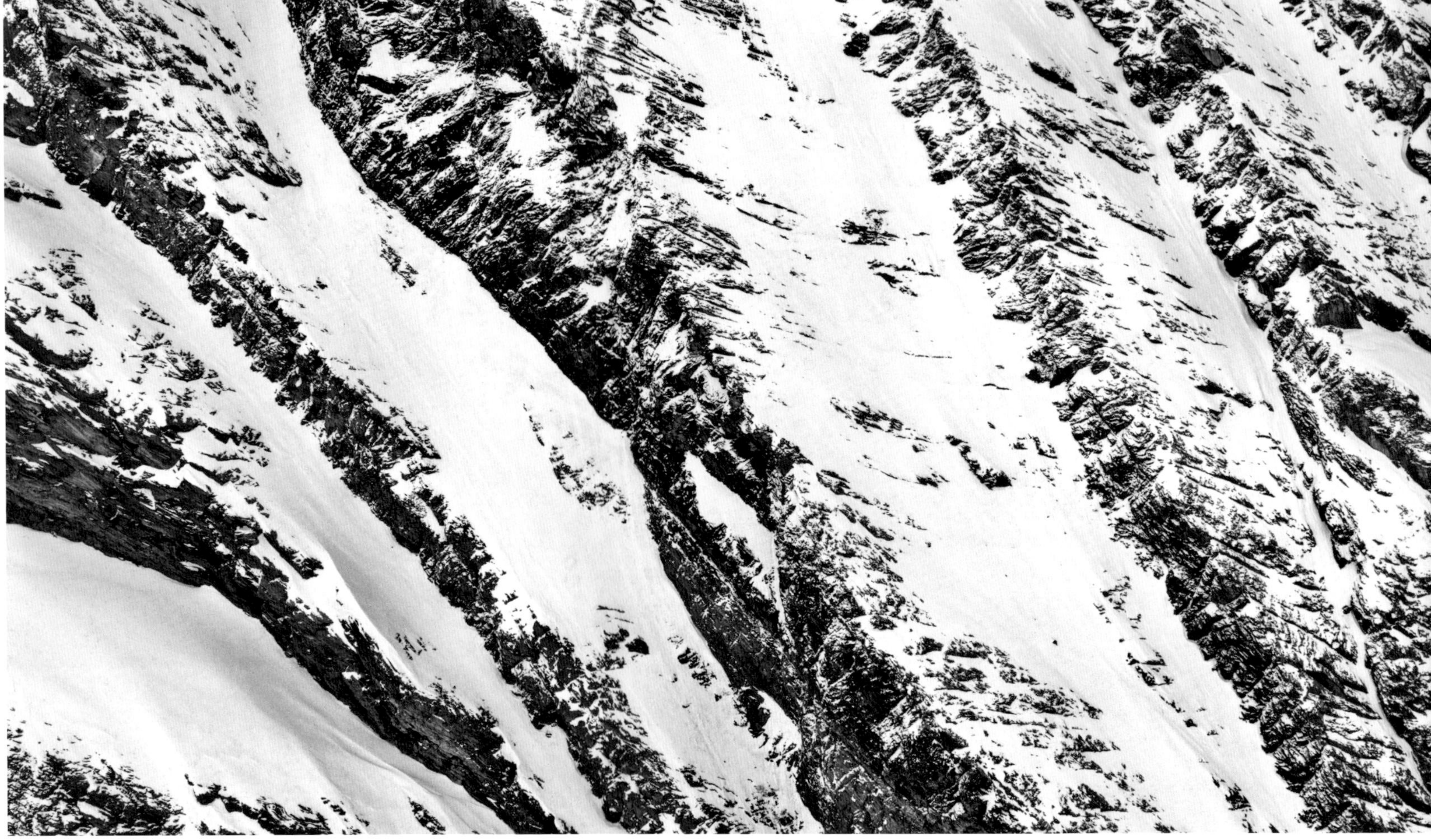

Die Alpen im Aostatal,
Italien, 2019

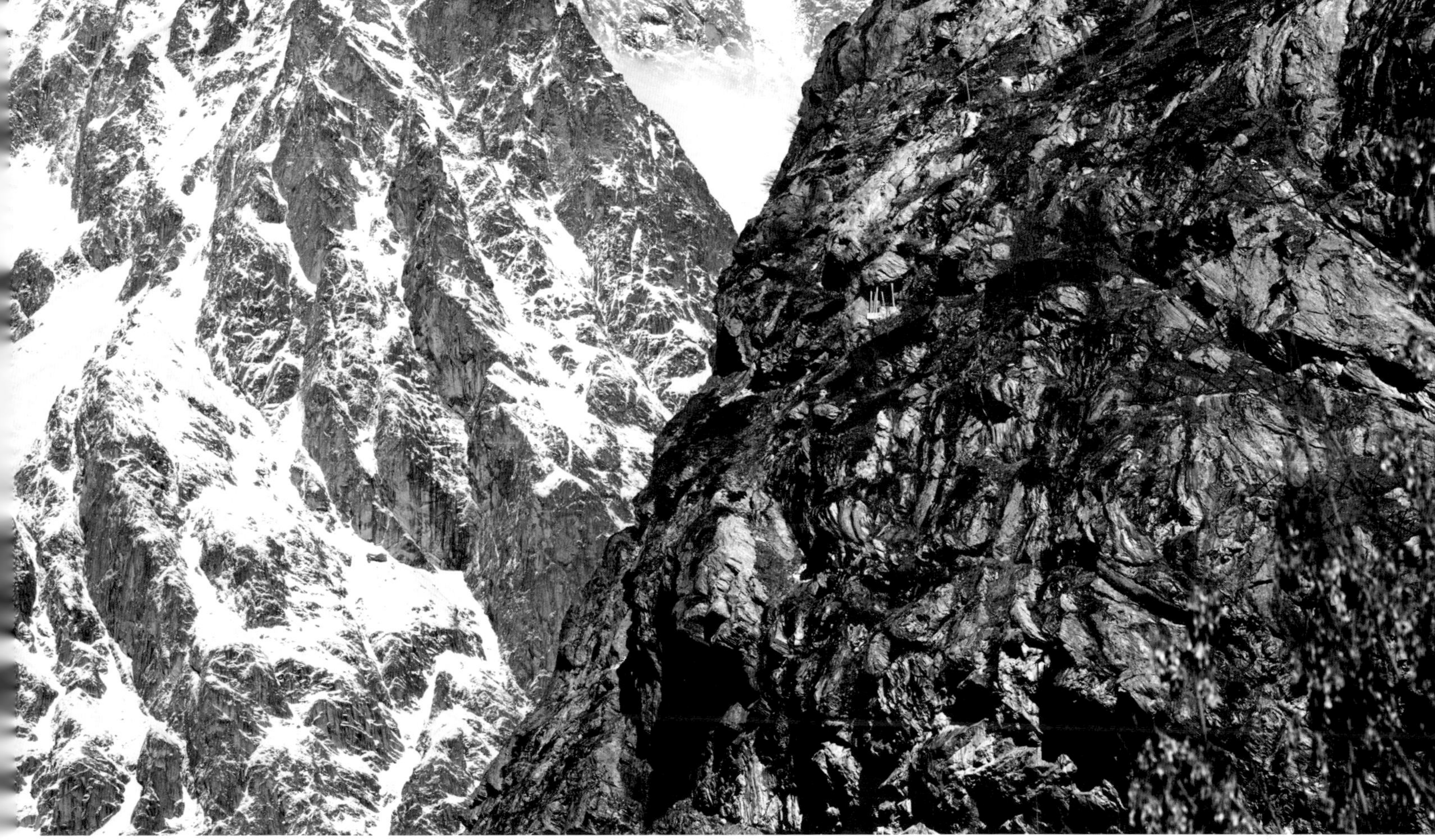

PAOLO
PELLEGRIN

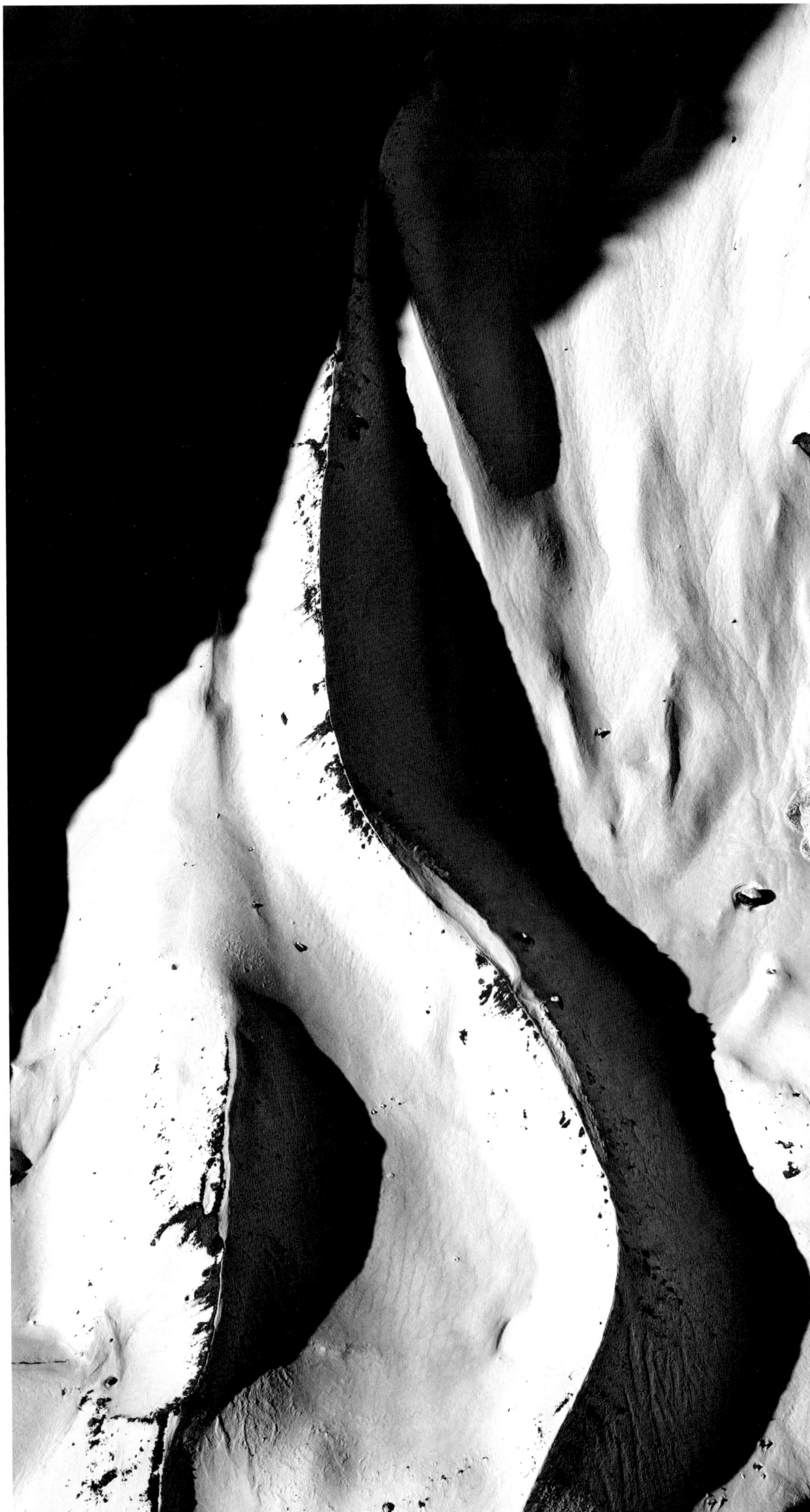
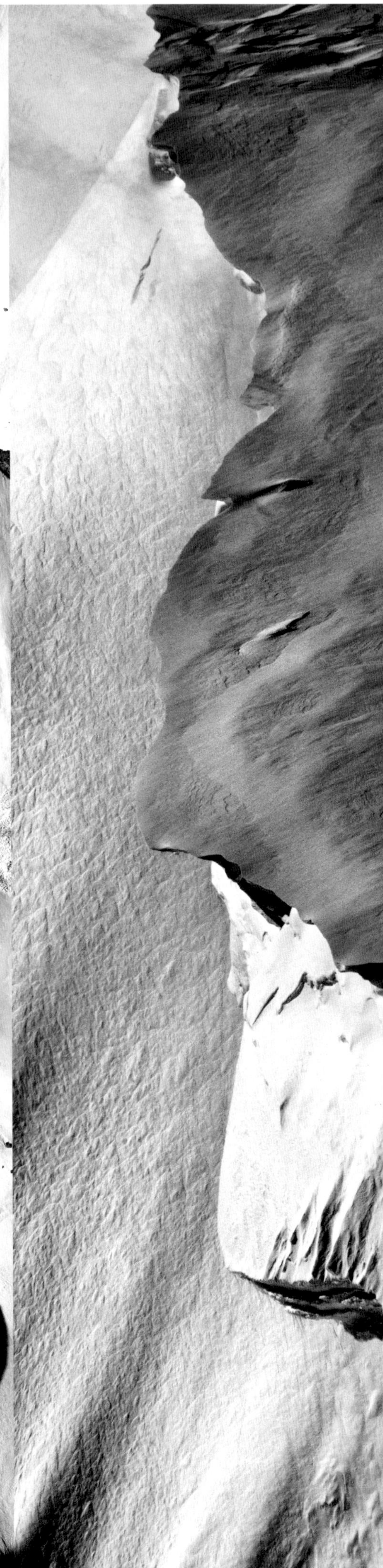

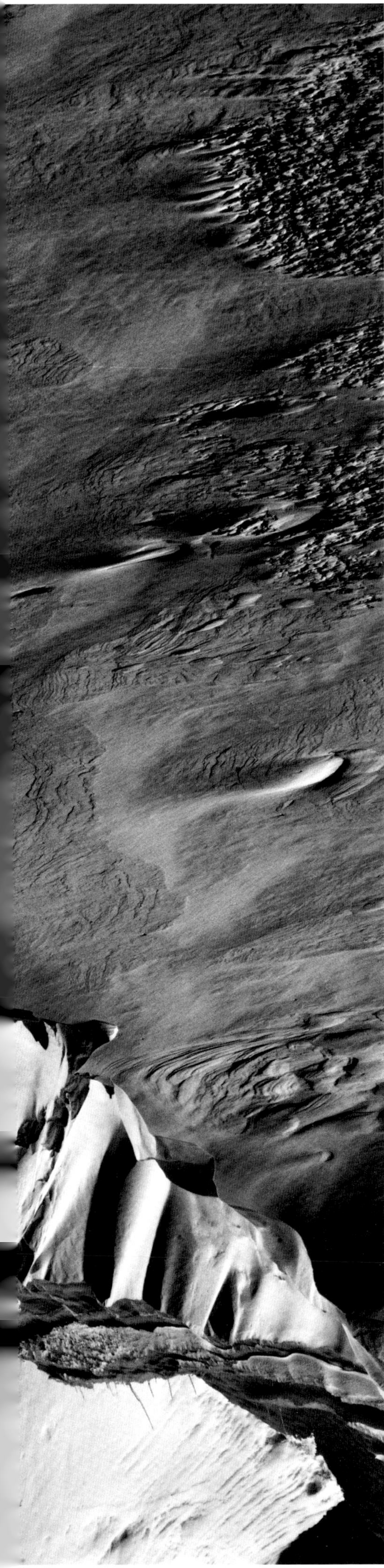
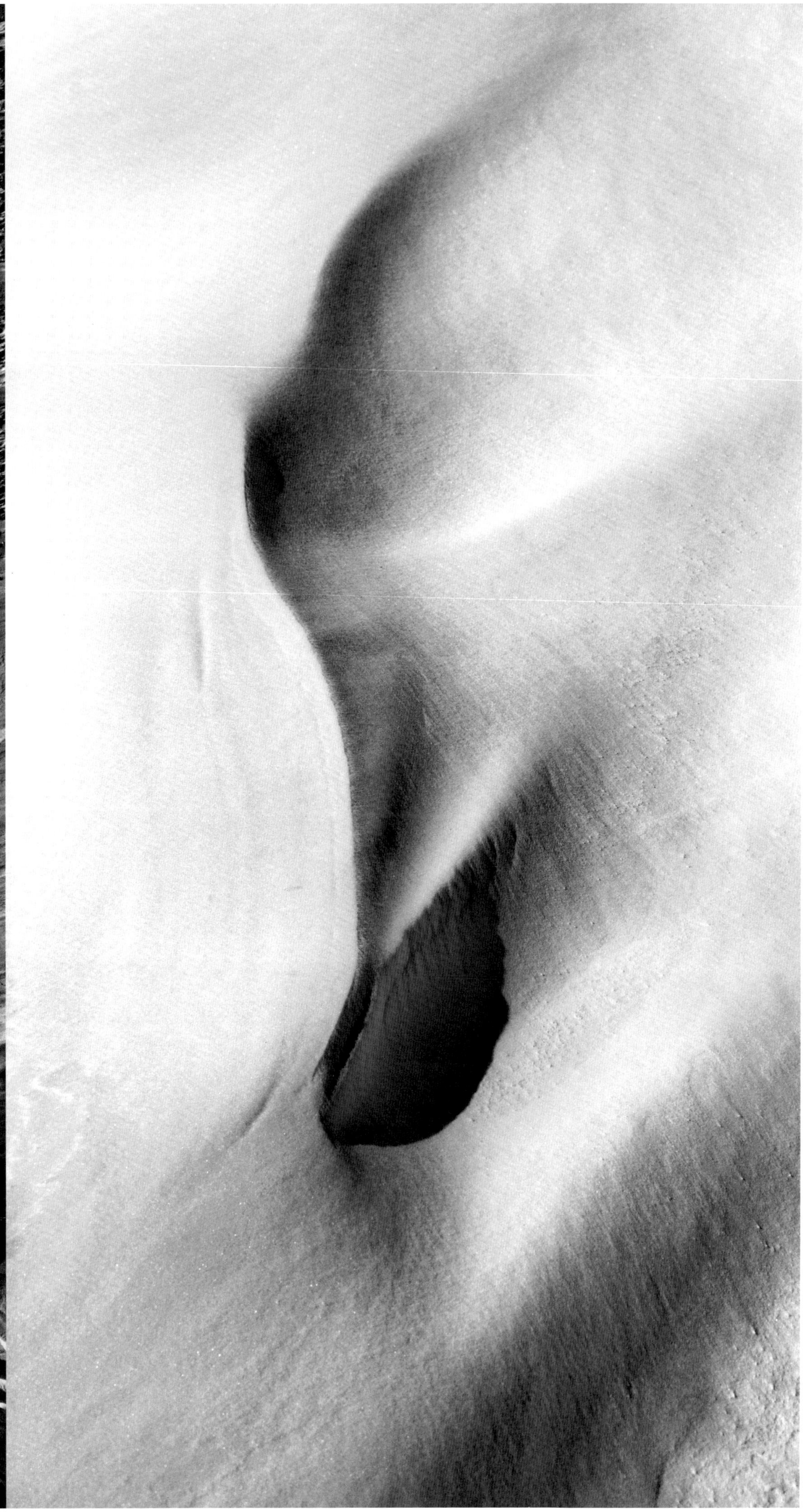

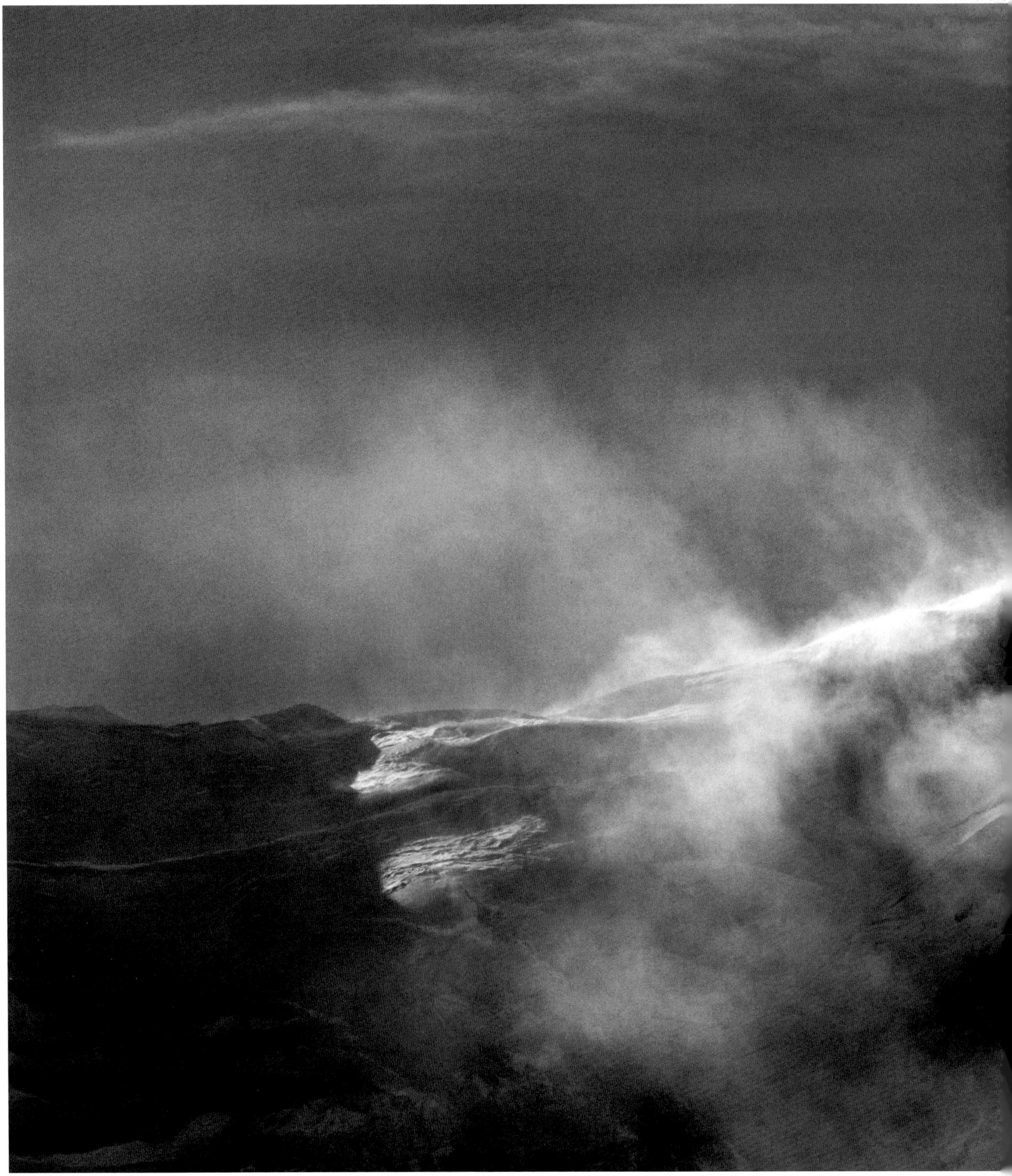

Die Alpen im Aostatal,
Italien, 2019

PAOLO
PELLEGRIN

DIE VERBORGENE SEITE DER BERGE

Pietro Giglio

Die verborgene, die geheime Seite der Berge zu beschreiben, ist in einer Zeit, in der die alpine Ikonografie längst erschöpft scheint, eine echte Herausforderung. Allerdings könnte man genauso behaupten, die Berge zu beschreiben sei schon immer eine Herausforderung gewesen, zumindest seit der Mensch in den Gipfeln der Gebirge erstmals mehr sah als bloße Hindernisse, die es zu überwinden galt.

In der Renaissance bemühten sich Dichter, Schriftsteller und Maler nach Kräften, die Geschichte der Alpen zu erzählen. Auch Leonardo da Vinci versuchte sich daran und zeichnete die Grigna, wie sie sich ihm von Mailand aus darbot. Diese Skizze, die keinesfalls, wie oft angenommen, den Monte Rosa zeigt, wird heute in der Royal Academy in London aufbewahrt. Auch Ende des 17. Jahrhunderts betrachtete die klassische Ästhetik die Berge noch als Locus horridus, wogegen allein die vom Menschen gezähmte Natur, Hofgärten und kultivierte Landschaften, als Locus amoenus galt. Erst als man in der Aufklärung hoffte, der Natur all ihre Geheimnisse entreißen zu können, wurden die Berge zum Gegenstand wissenschaftlicher Forschung.

Die Erstbesteigung des Montblanc durch Paccard und Balmat 1786 war für die damalige Zeit, was für unsere die Mondlandung von Neil Armstrong und Buzz Aldrin im Jahr 1969 war – ein wahrer Vorstoß ins Unbekannte. Und schon 1787, nur ein Jahr später, erklomm Horace-Bénédict de Saussure den höchsten Gipfel der Alpen, ausgerüstet mit modernster Messtechnik, verschiedenen Thermometern und Aneroidbarometern, sowie mit einer Pistole, um die Ausbreitung des Schalls in diesen Höhen zu untersuchen. Er machte sich also daran, dieses Unbekannte mit wissenschaftlichen Mitteln zu erklären, auch wenn er schließlich nur wenige Merkmale extremer Höhenlagen beschreiben konnte. Aber schon bald und ganz im Geist der aufkommenden Romantik wagten sich immer mehr Alpinisten hinauf auf die Gipfel und hinein in die Täler, um die Bergwelt weiter zu erkunden.

Eben noch ein Locus horridus, wurde diese Bergwelt schon bald zu einer Welt des Erhabenen, in der fortan nicht mehr Wissenschaftler nach neuen Erkenntnissen suchten, sondern Abenteurer die Begegnung mit einer atemberaubenden und mitunter urzeitlich anmutenden Umgebung. In der Folge der im 18./19. Jahrhundert stattfindenden kulturellen Konstruktion der Alpen als geografisches, ans Exotische grenzende Modell stilisierte man die Berge gar hoch zum Paradies, umgeben von Gegenden und Landschaften, die sich Hals über Kopf in die industrielle Revolution stürzten.

Für Alpinisten und Künstler gleichermaßen hatten die Berge nun eine eigene Seele und fast übernatürliche Kraft, wo in die ›betäubende‹ Stille des lichten Himmels plötzlich ein heulender Wind dringt, der die Wolken um die Berggipfel treibt und sie so vor den Augen all jener verbirgt, die sich ihnen zu nähern wagen.

In jüngerer Zeit wurden die Gebirge mit ihren großartigen Kontrasten zur Bühne für legendäre Magnum Fotografen, die weltweit dafür bekannt sind, dass sie die zentralen Ereignisse des 20. Jahrhunderts dokumentiert haben. Robert Capa, einer der Agentur-Gründer, war ein Gigant, der die Kunst, »mit Licht zu schreiben«, nachhaltig prägte und die Fotoberichterstattung im Zweiten Weltkrieg ebenso beeinflusste wie später die Darstellung der Alpen.

Andere Magnum Fotografen, die sich den Alpen mit der Kamera näherten, waren die Schweizer René Burri und Werner Bischof, der sich auch als Bergsteiger hervortat, Peter Marlow aus Großbritannien, Harry Gruyaert aus Belgien und der Norweger Jonas Bendiksen, den sowohl die von menschlicher Aktivität veränderte Bergwelt als auch die Einsamkeit der Natur mit ihren abwechselnd geometrischen und unregelmäßigen Formen anzog. Nicht zu vergessen die Franzosen Raymond Depardon und Jean Gaumy, den vor allem die stilisierten Formen faszinierten, die die Berge seinem geschulten Auge offenbarten.

Auch wenn heute ein dichtes Netz von Transportrouten die Alpen durchzieht, bieten die Berge Alpinisten und Fotografen noch immer Möglichkeiten, in unbekanntes Terrain vorzustoßen. Das tat auch Paolo Pellegrin im Aostatal. Seine Erlebnisse auf den höchsten und imposantesten Bergen Europas, seine Interpretation eines Territoriums, in dem hoch aufragende Gipfel den Ton angeben und den Himmel herausfordern, in dem zugleich infernalisch tiefe Schluchten lauern, erforderten eine ähnliche Entschlossenheit, wie er sie als Kriegsberichterstatter für Magnum Photos an den schlimmsten Kriegsschauplätzen der Welt an den Tag gelegt hatte.

Ob in den Straßen der Metropolen oder auf den Landstraßen des Kosovo, des Irak, des Libanon oder Palästinas, wo sich immer noch historische Tragödien ereignen – Pellegrin hat sich seinen Motiven stets mit Mut und Entschlossenheit genähert. Und genau so näherte er sich dem Herzen der Berge, auch wenn er sich mechanischer Mittel bediente, um diese Grenze zwischen Himmel und Erde abzuschreiten.

Die Bilder, die Pellegrin im Aostatal eingefangen hat und die er hier der Öffentlichkeit präsentiert, vermitteln die Urgewalt der Elemente mit viel Fingerspitzengefühl und lassen all die, die noch nie in den Bergen waren und wenig über die Welt der hohen Gipfel wissen, genauso tief staunen wie die, die mit den höheren Lagen vertraut sind.

Paolo Pellegrins Interpretation der Berge zeugt von seinem großen Respekt vor der Natur, der er den Status einer Religion verlieh. Es ist eine weltliche Form der Religion, aber dennoch erfüllt von einer Spiritualität, die ihn, in Anlehnung an Thomas Mann, zum Zauberberg macht. Und tatsächlich hat Pellegrin sich verzaubern lassen, um die Bilder dieses Bandes einzufangen. Immer wieder ist er zurückgekehrt, auf der Suche nach dem Licht, das er, der Liebhaber von Schwarz-Weiß, bevorzugt. Es ist ein Licht, das vom Wind zerrissene Wolken filtern, das raue Hintergrundlicht einer schneebedeckten Oberfläche, es sind die dunklen Falten der Gletscherspalten, die düsteren Türme der Felsen, die Arabesken auf der Oberfläche gefrorener Seen.

Diesem Buch, das mit Pellegrins intensiven Bildern von schmelzenden Gletschern endet, ist es gelungen, den so geheimnisvollen Lebensraum der höchsten Berge der Erde in Fotos einzufangen und zu enthüllen, wie er vom Menschen oberflächlich entdeckt, genutzt und mit Narben versehen wurde. In den Bildern dieses Fotografen, der sich so gut mit der majestätischen Kraft der Natur auskennt, erinnert uns die Präsenz des Menschen immer wieder daran, dass wir ständig darum kämpfen, uns auf der Erde Platz zum Leben zu verschaffen: in den Konflikten, die er miterlebt hat, und in den heruntergekommenen Vierteln der Großstädte, die uns seine Bilder offenbart haben, aber eben auch in den Bergen, die ihn so faszinieren.

Wir erkennen in Paolo Pellegrin nicht zuletzt jemanden, der unseren Planeten liebt und als einen Ort versteht, an dem Mensch und Natur verschmelzen. Mit Bildern voll von Angst und Leid, die es aber stets vermeiden, ein vorschnelles Urteil zu präsentieren, hat uns Pellegrin immer wieder vor dem Unrecht gewarnt, auf dem die Tragödien und die Kurzsichtigkeit der Menschheit gründen. Indem er sich auf die Leichtigkeit der Komposition stützt, für die er bekannt ist, zeigt uns der renommierte Fotograf erfolgreich die Widersprüche auf, die beide, Mensch und Natur, betreffen. Pellegrin hat das Element des Chaos festgehalten, das beiden zu eigen ist und für das die Menschheit stets versucht hat, eine gewisse Ordnung zu finden, ohne dass es ihr jemals wirklich gelungen wäre.

Ihn im Feld zu beobachten und zu sehen, wie er sich seinen Motiven mit der Kamera nähert, ist eine echte Bereicherung für jeden, der das Glück hat, in seiner Nähe zu sein, wenn er arbeitet. Doch wenn man sich nachher die fertigen Bilder anschaut, wird deutlich, dass keiner von uns in der Lage wäre, es ihm gleichzutun. Seine Fotos schaffen es jedes Mal, den Fokus auf ein winziges Detail zu lenken, das dem ungeübten Auge, dem unbedarften Beobachter entgeht. Als Interpret dieser Welt bietet Pellegrin dem Betrachter einmal mehr eine Reihe von Emotionen, die sich für immer in dessen Bewusstsein verankern.

MAGNUM FOTOGRAFEN

ABBAS
Iraner / Franzose, 1944 – 2018
Mitglied, 1985

ANTOINE D'AGATA
Franzose, 1961
Mitglied, 2008

CHRISTOPHER ANDERSON
Amerikaner / Franzose, 1970
Mitglied, 2010

EVE ARNOLD
Amerikanerin, 1912 – 2012
Mitglied, 1957

MICHA BAR-AM
Israeli, 1930
Korrespondent, 1976

BRUNO BARBEY
Franzose / Schweizer, 1941
Mitglied, 1968

JONAS BENDIKSEN
Norweger, 1977
Mitglied, 2008

IAN BERRY
Brite, 1934
Mitglied, 1967

WERNER BISCHOF
Schweizer, 1916 – 1954
Mitglied, 1949

MATT BLACK
Amerikaner, 1970
Assoziiertes Mitglied, 2018

RENÉ BURRI
Schweizer, 1933 – 2014
Mitglied, 1959

ROBERT CAPA
Ungar / Amerikaner, 1913 – 1954
Mitbegründer von Magnum Photos, 1947

HENRI CARTIER-BRESSON
Franzose, 1908 – 2004
Mitbegründer von Magnum Photos, 1947

CHIEN-CHI CHANG
Taiwanese, 1961
Mitglied, 2001

RAYMOND DEPARDON
Franzose, 1942
Mitglied, 1979

BIEKE DEPOORTER
Belgierin, 1986
Mitglied, 2016

CAROLYN DRAKE
Amerikanerin, 1971
Assoziiertes Mitglied, 2015

THOMAS DWORZAK
Deutscher, 1972
Mitglied, 2004

NIKOS ECONOMOPOULOS
Grieche, 1953
Mitglied, 1994

ELLIOTT ERWITT
Amerikaner, 1928
Mitglied, 1954

MARTINE FRANCK
Belgierin / Französin, 1938 – 2012
Mitglied, 1983

STUART FRANKLIN
Brite, 1956
Mitglied, 1990

LEONARD FREED
Amerikaner, 1929 – 2006
Mitglied, 1972

CRISTINA GARCÌA RODERO
Spanierin, 1949
Mitglied, 2009

JEAN GAUMY
Franzose, 1948
Mitglied, 1986

BRUCE GILDEN
Amerikaner, 1946
Mitglied, 2002

JIM GOLDBERG
Amerikaner, 1953
Mitglied, 2006

PHILIP JONES GRIFFITHS
Brite, 1936 – 2008
Mitglied, 1971

HARRY GRUYAERT
Belgier, 1941
Mitglied, 1986

ARA GÜLER
Türke, 1928 – 2018
Korrespondent, 1960er

ERICH HARTMANN
Amerikaner, 1922 – 1999
Mitglied, 1954

DAVID ALAN HARVEY
Amerikaner, 1944
Mitglied, 1997

THOMAS HOEPKER
Deutscher, 1936
Mitglied, 1989

DAVID HURN
Brite, 1934
Mitglied, 1967

RICHARD KALVAR
Amerikaner, 1944
Mitglied, 1977

CARL DE KEYZER
Belgier, 1958
Mitglied, 1994

JOSEF KOUDELKA
Tscheche / Franzose, 1938
Mitglied, 1974

HIROJI KUBOTA
Japaner, 1939
Mitglied, 1989

SERGIO LARRAIN
Chilene, 1931 – 2012
Mitglied, 1961

GUY LE QUERREC
Franzose, 1941
Mitglied, 1977

HEBERT LIST
Deutscher, 1903 – 1975
Korrespondent, 1951

LU NAN
Chinese, 1962
Korrespondent, 1994

ALEX MAJOLI
Italiener, 1971
Mitglied, 2001

PETER MARLOW
Brite, 1952 – 2016
Mitglied, 1986

CONSTANTINE MANOS
Amerikaner, 1934
Mitglied, 1965

STEVE McCURRY
Amerikaner, 1950
Mitglied, 1992

SUSAN MEISELAS
Amerikanerin, 1948
Mitglied, 1980

WAYNE MILLER
Amerikaner, 1918 – 2013
Mitglied, 1958

INGE MORATH
Österreicherin / Amerikanerin, 1923 – 2002
Mitglied, 1955

TRENT PARKE
Australier, 1971
Mitglied, 2007

MARTIN PARR
Brite, 1952
Mitglied, 1994

PAOLO PELLEGRIN
Italiener, 1964
Mitglied, 2005

MARK POWER
Brite, 1959
Mitglied, 2007

RAGHU RAI
Inder, 1942
Assoziiertes Mitglied, 1977

MARC RIBOUD
Franzose, 1923 – 2016
Mitglied, 1955

GEORGE RODGER
Brite, 1908 – 1995
Mitbegründer von Magnum Photos, 1947

MOISES SAMAN
Spanier / Amerikaner, 1974
Mitglied, 2014

ALESSANDRA SANGUINETTI
Amerikanerin, 1968
Mitglied, 2011

FERDINANDO SCIANNA
Italiener, 1943
Mitglied, 1989

JÉRÔME SESSINI
Franzose, 1968
Mitglied, 2016

JACOB AUE SOBOL
Däne, 1976
Mitglied, 2012

ALEC SOTH
Amerikaner, 1969
Mitglied, 2008

CHRIS STEELE-PERKINS
Brite, 1947
Mitglied, 1983

DENNIS STOCK
Amerikaner, 1928 – 2010
Mitglied, 1954

NEWSHA TAVAKOLIAN
Iranerin, 1981
Assoziiertes Mitglied, 2017

LARRY TOWELL
Kanadier, 1953
Mitglied, 1993

ALEX WEBB
Amerikaner, 1952
Mitglied, 1979

PATRICK ZACHMANN
Franzose, 1955
Mitglied, 1990

Dieses Buch erscheint anlässlich der Ausstellungen *Magnum Montagnes* im Musée des beaux-arts, Le Locle, Schweiz, 21. Juni bis 13. Oktober 2019, und *Mountains by Magnum Photographers* in der Associazione Forte di Bard, Aostatal, Italien, 17. Juli 2019 bis 6. Januar 2020.

Umschlagvorderseite: Robert Capa, Zermatt, Schweiz, 1950 · Frontispiz: Werner Bischof, Schweizer Berge, 1940
Umschlagrückseite: Jonas Bendiksen, Sagarmatha-Nationalpark, Nepal, 2009

Projektleitung Verlag: Curt Holtz
Projektleitung Magnum Photos: Andréa Holzherr
Bildkoordination: Clarisse Bourgeois
Übersetzung ins Deutsche: Cornelius Hartz
Lektorat: Isabelle Erler
Gestaltung & Satz: Sofarobotnik, Augsburg & München
Herstellung: Corinna Pickart
Lithografie: Schnieber Graphik, München
Druck und Bindung: Grafisches Centrum Cuno, Calbe
Papier: Condat matt Périgord

FSC www.fsc.org
MIX
Papier aus verantwortungsvollen Quellen
FSC® C043106

Verlagsgruppe Random House FSC® N001967

Printed in Germany

ISBN 978-3-7913-8585-3

www.prestel.de